Carl-Auer-Systeme

Verstrickt im sozialen Netz

Patricia Minuchin/Jorge Colapinto/
Salvador Minuchin

Neue Lösungswege für Multiproblem-Familien

Aus dem Amerikanischen übersetzt von Astrid Hildenbrand

2000

Über alle Rechte der deutschen Ausgabe verfügt Carl-Auer-Systeme Verlag und Verlagsbuchhandlung GmbH Heidelberg
www.carl-auer.de
Fotomechanische Wiedergabe nur mit Genehmigung des Verlages
Aus dem Amerikanischen übersetzt von Astrid Hildenbrand
Satz und Diagramme: Beate Ch. Ulrich
Umschlaggestaltung: WSP Design, Heidelberg
Umschlagfoto:© photodisc
Printed in the Netherlands 2000
Druck und Bindung: Koninklijke Wöhrmann, Zutphen

Erste Auflage, 2000
ISBN 3-89670-144-4

Die Deutsche Bibliothek – CIP-Einheitsaufnahme

Ein Titeldatensatz für diese Publikation ist bei Der Deutschen Bibliothek erhältlich.

Die Originalausgabe dieses Buches ist unter dem Titel "Working with Families of the Poor" erschienen.

Inhalt

Dank

Dieses Buch vereinigt in sich die Leistungen und Erfahrungen vieler Menschen. Wir möchten zuerst unseren Freunden und Kollegen von *Family Studies, Inc.*, einem Ausbildungs- und Beratungszentrum in New York, unseren besonderen Dank aussprechen. *Family Studies, Inc.* hat die meisten der Projekte, auf dem dieses Buch aufgebaut ist, gefördert und auch durchgeführt. Die Arbeitsgruppe, zu der neben der Autorin und den beiden Autoren Evan Bellin, Anne Brooks, Ema Genijovich, David Greenan, Richard Holm, Daniel Minuchin, Wai Yung Lee und George Simon gehörten, wurde durch die Sekretariatsarbeit von Loretta Duke kompetent unterstützt.

Obwohl die Konferenzen oder Ad-hoc-Besprechungen nicht nach spezifischen Bereichen getrennt durchgeführt wurden, arbeiteten die Mitglieder der Gruppe schwerpunktmäßig in einzelnen Projekten. Ihre Beiträge sind in folgende Kapitel eingegangen: David Greenan sowie Ema Genijovich und Daniel Minuchin haben besonders das Kapitel über Drogenmissbrauch (Kapitel 6) mitgestaltet; Daniel Minuchin hat zu den Kapiteln über psychiatrische Einrichtungen für Kinder und ambulante Dienste (Kapitel 7 und 9) beigetragen; Anne Brooks, Eva Bellin und Ema Genijovich haben an dem Kapitel über Pflegeunterbringung von Kindern (Kapitel 5) mitgewirkt. Richard Holm und George Simon arbeiteten zwar nicht in Projekten, die in eigene Kapitel eingegangen sind, aber sie haben unser Denken bereichert, Fallbeispiele angeboten und generell unser Verständnis dieses Arbeitsfeldes erweitert. Diese Arbeitsgruppe hat gemeinsam mit der Autorin und den beiden Autoren das gesamte Spektrum der Erfahrungen und Gefühle durchlebt, die mit den Anstrengungen verbunden sind, wenn man Veränderungen in helfende Systeme einführen möchte. Wir sind ihnen allen zu Dank verpflichtet. Sie sind im positivsten Sinne verantwortlich für das Buch, doch wir entlasten sie von jeglicher Kritik.

Wir danken ebenso den Personen, die uns die Zusammenarbeit mit ihren jeweiligen Behörden ermöglicht haben; wir danken auch den Verwaltungsangestellten und allen Mitarbeitern, die an unserem Ansatz interessiert waren und unsere Aktivitäten auch dann tolerierten, wenn wir Grenzen überschritten. Sie alle haben uns mit Sicherheit so viel gelehrt wie wir sie. Wir haben ihre Identität gewahrt, indem wir im gesamten Buch die betreffenden Einrichtungen und Orte ungenannt ließen, und dieses Prinzip müssen wir auch hier beachten. Nennen möchten wir die folgenden Personen, die aus den unterschiedlichsten Kontexten kamen und die unsere Arbeit förderten und unser Denken erweiterten – die Aufzählung ist zwangsläufig unvollständig: Anstiss Agnew, Machelle Allan, Gretchen Buchenholz, Vince Caccamo, Demo Carros, Susan Egelko, Gloria Faretra, Hope Fontaine, Peter Forsythe, Marc Galanter, Fatima Goldman, Irma Gordon, Phyllis Hersch, Betty Jones, Jay Lappin, Pat Mahoney, Patrick McCarthy, Jim McGuirk, Bob McMahon, Mary Odom, Theodora Ooms, Connie Prescott, Ann Sullivan, Tom Ring, Steve Rutter, David Tobis, Giovanna Todini, William Tucker und Barbara White. Darüber hinaus waren buchstäblich Hunderte von Sozialarbeitern von der Ausbildung in verschiedenen Behörden in Anspruch genommen. Auch wenn es unmöglich ist, sie alle namentlich zu erwähnen, so möchten wir doch die Gelegenheit ergreifen, ihnen zu danken und uns bei ihnen für die unangenehmen Momente zu entschuldigen, die zu jedem Prozess des Lehrens und Lernens gehören, und unsere Hoffnung ausdrücken, dass dieses Buch ihren Beifall finden wird.

Wir danken unseren Herausgebern Kitty Moore und Michael Nichols für ihre klugen Anmerkungen und spezifischen Vorschläge zur Manuskriptgestaltung. Sie haben das Buch mit vielen Verbesserungen versehen.

Schließlich gebührt unser Dank allen Familien, die dieses Buch möglich gemacht und seinen Charakter geformt haben: den Familien, die bei den Behörden um Hilfe ersuchten, und auch unseren eigenen Familien. Durch die Arbeit mit armen Familien, die zusätzlich mit vielfältigen Problemen konfrontiert sind, wird man fortwährend an ihre Schwierigkeiten und ihre Stärken erinnert; sie verdienen Mitgefühl und Achtung in gleichem Maße. Unsere eigenen Familien haben uns Einsichten, Anregung und Unterstützung gegeben. Ihnen gebührt unsere Liebe und unsere Dankbarkeit.

Patricia Minuchin
Jorge Colapinto
Salvador Minuchin

Vorwort zur deutschen Ausgabe

Manchmal erzähle ich gern, daß ich einmal bei Minuchin gelernt habe. Tatsächlich war ich aber nur sechs Wochen lang sein Schüler und in dieser Zeit auch nur etwa vier mal zwei Stunden – ein ausgesprochener „Kurzzeit-Schüler", der den Worten des Meisters nur einige Stunden persönlich lauschen durfte, umso intensiver aber seine Therapievideos und die intensiven Life-Supervisionen durch Minuchins Mitarbeiter genoss, in einem heiß-schwülen Sommer 1980 an der Philadelphia Child Guidance Clinic.

Ein Jahr später durfte ich, damals Zivildienstleistender, ihn als Gast der Heidelberger Familientherapie-Abteilung in seinem Hotel begrüßen, weil keiner der älteren Kollegen Zeit hatte. Er lud mich ein, auf Kosten seiner Spesenrechnung mit ihm ein exzellentes Abendessen einzunehmen, was ich mit doppelter Genugtuung tat – wegen des guten, teuren Essens (ich lebte damals von 500 DM monatlich) ebenso wie wegen unserer Unterhaltung dabei. Minuchin erzählte mir, wie er in Argentinien, Israel und den USA als Mitglied einer ethnischen Minderheit und Einwanderer seine fachliche Arbeit als Kinder- und Jugendpsychiater mit einem anfangs militanteren, später strategischeren sozialen Engagement verbunden hatte. Und er erzählte mir von seiner Familie – seiner Mutter, seinem Sohn, seinem Enkelkind.

Der Sommerkurs und das Abendessen haben mir einige bleibende Eindrücke über Salvador Minuchin hinterlassen. Politisch erschien er mir, nach deutschen Maßstäben, ein Sozialdemokrat der linken Mitte, insofern vielleicht Horst-Eberhard Richter vergleichbar. Theoretisch hingegen schien er der Psychoanalyse vollständig entwachsen und ein Anhänger der frühen Systemtheorie, auf die wir heute als „Kybernetik erster Ordnung" zurückschauen: mit einem starken Glauben an die Beschreibbarkeit, Vorhersagbarkeit und externe Beeinflussbarkeit von Familien. Privat schien er mir von starker Familien- und Clanloyalität genauso geprägt, wie das in seiner Theoriebildung hervorschimmert. Stilistisch schließlich erlebte ich ihn als einen charmanten Südamerikaner, der Aggressivität und Herzlichkeit miteinander verband und der einen teilweise spontaneistischen Therapiestil durch eine eher strenge Therapietheorie zu bändigen suchte. (Wer als Leser wie ich die Diktion des Buches an manchen Stellen etwas hölzern findet, der wird durch die Lebendigkeit entschädigt, die aus den Falldarstellungen spürbar wird.)

Diese Erinnerungen sind durch die Lektüre dieses Buches bei mir wieder geweckt worden. Es ist zum einen ein Werk der ganzen Familie Minuchin: Patricia Minuchin, promovierte Entwicklungspsychologin, ist die Hauptautorin, der Sohn Daniel Minuchin einer der daran Beteiligten, Jorge Colapinto einer seiner langjährigen engsten Mitarbeiter, wie Minuchin aus Argentinien stammend.

Das Buch ist zudem ein sozialpolitisch motiviertes, das Familientherapie und systemisches Denken als Werkzeug einer politisch motivierten Veränderung sozialer Dienste zur besseren Unterstützung insbesondere armer Immigranten- und Minderheitenfamilien zu nutzen vorschlägt. Diese Linie haben Minuchin und seine Mitstreiter erstmals 1967 in *Families of the Slums* öffentlichkeitswirksam vertreten – ein Buch, das meines Erachtens unbedingt noch ins Deutsche übersetzt werden sollte. Danach, in den Jahren der psychosomatischen Familienforschung und -therapie an der Philadelphia Child Guidance Clinic bis 1980, geriet dies in den Hintergrund. Jetzt – Minuchin ist inzwischen 80 Jahre alt – kommt im vorliegenden Buch dieser sozialpolitische Impuls als Frucht seines Spätwerkes mit Family Studies Inc. in New York wieder in den Vordergrund.

Das Buch verbindet den allgemeinen Ansatz der systemisch-strukturellen Familientherapie sowie des Arbeitens mit *Familien und größeren Systemen*[1] mit ausführlichen konkreten Fallstudien zu den Arbeitsfeldern Pflegekinderwesen, Drogentherapie, Heimerziehung, Kinder- und Jugendpsychiatrie sowie ambulante soziale Dienste. Damit vermag es zwischen der sozialen Arbeit und speziell der sozialen Therapie als Profession, der Familientherapie als Setting und dem systemischen Denken eine wichtige Brücke zu schlagen.

1 Siehe dazu E. Imber-Black (1997): Familien und größere Systeme. Im Gestrüpp der Institutionen. Heidelberg (Carl-Auer-Systeme), 4. Auflage.

Das Buch hat vielerlei Berührungspunkte mit der Pionierarbeit deutschsprachiger Autoren, die den systemischen Ansatz in der sozialen Arbeit vorangebracht haben – etwa von Marie-Luise Conen, Jürgen Hargens, Johannes Herwig-Lempp, Friedhelm Kron-Klees, Wolfgang Loth, Wilhelm Rotthaus, Hans Schindler oder Gisal Wnuk-Gette. Wenn man in diesem Buch von der offenbar desaströsen Verfasstheit der amerikanischen Sozialbehörden und ihrer Arbeitsweisen liest, dann überlegt man, ob die deutsche Situation nach 20 Jahren Einfluss nicht zuletzt des systemischen und familientherapeutischen Denkens doch ein ganzes Stück weiter vorangeschritten ist.

Jochen Schweitzer
Heidelberg, Juni 2000

TEIL I:
Grundzüge der Konzeption und ihrer Umsetzung

In den Vereinigten Staaten sind soziale Dienste und Programme für arme Familien zwar in großem Umfang vorhanden und fast immer gut gemeint, doch häufig sind sie auch mit Mängeln behaftet. Weil diese sozialen Dienste und Hilfsangebote oftmals fragmentiert sind und unkoordiniert arbeiten, sind sie weniger effizient, als sie eigentlich sein könnten. Und weil die Interventionen auf einzelne Personen und Probleme gerichtet sind, bleiben die Selbstheilungskräfte ungenutzt, die in den Familien und Gemeinschaften verschiedener Art vorhanden sind.

In diesem Buch stellen wir ein Denk- und Arbeitsmodell vor, das darauf abzielt, soziale Dienstleistungen effektiver zu gestalten und besser zu integrieren. Dieser Ansatz beruht auf zwei Grundpfeilern: Zum einen liegt der Fokus auf den Familien, zum anderen sind die Interventionen nach systemischen Vorgehensweisen konzipiert.

Im ersten Teil des Buches beschreiben wir unsere Konzeption von Systemen sowie unsere Sicht von Familien. Dem schließt sich eine Diskussion über die professionellen Techniken und Verfahren an, die für die Arbeit in diesem Rahmen erforderlich sind. Im zweiten Teil des Buches konkretisieren wir diesen Ansatz durch gezielte Untersuchungen, die wir über Pflegeunterbringung und Pflegeverhältnisse, Drogenabhängigkeit und Schwangerschaft, Heimerziehung und kinder- und jugendpsychiatrische Einrichtungen sowie familienorientierte häusliche Betreuungsdienste durchgeführt haben.

Doch bevor wir die Diskussion über Prinzipien, professionelle Techniken und praktische Anwendungen eröffnen, müssen wir uns die Probleme armer Familien vor Augen führen. Aus diesem Grunde fangen wir mit einem Prolog an, in dem diese Menschen in ihrer spezifischen Lebenssituation, die von ihnen zu meisternden Probleme und die durch Sozialbehörden verordneten Interventionen beschrieben werden. Die Fallgeschichte von Angie und ihrer Familie ist – wie jede Fallgeschichte – natürlich einzigartig, doch sie ist gleichzeitig auch eine typische Geschichte. Sie vermittelt eine Vorstellung von der komplexen Lebenswirklichkeit der armen Multiproblem-Familien in den USA, sie beleuchtet die Mixtur aus hilfreichen und verwirrenden sozialen Dienstleistungen, die angeboten oder verordnet werden, und die Reaktionen der Betroffenen. Wir beginnen unsere Reise durch dieses Buch mit Angies Geschichte, in der wir darlegen, welche Sichtweise wir in Bezug auf Angie, ihre Kinder und ihre Familie sowie in Bezug auf die vielen Interventionen, die an den Bedürfnissen dieser Menschen orientiert sind, vertreten.

1. Prolog

Angie, ihre Familie und der Kreis der Helfer

Angie und ihre Familie

Im Mittelpunkt dieses Fallbeispiels steht Angie, doch sie ist nicht allein. Zu ihrer Welt gehören: ihr Lebensgefährte, der auch der Vater der beiden jüngeren Kinder ist; drei Kinder, die in verschiedenen Pflegestellen untergebracht sind; die Pflegefamilien, in denen die Kinder leben; und Angies Eltern, Geschwister und allerlei Tanten und Onkel. Eine schlichte Beschreibung von Angies Netzwerk gibt zwar einen Eindruck von der Komplexität ihrer Lebensumstände, vermittelt aber keine Vorstellung von der brutalen Wirklichkeit eines Lebens in Armut, Drogenabhängigkeit, schwierigen Lebensverhältnissen und Krankheit. Diese Realität teilt sich eindringlicher mit, wenn die relevanten Instanzen, Behörden und Einrichtungen aufgezählt und die mit Angies Fall befassten Experten aufgelistet werden. Angie und ihre Familie haben einen langen Weg hinter sich, der sie durch Gerichte, Kliniken, Obdachlosenasyle, Programme zur Behausung Nichtsesshafter, Drogeneinrichtungen, Rehabilitationskliniken, Tagesbetreuungsstätten und Jugendwohlfahrtsbehörden geführt hat; und sie sind aufgesucht worden von Rechtsanwälten, Ermittlungsbeamten, Bewährungshelfern, Ärzten, Sozialarbeitern, Drogenberatern, Mitarbeitern der Jugendämter[1] und Therapeuten. Die involvierten Helfer und Helferinnen nehmen ihre Rollen ernst und wollen ein Happyend für einige oder alle Hauptakteure erwir-

1 Die Aufgaben des Pflegekinderschutzes und der Pflegschaft werden in den USA von *foster care agencies* wahrgenommen, während sie in Deutschland den Jugendämtern obliegen. Daher wird *forster care agency* mit Jugendamt übertragen (Anm. d. Übers.).

ken. Doch dabei bleibt es nicht aus, dass sie sich gegenseitig und auch die Familie bedrängen, und es ist oft unklar, auf welche Weise die Aktivitäten der einzelnen Beteiligten ineinander greifen.

Angie ist Anfang 20 und eine von Sorgen geplagte Frau. Sie hat die Art von chaotischer Kindheit und Familiengeschichte erlebt, wie sie für die armen Multiproblem-Familien so typisch ist, dass wir ihre individuelle Lebensgeschichte ohne größere Detailkenntnisse rekonstruieren könnten. Als Pflegekind wurde sie regelmäßig sexuell missbraucht und mehr als einmal vergewaltigt. Als Mitglied einer großen, zerrütteten Familie wurde sie manchmal ignoriert und manchmal zur Versorgung von Angehörigen herangezogen. Im Laufe ihres Lebens hat sie in Obdachlosenasylen gewohnt, ist von Drogen abhängig gewesen, hat sich an Drogenprogramme geklammert und eine unbeständige Beziehung zu ihrem Lebensgefährten unterhalten. Sie hat erlebt, wie ihr die Kinder weggenommen und in Pflegefamilien untergebracht worden sind, und versucht, die Bedingungen für die Rückkehr der Kinder in die Herkunftsfamilie zu erfüllen. Sie hat ihre Leidensgeschichte schon in vielen Behörden und Therapiegruppen erzählt, und sie hat solche Berater gefunden, denen sie vertraut, und andere, denen sie misstraut. Je nachdem, aus welchem Blickwinkel man Angie betrachtet, ist sie unzuverlässig, depressiv und verantwortungslos – oder aber resolut, wirklichkeitsnah und ausdauernd. Im Grunde genommen treffen alle diese Eigenschaften auf sie zu. Wie also können wir ihre Lebensgeschichte und ihren Kontext verstehen, und was können wir günstigenfalls tun, um ihr zu helfen?

Es gibt eine alte Geschichte, die von dem grausamen Geschehen erzählt, wie Menschen Hals über Kopf einen reißenden Fluss hinabtreiben und zwei am Rande stehende Beobachter auf die für die Dahintreibenden tödliche Gefahr reagieren. Ein Beobachter versucht, die Menschen aus dem reißenden Strom herauszuziehen, während der andere kurz überlegt und dann flussaufwärts läuft, um herauszufinden, wie die Dahintreibenden überhaupt in den Fluss geraten sind. Die Lehre der Geschichte liegt auf der Hand: Vorbeugen ist langfristig effizienter als Ausbessern. Das ist mit Sicherheit richtig; gehen wir aber einmal über diese offenkundige Lehre hinaus, dann eröffnet uns die Geschichte eine andere hilfreiche Perspektive, von der aus wir Angie und andere Menschen in vergleichbaren Lebenslagen betrachten können. In Fällen wie diesen ist die Situation an der Stelle, an der die Menschen in den Strom geraten, komplex und voller unbeantworteter Fragen: Springen Menschen wie Angie ins Wasser (aufgrund von Drogenabhängigkeit, Verantwortungslosigkeit, psychischer Not), oder werden sie hineingestoßen (durch Armut, schlechte Ausbildung, vielfache Traumatisierungen)? Wahrscheinlich spielen beide Momente eine Rolle. Folglich würden erfolgreiche Interventionen an der Quelle des Verhängnisses voraussetzen, dass die auslösenden Faktoren erkannt werden und ein subtiles Verständnis des Zusammenwirkens dieser Faktoren entwickelt wird.

Für die Helfer am Flussufer, welche die flussabwärts Treibenden aus dem Wasser herausziehen, stellt sich eine andere wichtige Frage: Ist jeder der im Wasser ums Überleben Kämpfenden ein isoliertes Individuum, oder sind noch andere Menschen mit den Dahintreibenden verbunden? Wer schwimmt z. B. mit Angie flussabwärts, und wie müssen die Retter mit den Beziehungen zwischen den einzelnen Menschen und Problemen umgehen? Die Realität solcher Verbindungen und die dringende Notwendigkeit, diesen Menschen zu helfen und mit ihnen zu arbeiten, gehören zu den zentralen Themen dieses Buches.

Werfen wir einen Blick auf die Menschen, deren Leben mit Angies Leben verbunden ist. Obwohl Angie und ihr Lebensgefährte nicht miteinander verheiratet sind und die Erwachsenen und die Kinder auch nicht zusammenleben, bilden sie im Prinzip eine Kernfamilie. Diese besteht aus zwei Elternteilen und zwei Kindern: Angie und ihrem Freund Harlan sowie der dreieinhalbjährigen Jocelyn und der zwei Jahre alten Gail. Harlan ist der Vater der beiden Kinder, und er und Angie definieren sich ganz klar als Paar, obwohl ihre Beziehung wechselhaft ist.

Harlan leidet an einer chronischen Krankheit, ist aber erstaunlich geschickt darin, seine schwere Behinderung in sein Leben zu integrieren. Er scheint keinen festen Wohnsitz zu haben, und seine Sozialhilfe stockt er mit Betteln auf. In seinen Erzählungen wirkt er oft unverständlich und wenig realitätsbezogen, doch er hat einen ausgeprägten Familiensinn in Bezug auf Angie und seine Kinder. Er möchte, dass die Kinder bei Angie leben, und besonders stark interessiert ist er an Jocelyn, die seine Krankheit geerbt hat. Er ist überzeugt, dass er ihr helfen kann, mit ihrer Behinderung zurechtzukommen.

Jocelyn lebt seit zwei Jahren in einer Pflegefamilie. Sie kann nicht gehen, ihr Wachstum ist verlangsamt, und in ihrer sprachlichen und intellektuellen Entwicklung erscheint sie wesentlich jünger, als sie tatsächlich ist. Aber sie kann spielen und sich auch allein beschäftigen, und sie ist freundlich und aufgeschlossen. Jocelyn wird regelmäßig physiotherapeutisch behandelt, und sie besucht eine Tageseinrichtung für behinderte Kinder. Vera, die Pflegemutter, ist speziell darin geschult worden, wie mit Jocelyns krankheitsbedingten Bedürfnissen umzugehen ist. Jocelyn und die Pflegefamilie haben sich gut aneinander gewöhnt. Weil Jocelyn aber bei Angie lebte, bis vor zwei Jahren das zweite Mädchen geboren wurde, hat die Mutter das Gefühl, dass zwischen ihr und Jocelyn eine dauerhafte Bindung besteht.

Gail hat zwar mehr Glück gehabt als Jocelyn, weil sie nicht die Krankheit ihres Vaters geerbt hat, aber auch ihr junges Leben ist bis dahin nicht ungetrübt verlaufen. Angie war drogenabhängig, als diese Tochter geboren wurde, und Gail wurde gleich nach der Geburt in Familienpflege gegeben. Die Bindung zwischen Gail und ihren Pflegeeltern ist stark. Angie weiß zwar, dass sie niemals eine Chance haben wird, eine Bindung zu Gail zu entwickeln, und trotzdem möchte sie – wie auch Harlan –, dass das Kind zurückkehrt und bei ihr lebt. Gail ist ein hübsches kleines Mädchen mit großen Augen, ruhig, ziemlich melancholisch und aufgeweckt – zumindest in Gesellschaft von Angie, Harlan und Jocelyn.

Obwohl die Beziehung dieser vier Menschen fragmentiert ist, so sind sie doch miteinander verbunden. Sie sind auch verbunden mit den beiden Pflegefamilien und Angies Eltern, die sich um das erste Kind ihrer Tochter, einen inzwischen fünf Jahre alten Jungen, seit dessen Geburt kümmern. Es gibt keine nahe liegenden Antworten auf die Frage, wie sich diese Situation weiterentwickeln könnte, welche Arrangements unter welchen Bedingungen beibehalten oder geändert werden sollten. Wenn Angie aus dem reißenden Strom herausgezogen werden soll, muss man allerdings bedenken, dass noch andere Menschen mit ihr stromabwärts treiben, dass diese Menschen – trotz aller Unsicherheiten – mit ihr verbunden sind und sich mit ihr verbunden fühlen und dass deren Beziehungsgeflecht berücksichtigt zu werden verdient.

Der Kreis der Helfer

Zahlreiche soziale Organisationen haben vielfältige Anstrengungen unternommen und Angie und einigen Mitgliedern ihrer Familie reihenweise Hilfsangebote gemacht, um sie zu schützen und weitere

Unannehmlichkeiten zu verhindern. Mit Sicherheit sind die größten Katastrophen von dieser Familie abgewendet worden. Die Stadt hat ihr Wohnraum zu Verfügung gestellt, Jocelyn und Harlan sind in medizinische Behandlung gekommen, die Kinder sind in Pflegestellen untergebracht, durch Drogenprogramme ist Angie von ihrer Drogensucht losgekommen, und Beratung ist der Familie in verschiedenen Phasen und den unterschiedlichsten Zusammenhängen angeboten worden.

Doch die Interventionen haben komplexe Nebenwirkungen mit sich gebracht. Das System der sozialen Hilfe hat Angies Denken und Handeln geprägt und sich manchmal in nachlassender Kompetenz geäußert, und die Familie ist durch Verfahren fragmentiert worden, welche die Trennung der Familienmitglieder zementieren und eine echte Wiedervereinigung der Familie erschweren. Wenn wir Menschen in solchen Situationen helfen sollen, müssen wir nicht nur die guten Absichten und positiven Wirkungen anerkennen, sondern auch die systemimmanenten Probleme verstehen, die in den traditionellen Interventionsformen angelegt sind.

Wir untersuchen nun vier Bereiche, in denen für Angie und ihre Familie soziale Dienste geleistet worden sind und die gleichzeitig zu kritischen Fragen Anlass geben: Zu diesen Diensten zählen der professionelle Beistand durch die Sozialbehörden, die Bereitstellung von Wohnraum durch die Stadt, die Unterbringung der Kinder in Pflegefamilien und die Rehabilitierung eines drogenabhängigen Menschen. Die Probleme, wie sie in diesen und auch anderen Bereichen bestehen, durchziehen thematisch das ganze Buch und werden an anderer Stelle ausführlicher diskutiert. Doch am Anfang ist es erst einmal hilfreich, zu sehen, wie die Interventionen von einer spezifischen Familie erlebt werden und sich schließlich auf diese Menschen auswirken. Die Beschreibung der vier Bereiche, die hier nur kurz umrissen werden, deckt zwar nicht das ganze Spektrum sozialer Dienstleistungen ab, dient aber dazu, sowohl die Schwachstellen als auch die Stärken der helfenden Systeme aufzuzeigen.

Professioneller Beistand durch die Sozialbehörden

Die Anzahl der MitarbeiterInnen der Sozialbehörden, die in den vergangenen Jahren mit Angies Lebenssituation befasst waren, ist enorm. Man kann es positiv sehen, dass so viele Menschen versucht haben zu helfen; man kann es auch negativ sehen, dass so viel Zeit und Geld für einen einzigen Fall aufgewendet worden sind; doch der entscheidende Punkt ist der, dass ein Engagement dieses Ausmaßes unmöglich erfolgreich koordiniert werden kann. In den Gesprächen mit Angie haben die verschiedenen Sozialarbeiter den gleichen Boden beackert und die Bemühungen ihrer Kolleginnen und Kollegen verdoppelt. Angie hat sich ihr behördliches Aktenzeichen, das ihren Fall anonym macht, gemerkt; und wenn ihre Akte von einem Mitarbeiter zum anderen weitergereicht wird, ist sie ungehalten über die immer gleiche Art der Fragen, die gestellt werden, und die Antworten, die sie darauf gibt („Es hängt mir zum Hals heraus, meine Geschichte allen diesen Leuten zu erzählen"). Sie berichtet, dass infolge der Personalfluktuation bei einer Sozialbehörde sie es innerhalb kurzer Zeit mit sechs unterschiedlichen Mitarbeitern zu tun gehabt habe.

Es ist vielleicht unvermeidlich, dass Angie mit der Zeit gelernt hat, das Sozialwesen zu bedienen, und zu einer Art Fürsprecherin für „uns" (die Hilfeempfänger) gegen „sie" (das System und sein Personal) geworden ist. Die Sozialarbeiter sind zeitweilig nicht gut mit ihr zurechtgekommen – „eine Frau, die weiß, was sie will". Sie beschreibt, wie die Mitarbeiterinnen eines Obdachlosenasyls für Frauen zwar Versammlungen abzuhalten pflegten, um über die Meinungen der dort lebenden Frauen zu diskutieren, doch: „Man musste sowieso das machen, was die wollten, also weshalb fragen?" Angie zeigt wenig Bereitschaft, zu akzeptieren, dass das Personal nach festgelegten Regeln arbeiten muss oder dass die Mitarbeiter vielleicht ernsthaft daran interessiert sind, einem Wunsch der Frauengruppe nachzukommen, wenn sie es können. Gleichzeitig kann man Angies Gefühl der Enttäuschung und ihren Eindruck, das System sei ineffizient und chaotisch, verstehen. Sie behauptet, dass sie keinem Sozialarbeiter traue, außer Mona, ihrer momentanen Beraterin, die sie für eine Ausnahme hält. Mona ist eine erfahrene und versierte Sozialarbeiterin, angesichts deren Arbeitsweise ein nachdenklicher Beobachter sowohl Respekt als auch Besorgnis entwickeln muss: Respekt deshalb, weil sie eine empathische und geschickte Koordinatorin ist, und Besorgnis deshalb, weil sie anscheinend den ausführenden Part in Angies Leben weitgehend selbst übernommen hat. Die Abhängigkeit vom sozialen Hilfesystem und dessen Mitarbeitern ist Angie mit der Zeit in Fleisch und Blut übergangen, auch wenn sie sich eingeengt fühlt und dem System grollend gegenübersteht.

Die Bereitstellung von Wohnraum durch die Stadt

Zu der in US-amerikanischen Großstädten lebenden Population der Obdachlosen und/oder Drogenabhängigen zählt ein großen Prozentsatz Frauen wie Angie, der man die Kinder weggenommen und in Pflegestellen untergebracht hat. Sowohl die Sozialarbeiterin Mona als auch Angie kennen die Politik des *Catch-22*[2], wie sie von den Systemen praktiziert wird, die für die Zuweisung von Wohnraum, für Rechtsfragen und das Pflegekinderwesen zuständig sind. „Man bekommt keinen Wohnraum, wenn man keine Kinder hat ... und man kann keine Kinder haben, solange man keinen Wohnraum hat."

Angie hat noch Glück im Unglück gehabt. In der Zeit, als sie in einem Zimmer im Obdachlosenasyl für Frauen wohnte, wo ihre Kinder sie nicht besuchen durften, kam sie in Kontakt mit einer lokalen Frauenorganisation, in deren Haus sie einziehen konnte. Die Frauen leben in dieser Einrichtung in Wohngruppen zusammen, solange sie auf ihre Gerichtsverfahren warten, und können von ihren Kindern besucht werden. Wenn die Mütter ihre Kinder dann zurückbekommen, wird für die wiedervereinigte Familie eine Wohnung bereitgestellt sowie die Tagesbetreuung der Kinder und eine kontinuierliche Beratung der Mutter gesichert.

Die neue Unterkunft hat zwar einige von Angies Problemen gelöst, aber gleichzeitig auch neue geschaffen. Die Politik dieser sozialen Organisation erlaubt es z. B. nicht, dass auch die Partner der Frauen oder die Väter der Kinder in dem Haus leben; sie werden generell als abwesend oder unerwünscht betrachtet. Für Angie hat das bedeutet, dass in dieser Einrichtung weder ein Zusammenleben mit Harlan möglich war, noch eine Wohnung für ihre Kernfamilie zur Verfügung gestellt werden konnte.

Die Unterbringung von Kindern in Pflegefamilien

Es würde die Wirklichkeit verzerren, wenn wir das System des Pflegekinderwesens so diskutierten, als ob es bei Angies Familie auf

2 Vorschrift oder Situation, die in sich widersprüchlich ist oder mit einer anderen Vorschrift oder Situation konfligiert. Der Begriff geht auf Joseph Hellers Roman *Catch-22* (1961; dt. 1964: *Der IKS-Haken*) zurück, der im Zweiten Weltkrieg spielt, und bezieht sich auf die Vorschrift, wonach ein Jagdflieger Kampfeinsätze gegen den Feind fliegen muss, es sei denn, er ist verrückt. Diese „Entschuldigung" wird jedoch nur anerkannt, wenn er als geistig gesund gilt (Anm. d. Übers.).

der ganzen Linie versagt hätte. Die Kinder sind in Pflegestellen untergebracht, und Jocelyn erhält die Spezialbehandlungen, die bei ihrer Art von körperlicher Krankheit notwendig sind. Trotzdem haben die nicht aufeinander abgestimmten Hilfeleistungen die Familie auseinander gerissen, was dazu führt, dass die Familienmitglieder sich immer weiter voneinander entfernen, wenn die Situation so fortdauert. Jocelyn und Gail werden von unterschiedlichen Jugendämtern betreut und leben in verschiedenen Pflegefamilien. Die Ämter liegen geographisch weit auseinander, stehen nicht miteinander in Kontakt, und Besuche zwischen Angie und ihren Kindern zu organisieren ist ein logistisches Problem. Angie beschreibt die Atmosphäre solcher Familienbesuche, die von den Kinderschutzbehörden arrangiert werden: „Es ist wie in einem Lagerhaus ... Gerümpel, Zeugs, mit dem die Besuchsecken voll gestopft sind ... es ist schmutzig ... die Spielzeuge sind uralt ... ich kann die Mädchen nicht auf dem Boden spielen lassen." Das kann vielleicht niemandem angekreidet werden, aber es ist ein Signal dafür, dass Besuchskontakten zwischen Pflegekindern und Herkunftseltern nur geringe Bedeutung beigemessen wird. Es ist schwierig für die Herkunftseltern, die Besuchspläne einzuhalten, deren Erfüllung aber in späteren Gerichtsverhandlungen um das Sorgerecht gern als Zeichen für das elterliche Interesse an den Kindern gewertet wird.

Doch selbst wenn die Eltern ihre Kinder regelmäßig besuchen und die Pläne für die Wiedervereinigung der Familie Gestalt annehmen, zeigt man wenig Verständnis dafür, wie komplex ein solcher Übergang nach so vielen Jahren des Getrenntseins ist, das auf der anderen Seite mit einer zunehmenden Bindung der Kinder an ihre Pflegefamilien verknüpft ist; und es gibt wenig Überlegungen, welche Voraussetzungen erforderlich sind, damit dieser Übergang gelingt. Angie weiß um die begrenzten Möglichkeiten der obligatorischen Elternkurse, an denen sie teilgenommen hat: Wie kann sie denn solche Fragen beantworten, wie sie ihre Kinder erzieht oder welche Spiele sie spielen, wenn die Kinder überhaupt nicht bei ihr leben? Beobachtet man Angie während eines behördlicherseits arrangierten Besuchs ihrer Kinder, stellt man fest, dass sie eine liebevolle Mutter ist, den Kontakt zu ihren Kindern sucht und auch Phantasie entwickelt; doch sie zeigt wenig elterliches Geschick für den Umgang mit Problemen, die im Laufe eines Besuchstages mit einem Kind auftauchen – ganz zu schweigen davon, wenn sie zwei Kinder um sich hätte, von denen eins schwer behindert ist und besondere Fürsorge braucht. Angie äußert sowohl den starken Wunsch, ihre Kinder bei sich zu haben, als auch tiefe Besorgnis darüber, ob sie für das Familienleben reif ist und es meistern kann. Ihre Ambivalenz ist allzu verständlich.

Über andere Themen und Probleme ist offiziell nie gesprochen worden, z. B. über Harlans Rolle als Vater oder den schwierigen Prozess, in dem Angie und Harlan ein funktionales Modell einer gemeinsamen Elternschaft entwickeln könnten, oder über die Beziehung zwischen Angies Kernfamilie und den für die Kinder wichtigen Pflegefamilien. Im zweiten Teil des Buches diskutieren wir einen systemischen und familienorientierten Ansatz, auf dem der Prozess der Unterbringung von Kindern in Pflegefamilien aufgebaut werden könnte und der besondere Strukturen und Verfahren für die praktische Arbeit mit derartigen Problem anbietet.

Die Wiedereingliederung drogenabhängiger Menschen

Das Problem der Drogenabhängigkeit, vor allem bei Frauen mit kleinen Kindern, ist auch das Thema eines Kapitels im zweiten Teil des Buches. Wir befassen uns schon an dieser Stelle damit, weil es zum einen ein wesentlicher Faktor in Angies Lebensgeschichte ist und weil zum anderen am Problem der Drogensucht demonstriert werden kann, wie verschiedene Interventionen die Betroffenen in verschiedene Richtungen stoßen und zerren können. Dabei tritt die Ambivalenz deutlich hervor, die Angie in Bezug auf ihre Entscheidungen spürt.

Angie hat sich für die Behandlung in einer Drogeneinrichtung entschieden, weil diese zu den geforderten Maßnahmen gehörte, um die Kinder zurückerhalten zu können, und weil sie ein Teil von Angies eigenem Bemühen war, von den Drogen loszukommen. Sie erzählt, dass das Drogenprogramm ihr geholfen habe, sich mit sich selbst auseinander zu setzen, ihr Leben zu verstehen und ihre Drogensucht unter Kontrolle zu bringen. Obwohl sie von dem Drogenprogramm profitiert hat, verließ sie die Einrichtung lange vor dem für sie vorgesehenen Zeitpunkt. Sie berichtet: „Wenn ich dort geblieben wäre, hätte ich zwar gelernt, dass ich ohne Harlan und ohne die Kinder leben könnte und dass ich mein eigener Herr wäre und für *mich allein* sorgen könnte … aber meine Sorge dreht sich um ihn und die Kinder, und dort habe ich mich nur mit meiner Person befasst."

Aus Angies Sicht ist ihre Beziehung zu ihrer Familie durch das Drogenprogramm gefährdet worden, solange ausschließlich ihre persönlichen Probleme behandelt wurden, durch die sie in eine innere Zwickmühle geriet. Doch die Konfusion hatte nicht nur mit ihrem Seelenleben zu tun: Sie war auch eine Funktion der verschiedenen und gleichzeitig durchgeführten Interventionen, wie sie in ihrem Leben üblich waren. In einer Sitzung, zu der Drogenberater der Drogeneinrichtung und Sozialarbeiter der Jugendämter zusammenkamen, wurde deutlich, dass jede der beiden Institutionen ihre eigenen Prioritäten hatte und ihre eigene Botschaft vermittelte. Das Jugendamt konzentrierte sich auf die Familienbeziehungen, und seine Mitarbeiter versuchten, Angies Kontakte mit Jocelyn und Gail zu koordinieren. In der Drogeneinrichtung stellte man Angie als Individuum in den Mittelpunkt und behauptete, dass sie sich und ihre Lebensgeschichte verstehen, sich mit ihrem Tun und Wollen ehrlich konfrontieren und als Individuum stark werden müsse, bevor sie sich mit anderen Problemen beschäftigen könne.

Wenn Angie durch einen vom Jugendamt organisierten Besuch bei ihren Kindern aufgewühlt war, verhängten die Mitarbeiter des Drogenprogramms ein Moratorium über diese Besuchskontakte. An diesem Punkt realisierte Angie den unauflösbaren Widerspruch und traf eine Entscheidung zugunsten einer Fortsetzung des Kontakts mit ihren Kindern. Sie nahm ihre ganze persönliche Kraft zusammen, wählte aus den widersprüchlichen Unterstützungsleistungen, die zu allgegenwärtigen Merkmalen ihres Lebens geworden waren, eine aus und verließ die Drogeneinrichtung samt ihrem Programm in der Hoffnung, mit der Unterstützung der Drogenberatung dauerhaft ohne Drogen auskommen zu können – und verständlicherweise fühlte Angie sich unbehaglich angesichts einer ungewissen Zukunft.

Die Beschreibung der Leidensgeschichte von Angie und ihrer Familie beenden wir an einem Punkt der Ungewissheit. Mit dieser Falldarstellung haben wir die Absicht verfolgt, ein Bild von den Menschen zu entwerfen, die von den helfenden Systemen betreut werden, und Probleme zu beleuchten, wie sie in der Ausführung sozialer Dienstleistungen häufig vorkommen. Wir sehen es als unsere Aufgabe, in den nun folgenden Kapiteln über Alternativen zu den bestehenden Hilfsangeboten nachzudenken und Konzepte zu entwickeln, welche anderen lebensgeschichtlichen Verläufe bei Menschen wie Angie und ihrer Familie denkbar sind, wenn sie aus den reißenden Fluten herausgezogen werden und ihnen Hilfe angeboten wird.

2. Der konzeptuelle Rahmen

Systemische Sicht und familienorientierter Ansatz

In diesem Buch geht es um die sozialtherapeutische Arbeit mit armen Multiproblem-Familien und um die Behörden, die diesen Menschen in ihrer Not helfen. Wir haben mit einem typischen Einzelfall, mit Angie und ihrer Familie, angefangen, bei dem die sozialen Dienstleistungen speziell auf die Betroffenen zugeschnitten waren und von unterschiedlichen unabhängig voneinander arbeitenden Systemen ausgeführt wurden. Die Tatsache, dass Angie, Harlan, Jocelyn und Gail eine Familie bilden, hat wenig Einfluss darauf gehabt, wie die einzelnen Hilfsangebote strukturiert oder umgesetzt worden sind.

Eine Fragmentierung der sozialen Dienste ist eher die Regel als die Ausnahme und führt sowohl zu ineffizienten Ergebnissen als auch zur Strapaze für die betroffene Familie. Wenn wir nun eine andere Arbeitsweise vorstellen, betonen wir gleichzeitig einen Ansatz, der integrativ ist, auf der systemischen Sichtweise basiert und das Familiensystem stützt. Die praktischen Implikationen werden in den nachstehenden Kapiteln beschrieben; doch zunächst stecken wir einen allgemeinen Rahmen ab, in dem zuerst die Grundprinzipien der Systemtheorie skizziert werden und anschließend unser Familienkonzept – insbesondere in Bezug auf die armen Multiproblem-Familien – beschrieben wird.

Die systemische Sicht

Was heißt denn „systemisch denken" – auf einer allgemeinen Ebene, in Bezug auf Sozialbehörden, in Bezug auf Familien?

Wir alle kennen Systeme. Wir benutzen den Begriff „System" in Unterhaltungen, und der hat eine bestimmte Bedeutung. Wir spre-

chen vom Sozialsystem, Nervensystem, Solarsystem. D
ist uns so vertraut, dass wir über seine Bedeutung nic
ken müssen. Zweifelsohne hat er etwas mit Verbunde
mit der poetischen Vorstellung, dass man beim Betrach
me deren Verbundenheit mit dem Universum erkenn

Ja, eine systemische Perspektive hat mit Verbindungen zu tun, aber auf eine besondere Weise. Sie beleuchtet die spezifischen Modalitäten, in der die einzelnen Teile des Systems miteinander verbunden sind, und sie hat deshalb eine prognostische Komponente. Weil das Universum ein System ist, können Wissenschaftler den Moment voraussagen, in dem der Mond zwischen Sonne und Erde steht und eine Sonnenfinsternis verursacht, und sie können die Auswirkungen auf die Erde und ihre Bewohner beschreiben. Wir wissen, dass die einzelnen Teile eines Systems sich wechselseitig beeinflussen und dass sich diese Wirkungen wiederholen, wodurch Systeme zu interessanten Studienobjekten werden und potenzielle Prognosen möglich sind.

Verschiedenartige Systeme haben zwar spezifische Merkmale, aber jedes System wird durch immer wiederkehrende Muster organisiert und typisiert. Weder das Sonnensystem, das Sozialhilfesystem, noch ein Familiensystem sind in ihren jeweiligen Funktionsweisen willkürlich. Die Sonne geht morgens auf, das Sozialhilfesystem funktioniert nach spezifischen Verfahren, damit einkommensschwachen Familien mit Kindern geholfen werden kann, und genauso hat eine Familie ihre systemspezifischen und vorhersehbaren Muster.

An dieser Stelle müssen wir einhalten, um über einen Widerspruch nachzudenken. Die Verbindungen zwischen lebenden Organismen begreifen wir anscheinend als eine universelle Wahrheit. Wenn Ökologen uns erzählen, dass Wölfe und Rotwild in einem ökologischen Gleichgewicht miteinander verbunden sind, dann akzeptieren wir das als Gegebenheit: Wenn zu viel Rotwild geschossen wird, kann es sein, dass der restliche Rotwildbestand von den Wölfen ausgerottet wird, die dann selber in Bedrängnis geraten, und / oder es verhungern so lange Wölfe, bis ein Gleichgewicht zwischen beiden Tierarten wiederhergestellt ist. Ein anderes Beispiel: Obwohl wir die Funktionsweisen von Systemen in einem fast organischen Sinne verstehen, verehren wir unsere Bundesstatistik, als ob sie allein regierte und triumphierte; Helden und Opfer werden nicht in Verbindung gebracht mit ihrer Umwelt und mit anderen Menschen. Eine Art Tunnelperspektive beherrscht die Vorstellung

..ı menschlichen Verbindungen, was für die sozialen Dienste und .Iilfsangebote enorme Implikationen hat. Das bedeutet z. B. in Angies Fall: Die Drogenberater bestehen darauf, dass Angie sich in erster Linie darauf konzentriert, von den Drogen loszukommen, und lassen dabei außer Acht, dass die Sorge um die für Angie wichtigen Menschen in ihrer Familie ein Teil ihrer „persönlichen Probleme" ist.

Wenn wir verstehen wollen, wie sich systemisches Denken auf Menschen anwenden lässt, müssen wir immer die Vorstellung von Verbindungen und sich wiederholenden Mustern im Hinterkopf behalten. Wir müssen auch noch andere Merkmale eines Systems beachten: das Vorhandensein von Subsystemen, die Art der Wechselwirkung zwischen den einzelnen Teilen und die Tatsache, dass jedes System unweigerlich Phasen der Stabilität und des Wandels durchläuft. Diese Überlegungen sind entscheidend für das Verständnis, wie Familien funktionieren; sie lassen sich aber auch auf die umfassenderen Sozialsysteme wie Krankenhäuser und Sozialbehörden anwenden, die das Leben einer Familie tangieren können.

Es liegt auf der Hand, dass Krankenhausabteilungen wie Chirurgie, Poliklinik und Sozialdienst Subsysteme der übergeordneten Organisation sind: Jede Abteilung hat eine besondere Funktion, hängt zusammen mit anderen Abteilungen, und ihre Funktionsweise wird durch die Krankenhauspolitik und klinikspezifische Verfahren bestimmt. Weniger offensichtlich ist vielleicht die komplexe und zirkuläre Art, in der die einzelnen Teile interagieren. So kann z. B. der besondere Umgang der SozialarbeiterInnen mit den Patienten dazu führen, dass der Ansatz der Chirurgen, der „Patient X ist ein Nierenproblem", erweitert wird. Möglicherweise bringen die Chirurgen den Sozialarbeitern etwas über die Dringlichkeit von Notfällen bei. Wir wissen zwar, dass krankenhauspolitische Vorgänge tendenziell von oben nach unten laufen, schenken aber der Tatsache weniger Aufmerksamkeit, dass auch die einzelnen Abteilungen durch die Ideen, die sie an die Verwaltung weiterleiten, und durch die Art und Weise, wie sie Direktiven umsetzen oder ablehnen, auf die Krankenhauspolitik Einfluss nehmen.

Natürlich bedeutet eine solche Wechselseitigkeit nicht automatisch Gleichheit. Der Einfluss, den die einzelnen Subsysteme eines Krankenhauses auf die gesamte Krankenhauspolitik ausüben können, hängt von der Flexibilität des Systems ab, und in jeder Organisation ist die Macht der einzelnen Teile tendenziell ungleich verteilt. In den meisten Krankenhäusern hat z. B. der Sozialdienst weniger Einfluss auf die gesamte Krankenhauspolitik als die Chirurgie. Dieses Thema stellt sich wieder im Zusammenhang mit der Familie, vor allen Dingen dann, wenn die Familien arm und auf die Hilfe organisierter Systeme angewiesen sind. Solche Familien können selten die Muster der Systeme beeinflussen, die ihnen Hilfe anbieten, und eine konstruktive Intervention kommt oftmals dem Versuch gleich, dieses Ungleichgewicht zu beseitigen.

Ist ein System einmal aufgebaut, bleibt es nie in einem statischen Zustand. Es durchläuft unweigerlich Phasen der Stabilität und des Wandels. In Phasen der Stabilität funktioniert ein System durch vertraute Muster, und die Wiederholung unterliegt zum größten Teil den Gesetzen der Anpassung. Ein Krankenhaus muss das Aufnahmeverfahren nicht für jeden neuen Patienten noch einmal erfinden, und eine Familie muss auch nicht täglich neue Regeln des Zubettgehens festlegen. Doch alle Systeme, bei denen Menschen beteiligt sind, sind ihrem Wesen nach offen. Immer wieder geschehen neue Ereignisse, was dazu führt, dass stabile Muster aufgeweicht werden. Ein Krankenhaus kann z. B. mit einem anderen fusionieren und danach von einer *Health Maintenance Organization* (HMO)[3] verwaltet werden. Die laufenden Verfahren wären dann infrage gestellt. Selbst wenn das Krankenhaus unter den vormaligen Bedingungen reibungslos gearbeitet hätte, müssten Strukturen und Verfahren wieder neu aufgebaut werden. Die Mitarbeiter des Krankenhauses würden eine Phase des Übergangs durchmachen, die von Unsicherheit geprägt wäre; sie würden während dieses Prozesses nach Mustern suchen, die das in der Vergangenheit Geschätzte bewahren würden, und sich gleichzeitig angemessen auf die neue Realität einstellen.

Sozialbehörden sind, wie Krankenhäuser auch, organisierte Systeme, und ihre Realität ist fast immer komplex. Sie sind im Allge-

3 *Health Maintenance Organizations* entsprechen in etwa den hiesigen Vorstellungen von privaten Krankenversicherungen, die von Ärzten, Gewerkschaften oder Genossenschaften getragen werden können und ihren freiwilligen Mitgliedern Versicherungsschutz bei ambulanten, stationären und zum Teil zahnärztlichen Leistungen bieten. Die HMOs verfügen über eigene Krankenhäuser und eigene Ärzte und haben ein Jahresbudget, nach dem sich die Mitgliedsbeiträge richten (Anm. d. Übers.).

meinen in umfassendere soziale und politische Strukturen eingebettet, in interne Subsysteme aufgegliedert und sie agieren auf gleicher Ebene mit anderen Behörden, die für die gleichen Familien zuständig sind. Eine Adoptionsbehörde ist beispielsweise eingebunden in einen sozialpolitischen Kontext, in dem die gesetzlichen Voraussetzungen bestimmt werden; sie ist abhängig von der offiziellen bzw. informellen Politik bezüglich der Adoption andersrassiger Kinder und auch von der öffentlichen Meinung über homosexuelle Paare, die ein Kind adoptieren möchten; und sie muss die Frist berücksichtigen, innerhalb deren in Fällen von Verwahrlosung das elterliche Sorgerecht erlischt. Aufgrund dieser miteinander verwobenen Faktoren erhöht oder verringert sich die Zahl der zur Adoption freigegebenen Kinder.

Innerhalb der Adoptionsbehörde ist die Arbeit auf einzelne Bereiche verteilt. Die einzelnen Abteilungen sind für unterschiedliche Aufgaben zuständig, z. B. für die Suche nach potenziellen Adoptiveltern und deren Beurteilung, für die Einhaltung der gesetzlichen Vorschriften oder für die Überwachung der Adoptionsstelle durch Besuche bei der Adoptivfamilie. Jede Abteilung hat ihre eigenen Verfahren, und die einzelnen Abteilungen müssen ihre Arbeitsbeziehungen untereinander und zu den Behörden, die mit den gleichen Familien arbeiten, koordinieren. Logischerweise sollte die Kommunikation zwischen der Abteilung, welche die Adoptivfamilien auswählt, und der Abteilung, welche die Adoptionsstellen überwacht, intensiv sein und es ermöglichen, sich den Realitäten anzupassen, mit denen die Sozialarbeiter in der jeweils anderen Abteilung konfrontiert sind. Eine Adoptionsbehörde sollte auch in kontinuierlichem Kontakt stehen mit den sozialen Diensten und Einrichtungen, die für die einzelnen Adoptionsfälle relevant sind, z. B. mit dem Kinderheim, in dem ein Kind vor der Vermittlung an Adoptiveltern zwei Jahre lang gelebt hat, oder mit den Mitarbeitern des Programms für behinderte Kinder in der Region, in der das zu adoptierende Kind leben wird. Die Kommunikation zwischen den betreffenden Organisationen sollte mehr sein als ein reiner Verwaltungsakt, vor allem dann, wenn ein schwieriger Übergang – wie es die Adoption darstellt – geplant oder bereits im Gang ist.

Es ist zwar zeitaufwendig, die Arbeit verschiedener Subsysteme und Behörden zu integrieren, aber vielleicht weniger Zeit raubend als die spätere Korrektur der negativen Auswirkungen einer schlechten Koordination. „Revierkämpfe" zwischen den Subsystemen einer Behörde haben genauso einen Aushöhlungseffekt wie die mangelhafte Kommunikation zwischen verschiedenen Behörden. Die Aus- und Weiterbildung des Behördenpersonals ist hilfreich und notwendig, um Veränderungen herbeiführen zu können, doch ihre positiven Auswirkungen sind begrenzt, wenn die Qualifikationsmaßnahmen nur einen Ausschnitt eines komplexen Systems streifen. Wir haben z. B. festgestellt, dass die Fähigkeit von Sozialarbeitern „im Feld", neue Ideen und Verfahren dauerhaft umzusetzen, von der Unterstützungsbereitschaft ihrer Supervisoren sowie von der Möglichkeit, die Behördenpolitik mitzugestalten, abhängt, damit sie die gleiche Richtung einschlagen können.

Eine systemische Orientierung ist kein akademisches Luxusgut; sie ist ein notwendiges Handwerkszeug. Wenn man versteht, dass die einzelnen Behörden interaktive Kräfte in dem Netzwerk sind, in das eine Familie eingebunden ist, dann ist das ein Eckpfeiler der Kooperation und entscheidend dafür, wie Interventionen mit unterschiedlichen Zielsetzungen koordiniert werden können. Wenn die professionellen Helfer ihre gegenseitigen Arbeitsbeziehungen bejahen und neue Wege im Umgang mit ihren Differenzen finden, werden sie die Effizienz des Sozialwesens steigern und die Qualität der Hilfeleistungen erhöhen, die sie ihren Klientinnen und Klienten anbieten.

Wir beenden nun diese kurze Beschreibung der Systeme, die soziale Dienste darstellen, und schenken unsere Aufmerksamkeit den Familien, welche die Empfänger von deren Leistungen sind.

Die Familie

Die Familie ist eine besondere Art von System, das eine Struktur, Muster und Eigenschaften aufweist, die Stabilität und Wandel organisieren. Sie ist ebenso ein menschliches Bündnis, deren Mitglieder in direktem Kontakt stehen, emotional miteinander verbunden sind und eine gemeinsame Geschichte haben. Es kommt uns vor allem darauf an, die Familien zu verstehen, die von Sozialbehörden beraten und betreut werden. Wir können uns diesem Verständnis am besten über eine allgemeine Diskussion nähern, in der wir die Familien zuerst als System und dann als Bündnis behandeln.

Muster

Wenn wir die Familie als ein System mit einer bestimmten Struktur beschreiben, dann meinen wir damit mehr als eine Übersichtskarte, welche Personen zur Familie gehören. Wir beziehen uns auf Interaktionsmuster, die immer wiederkehren und vorhersagbar sind. In diesen Mustern spiegeln sich die Zugehörigkeiten, Spannungen und Hierarchien, die in menschlichen Bündnissen wichtig sind, und sie sind Bedeutungsträger für Verhalten und Beziehungen.

In den meisten Familien gibt es vielfältige Muster von Allianzen, die aus Familienmitgliedern bestehen, die emotional eng miteinander verbunden sind und sich wechselseitig stützen. Jerry und Clarissa Brown z. B. sind seit über 20 Jahren verheiratet. Die Art und Weise, wie sie ihre Freizeit miteinander verbringen, sich um ihre Familie kümmern und Probleme bewältigen, zeugt eindeutig von einer stabilen Allianz. Doch es gibt auch andere Arten von Allianzen, die weniger offensichtlich sind als die von Jerry und Clarissa. So haben beispielsweise die Großmutter und ihre Enkelin Jenny eine besondere Bindung zueinander. Sie verbringen viel Zeit miteinander; die Großmutter ist Jennys Vertraute, und beide freuen sich darüber, dass die Leute von ihnen sagen, sie sähen sich ähnlich.

Manchmal nehmen Allianzen auch andere Formen an. Sie können aus Familienmitgliedern bestehen, die sich aufgrund der Opposition gegen andere Familienmitglieder zusammengeschlossen haben – und eine solche Allianz ist, genauer gesagt, eine Koalition. Koalitionen dieser Art sind oft kurzlebig und können verhältnismäßig harmlos sein. In einer Familie verbünden sich die heranwachsenden Kinder gegen ihre Mutter, wenn diese einen Wochenendbesuch bei der unbeliebten Tante oder dem unsympathischen Onkel vorschlägt. In einer anderen Familie ist die Koalition stabiler und weniger erheiternd: wenn z. B. die Töchter eine Allianz gegen ihren Stiefvater bilden und äußerst erfinderisch sind, gegen ihn zu opponieren, obwohl sie sich sonst meistens nicht gut vertragen.

Muster, welche die Machthierarchie unter den Familienmitgliedern organisieren, sind in jeder Familie vorhanden. Sie definieren die familialen Wege, auf denen Entscheidungen getroffen und die Verhaltensweisen der Familienmitglieder kontrolliert werden. Autoritätsmuster sind besonders wichtige Aspekte der Familienorganisation. In diesen Mustern ist das Potenzial für Harmonie wie für Konflikt angelegt, und sie werden infrage gestellt, wenn Familienmitglieder älter werden und sich verändern.

Autoritätsmuster, die eindeutig und flexibel sind, funktionieren im Allgemeinen gut. Clarissa und Jerry Brown haben im Laufe ihrer Ehejahre eine praktikable Vorgehensweise entwickelt. Sie akzeptieren in bestimmten Bereichen die Autorität des anderen, berücksichtigen die Ideen und Vorschläge der Kinder, wenn wichtige Familienentscheidungen gefällt werden, und haben ihren Kindern mit dem Eintritt in die Adoleszenz wachsende Autorität und Autonomie zugestanden. Andere Familien verfügen jedoch über weniger funktionale Muster, um zu Entscheidungen zu gelangen, und besitzen weniger Geschick darin, ihre Differenzen beizulegen. Es kommt häufig vor, dass Familien in Therapie kommen, weil ihre Gespräche und Auseinandersetzungen unverrückbar auf dem Prinzip des Gewinnens und Verlierens aufgebaut sind und sie die Muster nicht verändern können, die den Familienkonflikt verstärken. Autoritätsprobleme sind jedoch nicht immer eine Frage von Starrheit. Manchmal ist die familiale Machtstruktur auch eher erratisch als starr – und kann verhängnisvolle Nebenwirkungen haben, die nicht durchschaut werden. So kann z. B. in drei Generationen umfassenden Einelternfamilien mit kleinen Kindern einmal die Autorität bei der Mutter liegen, ein andermal bei der Großmutter und wieder ein andermal bei einem Onkel oder den älteren Geschwistern – je nachdem, wer zufällig anwesend ist. Uneindeutige und widersprüchliche Botschaften verwirren die Kinder und kollidieren mit ihrer Vorstellung von akzeptablem Verhalten.

Manche Muster haben ethnische Wurzeln. So haben z. B. spanische Familien im Allgemeinen andere Muster, ihre Gefühle auszudrücken, Auseinandersetzungen zu intonieren und ihre Kinder zu liebkosen, als ihre nordeuropäischen Nachbarn. Doch die meisten Familienmuster sind familienspezifisch und werden mit der Zeit im familialen Kontext entwickelt. Eine Mutter schaut z. B. ständig nach ihrem Baby, um es vor der älteren Schwester zu schützen, und sie ist immer mit ihrem zwölfjährigen Sohn böse, wenn dieser sich mit ihrem Freund streitet. Ihr Verhalten ist vorhersagbar, selbst wenn sich der situative Kontext ändert. Die Mutter wird ihr Baby beschützen, und zwar unabhängig davon, ob seine Schwester es schlägt oder lediglich in ein gefährliches Spiel verwickelt, ob der aggressive Akt von der Schwester oder von einem Kind auf dem Spielplatz ausgeht. Und gemäß ihrer Begründungslogik wird sie jedes Mal auf ihren zwölfjährigen Sohn zornig, wenn er sich mit ihrem Freund prügelt – auch dann, wenn sie einen neuen Freund hat, und auch dann, wenn sie vermutet, dass der Erwachsene den Streit vom Zaun gebrochen hat.

Organisierte Muster sind der konkrete Ausdruck impliziter Regeln. Weil Erwartungen und Grenzen über Muster definiert werden, wissen die Familienmitglieder, was erlaubt ist und was nicht. Nina z. B., die älteste Tochter einer allein stehenden Mutter, weiß, dass sie für die jüngeren Geschwister verantwortlich ist und sie herumkommandieren kann, wenn die Mutter nicht zu Hause ist – aber jeder nimmt an, dass Nina die Jüngeren nicht schlagen oder terrorisieren darf. Was nützlich ist, kann allerdings auch einengend werden. Weil Muster etwas Habitualisiertes sind, laden sie nicht zur Veränderung ein, und ebenso wenig mobilisieren sie die Ressourcen der anderen Familienmitglieder. Wenn Nina zu oft zu Hause bleiben muss, um auf ihre jüngeren Geschwister aufzupassen – wodurch ihre Kontakte mit Gleichaltrigen eingeschränkt werden und sich in Nina immer mehr unartikulierter Groll ansammelt –, dann ist es Zeit, dass die Familie ein nicht mehr sinnvolles Muster durchbricht. Vielleicht kann in diesem Fall das Potenzial des 13-jährigen Bruders nutzbar gemacht oder die Arbeitszeit der Mutter geändert werden, oder vielleicht lässt sich auch ein auf Gegenseitigkeit beruhendes Arrangement mit einer Nachbarsfamilie treffen.

Subsysteme

Familien bestehen – wie alle komplexen Systeme – aus vielen Subsystemen. Alter und Geschlecht gehören zu den Faktoren, derentwegen sich familiale Subsysteme bilden. Erwachsene haben Funktionen und unterhalten Beziehungen, aufgrund deren sie von ihren Kindern separiert sind. Die adoleszenten Kinder bilden eine Gruppe mit besonderen Interessen. Die männlichen Familienmitglieder bilden eine Untereinheit und die weiblichen Familienmitglieder eine andere. Und in einer „zusammengesetzten“ Familie gibt es Untergruppen, die „ihr“, „ihm“ und „ihnen“ zuzurechnen sind. Explizite und implizite Regeln kontrollieren die Beziehungen zwischen den einzelnen Einheiten: Die jüngeren Kinder stören die heranwachsenden Geschwister nicht, wenn deren Zimmertür geschlossen ist; die Kinder petzen nur dann bei den Erwachsenen, wenn sie sich ungerecht behandelt fühlen; die Kinder der Mutter erwarten nicht, dass sie am Samstag mit ihrem Stiefvater und dessen Sohn ausgehen dürfen, wenn sie nicht ausdrücklich dazu eingeladen werden; und der Großvater setzt sich nur dann für ein Enkelkind ein, das Ärger mit seinen Geschwistern hat, wenn die Eltern nicht gerade erzieherische Maßnahmen durchsetzen wollen.

Das Konzept der *Grenzziehung* ist in Bezug auf die familialen Subsysteme so wichtig wie in Bezug auf die Familie als Ganzes. Grenzen sind unsichtbar – wie der Wind –, und dennoch wissen wir, dass sie über die Art ihrer Bewegung existieren. Alle im vorangegangenen Abschnitt aufgeführten Beispiele thematisieren Grenzen, wodurch Schwellen markiert werden, die nicht überschritten werden sollten, und die Bedingungen, unter denen Grenzen durchlässiger sind. Über die Durchlässigkeit von Grenzen offenbaren sich die Realitäten der Zugänglichkeit und der Privatsphäre eines Familiensystems.

Die Festigkeit der Grenzen der einzelnen Subsysteme hängt vom spezifischen Stil einer Familie ab. Zum Festessen am Thanksgiving Day sind z. B. in der Familie Smith drei Generationen versammelt, wobei großes Getümmel herrscht und sich ein enormer Geräuschpegel entwickelt. Dieses Arrangement wäre nicht sinnvoll für die Familie Barry, in der die Kinder an einem separaten Tisch sitzen und um Ruhe gebeten wird, wenn sie etwas laut werden. Doch mit dem familialen Lebenszyklus wird es in beiden Familien der Entwicklung der einzelnen Familie angemessene Veränderungen geben. Die Grenzen zwischen den Erwachsenen und den Kindern werden zwangsläufig fester werden, wenn die Kinder heranwachsen und der Adoleszenz entgegengehen. Im Allgemeinen mischen sich die Eltern ein, wenn die fünf Jahre alte Tochter ihren kleinen Bruder so lange piesackt, bis dieser fast einen Koller bekommt; doch wenn die Kinder größer werden, erwarten die Eltern von ihnen, dass sie ihre Kämpfe allein ausfechten, und wahrscheinlich ziehen die Heranwachsenden die Grenzen, die ihnen mehr Privatsphäre geben. Wenn die Elterngeneration älter wird, können sich die Grenzen wieder verschieben und dabei die Bedürfnisse der Älteren sowie das zunehmende Engagement der Kinder für die Gesundheit und das Wohlbefinden der Eltern widerspiegeln.

Wenn Familienmuster nicht gut funktionieren, ist es hilfreich, die einzelnen Subsysteme separat unter die Lupe zu nehmen. Ein Gespräch z. B. nur mit der Gruppe der Kinder einer Familie eröffnet eine Perspektive von unten nach oben – anstatt von oben nach unten – auf die Familienhierarchie und auf Gegenpositionen innerhalb der Familie. Durch solch ein Gespräch kann auch das Repertoire der Familienmitglieder beleuchtet werden, die sich in verschiedenen Untergruppen vielleicht ganz unterschiedlich benehmen. Der zwölfjährige Mario kann ein phantasievoller und aufmerksamer Aufpasser für seine jüngeren Geschwister sein, auch wenn er in Anwesenheit seines Vaters verstockt oder mürrisch ist. Diese Beobachtung gibt einen nützlichen Leitfaden, wie man eine Familie darin unterstützen kann, ihre spezifische Funktionsweise herauszufinden und Muster zu entwickeln, in denen die Bedürfnisse der einzelnen Familienmitglieder berücksichtigt werden.

Das Individuum

Das Individuum ist die kleinste Einheit des Familiensystems: eine separate Entität und doch ein Teil des Ganzen. Im Rahmen eines systemischen Ansatzes geht man von der Grundannahme aus, dass jedes Familienmitglied zur Bildung von Familienmustern beiträgt; doch es ist auch offenkundig, dass Persönlichkeit und Verhalten des einzelnen Familienmitglieds geprägt werden von dem, was die Familie erwartet und gestattet.

Diese Sichtweise ist revolutionärer, als sie vielleicht klingt. Sie stellt sowohl die herrschenden theoretischen Grundlagen als auch die gängige Organisation sozialer Dienste und Hilfsangebote infrage, die auf das Individuum als die natürliche und hinreichende Einheit fokussieren. Diesen Punkt heben wir im ganzen Buch immer wieder hervor, weil wir überzeugt sind, dass die Fokussierung auf die Geschichte, Dynamik und Behandlung der einzelnen Klienten nicht ausreicht und dass es notwendig ist, mit den Menschen im Kontext ihrer Familien und ihres erweiterten sozialen Netzwerkes zu arbeiten.

Wenn wir das Individuum als Teil eines Systems verstehen, müssen wir eine andere Sicht davon haben, wie dessen Selbstbild entsteht und wie sein Verhalten gesteuert wird. Familien definieren die einen Mitglieder zum Teil über die Qualitäten und Rollen der anderen Familienmitglieder. Dadurch erzeugen sie eine Art sich selbst erfüllender Prophezeiung, die sich auf Selbstbild und Verhalten jedes einzelnen Familienmitglieds auswirkt. Joe wird z. B. von der Familie als ein Kind beschrieben, das schüchterner ist als die anderen Kinder

der Familie, und er selbst glaubt das von sich auch. Von Annie, der ältesten Tochter der Familie, erwartet man, dass sie beim Kochen hilft und die jüngeren Geschwister betreut, und sie funktioniert fraglos als der „verlängerte Arm der Eltern“ – zumindest bis ins Jugendalter. Oder die Mutter ist die einzige Person in der Familie, die zuständig ist für den Kontakt mit den Schulen und anderen Einrichtungen. Die Verhaltensprägung eines Familienmitglieds durch die Familie beruht oft auf der Wertschätzung individueller Qualitäten, was allerdings auch persönliche Verhaltensentwicklungen blockieren kann, weil das eigene Selbst nicht genügend erforscht werden kann und die Vielfältigkeit des Selbstkonzepts eingeschränkt wird.

Aus systemischer Sicht wird Verhalten als eine gemeinsame Verantwortung begriffen, die sich aus Mustern entwickelt, welche die Handlungen jedes Einzelnen motivieren und perpetuieren. Es ist durchaus üblich, dass jemand sagt „Mein Kind ist so trotzig zu mir“ oder „Mein Partner nörgelt ständig“. Doch das sind einseitige, lineare Beschreibungen. De facto ist es so, dass der Trotz des Kindes oder die Nörgelei des Partners nur eine Seite der Situation darstellt. Der Prozess ist *zirkulär*, und das Verhalten ist *komplementär*, das bedeutet, dass das Verhalten des Einzelnen durch alle am Prozess Beteiligten gestützt wird. Sie alle initiieren Verhalten und reagieren darauf; und im Grunde ist es unmöglich, den Anfang dieses Prozesses festzulegen oder Ursache und Wirkung herauszufinden. Denn mit der gleichen Berechtigung können wir sagen: Wenn Tamika trotzig ist, fängt ihre Mutter an zu schreien, dann weint Tamika, und ihre Mutter schlägt sie. Wir können auch sagen: Die Mutter schreit ihre Tochter an, Tamika weint, ihre Mutter schlägt sie, und Tamika wird trotzig. Die Interaktion zwischen Mutter und Tochter folgt einem bestimmten Muster, und wir können das Verhalten der einen Person nicht erklären, ohne die andere Person mitzudenken.

Das Konzept der Komplementarität bietet eine nützliche und gleichzeitig etwas beunruhigende Methode, sowohl Diagnose als auch Ursache und Wirkung zu deuten; doch es gibt auch Warnsignale. So reflektiert das Verhalten eines Familienmitglieds zwar ein zirkuläres Muster; aber manche Verhaltensweisen sind gefährlich oder moralisch verwerflich, weil sie die Schwächen einiger Familienmitglieder ausnutzen und deren Sicherheit gefährden. Feministinnen betonen diesen Punkt in der Diskussion über Gewalt von Männern gegen Frauen, und unsere Gesellschaft verurteilt die Misshandlung und den sexuellen Missbrauch von Kindern. In bedrohlichen Situationen besteht die vordringliche Aufgabe darin, die zum Opfer gewordenen Personen zu schützen und nach ethischen Grundsätzen zu handeln, während man mit der Familie arbeitet, um immer wiederkehrende Muster zu verändern, die gefährlich oder sittlich inakzeptabel sind.

Übergänge

Alle Familien durchlaufen Phasen des Übergangs. Familienmitglieder werden älter und verändern sich, und Ereignisse treten dazwischen, welche die Familienrealität modifizieren. Bei jeder Veränderung in den Lebensumständen muss sich die Familie – wie andere Systeme auch – mit einer Phase der Auflösung auseinander setzen. Vertraute Muster funktionieren nicht mehr, und neue Wege des Seins sind noch nicht gefunden worden. Die Familie muss einen Prozess des Versuchens und Irrens durchleben, wenn sie nach der Balance zwischen den bequemen Mustern, die ihr in der Vergangenheit gedient haben, und den realistischen Anforderungen ihrer neuen Situation sucht. Dieser oft schmerzliche Prozess ist gekennzeichnet durch eine Phase der Unsicherheit und Spannung.

Manche Übergänge werden durch den normalen Entwicklungszyklus herbeigeführt. Wenn z. B. ein Kind geboren wird, verlangt die Hilflosigkeit des Säuglings nach einem neuen, fürsorglichen Verhalten, wodurch sich das Beziehungsgeflecht der in diesem Haushalt lebenden Erwachsenen verändert. Wenn die Kinder heranwachsen, beanspruchen sie eine eigene Privatsphäre, Autonomie und Kompetenz, wodurch das System in Unruhe versetzt wird und neue Muster angezeigt sind. Wenn die Eltern ins Alter kommen, entstehen Probleme mit Krankheit und Gebrechlichkeit, sodass eine Verlagerung von Funktionen von der älteren Generation auf ihre erwachsenen Kinder notwendig ist. Manche Übergänge sind natürlich überhaupt nicht auf den normalen Entwicklungszyklus zurückzuführen. In ihnen spiegeln sich die Wechselfälle des heutigen Lebens und die unerwarteten Ereignisse, die in jeder Familie passieren können: Scheidung, Wiederverheiratung, unerwartete Krankheit, plötzliche Arbeitslosigkeit, Hochwasser oder Erdbeben.

Was immer der Auslöser für Verhaltensstörungen in Phasen des Übergangs sein mag, so ist doch wichtig zu sehen, dass diese nicht zwangsläufig pathologisch oder bleibend sind. Sie spiegeln oftmals die Versuche der Familie, Neues zu erkunden und zu integrieren. Angst, Depression und Reizbarkeit sind die affektiven Komponenten einer Krise. Auch wenn bestimmte Verhaltensweisen krankhaft oder dysfunktional erscheinen, so ist es doch nicht hilfreich, solche Reaktionen ausschließlich im Bereich des Pathologischen anzusiedeln.

Dies ist ein entscheidender Aspekt im Hinblick auf Multiproblem-Familien und ein Problem, das wir in späteren Abschnitten beleuchten. Diese Familien sind oft mit wiederkehrenden und dramatischen Übergängen konfrontiert, von denen etliche auch durch die Interventionen mächtiger Sozialsysteme produziert werden. Erschütterung und Auflösung, wie sie in den Reaktionen von Familienmitgliedern zum Ausdruck kommen, werden üblicherweise nicht als Teil des Prozesses verstanden, der mit Übergangsphasen einhergeht. Verhaltensstörungen werden häufig als Dauerproblem behandelt, was zur Folge hat, dass die Schwierigkeiten der Familie noch größer werden.

Die Familie als Bündnis

Es klingt etwas unpersönlich, wenn man die Familie als System diskutiert, was wahrscheinlich daher rührt, dass dabei die Gefühle und Komplexitäten der menschlichen Interaktion umgangen werden. Wenn wir der Sache näher kommen, können wir uns den emotionalen Kräften widmen, wodurch Menschen zusammengehalten und auseinander gerissen werden.

Die Mitglieder einer Familie haben ein besonderes Verbundenheitsgefühl füreinander: eine Bindung, ein Familienband. Damit ist sowohl eine Wahrnehmung als auch eine Empfindung gemeint. Sie wissen, „wir gehören zusammen", und sie tragen Sorge füreinander. Wenn wir mit Familien arbeiten, sind wir uns bewusst, dass ihre Mitglieder darauf bedacht sind, sich gegenseitig zu beschützen, zu verteidigen und zu unterstützen – und wir nutzen dieses Band, um ihnen bei Veränderungen zu helfen. Wir wissen auch, dass Spannung, Konflikt und Wut zum Teil wegen der Bande, die binden, unvermeidlich sind. Wie an einigen Beispielen bis jetzt gezeigt worden ist, kann eine Familie ihre Mitglieder einschränken und anzweifeln und diese gleichzeitig stützen.

Der Familiensinn drückt sich in Gefühlen und Wahrnehmungen aus und dadurch, wie Familienmitglieder ihre Geschichte, ihre

Einstellungen, ihren Stil beschreiben – was manchmal als „die Familiengeschichte" bezeichnet wird: „Wir sind eine Familie, die für sich bleibt; wir möchten nämlich mit der Nachbarschaft keinen Streit." Oder: „Wir haben am Anfang unserer Einwanderung schwere Zeiten durchgemacht, aber jetzt geht es uns gut." Oder: „Wir können anscheinend kein Problem lösen, ohne zu streiten." Oder: „Alle Frauen in unserer Familie leiden an Depressionen." Natürlich erzählen andere Familienmitglieder auch andere Geschichten, aber eine Familie hat üblicherweise eine gemeinsame Version der Geschichte, wer sie ist und wie sie funktioniert.

Das Gegenstück zur Familieneintracht ist der Familienkonflikt. In allen Familien gibt es Unstimmigkeiten, müssen Differenzen ausgetragen und Wege gefunden werden, wie mit Konflikten umzugehen ist. Die Frage ist, wie effektiv die Methoden der Familie sind: wie relevant sie für die Problemlösung und wie zufrieden stellend sie für die Betroffenen sind, inwieweit in Situationen der Eskalation akzeptable Grenzen gewahrt bleiben.

Familien brechen manchmal auseinander, weil sie keinen Weg aus ihren Streitigkeiten heraus finden können, obwohl die Familienmitglieder sich füreinander interessieren. Die meisten Familien haben ein Warnsystem, sozusagen eine Hemmschwelle, bei deren Überschreiten eine Alarmglocke läutet, welche die Familienmitglieder eindringlich daran erinnert, sich zu beruhigen und Gefahr zu vermeiden. Es kommt darauf an, wie schnell dieses Warnsystem anspringt und ob die Familie über Mechanismen verfügt, um zurückfahren und die Krise kontrollieren zu können, oder ob der Konflikt auf typische Weise bis zur Gewaltanwendung eskaliert.

Konflikt und Gewalt sind schwer wiegende Themen in der Arbeit mit Multiproblem-Familien. Wir nehmen die Diskussion dieser Probleme im nächsten Abschnitt wieder auf, in dem speziell die armen Multiproblem-Familien im Hinblick auf unser allgemeines Familienkonzept untersucht werden.

„Behördenfamilien": Die armen Multiproblem-Familien

Die Prinzipien familialer Strukturen und Funktionsweisen sind allgemeiner Natur, nehmen aber spezifische Ausprägungen an, wenn sie auf Familien angewandt werden, die unter der Kontrolle von Gerichten, des Sozialhilfesystems und von Kinderschutzbehörden stehen. Zuneigung und Bindung werden in diesen Familien oft übersehen. Wir erleben, dass Menschen voll gedröhnt sind mit Drogen und deshalb keine Bindung zu anderen Menschen mehr eingehen können, dass Mütter ihre Kinder vernachlässigen und Väter die Kinder sexuell missbrauchen und dass Familien gewalttätig sind und Menschen in Isolation leben. Alle diese Schilderungen treffen auf einige Familien zu; aber es wird nur der Teil geschildert, der die ins Auge springenden Aspekte der individuellen und familialen Notlage beleuchtet, während die Loyalität und Zuneigung ignoriert werden, die diese Menschen füreinander empfinden. Harlan z. B. möchte, dass die Kinder zu Angie zurückkehren, weil er überzeugt ist, dass sie eine Familie sind, und zwar unabhängig davon, was andere von ihnen denken oder wie fragmentiert sie aufgrund von Interventionen geworden sind, die ihnen einerseits geholfen, sie andererseits auseinander gerissen haben. Von aufmerksamen Pflegeeltern hören wir, dass Pflegekinder ihre Herkunftseltern lieben und bei ihnen leben möchten, selbst wenn sie von diesen geschlagen oder vernachlässigt worden sind. Das ist zwar ein paradox anmutender Gemütszustand, zeugt aber auch von einem Moment des tiefen Gefühls und der emotionalen Ambivalenz, die mit Familienbindungen Hand in Hand gehen.

Bei solchen Familien besteht ein immer wiederkehrender und störender Umstand darin, dass sie ihre eigenen Geschichten nicht selbst schreiben. Sobald sie in das Netz der Institutionen gelangen und mit ihrer Fallbeschreibung angefangen wird, übernimmt die Gesellschaft die redaktionelle Arbeit. Angies Akte wandert von Ort zu Ort und erzählt die offizielle Version, was für eine Person sie ist und welche Angehörigen ihrer Familie als für ihren Fall relevant erachtet werden. Eine menschlichere Herangehensweise lässt es zu, dass die Familien ihre eigene Sicht dessen entwickeln, wer sie sind, um wen sie sich Sorgen machen und wie sie ihre Probleme einschätzen.

Im Allgemeinen werden Bindungen und Zuneigung in den Familien behördlicherseits genauso wenig akzeptiert wie die Familienstrukturen: die tatsächliche Zugehörigkeit zur Familie und die Muster, die ihre Funktionsweise beschreiben. Die vom Sozialhilfesystem abhängigen Familien wirken oft chaotisch; Menschen schließen sich den Familien an und verlassen sie wieder, und einzelne Mitglieder sind anscheinend ausgeschlossen. Diese Labilität gehört zum Teil zum Leben unter Bedingungen der Armut, Drogenabhängigkeit und

Gewalt, aber sie ist auch ein Nebeneffekt sozialbehördlicher Interventionen. Kinder werden den Eltern weggenommen und in Pflegestellen untergebracht, Familienmitglieder werden ins Gefängnis gesteckt oder in Heime eingewiesen, soziale Dienste und Hilfsangebote sind fragmentiert. Der springende Punkt ist dabei nicht, ob solche Interventionen manchmal notwendig sind, sondern dass diese immer Familienstrukturen auflösen. Man führt die Interventionen durch, ohne zu bedenken, dass die positiven emotionalen Bindungen und die effektiven Ressourcen der Familien vielleicht auch zerstört werden. Wenn z. B. einer Familie alle Kinder weggenommen und in Pflegestellen untergebracht werden, weil sich das jüngste Kind schlecht entwickelt, dann verschwindet vielleicht auch der junge Beschützer seiner Mutter gegen einen ausfälligen Freund, und die sich gegenseitig stützende Geschwistergruppe existiert nicht mehr.

Die Grenzen sind in solchen Familien fließend, und Sozialarbeiter finden leicht Zutritt. Oft verschwindet die erst einmal erratische Autoritätsstruktur der Familie. Die Entscheidungen kommen von außen, und die Kinder lernen schon sehr früh, dass die Erwachsenen der Familie keine Macht haben. Der Sozialarbeiter kann unabsichtlich Teil der dysfunktionalen Subsysteme werden und die Familienmuster auf eine letztlich wenig hilfreiche Weise beeinflussen. Wenn der Sozialarbeiter z. B. die heranwachsende Tochter stützt und ihr erlaubt, sich im Kampf gegen ihre Mutter auf die Macht der Kinderschutzbehörden zu berufen, dann ist die Chance für die Familie, ihre Angelegenheiten zu regeln, eher geringer als größer.

Gewalt gehört für diese Familien schon zum Lebensalltag und kommt aus zwei Richtungen: Da ist die Gewalt, die sich in den Familien selbst ereignet, und die Gewalt, die durch sozialbehördliche Interventionen in die Familien getragen wird. Die erstgenannte Form der Gewalt kommt einem zuerst in den Sinn, weil sie der herkömmlichen Assoziation entspricht. Armut, Ohnmacht und Verzweiflung sind existenzielle Nöte und auch in den Familienzyklen dieser Population angelegt, was oft zu Kurzschlussreaktionen führt: Drogenmissbrauch, Kriminalität, Vergewaltigung und Gewalt.

Wenn man Familien untersucht, in denen Gewalt herrscht, stellt man eine Entgleisung der Ordnung fest. Die gängigen gefahrabweisenden Mechanismen, durch die Familienmitglieder geschützt sind und das Überleben der Gesellschaft gewährleistet ist, greifen hier nicht. Jeder Sozialarbeiter, der es mit sozial schwachen Familien in US-amerikanischen Großstädten zu tun hat, erlebt Momente einer hässlichen Realität: brutale Strafmaßnahmen, Inzest, verlassene Kinder. Als Berater und Ausbilder sind wir schon immer dem Konzept des Erhalts der Familie verpflichtet, und wir unterstützen die Interventionen, durch welche die Kinder in ihren Familien bleiben können; aber wir verfolgen mit großer Aufmerksamkeit das Problem der Gewalt in Familien und die Frage, wie die Sicherheit von Familienmitgliedern eingeschätzt und garantiert werden kann. Das Pendel der Sozialbehörden schwingt von einem Extrem ins andere – von der Wegnahme der Kinder über den Erhalt der Familieneinheit zurück zur Wegnahme der Kinder – und bietet für dieses grundlegende Problem keine intelligente Lösung an. Die Aufträge der Behörden beziehen sich auf Verfahren und sind pauschaler Natur. Sie werden zwar in guter Absicht ausgeführt, sind aber in spezifischen Situationen keine ausreichende Hilfestellung. Ein Sozialarbeiter muss den Familienkonflikt explorieren und das Potenzial der Familie für eine positive Veränderung einschätzen können, bevor er für den spezifischen Fall zu einer Entscheidung kommt. Dieses wichtige Thema diskutieren wir in den folgenden Kapiteln weiter.

Die zweite Form der Gewalt ist externer Natur. Sie hat ihren Ursprung in der Einmischung und in der absoluten Macht der Gesellschaft, Kontrolle auszuüben. Die offizielle Rhetorik plädiert für den Schutz der Schwachen – und manchmal hat die Realität eine Entsprechung; doch die Einmischung in die Familie geschieht oft respektlos, zerstört familiale Bindungen und löst gewachsene Familienstrukturen auf, und man realisiert nicht, dass die behördlichen Verfahren der Familie Gewalt antun. Weil die Tatsache, dass Individuen und Familien eng miteinander verbunden sind, so wenig Wertschätzung erfährt, führen Rechtslage und Sozialpolitik zu einer widersprüchlichen Situation, die mit einem Ungleichgewicht zwischen den Rechten der Familie und denen des Individuums einhergeht.

Ein Artikel, in dem genau dieses Muster veranschaulicht wird, erschien 1996 auf der ersten Seite der *New York Times*. Dieser Beitrag mit dem Titel *Wenn Gerichte Kinder wegnehmen. Verteidiger der Eltern gescheitert* (10. Juni 1996) beschrieb im Detail die Diskrepanz zwischen den gesetzlichen Mitteln, die den Eltern zur Verfügung stehen, wenn ihnen die Kinder weggenommen werden, und den Mitteln, die den Kommunen und den betroffenen Kindern zur Verfügung stehen. Die von den Gerichten bestellten Anwälte, welche die Seite der Eltern vertreten, werden als „überlastet und schlecht ausgerüstet“ beschrieben. Ihr Honorar ist niedrig, und ihr Erscheinen vor Gericht wird höher vergütet als ihre Vorbereitungsarbeit im Hintergrund. Die Konsequenz ist, dass sie selten mit den Betroffenen persönlich sprechen oder die Situation erforschen, was den Standpunkt der Eltern stärken würde. In den vergangenen Jahren, so der Artikel, seien Rechtsexperten „zu der Ansicht gelangt, dass ein Großteil dieser Arbeit mit schweren Fehlern behaftet ist“. In den meisten Fällen ist das Ergebnis solcher Gerichtsverhandlungen vorprogrammiert: Die Eltern verlieren ihren Rechtsstreit. Kaum jemand nimmt Notiz davon – ein Artikel auf der ersten Seite einer renommierten Zeitung ist ein Ausnahmeereignis, das letztlich ohne Wirkung bleibt –, und der nächste Schritt besteht darin, dass die Familie machtlos gemacht wird. Sie ist in gewissem Sinne das Opfer unabsichtlicher sozialer und fürsorgerischer Gewalt.

Sozialbehördliche Interventionen sind oftmals notwendig, wenn auch weniger oft, als sie tatsächlich durchgeführt werden – und sie sind nicht in der Form notwendig, in der sie im Allgemeinen geschehen. Die Einsicht, dass die Familie sinnhafte Strukturen, Bindungen, wiederkehrende Muster und Grenzen hat – selbst wenn diese nicht gut funktionieren oder Gefahren heraufbeschwören –, verändert alles. Die Art, wie man an die Arbeit mit Familien herangeht, verschiebt den Fokus. Wir fangen an, nach relevanten Personen im Familiennetzwerk Ausschau zu halten und unkonventionelle Familienformen zu akzeptieren. Wir realisieren die Existenz von Subsystemen und finden die Regeln heraus, nach denen Familieninteraktionen ablaufen, und zwar solche Regeln, die zu Krisen führen, wie auch solche, die auf Stärken der Familie hinweisen. Wir stellen fest, dass es durch soziale Interventionen zu Übergängen kommt und dass Familien kurzzeitige Phasen der Verwirrung, der Wut und der Angst durchmachen, die nicht als typische oder dauerhafte Probleme behandelt werden sollten. Wir werden uns auch der Tatsache bewusst, dass die Sozialarbeiter aufgrund ihres aktiven Intervenierens selbst zu einem Teil des Familiensystems werden. Ihre Rolle, die sie in der Arbeit mit armen Familien spielen, ist weitaus einflussreicher als die Rolle, die Lehrer, Ärzte oder Pfarrer in der Arbeit mit stabileren und besser situierten Familien spielen. Diese Realitäten zu akzeptieren und die Interventionen so zu organisieren, dass die Sozialarbeiter der Familie die Hilfe zur Selbsthilfe zukommen lassen, ist die treibende Kraft eines familienorientierten Ansatzes.

Wie sieht die gegenwärtige Realität aus? Wie nahe reichen die helfenden Systeme an die skizzierte Sicht von Familien und sozialen Dienstleistungen heran? Wir arbeiten seit vielen Jahren als Ausbilder und Berater und wissen, wie schwierig es für die meisten Sozialbehörden ist, einen systemischen Ansatz ihrer Arbeit mit armen Familien zu akzeptieren und zu praktizieren, und wir haben mit der Frage gerungen, weshalb das so sein muss. Wir sehen ein, dass der Wechsel von einer Arbeitsweise zu einer anderen immer mit Schwierigkeiten verbunden ist. Wir müssen jedoch tiefer in die Materie einsteigen und die Kombination von Faktoren untersuchen, die in der momentanen Praxis vorherrschen und es besonders erschweren, dass ein familienorientierter Ansatz in der sozialen Arbeit zum Tragen kommt. Die wahrscheinlichsten Erklärungen dafür liegen in drei Bereichen: im Wesen der Bürokratie, in der Aus- und Weiterbildung der Fachkräfte und in der öffentlichen Meinung gegenüber den Armen. Wir untersuchen diese Faktoren im nächsten Abschnitt dieses Kapitels.

Hindernisse für einen systemischen Ansatz in der Arbeit mit armen Famiien

Das Wesen der Bürokratie

Bürokratien werden unmerklich zu kopflastigen Verwaltungsapparaten. Zuerst identifizieren sie notwendige Aufgaben und entwikkeln die Strukturen, um diese Aufgaben erfüllen zu können. Natürlich wurden die sozialen Organisationen, die sich um die Armen kümmern, ins Leben gerufen, um zu helfen: um Leiden zu mildern, um die Schwachen zu schützen und um der Gesellschaft und ihren Mitgliedern ein soziales Netz von Sicherungssystemen zu geben. Doch die Zunahme von Armut, Obdachlosigkeit, Drogenmissbrauch, Gewalt und die Gefährdung von Kindern stellen die schützenden Systeme inzwischen vor ungeahnte Herausforderungen. Idealerweise würde man auf einen zunehmenden Bedarf mit einem einfallsreichen und effizienten Gesamtkonzept reagieren, um die Koordination von Dienstleistungen und die Verteilung von Finanzmitteln zu regeln. Konkret ist es aber so, dass die Lage der Dinge typischerweise ein Flickwerk aus einzelnen und nicht miteinander verbundenen Elementen hervorgebracht hat: Obdachlosenasyle, Übergangsheime und Polizeiaktionen, um dem Problem der Obdachlosigkeit zu begegnen; eine Vielfalt von Programmen, um mit dem Drogenmissbrauch fertig zu werden; eine Fülle von Behörden, die sich mit Familienpflege, Adoption, Heimunterbringung oder psychiatrischer Behandlung für gefährdete Kinder beschäftigen; und so weiter.

Die einzelnen Teile der Bürokratie des Sozialwesens haben sich zu spezialisierten Revieren entwickelt statt zu interagierenden Subsystemen einer Organisationsstruktur, und sie rivalisieren um Gelder. Obwohl die bereitgestellten Finanzmittel nie ausreichen, um alle Nöte zu lindern, würde auch mehr Geld allein die Situation nicht korrigieren. Das grundlegende Problem besteht darin, dass die sozialen Dienste und Hilfsangebote nicht koordiniert arbeiten und die Finanzmittel für spezifische Zwecke vorgesehen sind: z. B. für Kinder rauschgiftsüchtiger Mütter, schwangere Mädchen oder Arbeitsloseninitiativen. Eine in Kategorien aufgeteilte Finanzierung des Sozialwesens definiert den Aktionsbereich, verweist auf bestimmte Verfahren und liefert eine Ideologie für den Erhalt künstlicher Grenzziehungen. Es gibt wenig Spielraum oder Ermutigung, über einen optimalen, innovativen Ansatz nachzudenken. Die Konsequenz ist, dass Behörden und Ministerien, die um Finanzmittel kämpfen, ihre Sprache, ihre Verfahren sowie Aus- und Weiterbildungsmaßnahmen nach den Vorstellungen der verfügbaren Geldgeber und Finanzierungsinstanzen gestalten.

Mit den Jahren ist die Bürokratie des Sozialwesens kompliziert, unpersönlich und starr geworden, und genau diese Realität ist eine hohe Hürde für die Übernahme eines familienorientierten Ansatzes. Wenn ein komplexes System nach festen Prinzipien organisiert ist, dann ist es eine Herkulesarbeit, eine Veränderung im Fokus des Systems zu bewirken.

Soziale Dienste sind tendenziell um das Individuum herum angeordnet. Jeder Einzelfall dreht sich um einen Indexklienten, der an eine bestimmte Behörde verwiesen worden ist, weil er bei einem spezifischen Problem Hilfe braucht. Die Nebeneffekte, die mit der Fokussierung auf das Individuum verbunden sind, wurden u. a. am Beispiel von Angie und ihrer Familie in den vorangegangenen Abschnitten beschrieben. Das Problem besteht nicht darin, dass

Jocelyns körperliche Entwicklung in den Händen medizinischer Experten liegt oder dass Angie von Menschen beraten wird, die sich mit Drogenabhängigkeit auskennen und Erfahrung mit Drogensüchtigen haben. An dieser Art von Spezialisierung zeigt sich das gute Funktionieren des Systems. Das Problem besteht darin, dass die Drogenberater einen Wall um Angie als Person errichten und dabei ihren gewohnten Vorgehensweisen im Umgang mit Drogenmissbrauch folgen, ohne vorher offiziell über Angies Verbindungen zu ihrer Familie informiert worden zu sein. Ähnlich ist es in der Tageseinrichtung für behinderte Kinder, die Jocelyn besucht: Weder der Behandlungsplan noch die Instruktionen an das Personal weisen darauf hin, dass Angie die speziellen Fertigkeiten und Kenntnisse beigebracht werden sollten, damit sie sich um ihr behindertes Kind Jocelyn allein kümmern kann.

Es ist schwierig, diese eigenwillige Orientierung infrage zu stellen, weil die Verfahren mit starren bürokratischen Strukturen verknüpft sind. Budgetierungen, Fallbehandlungen und Versicherungsleistungen beruhen auf individueller Einschätzung und Handhabung. Arrangements dieser Art sind sowohl kompliziert als auch arbeitsintensiv und führen nicht leicht zum Erfolg. Darüber hinaus ist die Fokussierung auf das Individuum nicht nur für die Beamten, die das System verwalten, eine Selbstverständlichkeit, sondern auch für die meisten professionellen Helfer, die in dem System arbeiten.

Die Aus- und Weiterbildung der Fachkräfte

Wenn sich professionelle Helfer die Frage stellen: „Wozu sind wir hier?“, dann fällt die Antwort darauf im Allgemeinen leicht: „Um dem Klienten (oder dem misshandelten Kind, dem schwangeren Mädchen, dem Heroinabhängigen) zu helfen.“ Dass der Fokus auf dem Individuum liegt, ist ein Resultat der Lehrpläne zur Ausbildung von Fachkräften, in denen die Theorie der Individualität, das Einzelfallmaterial und therapeutische Techniken Vorrang haben. Sozialarbeiter, Psychologen und Psychiater lassen sich bei ihrer praktischen Arbeit von einer Grundkonzeption von Persönlichkeit, Pathologie und Behandlung leiten – kombiniert mit besonderen Techniken im Umgang mit dem Individuum. Vielleicht liegt es in der Natur der Sache, besonders dann auf individuelle Wesensarten und Handlungen einzugehen, wenn man es mit Menschen in Not zu tun hat. Um aber auf den Menschen in seinem Kontext reagieren und heilende Verfahren durchführen zu können, die über das individuelle Leiden hinausgehen, damit das System mobilisiert wird, braucht es eine differenzierte Ausbildung und Schulung der Fachkräfte.

Diese Stufe der Entwicklung müssen wir erst noch erreichen. Unter den gegebenen Umständen beginnt die Fokussierung auf das Individuum bereits bei der Aufnahme bzw. Einweisung. Von den Sozialarbeitern erwartet man, dass sie den vorgeschriebenen Verfahren folgen, dass sie die benötigte Information über die aufgenommene bzw. eingewiesene Person einholen und dass sie auf eine definitive Entscheidung hinarbeiten, damit der Fall ins nächste Bearbeitungsstadium übergehen kann. Selbst wenn Sozialarbeiter mit neuen Ideen in das System eintreten, überleben sie im Allgemeinen dort nur, wenn sie lernen, wie Dinge erledigt werden, wer für was zuständig ist und was erforderlich ist, um bei den vielen zu betreuenden Fällen noch auf dem Laufenden zu bleiben. Es wird oft vermutet, dass die etablierten Verfahren auf starre Gesetze oder behördliche Aufträge zurückgehen: Man muss eine Aufnahme machen und die Formulare so und so ausfüllen … Man darf Besuche nur unter Einhaltung dieser Verfahren anberaumen … Diese Vorschrift besagt, wie und wann man die Entlassung planen muss … Die professionellen Helfer sind generell überlastet und tendieren dazu, eine familienorientierte Sichtweise als zusätzliche Belastung zu betrachten und nicht als einen sinnvollen Ansatz, der für ihre Arbeit von zentraler Bedeutung ist. Sie müssen in einem System bestehen, das ihnen die Verantwortung überträgt und das den Gegenwert für die „bezahlte Arbeitszeit" in Form eines gewissenhaften Dienstes nach Vorschrift erwartet.

Sozialarbeiter wissen, dass sie angreifbar sind, wenn sie etablierte Verfahren missachten. Die Medien haben kein Verständnis dafür, wenn etwas schief geht, und die Bürokratie schützt keinen Mitarbeiter, der nicht nach den Regeln gehandelt hat. Die Realität der Sozialarbeit lässt so gut wie keinen Raum dafür, dass die zu betreuenden Familien genauer erforscht, ihre Stärken exploriert und die den Multiproblem-Familien eigenen Komplexitäten bewältigt werden. Ein Sozialarbeiter muss schon wild dazu entschlossen sein, einen familienorientierten Ansatz einzuführen, wenn er mit Kollegen und Supervisoren konfrontiert ist, welche die üblicheren, am Individuum orientierten Praktiken anwenden, wie sie für die Ausbildung zur Fachkraft typisch sind.

Die öffentliche Meinung gegenüber den Armen

Bei den Sozialbehörden kommt zu den Auswirkungen der bürokratischen Struktur und der traditionellen Fokussierung auf das Individuum noch eine bestimmte Einstellung gegenüber armen Familien hinzu, die in hohem Maße belehrend und oft auch moralisierend ist. Es gibt viele Situationen, in denen die Definition von Familie eng gefasst wird. Die Sozialarbeiter müssen Lösungen anbieten können, und sie definieren Familie gerne über die Informationen, die an Gerichte oder Jugendämter weitergeleitet werden müssen. Wer kann Auskunft geben über die frühere körperliche und soziale Entwicklung des Kindes? Wer von den Verwandten könnte in der Lage sein, das vernachlässigte Kind in Pflege zu nehmen? Wo kann das schwangere Mädchen wohnen, wenn ihr Kind geboren ist? Das Behördenpersonal stellt Forschungen darüber an, welche Personen zu helfen infrage kämen und welche Personen auszuschließen sind, weil diese aufgrund negativer Beziehungen zu der Klientin bzw. dem Klienten bereits aktenkundig geworden sind.

Obwohl die Definitionen von Familie oftmals eng gefasst sind, haben die Urteile und Bewertungen tendenziell ein breites Spektrum. Moralisierende Einstellungen gegenüber armen Familien werden zwar verdrängt, schimmern aber in der Gesellschaft überall durch. Man macht die Familien für ihren Drogenmissbrauch, ihre Obdachlosigkeit und ihre ökonomische Abhängigkeit selbst verantwortlich und betrachtet sie als Belastung für die Gesellschaft. Wenn Familien getrennt oder ignoriert werden, ist das zum Teil ein Reflex der Missbilligung – die von einem missionarischen Geist begleitet wird, wenn die Kinder als Opfer gesehen werden. Es gibt natürlich auch die entgegengesetzte Tendenz, die sicherlich genauso ihre Berechtigung hat. Aus dieser Perspektive sind die armen Familien die Opfer einer schlechten Wirtschaftslage und einer reaktionären Politik, die auf die Hoffnungslosigkeit ihrer Lebensumstände mit selbstzerstörerischem und sozial inakzeptablem Verhalten reagieren. In der Wirklichkeit jedoch sind Kritik und soziale Ungeduld im Allgemeinen stärker als das Mitgefühl, vor allem dann, wenn das politische Pendel in eine konservative Richtung ausschlägt.

Selbst wenn Familien für ihre Armut oder ihr asoziales Verhalten nicht verantwortlich gemacht werden, so gibt man ihnen doch oft die Schuld an der Notlage des Klienten. Man betrachtet sie eher als Teil des Problems statt als Teil der Lösung. Marina trinkt, weil ihr Freund drogensüchtig ist; von ihren Eltern hat sie immer zu spüren bekommen, versagt zu haben; und außerdem sind noch weitere Mitglieder ihrer Familie drogenabhängig. Jamal ist von seiner Mutter vernachlässigt worden; die Großmutter scheint an ihm nicht interessiert zu sein; und der Onkel versprach, sich um ihn zu kümmern, ist aber nie aufgetaucht. Janes häusliches Umfeld ist so miserabel, dass sie mit einem Jungen durchbrannte und schwanger wurde. Und so weiter.

An solchen Darstellungen ist etwas Wahres dran; doch eine derart einseitige Analyse zeigt nicht, was das soziale System an Schaden angerichtet hat, welche Personen als Quellen der Stärkung infrage kommen könnten oder wie die Ressourcen der Familie zu nutzen sind, damit ein schützender und fürsorglicher Kontext für die einzelnen Familienmitglieder entstehen kann.

Auf Veränderungen hinwirken

Wenn die Mitarbeiter sozialer Dienste und Einrichtungen die Familie als Ressource betrachten können, ist das zwar ein riesiger Schritt nach vorn, aber vielleicht können die Mitarbeiter diese Einstellung deshalb nicht produktiv umsetzen, weil sie nicht systemisch denken. Oftmals haben sie keine Vorstellung davon, wie eine Familie funktioniert: wie sich im Verhalten der Klienten ihre Position im interaktiven System Familie niederschlägt, wie die Gerichts- und Behördenverfahren in einer Familie nachhallen und wie stark positive Entwicklungen davon abhängen, dass das familiale Netzwerk des einzelnen Klienten in die Arbeit einbezogen wird.

Hier liegt ein interessantes Paradoxon. Im Unterschied zu den in privaten Praxen tätigen Fachkräften sind die professionellen Helfer, die in Sozialbehörden tätig sind, aufgrund ihrer Arbeitserfahrung Experten auf dem Gebiet der Bedeutung eines interaktiven Systems. Sie kennen Hierarchien, Regeln, Koalitionen, Allianzen, Subsysteme und den Konflikt aus ihrem eigenen Arbeitsumfeld. Sie kennen auch ihren Platz im System. Sie wissen, dass ihre Rollen und Möglichkeiten dadurch geprägt und beschränkt werden, wie das System funktioniert, und dass es an anderer Stelle und bei anderen Personen Auswirkungen hat, wenn sie die Regeln verändern oder infrage stellen. Es ist schon interessant – und auch etwas verblüffend –, dass die Mitarbeiter von Sozialbehörden die Vorstellung von der Familie als einem interaktiven System nicht internalisiert haben, obwohl viele Merkmale ihres eigenen Arbeitsumfeldes sich auch auf dieses andere, kleinere System anwenden lassen. Vor allem sollte ihnen bewusst sein, dass das Individuum nicht losgelöst von seinem Kontext funktioniert und dass die Effekte individueller Bemühungen wahrscheinlich nicht nachhaltig sind, wenn sich das relevante System nicht verändert.

Eine an überkommenen Lehrplänen orientierte Aus- und Weiterbildung, gesellschaftliche Vorurteile und die Bürokratie größerer Systeme stehen der Umsetzung neuer Ideen im Wege, aber andere Faktoren spielen auch noch eine Rolle. Behörden, die für die Ausführung sozialer Dienstleistungen zuständig sind, unterliegen ihren eigenen Zwängen. Sie haben alle Merkmale eines komplexen Systems - auch einen starken Widerstand gegen Veränderung. Wann immer wir neue Ideen und Verfahren zur Diskussion stellen, merken wir, dass Veränderungsprozesse wahrscheinlich nicht leicht in Gang zu setzen sind, besonders dann nicht, wenn gut ausgebildete Fachkräfte ihre vertrauten Denkmuster, die ihre Arbeit leitende Politik und die Organisation ihrer Dienstleistungen verändern sollen. Wie ernsthaft die Bemühungen auch immer sein mögen, eine Reise in Richtung Wandel ist immer eine beschwerliche Reise.

Im weiteren Verlauf des Buches konzentrieren wir uns auf die einzelnen Momente in der Interaktion zwischen Experten und Familienmitgliedern. Diese Interaktion ist die Basis, auf der soziale Dienstleistungen ausgeführt werden, und hat grundsätzlich mehr Potenzial, das System zu verändern, als Gesetze, Sozialpolitik oder verfügbares Geld. Auch wenn das System durch Veränderungen der gesetzlichen oder politischen Rahmenbedingungen umstrukturiert wird, dringt der Wandel vielleicht nicht bis in die täglichen Aktivitäten der sozialen Dienste durch. Wir haben die Erfahrung gemacht, dass Mitarbeiter von Sozialbehörden, die zur Arbeit mit Familien motiviert werden, oftmals unsicher sind, wie sie vorgehen sollen. Sozialarbeiter, die es nicht gewohnt sind, in Familiensystemen zu denken, haben nicht die Fertigkeiten, effektive Interventionen zu initiieren, und Therapeuten, die nach systemischen Konzepten arbeiten, wissen vielleicht nicht, wie sie ihre Fähigkeiten bei „Behördenfamilien" einbringen können. Das in diesem Buch vorgestellte Datenmaterial soll dazu beitragen, die praktischen Kenntnisse systemischer Vorgehensweisen zu erweitern. Wir veranschaulichen unsere systemische Konzeption an konkreten Fällen und geben spezifische Beispiele für Interventionen, die für die Sozialarbeit mit unterprivilegierten Familien nützlich sein können.

In den nächsten beiden Kapiteln präsentieren wir Datenmaterial, das im Rahmen der Mitarbeiterschulung in familienorientiertem Arbeiten außerordentlich wichtig ist: Es bezieht sich auf die Techniken, die man für die Arbeit mit Familien braucht, und auf die Details effizienter Vorgehensweisen. Wir möchten jedoch die Bemerkung vorausschicken, dass wir in den betreffenden Behörden eine spezifische Rolle innehatten und dass die professionelle Rolle des Lesers vielleicht eine ähnliche ist – oder auch nicht. Als Berater bzw. Ausbilder in einer Organisation sind wir Externe, was bestimmte Vorteile mit sich bringt: eine gewisse Jungfräulichkeit der Perspektive, wenn wir Struktur und Arbeitsweise der Behörde untersuchen, und eine gewisse Unabhängigkeit von den Allianzen und Spannungen, denen die MitarbeiterInnen der Behörde ausgesetzt sind. Als Externe haben wir auch Nachteile: Es braucht Zeit, die Funktionsweise der Behörde kennen zu lernen, und uns fehlen wichtige Kontextinformationen, die allen Mitarbeitern selbstverständlich sind. Manche Leser üben wahrscheinlich eine Funktion aus, wie wir sie hatten, und können das Datenmaterial unmittelbar auf ihrer eigene Arbeit anwenden. Andere Leser sind vielleicht für die behördeninterne Aus- und Weiterbildung verantwortlich und haben einen anderen Kontext, in dem sie das Material nutzen können. Die Grundgedanken und ein Großteil der Detailarbeit sollten jedoch dem Leser sofort verständlich sein, der schon mit den komplexen Lebenslagen der armen Multiproblem-Familien gearbeitet hat, und jenen Lesern ein paar Leitlinien an die Hand geben, die sich für dieses Arbeitsfeld interessieren oder in ihm tätig sein werden oder tätig werden möchten.

3. Im System arbeiten

Techniken, die das Familiensystem stützen

Die Mitarbeiter von Sozialbehörden haben bei ihrer Arbeit zwei Verfahrensoptionen: Sie haben ein Denkmodell, nach dem sie ihre Klienten einschätzen, und ein Handlungsmodell, nach dem sie ihre Klienten zu Veränderungen motivieren. Wenn die Sozialarbeiter mit ihren Interventionen, die das Familiensystem stützen, erfolgreicher sein sollen, müssen sie sowohl ein systemisches, familienorientiertes Konzept als auch ein erweitertes Angebot an Techniken für die Umsetzung neuer Ideen entwickeln. Praktische Fertigkeiten gehören zwar zu den unmittelbar angewandten Techniken und schließen die Interaktion mit den KlientInnen ein, werden aber nicht optimal genutzt oder nachhaltig wirksam, solange sie nicht von einer Mentalität getragen sind, in der die Bedeutung der Familie und das Wissen um die verhaltensprägende Kraft des Familiensystems zu den fest verankerten Vorstellungen der professionellen Helfer gehören.

In diesem Kapitel befassen wir uns mit *konzeptuellen Techniken* (diese beziehen sich auf eine Mentalität, die der Familie Verständnis entgegenbringt und Informationen familienorientiert organisiert) und *praktischen Techniken* (diese beziehen sich auf Vorgehensweisen, die den Familien helfen, ihre Ressourcen zu mobilisieren und zu entwickeln). Für unsere Diskussion behandeln wir beide Arten von Techniken separat, obwohl sie in der Praxis ineinander greifen, und in den folgenden Abschnitten werden auch ihre Überschneidungen deutlich. Wir veranschaulichen unsere Überlegungen an Fallbeispielen, in denen Interventionen vorgenommen werden, und beschreiben konkrete Interventionen vor dem Hintergrund unserer systemischen Sichtweise. Wir zeigen also, wie Techniken auf die konkrete Praxis angewandt werden.

In der Wirklichkeit sind soziale Dienstleistungen zwangsläufig spezifischer Natur und auf die besonderen Erfordernisse der Situation zugeschnitten. In einer Drogenklinik müssen die Mitarbeiter z. B. lernen, die Verbindungen der Klientin bzw. des Klienten zu ihrer bzw. seiner Familie zu schützen oder zu kitten, und sie müssen die nötigen Unterstützungsleistungen erbringen, damit ein Mensch wie Angie sich nicht zwischen ihrer individuellen Drogentherapie und dem Kontakt zu ihrer Familie entscheiden muss. In einer Behörde, die schwangere Frauen betreut, muss sich das Personal darüber im Klaren sein, dass das Neugeborene einen Vater hat, der die Mutter durch die Schwangerschaft hindurch eventuell begleiten möchte; dass es wichtig ist, Verbindungen zu Familienmitgliedern zu explorieren, zu denen die Mutter vielleicht keinen Kontakt hat; und dass es entscheidend ist, die Bindung der Mutter zu ihrem Kind zu stärken. Familien, deren Kinder in Pflegefamilien untergebracht sind, müssen während der Zeit der Unterbringung ihrer Kinder gestützt werden, und die SozialarbeiterInnen müssen geschickt vorgehen, wenn sie die Rückkehr der Kinder in ihre Herkunftsfamilien betreiben, sodass es für die Kinder und auch für jedes Familienmitglied ein Erfolg wird. Bei diesen Vorgängen handelt es sich zwar um spezifische Probleme; dennoch geben sie eine allgemeine Orientierung. In diesem Sinne lassen sich die in diesem Kapitel präsentierten Fallbeispiele strukturanalog auf eine Reihe sozialer Dienstleistungen anwenden.

Konzeptuelle Techniken: Überlegungen zur Familie

Im vorigen Kapitel wurde die Familie als System und als Bündnis beschrieben. Nun konkretisieren wir diese Ausführungen anhand von Vorschlägen, wie die Ausbildung bzw. Supervision von Sozialarbeitern gestaltet werden könnte, sodass diese eine Vorstellung vom Individuum als einem kontextgebundenen Wesen entwickeln können und auf Muster, Bindungen, Subsysteme, Grenzen und Übergänge fokussieren lernen, damit sie eine Familie verstehen und beschreiben können.

Um die Dinge nicht zu verkomplizieren, gehen wir davon aus, dass die konzeptuelle Aufgabe eines familienorientierten Ansatzes zweifach zu verstehen ist: Zum einen ist „weiträumiges Denken" *(think big)* erforderlich, zum anderen muss die Organisation der Familie erkannt werden. Weiträumig denken heißt über das Individuum hinausgehen, um die wichtigen Merkmale eines Falles verstehen zu können. Ebenso verlangt es die Bereitschaft, einzuhalten und genau hinzuschauen, damit bei der Definition des relevanten Systems nicht nur die Familienmitglieder berücksichtigt werden, die einem ohne Mühe einfallen. Die Organisation des Systems erkennen heißt auf Phänomene achten, z. B. auf die Qualität von Bindungen zwischen den Familienmitgliedern, die typischen Muster der familialen Funktionsweise, die die Interaktionen beherrschenden impliziten Regeln, die Art von Grenzen und so weiter. Diese Technik demonstrieren wir am Fallbeispiel von Tracy und ihrer Familie.

Reflexionen zu Familienmitgliedern, Mustern, Regeln und Grenzen

Tracy, Mutter von drei Kindern, gerät in Streit mit ihrem zwölfjährigen Sohn Abel. Sie brüllt ihn an und schlägt ihn, wenn er nicht zur Schule gehen will. Ein Nachbar reicht Beschwerde ein, eine Sozialbehörde nimmt sich des Falles an, Mutter und Sohn werden als Indexklienten identifiziert. Die Mitarbeiter dieser Sozialbehörde stehen auf dem Standpunkt, dass die Menschen frei schwebende Individuen sind, deren Verhalten von ihrem psychischen Rüstzeug bestimmt ist. Die Mutter wird in eine Therapiegruppe geschickt, wo sie ihre eigenen Erfahrungen als misshandeltes und sexuell missbrauchtes Kind erforschen kann. Abel wird allein zur Erziehungsberatung überwiesen. Als Tracy später dem Sozialarbeiter eröffnet, dass es in ihrem Haushalt auch einen Freund gebe, der verbal ausfallend zu ihr sei, bestellt der zuständige Sozialarbeiter auch Tracys Freund zu ein paar Einzelsitzungen ein. Also behandeln die Mitarbeiter der Behörde Tracys Bestrafung ihres Sohnes, Abels Schulangst und die verbalen Entgleisungen des Freundes als separate und nicht miteinander in Verbindung stehende Probleme.

Wenn die Mitarbeiter der Sozialbehörde menschliches Verhalten in Begriffen der Interaktion wahrnähmen und die vorherrschenden Familienmuster verstehen wollten, müssten sie hier anders vorgehen und mit einem größeren Personenrepertoire beginnen. Tracy und Abel stehen zwar im Mittelpunkt, doch auch Tracys Freund John und die beiden Schwestern von Abel, die alle im gleichen Haushalt leben, müssten berücksichtigt werden. Schon geringe Nachforschungen würden ergeben, dass auch Tracys Mutter, die einen erheblichen Einfluss auf ihre Tochter und deren Kinder ausübt, und

Tracys Geschwister einbezogen werden müssten – ebenso ihre Patentante, ihr Onkel und eine enge Freundin. Relevant für diesen Fall sind auch die Menschen, die weder zur Familie noch zum Freundeskreis gehören, aber ein Teil des Netzwerkes sind, welches das Leben armer Familien regelt: ein Sozialarbeiter des Jugendamtes, der seit zwei Jahren Tracys Familie und Haushalt überwacht, sowie das Personal von Abels Schule, den Beamten eingeschlossen, der unentschuldigtes Fernbleiben vom Unterricht untersucht und dem Tracy feindlich gesinnt ist.

Zunächst einmal sind viele dieser Menschen für den Sozialarbeiter unsichtbar, oder zumindest sind ihre Relevanz und ihr Beziehungsgeflecht nicht sofort erkennbar. Die Familie und Freunde treten als Ressourcen vielleicht deshalb nicht in Erscheinung, weil sie mit solchen Rollen nicht vertraut sind oder weil sie eventuell mit dem Klienten oder untereinander zerstritten sind. Und die Tatsache, dass andere professionelle Helfer die Realität einer Familie mitgestalten, kommt den Mitarbeitern der Behörde vielleicht nie in den Sinn. Ob und wie diese Personen in die behördliche Sozialarbeit einbezogen werden, ist eine Entscheidung für sich, doch das Wissen um deren Existenz ist wichtig. Man bräuchte eine Zeltplane, wollte man eine Landkarte zeichnen, die den Kontext eines Menschen erfasst. Die Mitarbeiter von Sozialbehörden sollten von der Vorstellung ausgehen, dass die Realität einer Familie eher als Wandgemälde abgebildet werden muss denn als Porträt und dass das Gesamtbild zu rekonstruieren ist, wenn Probleme verstanden und Ressourcen mobilisiert werden sollen.

Um relevante Muster explorieren zu können, beginnt man sinnvollerweise damit, dass man zentrale Subsysteme identifiziert. Die zentralen Muster von Allianzen und Feindschaften können in einer bestimmten Beziehung und / oder in der Interaktion zwischen Subsystemen liegen. In Tracys Fall wissen wir aufgrund der Art der Beschwerde des Nachbarn und aufgrund der Information, dass John in der Familie lebt, worauf zu achten wäre. Wir wissen, dass Tracy und Abel ein problematisches Subsystem bilden, Tracy und John ein weiteres. Mit etwas Sachverstand können wir auch davon ausgehen, dass die Triade aus Tracy, John und Abel eine zentrale Position in der Familienorganisation einnimmt. Allianzen und Koalitionen, an denen Abels Schwestern und Tracys Mutter beteiligt sind, gehören mit Sicherheit zum Gesamtkomplex, sind aber wahrscheinlich nicht der

Schlüssel dazu. Versierte Sozialarbeiter wissen, dass sie, wenn sie die Landkarte einer Familie verstanden haben, auf die Teile des Systems fokussieren müssen, die offenkundig dysfunktional sind oder – wie die Erfahrung gezeigt hat – schwer wiegende Probleme zu bewältigen haben.

In Tracys Fall könnten die Sozialarbeiter die Subsysteme, zwischen denen Interaktionen entgleisen oder eskalieren, dadurch explorieren, dass sie einzelne Situationen rekonstruieren, in denen Tracy und ihr Sohn sich gegenseitig hochschaukeln oder in denen Tracy und John miteinander in Streit geraten. Sie würden jedoch auch der Triade aus Tracy, John und Abel besondere Aufmerksamkeit schenken und im Hinterkopf haben, dass Grenzen und Autoritätsstrukturen oft undeutlich werden, wenn ein Außenstehender sich einer etablierten Einheit aus Elternteil und Kindern anschließt. In Tracys Familie sind die Autoritätsregeln den Mitgliedern sicherlich nicht klar. Tracy und John sind sich in Erziehungsfragen uneinig. Abel kommt nicht mit John zurecht und möchte seine Mutter beschützen, was – partiell – erklärt, weshalb er nicht zur Schule geht, sondern zu Hause bleibt. Und Tracys Bemühungen, ihren Sohn zu kontrollieren, eskalieren zu einer Schreiorgie, allerdings nur dann, wenn John anwesend und Tracys Mutter abwesend ist; oder wenn die Drohungen vonseiten der Schule drängender werden, wird Abel aufsässiger und John nörglerischer. Die Beteiligten dieses Netzwerkes sind Teil eines Interaktionsgeflechts; ihre individuellen Reaktionen sind Anreize für und Erwiderungen auf das Verhalten der anderen.

Die spezifischen Muster, die in diesem Fall zutage kommen, sind für den Moment genauso unerheblich wie die Tatsache, dass man die Situation nicht auflösen kann, ohne weitere Familienmitglieder und das Schulpersonal einzubeziehen. Der zentrale Punkt ist der, dass Tracys Schwierigkeiten mit ihrem Sohn erst im Kontext dieser Familienorganisation voll und ganz verstanden werden können. Die Optionen auf Interventionen werden erweitert, indem man untersucht, wie verschiedene Subsysteme funktionieren, und indem man allmählich die verwirrenden Regeln versteht, nach denen Familieninteraktionen ablaufen.

Reflexionen zu Übergängen

Die Diskussion über Tracys Familie liefert ein wertvolles Beispiel dafür, wie sich Diagnose und Behandlungsmöglichkeiten verändern, sobald man systemisch denkt. Das Verstehen der Familienmuster reicht allerdings nicht immer aus, auch wenn es eine tragende Säule ist. Individuen und Familien bewegen sich auch in Zeitdimensionen und befinden sich manchmal in einer Phase des Übergangs. Das Moment der Veränderung kann eine außerordentlich starke Kraft im Leben einer Familie sein. Familien, die gerade im Obdachlosenasyl untergebracht worden sind, denen man gerade die Kinder zur Pflegeunterbringung weggenommen hat oder deren Tochter gerade schwanger geworden ist, befinden sich in einer Situation des Übergangs. Die Mitarbeiter von Sozialbehörden können sich das Verhalten von Familien in solchen Situationen am besten erklären, wenn sie der Bedeutung und dem Einfluss einschneidender Ereignisse Rechnung tragen.

Megan und ihre Familie sind in einer solchen Übergangssituation. Das Mädchen ist 15 Jahre alt und im dritten Monat schwanger. Die Mutter suchte im Rahmen des Programms *Children in Need of Services* (CHINS, *Kinder, die soziale Hilfe brauchen*) Hilfe für ihre Tochter, und Megan wurde in ein Heim für schwangere Mädchen eingewiesen, wo sie bis zur Geburt ihres Kindes bleibt. Dort stehen Megan vielfältige Hilfsangebote zur Verfügung: medizinische Versorgung, Schulunterricht und spezielle Kurse zu den Themen Schwangerschaft, Geburt und Kindesentwicklung. Die Mitarbeiterinnen der Einrichtung überwachen die Lebensführung der Mädchen in den Wohnräumen, fördern Freundschaften und schlichten Streitigkeiten, und es werden Gruppensitzungen abgehalten. In der Einzelberatung geht es primär um Ängste und Probleme, und man erkundet Entscheidungen für die Zukunft der Mädchen. Was dabei fehlt, ist das Interesse an deren Familien. Das Heimpersonal erhält zwar Informationen darüber, weshalb ein Mädchen in das Heim eingewiesen worden ist, und im Allgemeinen auch ein paar Bemerkungen über die Familienprobleme, aber den Mitarbeiterinnen fehlt die Mentalität, um Familienbeziehungen zu erforschen, solange das Mädchen in der Einrichtung lebt.

Megan ist eine leicht aufsässige Heranwachsende, deren hervorragende Schulleistungen stark zurückgegangen sind und deren enge Freundschaft mit dem 16-jährigen Jamal eine Schwangerschaft zur Folge hatte, die sie ängstigt. Obwohl sie im Zentrum des Geschehens steht, ist sie keineswegs die einzige Betroffene. Sie stammt aus einer intakten afroamerikanischen Familie, die aktives Mitglied einer strengen religiösen Sekte ist. Die Eltern haben ihre fünf Kinder nach festen Regeln und einem strengen Kommando erzogen. Wenn die Mitarbeiterinnen der Einrichtung einen familienorientierten Ansatz verfolgten, würden sie es für wichtig halten, die vorherrschenden Muster, Autoritätsstrukturen, Allianzen und Spannungen zu untersuchen, die der Einweisung dieses Mädchens in das Schwangerenheim zugrunde liegen. Schon bald würde klar werden, dass der Vater ein strenger Erzieher ist; dass Megans Mutter und Tante, die beide dem Mädchen sehr nahe stehen, niemals den Vater provozieren; und dass die vier jüngeren Kinder die Familienregeln befolgen. Doch der für unsere Diskussion grundlegende Gedanke ist der, dass die Schwangerschaft als ein unerwartetes und schockierendes Ereignis erlebt wird, das die Familie aus einer kohärenten, gut organisierten Daseinsform, bei der allen Mitgliedern die Regeln bekannt sind, herauskatapultiert und in ein von Verwirrung gekennzeichnetes System versetzt.

Megans Familie befindet sich in einer Phase des Übergangs, in der sie mit einer Zerstörung vertrauter Muster fertig zu werden versucht, die bis dahin unhinterfragt abgelaufen sind. Der Vater ist die verantwortliche Person und hat die Situation so gelöst, dass er die Schuldige ausgestoßen hat. Die übrigen Familienmitglieder machen – künstlich – so weiter wie bisher, aber die Veränderung greift tief, und die Situation ist ungelöst. Ein Kind, ein neues Familienmitglied wird hinzukommen, und Megan wird Mutter sein – ob sie dafür reif ist oder nicht.

Das Heimpersonal muss einige grundsätzliche Fragen in Bezug auf die Zeit der Schwangerschaft und zukünftige Entwicklungen bedenken. Werden Megan und ihr Kind auf Dauer aus der Familie ausgeschlossen sein? Ist es das, was sie und die Familie wirklich wollen? Wie denken Megans jüngere Geschwister über die Situation, und wie wird dieser Vorgang deren Adoleszenzphase beeinflussen? Was ist mit Jamal und seiner Familie: Sind sie an dem Kind interessiert? Megans Schwangerschaft ist eine Übergangsphase mit noch ungefestigten Merkmalen, die sich schließlich zu neuen Muster zusammensetzen werden. Ohne Hilfe von außen richten sich die Mitglieder dieser erweiterten Familie möglicherweise in ihren Reaktionen ein: mit Grenzen, die zu starr sind, mit emotionalen Bindungen, die nicht respektiert werden, und mit Sorgen, die unausgesprochen bleiben.

Um dieser Familie helfen zu können, braucht es praktische Techniken: Die Sozialarbeiterin muss mit der Familie sprechen und deren Wut und Schmerz akzeptieren, während sie alternative Möglichkeiten exploriert, um Megan und ihrem Kind zu helfen. Der erste Schritt ist jedoch konzeptueller Natur. Die professionellen Helfer müssen die traumatischen Implikationen, die diese Situation für die Familie hat, und den Sachverhalt, dass sie mitten in einer tief greifenden Übergangsphase ist, verstehen.

Übergänge haben ein offenes Ende. Sie bringen Verwirrung mit sich, bieten aber auch neue Optionen. Eine kreativ denkende Sozialarbeiterin geht mit einer Situation wie dieser wahrscheinlich so um, dass sie die Absicht verfolgt, das Fundament für Veränderungen zu legen, und langfristig plant, die Möglichkeiten für die Wiedervereinigung der Familie zu schaffen. Wir arbeiten immer wieder mit Familien, die während der Schwangerschaft der minderjährigen Tochter voller Zorn sind und auf Distanz gehen, deren Zugänglichkeit sich aber dramatisch verändert, wenn das Kind auf der Welt ist. Die Geburt eines Kindes ist schließlich ein weiterer wichtiger Übergang, in dessen Zentrum die Anziehungskraft eines Säuglings steht.

Wenn die professionellen Helfer in diesen Termini denken, bereichern sie ihre Arbeit mit dem schwangeren Mädchen und dessen Familie sowohl um Geduld als auch um sorgfältige Vorbereitung. In manchen Fällen müssen sie über die nächsten Angehörigen hinausgehen und gemeinsam mit der Jugendlichen die Ressourcen ihres informellen Netzwerkes erkunden. Zu diesem Netzwerk können Personen gehören wie z. B. die Patentanten, Mitglieder der Kirchengemeinde, ältere Geschwister oder Freunde, die sich um das Mädchen kümmern und später für das Kind sorgen werden. Wenn jedoch die Sozialarbeiterin diese Mentalität nicht hat, ist die Entwicklung eines Hilfesystems wahrscheinlich eher zufällig als planvoll.

Der Übergang, durch den eine Familie auseinander gerissen wird, kann auch weniger offensichtlich sein als eine unerwünschte Schwangerschaft der Tochter. Es gibt Situationen, in denen die Fachkräfte eine Diagnose stellen und Behandlungen einleiten, ohne überhaupt zu realisieren, dass sich die Familie gerade in einem Übergang befindet, der für den vorliegenden Fall relevant ist. Lilianas Einweisung in ein örtliches Krankenhaus ist ein Beispiel dafür. Die 16 Jahre alte Liliana wurde eingewiesen, nachdem sie ihren Eltern erzählt hatte, dass sie sterben wolle, und dann eine Überdosis Tabletten nahm. Die ersten Reaktionen der professionellen Helfer waren die, dass man sich auf vertraute Theorien zum Verständnis individueller Pathologie berief. Liliana wurde als eine depressive, suizidale Heranwachsende gesehen. Doch in diesem Fall kam das junge Mädchen aus einer Familie, die erst kürzlich in die USA eingewandert war. Die Mitarbeiter des Krankenhauses wurden dazu motiviert, das Spektrum ihrer Betrachtungsweise zu erweitern und insbesondere zu bedenken, inwiefern die Probleme der Tochter damit zusammenhängen könnten, dass die aus Südamerika eingewanderte Familie das Gefühl hatte, in den Vereinigten Staaten deplatziert zu sein.

Die Familie wurde zu einem Explorationsgespräch eingeladen. Im Laufe des Gesprächs realisierten die Mitarbeiter, welche Bedeutung und Komplexität die Übergangssituation der Familie hatte. Die Familie war konfrontiert mit einer neuen Sprache, mit dem Verlust von Freunden, mit der Herausforderung, auf sich selbst angewiesen zu sein, mit der schockierenden Realität, in einer von bewaffneten Gangs beherrschten Umgebung zu leben, und schließlich damit, dass die Tochter einen Freundeskreis hatte, mit dessen Lebensstil die Familie nicht vertraut war. Sowohl die Experten als auch die Familie entwickelten gemeinsam ein anderes Verständnis von Lilianas Problem. Sie beleuchteten ihre Symptome im Kontext und realisierten, dass Liliana in zwei Welten gefangen war, d. h. die Widersprüche nicht auflösen und nach den Regeln beider Welten leben konnte, während gleichzeitig das kontrollierende Verhalten der Eltern ihre Angst und Machtlosigkeit in einer fremden Kultur und gefährlichen Umgebung ausdrückte.

Veränderungen vorbereiten

Wenn die Mitarbeiter von Sozialbehörden oder sozialer Einrichtungen einmal Familienmuster, den Kontext der Klientin bzw. des Klienten und die Bedeutung von Übergängen erkannt haben, können sie Probleme und Lösungen mit einer neuen Perspektive angehen, die von einem gewissen Optimismus in Bezug auf die Mobilisierung der Stärken der Familie getragen ist. Eine Familie hat immer ein größeres potenzielles Repertoire, als es die immer wiederkehrenden Muster glauben machen. Tracys ausfallendes Verhalten repräsentiert nur einen Teil ihrer Persönlichkeit. In einem anderen situativen Kontext zeigen sich ihr Verantwortungsbewusstsein, ihre Zärtlichkeit und ihr Sinn für Humor genauso, wie sich das hinter einem despotischen Verhalten versteckte Pflichtgefühl ihres Freundes gegenüber Tracys Familie bemerkbar macht. In Megans Familie sind starke Loyalitätsbindungen vorhanden, die einer streng geregelten Routine unterliegen. Und wie andere Immigrantenfamilien, so hat auch Lilianas Familie Erfahrung damit, sich mit dem Fremdartigen auseinander zu setzen, selbst wenn sie unter dem Anpassungsprozess leidet. Diese Aspekte gehören zu den vorhandenen Stärken einer Familie, auch wenn sie zeitweise verborgen sind. Wenn die Mitarbeiter von Sozialbehörden dieses Potenzial erkennen, können sie die Familienmitglieder darin unterstützen, dass sie auch andere Teile ihres Selbst in einer Weise nutzbar machen können, die ihrem Familienleben und ihrer persönlichen Entwicklung zuträglich ist.

Die Erkenntnis, dass die Sozialarbeiter und ihre Klienten ihr Verhalten wechselseitig formen, bietet eine weitere Möglichkeit, auf konstruktive Veränderungen hinzuarbeiten. Die Muster, die sich in der Situation des Helfens entwickelt haben, können nützlich sein oder auch nicht, und sogar ein verantwortungsbewusster, wohlmeinender Sozialarbeiter kann selbst ein Teil des Problems werden. Eine Mutter kam z. B. mit ihrer heranwachsenden Tochter zu einer Sozialbehörde, die Beratung anbietet für Eltern mit schwer erziehbaren Kindern. Die Mutter war „mit ihrer Weisheit am Ende". Als sie beschrieb, wie schwierig die Beziehung zwischen ihrer Tochter Gina und ihr selbst sei, erwähnte sie einen Vorfall, bei dem sie in Wut geraten war. Die zuständige Sozialarbeiterin fuhr fast automatisch ihre Fühler aus und reagierte mit Betroffenheit. Sie verließ ihre Rolle als Beraterin und als Ressource für die Mutter und übernahm die Position der Verteidigerin des Mädchens, wodurch sie eine Allianz bildete, welche die Spannungen innerhalb der Familie noch erhöhte. Die Mutter war verwirrt. Sie wurde der Sozialarbeiterin gegenüber vorsichtiger und in der Beziehung zu ihrer Tochter hilfloser, während Gina hin- und hergerissen war zwischen der Loyalität zu ihrer Mutter und dem Machtgefühl, das ihr durch die Intervention der Sozialarbeiterin vermittelt worden war.

In einer anderen Situation dagegen erkannten die Mitarbeiter eines Erziehungsheimes die Rolle der Sozialbehörde, die diese im Hinblick auf ein immer wiederkehrendes (negatives) Muster spielte, und konnten dadurch konstruktiv mit der Familie zusammenarbeiten. In diesem Fall führten die gewalttätigen Auseinandersetzungen zwischen einem zwölfjährigen Jungen und seinem Stiefvater regelmäßig dazu, dass der Junge in die Erziehungseinrichtung eingewiesen wurde. Die Mitarbeiter realisierten, dass die Heimeinweisung des Kindes eine vorübergehende Entspannung der chronischen Spannung zwischen dem Stiefvater und der Mutter des Jungen bedeutete und dass sich die Situation perpetuieren würde, wenn der Kreislauf nicht unterbrochen würde. Die Mitarbeiter halfen den Eltern, ihre internen Differenzen ohne Hinzuziehung externer Kontrollquellen auszuhandeln, und sie normalisierten die Wahrnehmung der Familie in Bezug auf die Übergangsschwierigkeiten, die immer dann auftraten, wenn der Junge nach einer Phase der stationären Behandlung in die Familie zurückkehrte.

Wenn Veränderungen in Systemen, die nicht gut funktionieren, bewirkt werden sollen, heißt das, dass die Kreise der menschlichen Ressourcen kontinuierlich ausgedehnt und auch Arbeitsbeziehungen zwischen den die Familien betreuenden Behörden berücksichtigt werden. Schnittstellenprobleme, wie sie in den vorangegangenen Kapiteln diskutiert worden sind, tauchen überraschend oft bei Einzelfällen auf. Wenn Sozialarbeiter widersprüchliche Diagnosen hinsichtlich der Bedürfnisse der Familie stellen und viel Zeit damit verbringen, über unterschiedliche Sichtweisen zu diskutieren, dann spiegelt ihr Verhalten möglicherweise die Konflikte und erfolglosen Bewältigungsmuster, die im Leben der zu betreuenden Familie existieren.

Eine Überprüfung der Fallkoordination muss immer Teil einer systemischen Herangehensweise sein. Wenn viele Behörden in einen Fall involviert sind und ihr Engagement intensiv ist, kann die Erkenntnis wertvoll sein, dass „wir den Feind kennen" und „wir das selbst sind". Wenn man das Muster des Engagements der Behörden verändern möchte, kann eine im Prinzip einfache Maßnahme helfen, z. B. dass die Anzahl der beteiligten Behörden reduziert wird, um die Koordination effizienter zu machen. Positive Begleiteffekte einer solchen Maßnahme können z. B. sein, dass die betreffende Familie weniger Zeit für die Anreise zu Gesprächen opfern und nicht immer von neuem ihre Geschichte erzählen muss oder dass sie nicht in ein Handlungsmuster verfällt, mit dem sie ɛndifferenzen ausnutzt, um das zu bekommen, was sie . Wie immer die Möglichkeiten der Abhilfe auch beschaf-d: Es kann sich erst dann etwas verändern, wenn die Mitar-von Sozialbehörden und sozialen Einrichtungen wachsam sind gegenüber den Realitäten und Funktionsweisen sowohl der Familien selbst als auch der größeren Systeme, die diese Familien betreuen.

Praktische Techniken: Familien bei Veränderungen helfen

Eine weiträumige Sicht der im Familienkontext relevanten Parteien und das Verstehen der familialen Muster, Grenzen und Übergänge werden nicht automatisch in effektive Hilfeleistungen umgesetzt, besonders dann nicht, wenn das primäre Ziel der Helfer darin besteht, die Familie zu aktivieren und zu qualifizieren (*empower*). Viele arme Familien sind es nicht gewohnt, eine aktive Rolle dieser Art zu übernehmen. Sie erwarten, dass die Sozialbehörden etwas *für* sie tun (Obdach finden oder ein heranwachsendes Kind von der Straße wegholen) oder ihnen etwas *an*tun (die Kinder wegnehmen oder überraschende Hausbesuche machen). Die Mutter eines Jungen, der in ein Erziehungsheim eingewiesen wird, ist vielleicht froh über die dadurch erreichte Entlastung; die Schwester eines drogensüchtigen Mädchens in Drogentherapie möchte vielleicht mit dem Heilungsprozess der Schwester nichts zu tun haben; die Eltern, denen man ihr Kind weggenommen und zur Pflege in einer anderen Familie untergebracht hat, sind vielleicht generell aufgebracht über die Sozialarbeiter. Um diese Erwartungen und Haltungen verändern zu können, damit die Familie bei der Lösung ihrer Probleme zu einem aktiven Partner wird, verlangt es subtile Techniken, die eine paradoxe Eigenschaft aufweisen: Die professionellen Helfer müssen lernen, wie schwer man daran arbeiten muss, um sich beobachtend zurücklehnen zu können.

Wenn wir die Mitarbeiter von Sozialbehörden oder sozialer Einrichtungen darin schulen, wie sich eine auf Interaktion beruhende Beziehung zu Familien aufbauen lässt, betonen wir neue Techniken in vier Aktionsbereichen: Information gewinnen, Familienregeln umdeuten, alternative Interaktionsmuster explorieren und mit dem Konflikt umgehen.

Information gewinnen

Der Prozess der Informationsgewinnung beginnt mit dem ersten Kontakt. Schon das erste Treffen mit der Familie bietet die Möglichkeit, dass sich der Sozialarbeiter respektvoll daran interessiert zeigt, wie die Familie ihre Situation sieht, auch wenn er gerade herauszufinden versucht, wie die Familie funktioniert. Das oberste Ziel besteht darin, dass sich die Familie angenommen fühlt und sie sofort in ein gemeinsames Bemühen einbezogen wird. Man kennt eine verhältnismäßig zurückhaltende Methode der Informationsgewinnung, mit der das Zuhören, Beobachten und erkennbare Verstehen des familialen Standpunktes gemeint ist. In der Familientherapie wird dieser Vorgang als *joining*[4] bezeichnet, und er ist der erste Schritt zu einer Kooperationseinheit. Eine aktivere Methode der Informationsgewinnung ist die, dass man eine Landkarte der Familienstruktur erstellt und zur Inszenierung *(enactment)* typischer Familieninteraktionen ermutigt, die dem Sozialarbeiter zeigen können, wie die Familie mit Problemen und Beziehungen umgeht.

Joining, Zuhören und Beobachten

Manchmal kommen die Familien gezwungenermaßen zur ersten Sitzung, weil sie vom Gericht oder vom Jugendamt aufgefordert worden sind, sich zu einem bestimmten Treffen in der Sozialbehörde einzufinden. Manchmal kommen die Familien auch freiwillig in der Hoffnung, dass die Behörde auf irgendeine Weise ihre Schwierigkeiten beheben kann. In jedem Fall muss sich der Sozialarbeiter die Familiensorgen zuerst einmal anhören: die Geschichte, welche die Familie davon erzählt, was geschehen ist und warum, worauf sie hofft und wovor sie Angst hat. Ihre Version der Geschichte hat ihre eigene Gültigkeit genauso wie die offizielle Falldarstellung der Behörde – manchmal sogar noch mehr. Ein überlasteter Sozialarbeiter,

4 *Joining* gilt als „von Salvador Minuchin beschriebene Form eines Arbeitsbündnisses zwischen Therapeut und Familienmitgliedern. Im Rahmen dieses Bündnisses faßt der Therapeut in der Familie Fuß und gewinnt Möglichkeiten, die Struktur der Familie zu verändern … Der Therapeut gewinnt Zugang zur Familie, indem er deren Stärken anerkennt und fördert, geltende Hierarchien und Wertvorstellungen respektiert, bestehende Subsysteme stützt und die Familienmitglieder in ihrem Selbstwertgefühl bestätigt. Auf diese Weise schließt er sich der Familie an" (Simon, Clement u. Stierlin 1999, S. 154) (Anm. d. Übers.).

der individuelle Fälle betreut, kann über den Bericht der Familie die Geduld verlieren. Die Geschichte, wie sie von der Familie erzählt wird, deckt sich möglicherweise nicht mit dem Bericht in der offiziellen Fallakte und wirkt deshalb vielleicht eigennützig oder ausweichend. Für die Familie jedoch ist ihre Version die Realität. Das respektvolle und aufmerksame Zuhören des Sozialarbeiters, wenn die Familie ihre Geschichte erzählt, ist eine Technik, und sein erkennbares Verstehen der Schwierigkeiten der Familie gehört zur Methode des Joining.

Eine junge Mutter, der man die Kinder wegen Vernachlässigung weggenommen hat, sagt: „Ich weiß nicht, was ich hier eigentlich soll. Ihr lasst mich hier im Kreis rumlaufen. Ich bekomme überhaupt keine Antworten." Die Sozialarbeiterin sagt: „Sie tragen gerade viele Kämpfe aus."

Die Mutter sagt weiter: „Ich kämpfe gegen sie, ihn, sie ... (zeigt auf Familienmitglieder und auf eine andere Sozialarbeiterin im Raum). Ich bin doch nur eine einzige Person." Die Sozialarbeiterin nickt: „Sie haben Recht. Das ist zu viel für eine einzige Person. Wie kämpfen die anderen gegen Sie?"

Die Sozialarbeiterin akzeptiert den Standpunkt der Mutter und ermuntert sie weiterzusprechen. Noch bevor sie lange miteinander geredet haben, hat die Sozialarbeiterin Informationen über behördliche Komplikationen gewonnen, die nicht in den offiziellen Unterlagen stehen, aber für die konstruktive Bewältigung der Situation relevant sind.

Wenn eine Familie ihre Realität beschreibt, muss der Sozialarbeiter mit gespitzten Ohren zuhören und zwischen den Zeilen lesen, d. h. das indirekt Gesagte erfassen und Informationen registrieren, die in der Erzählung unscharf sind. Besonders wichtig ist es, dass der Sozialarbeiter dabei auf Leistungen und Stärken der Familie achtet, die bis dahin vielleicht noch nie offen anerkannt worden sind. Wir wissen, dass arme Familien sich oft als schwächer darstellen, als sie eigentlich sind, vor allem dann, wenn sie es mit Vertretern des sozialen Systems zu tun haben, und dass sie ihre Probleme und Realitäten so schildern, als ob sie sich keinerlei eigene Kompetenz zubilligen wollten. Die junge Mutter, die sich bei der Sozialarbeiterin beschwert, sagt: „Sie haben mich aus der Wohnung hinausgeworfen, und wir kamen in dieses Rattenloch ohne Heizung und warmes Wasser." Die Sozialarbeiterin fragt, wann das geschehen sei, und die junge Frau sagt ihr, dass es vor einem Jahr passiert sei. Die Sozialarbeiterin antwortet mit einer gewissen Verwunderung: „Was, Sie haben ein ganzes Jahr an diesem Ort gelebt, mit den Kindern!! Wie haben Sie das denn überhaupt ausgehalten?" Die Sozialarbeiterin reagiert auf den Teil der Geschichte, in dem Stärke und nicht Dysfunktionalität durchschimmert, und sie verlangsamt die Erzählung, um die schrecklichen Lebensbedingungen in dem Umfeld anzuerkennen – und die Fähigkeit zu beleuchten, aufgrund deren die Familie diese Situation überlebt hat.

Zuhören und Beobachten gehören zusammen. In der psychoanalytischen Tradition hat man die Therapie zwar als *talking cure* („Redekur") etikettiert, doch versierte Therapeuten haben schon immer auf die nonverbalen Signale geachtet, die von der Körperhaltung, dem Gesichtsausdruck und der Bewegung des Klienten ausgehen. Familientherapeuten haben auch begriffen, dass sich das Familiendrama – bis zu einem gewissen Grad – genau vor ihren eigenen Augen abspielt.

Das Beobachten beginnt in dem Augenblick, in dem die Familie den Raum betritt. Der Sozialarbeiter muss Muster und Interaktionen der Familie sowie individuelles Verhalten der Familienmitglieder registrieren. Natürlich ist es ein wichtiger Sachverhalt, dass das Mädchen verweinte Augen hat; aber der Sozialarbeiter muss die ganze Familiengruppe genau anschauen, und er bemerkt vielleicht, dass die Schwester des Mädchens beschützend und die Mutter ungeduldig wirkt. Wie sich die Familie im Raum verteilt und Platz nimmt, sagt auch viel aus über die Familienorganisation und die Beziehungen der Familienmitglieder zueinander. Wer sitzt wem am nächsten? Wer spricht zuerst? Wer spricht am meisten, und wer kommt einem still, rücksichtsvoll oder uninteressiert vor? Welche Familienmitglieder stützen sich gegenseitig, und welche gehen auf Distanz? Wer erzählt dem Sozialarbeiter des Jugendamtes, welche Familienmitglieder anwesend sind und welche nicht?

Wie ist es mit Unstimmigkeiten? Wenn die Familie ihre Situation beschreibt, erzählen die einzelnen Familienmitglieder oftmals unterschiedliche Geschichten. Es kommt weniger darauf an, zu „der Wahrheit" vorzudringen, die immer und in jedem Fall subjektiv ist, als dass man das Familienmuster erkennt, nach dem widersprüchliche Aussagen behandelt werden. Unterbrechen sich die Familienmitglieder, um sich gegenseitig zu korrigieren, und was passiert, wenn sie das tun? Argumentieren sie eher, oder beleidigen sie sich? Verbündet sich der Großvater mit den Kindern? Wetteifern die Familienmitglieder um die Aufmerksamkeit des Sozialarbeiters und um dessen hohe Meinung über sie? Und wie ist es mit dem Verhalten, das nicht zu der Beschreibung der Familie passt? Die Familie kann z. B. darin übereinstimmen, dass die Kinder insgesamt den Freund der Mutter ignorieren, und die Sozialarbeiterin kann das als eine Tatsache anerkennen. Ein Blick in die Videoaufzeichnung des Familiengesprächs enthüllt jedoch, dass die Sozialarbeiterin zu dem Zeitpunkt Folgendes nicht bemerkt hat: Das jüngste Kind nähert sich immer wieder dem Freund der Mutter, lehnt sich gegen seine Knie, während die übrige Familie und die Sozialarbeiterin miteinander reden.

Wenn die Experten der Familie zuhören und diese genau beobachten, können sie Anhaltspunkte für die Aspekte finden, die sie stärken möchten. In der folgenden Vignette hat die Sozialarbeiterin Informationen gesammelt und miteinander kombiniert, in denen Fürsorge, Verbundenheit und gegenseitige Abhängigkeit unter den Familienmitgliedern zum Ausdruck kommen – obwohl genau dieses Verhalten in der von der Familie erzählten Version ihrer Geschichte heruntergespielt wird:

Paula: Niemand hat sich darum gekümmert. Sie haben gewusst, dass ich Drogen nahm. Sie haben gewusst, dass ich auf den Strich ging. Ich mache ihnen keinen Vorwurf.

Sozialarbeiterin: Aber Lisa hat doch erzählt, dass sie früher immer aus dem Haus ging und nach Ihnen gesucht hat.

Paula: Ja, das stimmt. Sie hat gewusst, wo sie mich findet. Aber das wär's auch schon. Sie ist die Einzige.

Sozialarbeiterin (*zu Lisa*): Was hat Sie veranlasst, nach ihr zu suchen?

Lisa: Wir hatten Angst um sie. Wir haben da so paar Dinge gehört.

Sozialarbeiterin: Wir? Sie und wer noch?

Lisa: Meine Mama. Sie hat da irgendetwas gehört ... die Nachbarn haben geredet ... und sie sagte oft zu mir: „Geh und bring deine Schwester nach Hause."

Hier unterstreicht die Sozialarbeiterin nicht nur die in einem positiven Sinn zu verstehenden Sorgen der Familienmitglieder um Paula, sondern sie bewegt sich von einem amorphen „sie" zu einzelnen

Personen, wodurch sie im Detail abklärt, wer zu einer Landkarte von Paulas Familie gehört.

Eine Landkarte der Familienstruktur erstellen

Ein am systemischen Ansatz orientierter Sozialarbeiter trägt Informationen zusammen, die ein Gesamtbild der betreffenden Familie ergeben. Die Herstellung einer Landkarte der Familienstruktur ist eine konkrete Methode, Informationen zu dokumentieren und verfügbar zu machen. Der Wirkungskreis der Familie, Verbindungen, Funktionen und Beziehungen werden sowohl für die Sozialarbeiter als auch für die Klienten plastischer, wenn diese Aspekte grafisch dargestellt werden.

Es ist hilfreich, noch vor dem ersten Familiengespräch eine provisorische Landkarte der Familienstruktur zu entwerfen, gewissermaßen als Weg, auf dem eine bildliche Vorstellung von der „Familie" in die erste Begegnung getragen wird. Die Landkarte enthält die Mitglieder des primären Netzwerkes des Klienten, die dem Sozialarbeiter von dessen Über- bzw. Einweisung bekannt sind: Geschlecht und Alter, in welcher Beziehung sie zum Indexklienten stehen und wie sie ihr Leben arrangiert haben.

Der Sozialarbeiter, der den einzelnen Fall betreut, ist vielleicht darüber informiert, dass die Großmutter eine Beschwerde eingereicht hat, in der sie beklagt, dass ihre beiden Enkel geschlagen worden seien, und die Mutter, die das abstreitet, kommt nun mit den Kindern zu ihm zum Gespräch. Der betreuende Sozialarbeiter ist jedoch über einige Fakten nicht im Bilde. Lebt die Großmutter bei der Familie? Werden die Kinder von der Mutter geschlagen? Gibt es einen Vater der Kinder oder einen Freund der Mutter, der die Kinder schlägt? Lebt dieser Mann in der Familie? Hat die Mutter Geschwister, und stehen diese sich nahe? Der Sozialarbeiter entwirft eine vorläufige Landkarte (die auch als Genogramm bezeichnet wird), die sein provisorisches Wissen und vielleicht seine Fragen widerspiegelt (siehe Abbildung 3.1).

Wenn sich dann der Sozialarbeiter und die zu betreuende Familie treffen, ist es wichtig, dass die Familie an der Erstellung ihrer eigenen Landkarte mitwirkt. Die Aufforderung zur Mitarbeit kann ganz sachlich gehalten werden: „Könnten Sie mir hier mal bitte sagen, wer zur Familie gehört? Sie können für die Frauen einen Kreis und für die Männer ein Quadrat zeichnen. Bitten Sie die anderen

Familienmitglieder, Ihnen dabei zu helfen." Die Einladung an die Familie, ihre Mitglieder auf der Landkarte zu platzieren und deren Namen in Kreise und Quadrate zu schreiben, bringt ein Erkennen ihrer Zusammengehörigkeit hervor, d. h. ein Bewusstsein, dass „wir das sind". Durch diese Aktion wird die Familie dazu motiviert, darüber nachzudenken, welche ihrer Mitglieder dauernd, welche vorübergehend in der Familie leben und welche Mitglieder aufgrund ihrer Bindung auf der Landkarte näher zusammengerückt werden sollten.

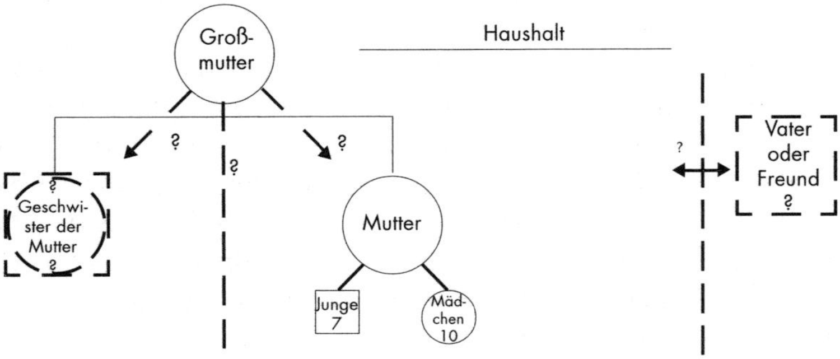

Abbildung 3.1

Der Vorgang, bei dem die Familie ihre eigene Landkarte konstruiert, bietet nützliche Informationen und ist im Allgemeinen eine angenehme Beschäftigung. Ein versierter Sozialarbeiter betrachtet das Produkt jedoch mit Vorsicht, weil das Familienbild vielleicht noch nicht vollständig ist. Im ersten Entwurf werden häufig Personen vergessen – eine Tante, die Patentante der ältesten Tochter –, obwohl sie aktiv am Leben der Familie teilnehmen. Interessierte Fragen des Sozialarbeiters tragen dazu bei, die Landkarte zu erweitern: Wer macht sich noch Sorgen wegen Carlas Drogenmissbrauch? (Ihre Patentante? Wenn ja, zeichnen Sie sie ein.) Wer könnte erleichtert sein, wenn Carla schließlich an einem Drogenprogramm teilnimmt? (Ihre Patentante und Tante? Dann fügen Sie die Tante noch hinzu.) Gibt es Personen in der erweiterten Familie, die der Meinung sind, Carla sollte ihr neugeborenes Kind nicht behalten? (Ihr Bruder und die Mutter von Carlas Freund? Dann zeichnen Sie sie ein.) Derlei Vorgehensweisen sind hilfreich, und gleichzeitig ist es wichtig, dass der Sozialarbeiter gegenüber den Vorbehalten der Familie sensibel agiert. Die Kooperation ist erst am Anfang, und noch haben die Familienmitglieder kein Vertrauen zu dem Sozialarbeiter aufgebaut. Das Gesamtbild lässt sich vielleicht im Laufe der Zeit herstellen, wenn der Sozialarbeiter und die Familie zu einer Kooperationseinheit zusammenwachsen und neue Personen aufgrund der gemeinsamen Bemühungen in Erscheinung treten.

Manchmal sind die Familienmitglieder unterschiedlicher Ansicht darüber, wer auf der Landkarte zu berücksichtigen ist und an welcher Stelle die Personen zu platzieren sind. Solche Differenzen sind natürlich bedeutsam. Crystal sagt: „Papa muss auch dabei sein." Der Sozialarbeiter fragt sie, weshalb sie glaube, dass er auch dabei sein müsse. „Weil er mein Vater ist", sagt sie. Ihre Tante sagt: „In Ordnung. Male ihn dahin." Doch als Crystal den Namen ihres Vaters in den Familienkreis schreibt, sagt ihre Tante: „Nein, er sollte nicht in dem Familienkreis stehen, weil er nicht bei uns wohnt, ja?"

In manchen Situationen kann der Sozialarbeiter die Landkarte der Familienstruktur dazu benutzen, um komplexere Aspekte der Familienorganisation darzustellen. Die Nähe und Distanz von Familienmitgliedern kann durch ihre Platzierung auf der Landkarte angezeigt werden. Engagement kann mit einer doppelten Linie (=) und Überengagement mit einer dreifachen Linie (≡) markiert werden. Ein Konflikt kann mit Wellenlinien ( ) und ein Bruch in der Beziehung durch unterbrochene Linien (–\\–) dargestellt werden. Wo es sinnvoll ist, können Symbole den Unterschied zwischen klaren Grenzen (---), starren Grenzen (—) und diffusen Grenzen (·····) anzeigen.

Die Familie Jones z. B. besteht aus der Mutter, dem Stiefvater, dem 16-jährigen Lewis, der 13 Jahre alten Sheba und der Großmutter mütterlicherseits. Die Großmutter lebt nicht in der Familie, ist aber interessiert an ihr und steht für sie zur Verfügung. Der leibliche Vater der Kinder ist aus der Gegend weggezogen und hat keinen Kontakt mehr zu seiner früheren Frau und den Kindern. Wie in vielen Stieffamilien, bilden die Mutter und die Kinder ein dichtes Subsystem. Lewis steht in ständigem Konflikt mit seinem Stiefvater; die Mutter nimmt ihren Sohn in Schutz und gerät über Fragen der Aufsicht in Konflikt mit ihrem Mann. Sheba und ihre Mutter sind einander schon immer besonders nahe gewesen.

Abbildung 3.2 veranschaulicht diese Situation. Es besteht eine klare Grenze, durch welche die Großmutter von der übrigen Familie getrennt ist. Eine starre Grenze sowie unterbrochene Linien trennen den Vater von der Familie, was auf fehlenden Kontakt hinweist. Die Platzierung der Mutter und der Kinder auf der Landkarte sowie die Grenze um sie herum kennzeichnen diese Gruppe als Subsystem, und die dreifachen Linien zwischen der Mutter und Sheba legen ein Überengagement nahe. Die Wellenlinien zwischen Lewis und seinem Stiefvater sowie zwischen der Mutter und dem Stiefvater weisen auf einen Konflikt in diesen Beziehungen hin.

Jeder Sozialarbeiter kann natürlich seine eigene Symbolik entwerfen und solche Zeichen wählen, die am besten für die Familien geeignet sind, die er betreut. Eine Landkarte der Familienstruktur hilft ihm, Interaktionen zwischen Familienmitgliedern zu reflektieren. Selbst in der einfachsten Form gibt eine solche Landkarte dem betreuenden Sozialarbeiter und der Familie eine gemeinsame Vorstellung vom Wirkungskreis der Familie und von den zugehörigen Mitgliedern. Sie bietet außerdem die Möglichkeit, die ersten Kontakte zwischen Sozialarbeiter und Familie zu normalisieren und die Sitzung von der beharrlichen Fokussierung auf Probleme zu befreien. Wenn mit der Zeit mehr Information vorhanden ist, kann die Landkarte eine wertvolle Hilfe sein, um über die Stabilität und Fluktuation der Familienmitglieder, das Wesen von Subsystemen und die Einschätzung der Familie, wer in ihrem Leben wichtig ist, Buch zu führen.

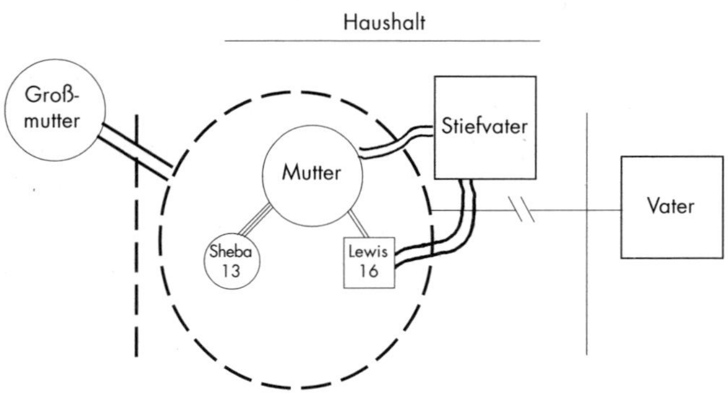

Abbildung 3.2

Zur Inszenierung typischer Familieninteraktionen ermutigen

Eine Landkarte der Familienstruktur gibt ein Bild davon, wo Familienmitglieder ihren Platz haben und wie sie miteinander verbunden sind; doch es ist das Verhalten der Familie, das einen Einstieg in konstruktive Interventionen bietet. Die Sensibilität gegenüber spontanen Ereignissen ist eine wichtige Informationsquelle und eine Technik für sich. Die Rolle des Sozialarbeiters ist jedoch nicht nur die eines Beobachters. Um Familienmuster verstehen zu können, muss der Sozialarbeiter die Familienmitglieder zur Inszenierung *(enactment)* typischer Familienmuster ermutigen, was eine etwas komplexere Technik voraussetzt.

In einer gemeinsamen Sitzung zeigen die Familienmitglieder im Allgemeinen ihre typischen Verhaltensweisen. Selbst wenn sie vorsichtig oder misstrauisch sind, gehen sie mit Beziehungen und Ereignissen in einer für sie natürlichen Weise um, vorausgesetzt allerdings, man lässt ihnen den erforderlichen Raum und gibt ihnen die Gelegenheit dazu. Das ist eine Grundvoraussetzung. Die Experten besetzen in einem Familiengespräch die zentrale Position und sind darin geschult, die Gesprächsführung zu übernehmen – indem sie Fragen an bestimmte Personen richten, Spannungen abbauen und mit Unterbrechungen fertig werden. Den Angehörigen der helfenden Berufe fällt es schwer, aus dieser Aktivität herauszutreten, es zuzulassen, dass die Situation sich entfaltet, und den passenden Moment für eine Intervention abzuwarten. Wenn die Familienmitglieder ihre üblichen Muster verlassen, indem sie sich an den Sozialarbeiter wenden, dann ist es in vielen Situationen am fruchtbarsten, die Interaktion an die Familie zurückzugeben. Im folgenden Ausschnitt ermutigt die Sozialarbeiterin die Familie zu einer kräftigen Inszenierung *(enactment)* von Familienverhalten, wie sie wahrscheinlich auch in den eigenen vier Wänden der Familie vorkommt. Die betreuende Sozialarbeiterin hört gerade zu, wie Miryam von ihren Schwierigkeiten mit ihren beiden Kindern, dem neunjährigen Anthony und der sieben Jahre alten Michelle, berichtet, während die Kinder im Hintergrund spielen. Plötzlich schubst Anthony seine Schwester Michelle, die zu weinen anfängt:

Miryam (zornig): Was war denn das?

Beide Kinder reagieren gleichzeitig auf diese Frage. Miryam ignoriert sie und nimmt ihr Gespräch mit der Sozialarbeiterin wieder auf. Die

Sozialarbeiterin lehnt sich jedoch in ihrem Stuhl zurück und schaut abwechselnd Miryam und die Kinder an. Miryam zögert und wendet sich dann Anthony zu.

Miryam: Komm du mal her.
Anthony (*an die Sozialarbeiterin*): Sie hat mich zuerst geschlagen!
Sozialarbeiterin: Ich weiß es nicht. Erzähle das deiner Mutter.

Miryam und die Kinder beginnen ein Gespräch zu dritt.

Hier hält sich die Sozialarbeiterin geschickt zurück. Sie signalisiert durch ihre Körperhaltung und die Unterbrechung ihres Gesprächs mit Miryam, dass sie wartet, bis Miryam die Situation geklärt hat. Sie reagiert direkt auf Anthony und gibt ihm zu verstehen, dass sie als Verbündete oder Richterin nicht zur Verfügung steht und dass sie seine Mutter für die geeignete Vermittlerin hält. Durch diese einfachen, aber geschickten Maßnahmen hat die Sozialarbeiterin Informationen über das Familienmuster eingefangen: z. B. die, dass Miryam die Bemühungen der Kinder, sich auf ihre Autorität zu berufen, ignorieren kann und dadurch die Turbulenzen eskalieren lässt und dass Anthony rasch andere Personen für seine Sache engagiert. Da die Sozialarbeiterin die Interaktion beobachtet, die sie selbst initiiert hat, kann sie auch sehen, wie Miryam mit dem Konflikt zwischen den Kindern umgeht, und sie wird auf Aspekte in Miryams Verhalten als Mutter aufmerksam, in denen sie Miryam stärken oder die zu verändern sie ihr helfen kann.

Auch wenn das Verhalten der Sozialarbeiterin bei näherer Betrachtung banal erscheinen mag, so ist es doch für professionelle Helfer tatsächlich nicht leicht, sich zurückzunehmen. Selbst erfahrene Therapeuten neigen dazu, zu früh und zu viel zu reden. Effektive Inszenierungen *(enactments)* qualifizieren *(empower)* die Familie, indem sie lernt, der Art, in der sie üblicherweise funktioniert, Ausdruck zu verleihen und eigenständig neue Pfade zu erkunden. Sozialarbeiter müssen die Kraft haben, eine aktive Führungsrolle im Gespräch zu übernehmen, und gleichzeitig der Versuchung widerstehen, in den Vordergrund zu treten.

Familienregeln umdeuten

Konstruktive Interventionen sind eine Sache der Interpunktion insofern, als der Sozialarbeiter aus den gewonnenen Informationen bestimmte Transaktionen, die für seine Aufgabe relevant sind, herausgreift und sich auf diese konzentriert. Zu dieser Aufgabe gehört es, dass man den Familienmitgliedern hilft, ihre inneren Modelle umzudeuten. Wenn eine Familie ihre Geschichte erzählt, gerät diese fast immer zu eng gefasst, und insbesondere bei Multiproblem-Familien fallen die Familiengeschichten oft zu negativ aus. Die Umdeutung vollzieht sich oft dadurch, dass positive Dinge hervorgekehrt werden, dass nach Indikatoren für Nähe und Zuneigung unter den Familienmitgliedern gesucht wird und dass man auf Signale von Stärke in der Alltagsbewältigung der Familie achtet.

Zu anderen Zeitpunkten (oder zur selben Zeit) besteht die Aufgabe des Sozialarbeiters darin, negative Zustände oder Vorgänge in der Familie zu provozieren. Wenn die Familie eine Geschichte vorbringt, die der Sozialarbeiter infrage stellt, sollte das nicht wie ein aggressiver Akt wirken. Vielmehr sollten darin neue Optionen für die Familie liegen. Das kann z. B. heißen, dass man einem Kind die Erfahrung beibringt, wie es sich durchsetzen kann, obwohl es aufzugeben gelernt hat, noch bevor es überhaupt angefangen hat; oder ein junger Mann wird zu der Einsicht geführt, dass seine Meinung bei seiner Freundin zählt, auch wenn er davon ausgeht, dass er von deren Familie ignoriert wird; oder man verhilft einer Mutter zu der Erkenntnis, dass sie ihre Kinder besser unter Kontrolle hat, als sie annimmt.

In einer Situation z. B. erzählt Jamies Mutter der Sozialarbeiterin: „Ich versuche es schon gar nicht mehr, dass er mir zuhört … Der einzige Grund, weshalb er mir früher zugehört hat, war (der), dass ich ihn geschlagen habe, aber das ist Kindesmisshandlung." Die Sozialarbeiterin geht dieser Aussage nach: „Wollen Sie damit sagen, dass Sie nicht mehr versuchen, ihm Disziplin beizubringen, weil die einzige Möglichkeit für Sie darin besteht, ihn zu schlagen?" Die Mutter sagt: „Genau. Ich wurde früher ausfallend, aber jetzt nicht mehr." Die Sozialarbeiterin ist auf diesen Augenblick vorbereitet und kann deshalb sagen: „Aber vor fünf Minuten haben Sie ihm doch noch sehr verbindlich gesagt, dass er dieses Spielzeug zurücklegen soll, und er hat es zurückgelegt."

Die professionellen Helfer müssen eine Familie oft „auf frischer Tat ertappen", wenn sie gerade ihre Bindungen und Stärken beschreibt und dabei nicht realisiert, wovon sie eigentlich spricht, oder wenn sie gerade so handelt, dass ihre eigene Erzählung über ihre dürftige Art und Weise des Funktionierens Lügen gestraft wird. In diesem Moment deutet der Sozialarbeiter das Gespräch oder die Handlung der Familienmitglieder so um, dass ein anderer Aspekt für die Familie lebendig wird. Im Gespräch mit Paula über deren Drogensucht und Prostitution erwischte die Sozialarbeiterin den Augenblick, als Paula gerade von den besorgten Aktionen ihrer Schwester und Mutter erzählte, und deshalb konnte sie die Fürsorge und Verbundenheit in dieser Familie betonen. In der Sitzung mit Miryam hörte die Sozialarbeiterin zu, wie die Mutter mit ihren Kindern sprach, und konnte deren mütterliche Kompetenz beurteilen: „Das hat die Situation wirklich beruhigt – wie Sie Anthony erklärt haben, wie er sich hier zu benehmen hat. Das war sehr wirksam." Durch diesen Kommentar kommt Miryams inneres Modell, mit ihren Kindern nicht umgehen zu können, auf den Prüfstand, wobei eine neue Perspektive eingeführt und die Saat für Veränderung gelegt wird.

Es gibt auch viele Fälle, in denen das Verhalten von Familienmitgliedern keineswegs akzeptabel ist. Eltern sind vielleicht zu lieblos zu ihren Kindern oder weisen ihre Rolle als Autoritätspersonen oder Leitbilder weit von sich. Die Erzählung der Familie, in der die Mutter als eine moralisierende, hilflose oder verschriene Person geschildert wird, ist möglicherweise ziemlich zutreffend. Trotzdem müssen sich die Mitarbeiter von Sozialbehörden und sozialer Einrichtungen ein Geschick aneignen, auch ein solches Verhalten in einem positiveren Sinne umzudeuten - nicht deshalb, weil es richtiger ist, sondern weil es *auch* richtig ist und weil den Menschen, die sich als Versager fühlen und selbstkritisch sind, dadurch geholfen wird, einen anderen und stärkeren Teil ihres Selbst zu mobilisieren. Wenn Miryam ihren Sohn Anthony scharf zurechtweist, kann die Sozialarbeiterin z. B. zu ihr sagen: „Wissen Sie, ich merke, dass Sie eine sehr besorgte Mutter sind und einen ausgeprägten Gerechtigkeitssinn haben." Wenn eine Mutter mit drei kleinen Kindern zuschaut, wie diese auf die Stühle einschlagen und Krach machen, und verzweifelt sagt, dass sie nicht wisse, wie sie dem Treiben Einhalt gebieten könne, dann kann die Sozialarbeiterin sagen: „Ja, das ist ein Problem für Sie, andererseits haben Sie mit den Kindern auch sehr viel Geduld." Dadurch wird die Geschichte über die Funktionsweise der Familie erweitert und die Exploration effizienterer Erziehungsmaßnahmen eingeleitet.

Es scheint nicht einfach zu sein, Bemerkungen dieser Art in ein Familiengespräch einzuflechten, aber es ist vermutlich eine große Hilfe, wenn man sich klarmacht, dass bestimmte positive Eigenschaften auch die meisten Menschen auszeichnen, die unter sehr schwierigen Bedingungen ihr Leben meistern müssen. Die armen Multiproblem-Familien entwickeln oft eine Fähigkeit, enttäuschende Situationen hinzunehmen, die jedem von uns – die wir über nützliche Techniken verfügen, Hilfe zu suchen und anzunehmen – eine großzügige und mitfühlende Einstellung gegenüber anderen Menschen in ähnlichen Lebensumständen usw. abverlangen würden. Wenn ein Sozialarbeiter sich diese Realität immer wieder vor Augen führt, kann er mit der Zeit leichter die lobenswerten Elemente in seinen Klienten entdecken und die Bedeutung ihres Verhaltens in einem positiven Sinne umdeuten.

Das Bemühen ist wichtig. Dadurch, dass die automatisch aktiven inneren Modelle der Familie erschüttert werden, schafft der Sozialarbeiter einen Raum, in dem sich neue Perspektiven und Möglichkeiten entfalten können. Die Umdeutung ist jedoch ein Teil des Prozesses und nicht dessen Endziel. Eine alternative Sicht der familienspezifischen Stärken und Optionen ist zwar das Fundament für Verhaltensänderungen, sie reicht aber als Anreiz für einen Wandel üblicherweise nicht aus. Wichtig ist es nämlich, den Worten und Gedanken dadurch Beweiskraft zu verleihen, dass konkrete Gelegenheiten geschaffen werden, um neue Interaktionsmuster zu explorieren.

Alternative Interaktionsmuster explorieren

Familien mit dysfunktionalen Mustern sind zum Teil wie paralysiert. Sie sind in immer wiederkehrenden Mustern gefangen, die zwar nicht funktionieren, aufgrund ihrer Habitualisierung den Familien aber ein gewisses Sicherheitsgefühl geben. Die in ihrer Funktionsweise gestörte Familie hat häufig Angst vor Veränderung und keine Vorstellung davon, wie sie sich überhaupt verändern soll. Die Familienmitglieder brauchen qualifizierte Hilfe, und diese Hilfe zu geben ist die Aufgabe der Mitarbeiter von Sozialbehörden und sozialer Einrichtungen. Haben die Sozialarbeiter die Familienmuster erst einmal erkannt und möglicherweise umgedeutet, dann müssen sie entschlossen intervenieren, um der Familie bei der Erschließung neuer Wege zu helfen, indem sie die Familienmitglieder dazu befähigen, da Muskeln aufzubauen, wo vorher keine waren.

In systemischen Begriffen, in denen wir die Funktionsweise einer Familie beschreiben, könnte man es so ausdrücken, dass die Familie Hilfe braucht, damit sie die Grenzziehung um Subsysteme herum neu gestalten und ihre eingefahrenen Kommunikationsregeln verändern kann. In einer realitätsbezogeneren Sprache könnte man sagen, dass die Familienmitglieder andere Modalitäten brauchen, um miteinander in Verbindung zu treten, bessere Formen, um ihre Gefühle auszudrücken, und ein größeres, effektiveres Repertoire an Techniken, um Konflikte zu lösen.

Damit die Trägheit überwunden werden kann, die mit habitualisiertem Verhalten verbunden ist, müssen die Sozialarbeiter für die Familie atypische Interaktionen strukturieren, indem sie die Familienmitglieder in der Situation zum Handeln auffordern und sie in ihren zögerlichen, noch ungewohnten Schritten unterstützen. Die Fachkräfte müssen die Bemühungen kontinuierlich aufrechterhalten, indem sie die Verhaltensweisen hervorheben, die sich in eine funktionalere Richtung entwickeln, und den Verhaltensweisen eine neue Richtung geben, die in alte Muster zurückfallen. Wenn die Sozialarbeiter die Familie zu Explorationen ermutigen, engagieren sie die Familienmitglieder als Hauptakteure. Das endgültige Ziel besteht dann darin, dass die Familienmitglieder neue Verhaltensweisen aus eigenem Antrieb initiieren.

Der Sozialarbeiter, der Tracy, John und Abel betreut, fordert z. B. alle drei Familienmitglieder auf, über den zunehmenden Druck vonseiten des Schulbeamten wegen Abels Fernbleiben vom Unterricht miteinander zu sprechen. Wie können sie einen Weg finden, dass Abel morgens aufsteht und zur Schule geht? Die Zusammensetzung dieser Gruppe ist neu – zumindest als Einheit, die ein Problem zu lösen hat. Als John vorschlägt, er könne Abel morgens wecken, ist Tracy dagegen, weil sie Streitigkeiten befürchtet. Der Sozialarbeiter fordert danach John und Abel auf, über diesen Vorschlag miteinander zu sprechen, während Tracy zuschaut; dadurch entsteht ein neues Muster mit atypischen Grenzen. Als John und Abel miteinander zu reden beginnen, gibt der Sozialarbeiter Tracy ein Zeichen, sich neben ihn zu setzen, wodurch er die unsichtbare Grenze um die beiden „Männer“ herum betont und die ängstliche Tracy durch seine physische Nähe unterstützt.

John sagt, er könne Abel um sieben Uhr wecken, und Abel erwidert, erst um halb acht – wenn er bis dahin noch nicht von selbst aufgewacht sei. Der Sozialarbeiter hält Tracy mit einer freundlichen Geste zurück, und bevor John einwenden kann, halb acht sei eindeutig zu spät, lobt er die beiden Männer für ihre Verhandlung und sagt, dass das ein guter Kompromiss sei, den man versuchen solle. Hier lanciert der Sozialarbeiter elementar ein neues Muster und interpunktiert das Gespräch, sobald es einen Fortschritt zeigt und bevor es problematisch wird und zu einem Streit eskaliert. Diese wenigen Minuten sind zwar nur ein Anfang, aber sie bilden eine Brücke zu neuen Möglichkeiten.

Oder nehmen wir die Situation der 15-jährigen Megan, die in einer Einrichtung für schwangere Mädchen lebt, von ihrer Familie ausgestoßen ist und auf die Geburt ihres Kindes wartet. Die Mitarbeiterinnen der Einrichtung laden Megans Familie in das Heim ein, um über die Zukunft des noch Ungeborenen zu sprechen. Als Megan in Tränen ausbricht, legt ihre 14-jährige Schwester Saral den Arm um sie und gibt ihr ein Taschentuch. Die Sozialarbeiterin konstatiert, dass dies zwar eine schwere Zeit für die ganze Familie sei, aber sie finde, die Familie habe Achtung vor dem Leben und sei wahrscheinlich um das Baby besorgt. Sie bittet Saral, Megan zu ermuntern, darüber zu reden, wie sie sich fühlt, was sie möchte und wie sie mit ihren Eltern sprechen könnte. Die Sozialarbeiterin geht langsam vor, weil sie weiß, dass in dieser Familie nicht offen über Gefühle geredet wird und dass die Kinder ohne elterliche Intervention – besonders vonseiten des Vaters – im Allgemeinen nicht miteinander über wichtige Dinge sprechen. Als Megan zu ihrem Vater sagt, dass sie an Wochenenden gerne nach Hause käme, und dieser nicht reagiert, fordert die Sozialarbeiterin Megan auf: „Sag es so, dass dein Vater verstehen kann, was du ihm mitteilen möchtest." Die Sozialarbeiterin muss Familienmitglieder dafür gewinnen, sich in einer schwierigen Situation gegenseitig beizustehen, indem sie die Bemühungen um Kommunikation intensiviert und die Bekundungen von Wut, Schmerz und Abhängigkeit normalisiert. Obwohl sich die konkreten Vorgehensweisen hier aus der Situation heraus entwickeln, braucht es die Interventionen der Experten, damit die Familien ihre eigenen Möglichkeiten und Lösungen explorieren können.

Schließlich ist da noch das Fallbeispiel der Familie Silva, aus dem wir den Prozess der Informationsgewinnung, der Umdeutung von

Familienregeln und der Exploration neuer Interaktionsmuster in knapper Form schildern.

Dem zuständigen Sozialarbeiter wurde ein Bericht über Kindesmisshandlung vorgelegt, aus dem hervorgeht, dass Frau Silva ihre 14-jährige Tochter Tina angeblich mit einem Stock geschlagen hat. Er hat nur wenige Informationen über diese Familie, und seine provisorische Landkarte der Familienstruktur enthält nur diese beiden Personen. Er bittet Frau Silva und Tina zu einem gemeinsamen Gespräch zu sich. Gleich zu Beginn der Sitzung sprechen sie über den berichteten Vorfall, und es entwickelt sich folgender Austausch:

Sozialarbeiter (zu Tina): Erinnerst du dich, wie der Stock ausgesehen hat?

Tina: Es war ein Stück vom Besenstiel.

Sozialarbeiter: Wohin hat sie dich geschlagen?

Tina: Tja, zuerst schlug sie mich aufs Bein. Meine Großmutter sagte zur mir: „Lauf weg." Sie sagte: „Lauf weg." Meine Mutter fuchtelte vor meinem Gesicht herum. Dann bin ich in das Zimmer gelaufen und ...

Sozialarbeiter: Einen Augenblick. Woher ist deine Großmutter gekommen?

Tina: Das war im Haus meiner Großmutter.

Frau Silva: An dem Tag, als ich sie geschlagen habe, ja. An diesem Wochenende habe ich meine Mutter besucht. Meine Mutter hat sie einkaufen geschickt, und sie ging weg und kam stundenlang nicht zurück, und dann habe ich sie geschlagen.

Sozialarbeiter: Ich möchte Sie etwas fragen. Wie oft haben Sie das gemacht, sie mit einem Besenstiel geschlagen?

Frau Silva: Nur dieses eine Mal. Ich habe sie sonst auch schon geschlagen, aber nicht mit einem Besenstiel.

Sozialarbeiter: Tja, glauben Sie, dass Sie sie, wenn das bei Ihnen zu Hause passiert wäre, nur mit Ihnen beiden, auch mit einem Besenstiel geschlagen hätten? Sagen wir mal, Sie sind zu Hause und sie geht weg ohne Ihre Erlaubnis.

Frau Silva: Sie hat das da auch schon gemacht.

Sozialarbeiter: Aber Sie haben sie dann nicht mit einem Besenstiel geschlagen.

Tina: Sie durfte es nicht. Es wäre Kindesmisshandlung gewesen.

Frau Silva: Nein, es ist nicht deswegen, weil ich nicht durfte. Ich versuche schon, mich zu kontrollieren.

Sozialarbeiter: Wenn Sie zu Hause sind. Haben Sie Besenstiele in Ihrem Haushalt?

Tina: Natürlich hat sie welche. Sie kann ohne Besen doch nicht kehren.

Sozialarbeiter: Aber sie hat dich noch nie zu Hause mit einem Besenstiel geschlagen.

Frau Silva: Wissen Sie, aber bei meiner Mutter wusste sie schon, wie sie ihren Willen bekam, als meine Mutter sie einkaufen schickte.

Sozialarbeiter: Sie hat Ihre Mutter ausgetrickst.

Frau Silva: Genau. Zu Hause könnte sie das auch machen. Sie hat es gemacht. Aber ich lasse das nicht durchgehen.

Sozialarbeiter: Also ist vielleicht die Person, die Sie mit dem Besen schlagen wollten, Ihre Mutter, weil Sie Ihre Tochter weggehen ließ.

Tina: Sie sagte zu meiner Großmutter, dass, wenn meine Großmutter nicht aus dem Weg geht, sie meine Großmutter schlagen würde. Und meine Großmutter sagte: „Was? Du willst mich schlagen? Ich werde dich schlagen!"

Frau Silva: Nein, so war das nicht. Ich habe zu ihr gesagt, sie soll aus dem Weg gehen, weil sie auch noch Schläge abbekommen würde, wenn sie nicht aus dem Weg geht, und nicht, dass ich sie schlagen will. Meine Mutter wollte nicht, dass ich meine Tochter schlage.

Sozialarbeiter (zu Tina): Ich glaube, du bist mit dem Besenstiel geschlagen worden, weil deine Mutter deiner Großmutter eine Lektion verpassen wollte.

Tina: Und meine Großmutter würde ihr den Hintern versohlen.

In diesem kurzen Austausch hat der Sozialarbeiter Informationen gewonnen und angefangen, die Situation umzudeuten. Er hat eine kurze Erwähnung der Großmutter aufgegriffen und realisiert, dass das zentrale Ensemble der handelnden Akteure erweitert werden muss. In dem darauf folgenden Abschnitt deutet er das ausfallende Verhalten der Mutter um und beleuchtet die Interaktion zwischen Mutter und Großmutter als einen wichtigen Faktor.

Wenn der Sozialarbeiter plant, neue Interaktionsmuster zu explorieren, zieht er Informationen heran, die er gewonnen hat, und überlegt, wie die Familie am sinnvollsten neue Möglichkeiten erkunden könnte. So hat er z. B. bemerkt, dass Tina die Kunst beherrscht, wie sie sich mit einem Erwachsenen gegen eine andere Person verbünden kann. Sie ist darin bestärkt worden, die Autorität ihrer Mutter anzuzweifeln, und zwar nicht nur durch ihre Allianz mit der Großmutter, sondern auch dadurch, dass sie sich auf die Macht der Behörden in Fällen von Kindesmisshandlung verlassen kann. Der Schutz der Kinder vor Misshandlungen ist zwar eine wichtige Aufgabe des Staates, aber nicht hilfreich, wenn er als Argument im Konflikt zwischen einer Heranwachsenden und einem Elternteil eingesetzt wird – besonders dann nicht, wenn das Verhalten des Elternteils weder habitualisiert noch bösartig ist. In diesem Fall entscheidet sich der Sozialarbeiter dafür, auf das familiale Dreieck zu fokussieren und eine strikte Grenzen zwischen den Familienmitgliedern und der Amtsgewalt zu ziehen. Er gibt damit den Anstoß zu einer offenen Diskussion zwischen Mutter und Großmutter, wodurch die Koalition zwischen Großmutter und Tina gegen Frau Silva hinterfragt und Tina die unangemessene Machtposition entzogen wird, aufgrund deren die Spannungen zwischen Mutter und Tochter größer werden und Handgreiflichkeiten vorkommen.

Zu einem anderen Zeitpunkt bittet der Sozialarbeiter Frau Silva, deren Mutter und Tina zu einem Gespräch zu sich. Er fordert die beiden Erwachsenen auf, ihre Ansichten zu dem Problem darzulegen, wie sie Tina kontrollieren können. Als Tina sich mit einem Kommentar dazwischendrängt, hält der Sozialarbeiter sie zurück: „Nein, das ist etwas, das sie ohne dich besprechen müssen." Im Laufe dieses Gesprächs – oder auch bei einer anderen Sitzung, die ruhig verläuft – bleibt genug Zeit, die Mutter und /oder die Großmutter in ihrer Aufgabe zu stützen, dass sie Tina davon abhalten, sich in ihre Gespräche einzumischen. Das ist ein neues Interaktionsmuster, das die Familie erst in ihren Alltag integrieren muss und das schließlich eine eigene Dynamik annimmt und sich automatisch einstellt. Gleichzeitig müssen der Sozialarbeiter und die Familie einsehen, dass Tina ein junges Mädchen ist, das nach mehr Autonomie strebt. Mutter und Tochter müssen ein paar neue Regeln aushandeln, die auf Tinas verändertes Bedürfnis nach selbstständigem Handeln Rücksicht nehmen.

In allen diesen Situationen haben die präsentierten Beispiele partiellen Charakter und weisen lediglich darauf hin, welche Techniken erforderlich sind. Im Laufe der Arbeit mit der Familie müssen sich die Sozialarbeiter auf aktuelle Entwicklungslinien einstellen, indem sie der Familie helfen, neue Interaktionsmuster einzuüben, Rückschläge zu bewältigen und die Verantwortung für die Schaffung ihrer eigenen neuen und funktionaleren Realität zu tragen.

Mit dem Konflikt umgehen

In einigen in diesem Kapitel vorgestellten Fallbeispielen geht es auch um Familienkonflikte, doch das Thema der Konfliktbewältigung ist so wichtig, dass es ausführlicher diskutiert werden muss.

Zunächst ist es ein theoretisches Problem, wie negative Familienmuster direkt angegangen werden können. Gerade bei einer Population, die so viel Elend erlebt und so stark gesellschaftlicher Kritik ausgesetzt ist, müssen die Stärken der Familie betont, negative Muster umgedeutet, Lösungen in den Mittelpunkt gestellt und die Familienmitglieder gestärkt *(empower)* werden, indem man ihren Standpunkt respektiert und ihre Bemühungen unterstützt. In diesem Kapitel konzentrieren wir uns im Wesentlichen darauf, genau diesen Ansatz zu realisieren. Die Hervorhebung der positiven Dinge kann allerdings unzureichend sein, wenn eine Familie nicht gelernt hat, ihre internen Differenzen auszutragen und ihre Aggression zu kontrollieren. Diese Menschen müssen mit Mechanismen ausgestattet werden, wie sie die Spannungen bewältigen können, die in ihnen schlummern, dann hervorbrechen und explodieren oder die Gefühle der Zuneigung unter Familienmitgliedern gefährden und wichtige Familienbande zerreißen.

Familienstreitigkeiten gehören zum Leben. Sie können in jeder Familie bittere und verhärtete Züge annehmen und genährt werden durch das ungelöste Problem, wer nun „Recht" hat, durch verletzte Gefühle und durch Enttäuschungen darüber, dass die Bemühungen anscheinend nirgendwo hinführen: „Ich habe ihm das immer und immer wieder gesagt, und nichts ändert sich"; „Sie hört einfach nicht zu; sie will das halt nicht verstehen"; „Er reagiert einfach nicht, wenn ich ihn nicht schlage." Diese Menschen sind in immer wiederkehrenden Mustern gefangen, verletzen einander und sehen keine Alternativen. Wut und Aggression können im Untergrund toben, hervorbrechen und eskalieren oder ihre Auflösung im Alkohol- und Drogenkonsum finden.

Was macht also ein Sozialarbeiter? Natürlich müssen die Fachkräfte abschätzen, wie groß die Gefahr ist. Sie müssen dafür Sorge tragen, dass die schwächeren Familienmitglieder geschützt werden und die heraufziehende Tragödie abgewendet wird. Doch es gibt viele Phasen in einem Familienkonflikt, bevor wirklich gefährliche Ebenen erreicht sind. Die Stärkung *(empowerment)* einer Familie bzw. ihre lebenspraktische Elastizität kann so definiert werden, dass sie lernt, ihre Differenzen zu tolerieren und ein Repertoire an Strategien zur Konfliktlösung zu entwickeln.

Jeder professionelle Helfer weiß, wie hilfreich es ist, Aggression zu kanalisieren. Wenn ein Klient auf das soziale System oder auch auf ein anderes Familienmitglied schimpfen darf, reinigt das oft die Atmosphäre, wenn vielleicht auch nur deshalb, weil er einen geduldigen Zuhörer gefunden oder seinen Druck abgelassen hat. Der Konflikt aber ist jenseits der inneren Aggression eines Individuums angesiedelt; er ist ein Interaktionsmuster, ein Defekt in der Kommunikation und Resolution zwischen Menschen. Die professionellen Helfer müssen diese Realität anpacken, wenn sie der Familie helfen wollen.

Die Bereitschaft und die Fähigkeit, die Konfliktbewältigung in Familien anzugehen, setzen eine Fülle von Techniken voraus. Der Sozialarbeiter muss darauf vorbereitet sein, dass er Streitigkeiten anheizt, wenn die Familie ihren Differenzen auszuweichen versucht, dass er den Konflikt toleriert, wenn er spontan an die Oberfläche kommt, und dass er vermittelt, wenn die Situation außer Kontrolle gerät. Das ist möglicherweise eine große Aufgabe, aber der Sozialarbeiter agiert nicht allein. Die Familienmitglieder werden oft zu wirklichen Verbündeten, die helfen, die Problempunkte zu explorieren und neue Wege zu entwickeln. Der Sozialarbeiter initiiert und orchestriert die Familienaktion, kann aber bestimmte Familienmitglieder auswählen, die instruierend tätig werden, Phasen des Schweigens überbrücken oder dem Geschrei der Familie Einhalt gebieten.

Megans Schwester Saral ist z. B. Megans Verbündete, die auch zu ihrem Vater einen besseren Draht hat als Megan. Die Sozialarbeiterin bittet Saral, dass sie Megan beibringt, wie sie ihren Eltern mitteilen kann, was sie für ihr Kind und für sich selbst gerne möchte. Als das Schweigen gebrochen ist, bekommt der Vater einen Wutanfall, und die Familienmitglieder sitzen wie erstarrt auf ihren Stühlen. An diesem Punkt tritt die Sozialarbeiterin auf den Plan, um das Gespräch wieder in Gang zu bringen: „Ich verstehe Ihren Schmerz und ihre Enttäuschung – und Megan auch –, aber jetzt hat sie Angst, und für ihr Kind muss sie planen. Können Sie und Ihre Frau und Megan nun darüber sprechen, was zu tun ist?"

Der Sozialarbeiter ist manchmal in der Rolle eines Verkehrspolizisten, der manche Personen fernhält, andere zusammenbringt, einigen die Gelegenheit gibt, ihrem Zorn Luft zu machen, und wieder anderen die Erfahrung vermittelt, ein Problem lösen zu können, bevor die Aggression siegt. Tinas Mutter und Großmutter müssen als Erwachsene miteinander reden und ihre Missbilligung über die jeweils andere Art, Tina zu kontrollieren, ausdrücken können, und Tina muss aus der Diskussion herausgehalten werden. Abel und John müssen die Regeln für das morgendliche Aufstehen aushandeln, während Tracy die Situation aus der Distanz beobachtet und der Sozialarbeiter darauf wartet, dass er das Gespräch beim ersten Anzeichen von Übereinkunft interpunktieren kann. In diesem Fallbeispiel hat der Sozialarbeiter bestimmt, dass die Familienmitglieder einen Problempunkt brauchen, den sie zu lösen haben, bevor ihre Diskussion zu einem Konflikt eskaliert – oder auch nicht; der Plan war jedenfalls optimal.

Tracy und John müssen sich zu zweit darüber aussprechen, wie er sie behandelt und wodurch sein ausfallendes Verhalten ausgelöst wird. Wenn sie miteinander reden, brüllen sie sich wahrscheinlich an – dieses Geschehen muss der Sozialarbeiter wohl tolerieren – und schreien aneinander vorbei, sodass keiner den anderen versteht; in dieser Situation hat der Sozialarbeiter eine Rolle zu übernehmen. Es gibt hier verschiedene Möglichkeiten, und vielleicht setzt er auch alle ein: Er kann z. B. mit einer Version beginnen: „Moment mal! Er versteht Sie überhaupt nicht. Es ist zu laut, und außerdem hat er das schon einmal gehört. Sagen Sie es mit anderen Worten." Darauf erwidert Tracy vielleicht etwas, und der Sozialarbeiter könnte fortfahren: „Gut. Finden Sie heraus, ob John Sie verstanden hat … Fragen Sie ihn." Sie fragt ihn. John zuckt mit den Achseln und sagt dann, dass er sie nicht niederschreien wolle, er aber die Art nicht ausstehen könne, wie sie mit der Sache umgehe. Tracy schweigt dazu. Der Sozialarbeiter sagt zu ihr: „Finden Sie heraus, was er damit meint."

Der Sozialarbeiter ist Instrukteur, manchmal Teil der Diskussion und manchmal bewusst in der Rolle des Zuschauers. Er hält die Sache am Köcheln, indem er z. B. demonstriert, wie ein Gespräch verläuft, bei dem alle durcheinander reden, wenn Bedeutungen exploriert werden oder ein Familiengespräch länger dauert, als die Familienmitglieder das gewöhnt sind. Dies ist ein neues Muster, das allmählich einen neuen Weg zur Lösung von Konflikten ebnet: Noch ist es zerbrechlich, noch hat es keine Eigendynamik, noch muss es geübt werden, aber möglicherweise ist es relevant für das Weiterbestehen dieser Paarbeziehung.

Der Sozialarbeiter verfügt noch über andere Optionen, die nicht immer verbaler Art sind. Ein Sozialarbeiter bewältigte Situationen, in denen alle Familienmitglieder gleichzeitig redeten, z. B. dadurch, dass er der Familie Ruhe gebot und einen Bleistift hochhielt: „Das ist der Redestock (oder auch ‚Zauberstab'). Wer ihn besitzt, der darf reden; die anderen hören zu." Damit die Grenzen um Subsysteme herum konkretisiert werden, kann der Sozialarbeiter z. B. die Familienmitglieder auffordern, die Plätze zu wechseln oder ihre Stühle umzustellen. Dadurch gibt er zu verstehen, dass einige Familienmitglieder über ihren Konflikt reden, während die anderen, die für gewöhnlich bei aufkommenden Aggressionen intervenieren, auf Distanz gehen und sich aus dem Getümmel heraushalten. Oder die Sozialarbeiterin beteiligt sich nicht an der Diskussion, ist aber auf der Hut. Sie kann z. B. eingreifen, um das Familiengespräch wieder zum Laufen zu bringen, wenn es zu einem drohenden Stillstand gekommen ist, oder intervenieren, um der Mutter mitzuteilen: „Das ist genau der Punkt, an dem Ihre Tochter erschrickt und Angst hat, dass Sie sie schlagen; also schreit sie oder läuft weg. Nehmen Sie sich eine Minute Zeit, und hören Sie ihr zu, dann können Sie antworten." Die Sozialarbeiterin kann auch einen Helfer aus der Familie engagieren, um andere Arten der Kommunikation zwischen den Familienmitgliedern auszuprobieren.

Das Repertoire an Techniken ist groß, und der Sozialarbeiter setzt sie während des gesamten Verlaufs der Arbeit mit der Familie flexibel ein. An manchen Stellen ist es wahrscheinlich bei jeder Familie ratsam, vorwiegend die von uns beschriebenen Techniken zu benutzen: Familienmitglieder werden gebeten, über ihre Differenzen miteinander zu sprechen; Familienmitglieder werden davon abgehalten, die Situation zu glätten oder Partei zu ergreifen; Familienmitglieder werden in helfende, aber für die Familie atypische Rollen eingeführt, um – wenn es angezeigt erscheint – durch Belebung oder Beruhigung der Szene zu vermitteln; Redestöcke, Metaphern oder auch Humor werden als Methode eingesetzt, um alternative Interaktionsmodi unter den Familienmitgliedern zu fördern; neue, konstruktivere Muster der Konfliktlösung werden exploriert.

Hinter dieser Diskussion lauert das Gewaltgespenst: Man weiß, dass Unstimmigkeiten in der Familie zur blinden Wut eskalieren können und dass Wut in physischer Aggression ihren Ausdruck finden kann. Die professionellen Helfer sind dafür zuständig, das Gewaltniveau einer Familie einzuschätzen und, wenn die Entscheidung für die Arbeit mit der Familie fällt, den Ausgangspunkt klarzumachen: „Es ist nicht erlaubt, die Kinder zu misshandeln. Es gibt andere Wege, Probleme zu lösen, und wir werden diese Wege erkunden, aber das ist die Grundregel. Es muss sich etwas verändern."

Es ist nicht leicht, mit einem Familienkonflikt umzugehen. Die professionellen Helfer fühlen sich dabei persönlich oft unbehaglich und haben auch Angst. Es hilft der Familie, wenn ihre Stärken betont werden, wenn man Respekt vor ihr hat und ihr Unterstützung zuteil wird, aber „Behördenfamilien" – wie die anderen Familien auch – brauchen Wege, auf denen sie ihre Kampfstätten verlassen können, ohne ein Blutbad zu hinterlassen. Oder, um ein weniger drastisches Bild zu nehmen: Sie müssen lernen, wie sie es vermeiden können, dass sie Familienbindungen zerreißen, die in einer schwierigen Welt Quellen potenzieller Unterstützung sind. Megan und ihr Baby brauchen eine erweiterte Familie. Tracy, John, Abel und Abels Schwester sollten in der Lage sein, als Familie zusammenzuleben und über ihre Streitereien und Aggressionen miteinander zu reden. Tinas Mutter sollte ihre Tochter ohne Besenstiel kontrollieren können, und Tina sollte ihre Rechte als Kind reklamieren können, ohne einen Sozialarbeiter hinzuziehen und ohne sich auf die Macht des Staates berufen zu müssen. In allen diesen Situationen kann der Konflikt gelöst werden, ohne dass den Familienmitgliedern Schaden zugefügt wird und ohne dass die sozialen Interventionen in Gang gesetzt werden, durch welche die Familie fragmentiert wird.

Um effektiv mit Familienkonflikten umgehen zu können, müssen die Fachkräfte kontinuierlich den Stand der ihnen zur Verfügung stehenden Techniken realistisch einschätzen. Sie können auch schwierigere Fälle übernehmen, wenn ihre Berufserfahrung wächst und sie sich auf die fachliche Beratung verlassen können, die während eines solchen Arbeitsprozesses in Form von Supervision und

Unterstützung angeboten wird. Wenn die Sozialarbeiter die Familien aber qualifizieren *(empower)* wollen, sind Mühen und Risiken ein Muss.

Familien und größere Systeme: Hilfe an der Schnittstelle

Viele der Probleme, die auf einer Familie lasten, sind an der Schnittstelle zu umfassenderen Systemen angesiedelt. Die armen Multiproblem-Familien schaffen es nicht, ihre Kontakte zu Behörden, Sozialarbeitern und Einrichtungen zufrieden stellend zu regeln. Die dabei auftretenden Probleme sind von ähnlicher Machart wie die, die bereits innerhalb der Familie existieren: verwirrende Kommunikationswege, unklare Grenzen, wenig Geschick für Problemlösung. In dieser spezifischen Situation werden die Probleme noch verstärkt durch die Tatsache, dass das System asymmetrisch ist in dem Sinne, dass die Familien in einer weniger mächtigen Position sind als die Mitarbeiter von Behörden und Einrichtungen. Will man ein Gleichgewicht im System herstellen, sind oftmals prozedurale Veränderungen in den Sozialbehörden sowie Systemveränderungen in der Koordination der verschiedenen sozialen Dienstleistungen erforderlich.

Die Mitarbeiter von Behörden und Einrichtungen können den Familien jedoch helfen, dass sie sich gegenüber den Systemen sozialer Dienste effektiver verhalten können. Dies können sie durch Maßnahmen erreichen, die eine Familie qualifizieren *(empower)*: den professionellen Habitus zurückhalten, die Machtverhältnisse harmonisieren, die Grenzen zwischen Behörde und Familie verstärken. Obwohl derlei Maßnahmen im Wesentlichen eine Sache der Zurückhaltung sind, erfordern sie doch ein gewisses Geschick. Sie verlangen von den Experten, die darin geschult sind, Verantwortung zu übernehmen, dass sie loslassen und einen Schritt auf die Menschen zumachen, die sich zunehmend an eine eher passive Rolle gewöhnt haben. Wissen, wann und wie man der Familie Autorität überträgt, ist eine relevante Technik.

Manche Gelegenheiten, die Mitwirkung der Familie zu intensivieren, ergeben sich in ganz gewöhnlichen Momenten des Kontakts mit ihren Mitgliedern. Wenn der Sozialarbeiter in dieser Hinsicht nicht wachsam ist, entgleiten solche Momente unbemerkt. In einem Erstinterview z. B. erinnerte sich ein junges Mädchen daran, als Kind von einem Nachbarn belästigt worden zu sein, woraufhin der Sozialarbeiter und die Mutter gemeinsam zu der Überzeugung kamen: „Sie braucht jemanden, mit dem sie darüber reden kann." Der Sozialarbeiter machte keinerlei Bemerkung dahin gehend, dass diese Aufgabe nicht ausschließlich einem Experten vorbehalten sei, sondern auch von der Mutter übernommen werden könne oder dass andere Familienmitglieder in dem Gespräch über die Gefühle des Mädchens einen wertvollen Beitrag leisten könnten. In einer anderen Situation hielt eine junge Mutter während eines offiziellen Besuchstermins ihr Kind auf dem Arm. Als das Baby zu weinen begann, streckte die Pflegemutter automatisch die Arme nach dem Kind aus, und die Mutter gab ihr das Kind sofort zurück. Alle sahen diesen Vorgang als etwas Selbstverständliches. Die Sozialarbeiterin verlor kein Wort darüber, dass die Mutter selbst versuchen könne, ihr Kind zu beruhigen, oder dass die Pflegemutter der Mutter einen Rat geben könne, wie sie mit dem weinenden Kind am besten umgeht.

In diesen beiden Situationen blieben Kompetenz, Autorität und Expertentum bei den Vertretern des Systems. Wollte man stattdessen die Familie qualifizieren *(empower)*, müsste die Motivation des Helfers, die gängigen Muster zu durchbrechen, wie auch die Ausbildung praktischer Techniken vorhanden sein. Die Sozialarbeiter bräuchten das nötige Vertrauen, dass die Familienmitglieder ihren Weg finden, die Gelassenheit, wenn die zu betreuende Familie Irrwege geht, Geduld, wenn sich die Familie trotz ihrer Bemühungen wieder an den Experten wendet, und ein paar einfache pädagogische Techniken, wenn die erneute Hilfe nützlich und unaufdringlich erscheint. Ratschläge von der Pflegemutter, wie das Kind beruhigt werden kann, und eine Bemerkung, dass diese Ratschläge nicht immer erfolgreich sind, wären für die junge Mutter eine gewisse Führung, ohne dass der Kontakt zu ihrem Kind unterbrochen oder die Entwicklung ihrer Kompetenz als Mutter behindert würde. Die Mutter kann Vertrauen und mütterliche Kompetenz nur im Kontakt mit ihrem Kind entwickeln.

Eine Möglichkeit, wie Kompetenz verliehen werden kann, besteht darin, dass fleißig nach familieneigenen Ressourcen gesucht wird, bevor einzelne Familienmitglieder automatisch an einschlägige Dienste überwiesen bzw. in Einrichtungen eingewiesen werden. Um so handeln zu können, muss der Sozialarbeiter akzeptieren, dass Zwischenlösungen möglich sind: In der Regel kennt sich die Familie weniger gut aus und agiert weniger effizient als professionelle Helfer, aber wahrscheinlich kann sie die Mechanismen nachhaltiger einsetzen, die sie aus eigener Kraft entwickelt hat. Der Onkel kann seinem kleinen Neffen vielleicht besser beibringen, wie man sich in der Schule von Raufereien fernhält, als der Sozialarbeiter. Die Großeltern, die ihr Enkelkind bei sich in Pflege haben, können mit ihrer Tochter die Bedingungen für Besuchskontakte direkt aushandeln, statt nach den von den Behörden festgelegten Regeln vorzugehen und ihre Beschwerden über den Sozialarbeiter abzuwickeln.

Dem Sozialarbeiter kann es besonders schwer fallen zurückzutreten, wenn in der zu betreuenden Familie ein Konflikt schwelt oder wenn er die Erziehungspraktiken der Familie für unangemessen hält. Das Behördenpersonal muss die Sicherheit von Individuen in der Familie überwachen, doch die Sozialarbeiter fühlen sich oft zur Kontrolle von „Grauzonen" berufen, auch wenn derlei Aktionen fraglich sind.

Hier sind zwei ganz einfache Beispiele:
Emma Jones fungiert als Pflegemutter ihres Enkels Paul. Sie und Pauls Mutter Gwen geraten immer in einen lautstarken Streit, wenn Gwen ihren Sohn für das Wochenende abholt. Die Sozialarbeiterin interveniert, um die beiden Frauen davon abzuhalten, sich in Pauls Gegenwart zu streiten, indem sie ihnen mitteilt, dass sie ab sofort den Jungen zu Hause bei Emma abholen, ihn zu Gwen bringen und dann wieder zurückbringen werde.

Der Sozialarbeiterin des Jugendamtes ist es gelungen, Margo, die gerade schwanger ist, in eine Drogenklinik zu vermitteln, sodass sie ihr Baby nach der Geburt nicht weggeben muss. Beide sind mit diesem Arrangement zufrieden. Doch bei einem ihrer Besuche beobachtet die Sozialarbeiterin, wie Margo ihre fünfjährige Tochter ungerechtfertigt maßregelt, und sie teilt Margo mit, dass sie erst noch lernen müsse, ihre Tochter anständig zu behandeln, bevor ihr Fall abgeschlossen werden könne.

In diesen Situationen benutzen die Sozialarbeiterinnen ihre Machtposition als Instrument, um spezifische Verhaltensweisen zu fördern, wie Familienmitglieder miteinander umzugehen – bzw. nicht umzugehen – haben. Im ersten Fallbeispiel möchte die Sozialarbeiterin die beiden Frauen vom Streiten abhalten, zumindest vor dem Kind. Im zweiten Fallbeispiel verlangt die Sozialarbeiterin von der Mutter anständiges Verhalten ihrer Tochter gegenüber, wenn der

Fall abgeschlossen werden soll. Die Absichten sind in beiden Fällen gut gemeint und die Verordnungen für das Familienleben an und für sich positiv, aber der Effekt dieser Verfügungen ist ein Verlust an Autonomie für die Familien. Die Beziehung zwischen Margo und ihrer fünf Jahre alten Tochter wird nun mehr von den Regeln der Sozialarbeiterin bestimmt als von ihren Interaktionen miteinander. Emma und Gwen werden nicht lernen, ihre Konflikte miteinander auszuhandeln; ihr Kontakt ist unterbrochen, und ihre Zwistigkeiten sind – ungelöst – suspendiert worden.

Um den Familien helfen zu können, die Kontrolle über ihr Leben zurückzugewinnen, müssen die Fachkräfte ihr kontrollierendes Verhalten zügeln und in jedem Einzelfall überlegen, ob die Intervention notwendig ist. Ist es wirklich dringend erforderlich, dass Emma und Gwen daran gehindert werden, miteinander zu streiten? Gibt es alternative, weniger kontrollierende Reaktionsmöglichkeiten? Könnte es hilfreicher sein, die beiden Frauen verstehen zu lassen, dass Konflikte unter ihren Lebensumständen normal sind und dass ein Treffen zu dritt sinnvoll wäre, um über ihre Differenzen zu sprechen? Ist es manchmal die Überlegung wert, ob die Sozialarbeiter durch die Klienten in eine Kontrollhaltung hineingezogen werden wie z. B. im Fall der „ungerechten" Mutter, die vielleicht die Sozialarbeiterin provoziert, aber auch ihre Tochter maßregelt? Wie immer die Antwort auch ausfallen mag: Die betreuenden Sozialarbeiter sollten zwischen Impuls und Handlung innehalten, sodass die Kontrolle eine Funktion der Notwendigkeit wird und nicht eine Funktion ihrer Rolle.

Manchmal lässt sich eine kontrollierende Einstellung natürlich nicht vermeiden. Wenn dieser Fall eintritt, muss der Sozialarbeiter einen Weg finden, dass das zu kontrollierende Problem die familialen Beziehungen nicht beherrscht. Als Jane ihren Termin für eine Urinuntersuchung im Krankenhaus nicht einhielt, war der zuständige Sozialarbeiter per Gesetz dazu verpflichtet, die Behörde davon zu unterrichten. In der nächsten Sitzung, an welcher der Sozialarbeiter, Jane und ihr Freund Jerry teilnahmen, wurde Jane zornig.

Jane: Mir ist heute nicht nach Sitzung.
Sozialarbeiter: Wie kommt's?
Jane: Ich bin die Angepisste. Ich verpasse eine Sch…untersuchung, und Sie melden mich.

Sozialarbeiter: Tja, die Vorschrift ist die: Wenn Sie einen Untersuchungstermin nicht einhalten, muss ich das melden, was ich auch gemacht habe. Aber ich habe auch Ihre Erklärung dazugeschrieben. Doch ich bin froh, dass Sie jetzt gekommen sind. Ich weiß, dass Sie im Moment wütend sind auf die Behörde, und ich glaube, Sie könnten Jerry fragen, was er dazu meint, wie Sie mit der Sache umgehen sollten.

Hier möchte der Sozialarbeiter die Grenze zwischen Familie und Behörden generell verstärken, indem er aus der Szenerie heraustritt, mit Expertenaussagen zurückhaltend ist und Familienmitglieder auffordert, gemeinsam über ihre Probleme zu sprechen – sogar über solche Probleme, die den Umgang mit Behörden betreffen. In dem folgenden Gespräch mit Eltern, denen man die Kinder weggenommen und in Pflege gegeben hat, möchte der Sozialarbeiter erreichen, dass die Eltern ein Gruppengefühl entwickeln und ein Gefühl dafür, dass sie hilfreiche Ideen haben und dass sie gemeinsam einiges bewirken können. Das Elternpaar beginnt mit der Vermutung, dass alle Entscheidungen außerhalb ihrer Möglichkeiten liegen.

Sozialarbeiter: Haben Sie mit Ihrem Mann schon darüber gesprochen, was Sie tun müssen, um Ihre Kinder zurückzubekommen?
Mutter: Nicht er hat die Kinder weggenommen. Es sind die Leute, die sie weggenommen haben, die müssen mir die Antworten geben. Wir können nichts tun, solange wir keine Antworten bekommen.
Sozialarbeiter: Mit wem haben Sie gesprochen?
Mutter: Mit dieser Frau, Frau Sowieso, vom Jugendamt.
Sozialarbeiter (zum Vater): Und Sie?
Vater: Mit niemandem. Ich spreche nicht mit diesen Leuten. Ich sage zu ihr, dass es keinen Zweck hat.
Sozialarbeiter: Ich meine, Sie müssen als Team zusammenarbeiten. Weshalb sprechen Sie nicht jetzt miteinander darüber, wie Sie damit umgehen sollen?

Viele arme Familien tun sich gerade deshalb schwer damit, auf ihre familieninternen Prozesse zu fokussieren, weil die Interventionen durch externe Behörden zu einer festen Einrichtung in ihrem Leben geworden sind. Eine Familie kann es gleichzeitig mit mehreren Behörden zu tun haben, die jeweils ihre eigenen Vorschriften haben und die alle regelmäßig die Grenzen der Familie verletzen. Widersprüchliche behördliche Vorschriften spiegeln manchmal die miteinander konfligierenden Einstellungen einzelner Familienmitglieder. Die Beziehung zwischen diesen Familienmitgliedern und ihren jeweiligen Fürsprechern kann genauso relevant werden wie die Beziehungen zwischen den Familienmitgliedern selbst.

Manche SozialarbeiterInnen machen sich selbst zum Grenzposten, wenn sie der Familie helfen, die Grenze zu verstärken, durch die sie von den ausführenden Behörden getrennt wird. Sie berufen sich dabei auf ihr Expertenwissen, um die behördlichen Regulatoren „der Familie vom Leib zu halten", oder sie verbürgen sich für die Kompetenz der Familie, wo andere sich besorgt zeigen. Das ist bis zu einem bestimmten Punkt sinnvoll. Doch dabei gibt es einige Fallen, die man als Sozialarbeiter kennen muss: Er muss mit der wachsenden Sorge der Behörde über die Vorgänge in der Familie, die er zu schützen scheint, fertig werden, und er muss begreifen, dass die Familie die Fähigkeit, ihre eigenen Grenzen zu schützen, nicht entwickeln wird, solange er diese Rolle konsequent beibehält. Anstatt selbst zur Grenze der Familie zu *werden*, müssen die Sozialarbeiter daran arbeiten, die Grenze zu *pflegen*, indem sie nach den unterschiedlichen Methoden, die wir vorgeschlagen haben, sowie aus eigener Kreativität der Familie signalisieren, dass sie die Integrität der Familie als eine Einheit mit internen Ressourcen respektieren.

Wie wir bereits darauf hingewiesen haben, können die Probleme, die an der Nahtstelle zwischen Familien und umfassenderen Systemen angesiedelt sind, nicht allein durch die Mitarbeiter von Behörden bewältigt werden, seien diese auch noch so versiert und voller guter Absichten. Der Fortschritt hängt oftmals davon ab, ob prozedurale Veränderungen der Funktionsweise einer Behörde möglich sind und wie die Koordination der Dienstleistungen zwischen den verschiedenen Behörden ist, welche die Familie betreuen.

Eine Übersicht wichtiger Techniken

Weil die in diesem Kapitel beschriebenen Techniken so fundamental für die effiziente Arbeit mit Familien sind, schließen wir das Kapitel mit einer Zusammenfassung und Neuformulierung ihrer wichtigsten Punkte.

Professionelle Helfer müssen zuerst über die zu betreuenden Familien *nachdenken* (Punkt 1–5) und dann *praktische Techniken* anwenden, um den Familien zu helfen, sich zu verändern (Punkt 6–10).

1. Familien sind soziale Systeme. Sie organisieren ihre Mitglieder dahin gehend, dass diese bestimmte Sichtweisen in Bezug auf sich selbst und Interaktionsmuster im Umgang mit anderen Menschen entwickeln. Das Verhalten von Familienmitgliedern unterliegt aufgrund von Familienregeln, Grenzen und Erwartungen mit der Zeit gewissen Zwängen. Was die Sozialarbeiter sehen, wenn sie sich mit einer Familie treffen, ist prognostizierbares Verhalten, das beschreibt, „wie die Dinge" in der Familie „laufen".
2. Die für Familienmitglieder typischen Verhaltensweisen werden vielleicht bevorzugt gelebt, doch alternative Verhaltensmuster sind verfügbar – auch wenn selten auf diese zurückgegriffen wird. Diese Tatsache motiviert zu einer positiven Perspektive von Möglichkeiten und schafft dadurch einen Anreiz, das Verhaltensrepertoire der Familie zu erkunden. Bei der Einschätzung einer Familie sollte immer der unsichtbare Fundus ihrer Stärken und Ressourcen berücksichtigt werden.
3. Individuen sind in sich geschlossene Entitäten, gehören aber gleichzeitig zu einem Netz familialer Beziehungen. Die Sozialarbeiter werden häufig mit einem Indexklienten konfrontiert, dessen Symptome oder Verhalten als das Problem definiert werden. Sie können das präsentierte Problem akzeptieren, müssen sich aber bewusst sein, dass die Kontrolle des Symptoms in der Interaktion zwischen den Familienmitgliedern und dem Klienten liegt.
4. Familien machen Phasen des Übergangs durch, in denen durch die Anforderungen neuer Lebensumstände eine Veränderung der Familienmuster notwendig ist. Manche Familie reagiert darauf vielleicht mit Anpassung und Entwicklung, aber manchmal bleiben Familien auch stecken und halten an Mustern fest, die zwar habitualisiert, aber nicht anpassungsfähig sind. Symptome oder zerrüttende Verhaltensweisen eines Familienmitglieds können die innere Notlage der Familie widerspiegeln. Die Probleme sind möglicherweise vorübergehender Natur, und die Aufgabe der Experten besteht darin, die Familie durch eine Phase der Zerrüttung helfend zu begleiten.

5. Sobald die Sozialarbeiter intervenieren, werden sie zu einem Teil des Familiensystems und wahrscheinlich dahin gehend beeinflusst, dass sie die Sicht der Familie von sich selbst und deren Vorstellungen von Hilfeleistung annehmen. Die Fachkräfte sollten verstehen, dass durch den Systemzwang ihre eigene Perspektive auf die Familie verengt wird. Es ist wichtig, wenn auch schwierig, über die Familie in anderen Kategorien nachzudenken und ihr Potenzial für Erweiterung auszuleuchten.
6. Die ersten Bemühungen der SozialarbeiterInnen, den Familien zu und bei Veränderungen zu helfen, sollten in der Exploration dessen bestehen, wie die Familie ihre Probleme definiert, indem das, was die Familie bis dahin als selbstverständlich betrachtet hat, hinterfragt und ausgedehnt wird. Zu den Techniken, mit denen Informationen gewonnen und Optionen sondiert werden, zählen folgende Aspekte: zuhören, beobachten, eine Landkarte der Familienstruktur erstellen, Umdeutungen von Familienregeln vornehmen und den Familien helfen, durch spontane und geleitete Inszenierungen *(enactments)* die Momente der Übereinstimmung und der Unstimmigkeit zu erforschen.
7. Die professionellen Helfer sind die Katalysatoren der Veränderung. Sie unterstützen die Familie darin, dysfunktionale Muster zu erkennen und die Möglichkeit zu explorieren, auf andere Weise miteinander umzugehen. Die Familienmitglieder werden dazu ermutigt, miteinander in Beziehung zu treten, wenn sie sich voneinander entfremdet haben, und konstruktive Ansätze der Konfliktlösung auszuprobieren.
8. Die Sozialarbeiter qualifizieren *(empower)* die Familien, indem sie auf die Stärken der Familie fokussieren, aber sie müssen auch mit Familienkonflikten umgehen. Wenn nämlich Konflikte nicht gelöst werden, können die Familienmitglieder dadurch voneinander entfremdet werden, oder es kann zu Gewaltausbrüchen kommen. Die Sozialarbeiter sollten diesen Bereich erkunden, indem sie auf Unstimmigkeiten achten, der Familie helfen, Konflikte gefahrlos zu lösen, und in Drucksituationen neue Wege des Umgangs der Familienmitglieder miteinander explorieren.
9. Interventionen sind am effektivsten, wenn die professionellen Helfer mit ihrem Expertenwissen zurückhaltend sein können und ihr Geschick dafür einsetzen, die Familienmitglieder zu motivieren, sich gegenseitig als Ressource zu betrachten und Hilfe

aus dem eigenen Familiennetzwerk zu mobilisieren. Darin liegt vielleicht eine neue Rolle des Sozialarbeiters, die eine weniger zentrale Position als bisher üblich und weniger tatkräftige Bemühungen verlangt, die Probleme der Familie für diese zu lösen.

10. Die Sozialarbeiter sollten die erweiterte Familie als ihre eigene primäre Ressource betrachten und ihre erste Einschätzung dessen, wer von der Familie als Helfer zur Verfügung stehen könnte, ausdehnen. Die Hinzuziehung zusätzlicher professioneller Dienstleistungen ist vielleicht nicht notwendig und sollte mit Bedacht in Erwägung gezogen werden. Wenn viele Behörden eine Familie mit vielen sozialen Diensten versorgen, ist es wichtig, dass so viel Hilfe wie möglich gegeben und so wenig Konfusion wie nötig erzeugt wird. Eine der hilfreichsten Interventionen zugunsten einer Familie kann darin bestehen, dass organisatorische Veränderungen veranlasst werden, damit Dienstleistungen koordinierter, familienfreundlicher und effizienter gestaltet werden können.

4. Das System verändern

Familiengerechte Verfahren

Die Realisierung eines familienorientierten Ansatzes hängt von den Fertigkeiten der Experten ab, und der Erfolg ihrer Bemühungen ist wiederum abhängig von der Unterstützung ihrer Behörden: Das ist also ein Kreislauf wechselseitiger Abhängigkeit. Die behördliche Unterstützung ist zum Teil eine Sache der Einstellung, aber auch eine Frage des strukturellen Rahmens, in dem es aufgrund der behördenpolitischen und prozeduralen Elemente den Mitarbeitern möglich ist, eine Fülle familienorientierter Techniken anzuwenden. Eine solche Ausgangslage ist nicht leicht zu generieren. Häufig müssen etablierte Verfahren überprüft werden, indem nach Einzelaspekten gesucht wird, die einem familienorientierten Ansatz im Wege stehen bzw. diesen erleichtern, und indem Verfahren so modifiziert werden, dass ein die Familie stützender Kontext entstehen kann.

Aus unserer Sicht gehören Verfahren wie z. B. die Aufnahme bzw. Einweisung eines Patienten, dessen Einschätzung, die Planung und die konkrete Dienstleistung zum laufenden Prozess. Wenn solche Verfahren nicht konsequent darauf angelegt sind, die Familie von Anfang an einzubeziehen, wird dies in späteren Verfahrensstadien zunehmend schwieriger. Schauen wir uns die folgenden Situationen an:

Sandra verlässt die Drogenklinik, nachdem sie eine Zeit lang dort behandelt worden ist. Der Sozialarbeiter wendet sich an Sandras Freund Colin, weil er glaubt, dass dieser Sandras Teilnahme an dem Drogenprogramm unterstütze. Colin teilt mit, dass er nichts tun könne.

Angela, eine depressive Mutter von vier Kindern, mit denen sie in einem Übergangsheim für obdachlose Familien lebt, hat Ärger wegen Missachtung der Ausgangsregelung. Die Sozialarbeiter des Übergangsheims laden ihren Ehemann ein, der zusammen mit seiner Mutter zu einem Gespräch kommt. Er rügt Angela sanft wegen ihres Fehlverhaltens und lobt gleichzeitig den Fortschritt, den sie im Kampf gegen den Alkohol gemacht habe. Angela reagiert wie ein reumütiges Kind, und in derselben Nacht verstößt sie wieder gegen das Ausgehverbot.

James, ein elfjähriger Junge, ist in einem Erziehungsheim, weil er in der Schule und zu Hause gewalttätiges Verhalten gezeigt hat. Er hat gerade eine dreimonatige Heimbehandlung hinter sich und ist laut Aussage des Heimpersonals bereit, an familientherapeutischen Sitzungen teilzunehmen, um sich auf seine Entlassung vorzubereiten. In der ersten Familiensitzung geraten James und seine Mutter in eine hitzige Auseinandersetzung, woraufhin der Stiefvater aus dem Raum stürmt und schwört, dass entweder James oder er die Familie verlassen müsse.

Lauras neugeborenes Kind Wanda wird in Familienpflege weggegeben, damit die Mutter an einem stationär durchgeführten Drogenprogramm teilnehmen kann. Nach sechs Monaten Behandlung, in denen Laura ihre Tochter alle zwei Wochen besucht hat, beschließen die Kinderfürsorgebehörde und das Jugendamt, dass Mutter und Tochter nun wieder zusammengeführt werden könnten. Die Mitarbeiter des Jugendamtes erhöhen die Frequenz der Besuchskontakte und verordnen zusätzlich wöchentliche Familiensitzungen für Laura, Wanda und Lauras neuen Freund. Das Paar scheint daran aber kein Interesse zu haben, verpasst Sitzungstermine und deutet an, dass Wanda vielleicht noch länger in Pflege bleiben müsse, um ihrer Mutter Zeit zur Anpassung zu geben.

In allen diesen Situationen haben die SozialarbeiterInnen versucht, ihre neu erworbenen Techniken der Familienintervention auszuprobieren. Als Sandra eine Krise heraufbeschwor, weil sie das Drogenprogramm verlassen hatte, und Angela das Ausgehverbot missachtete, forderten die Sozialarbeiter die Familienmitglieder zur Mitwirkung auf. Als James und Laura für reif befunden wurden, in ihre Familien zurückzukehren, stellten die professionellen Helfer die Verbindung zwischen Eltern und Kindern her. In allen vier Fallbeispielen kam die Aufnahme des Kontakts zu den Familien zu spät. Vor diesem Zeitpunkt hatte nämlich keiner der betreuenden Einrichtungen die Familien zur Mithilfe aufgefordert. James und Laura sind vorsätzlich von ihren Familien getrennt worden, damit ihre individuellen Probleme ohne Störungen durch die Alltagsprobleme behandelt werden konnten. Die Männer, die für Sandra und Angela wichtig waren, hatten bereits zu dem Zeitpunkt, zu dem man sie um ihre Mitarbeit bat, eine Nebenrolle zugewiesen bekommen. Colin hatte Sandra am ersten Tag zur Drogenklinik begleitet, und Angelas Ehemann kam hin und wieder zu Besuch in das Übergangsheim, aber keiner der beiden Männer war bei solchen Gelegenheiten von den zuständigen Sozialarbeitern angesprochen worden.

Wenn die behördlichen Vorgehensweisen von Anfang an andere gewesen wären, hätten die nachfolgenden Ereignisse vielleicht einen anderen Verlauf genommen. Was wäre gewesen, wenn Angelas Ehemann gleich zu Beginn ermutigt worden wäre, sich für seine Familie zu engagieren? Angela hätte vielleicht die Ausgangsregelung nicht missachtet. Oder: Wenn sein Impuls, die Familie zu verlassen, offen diskutiert worden wäre, hätte man ihn vielleicht nicht für die beste Ressource für Angela gehalten, und man hätte andere Wege der Unterstützung explorieren können. Was wäre gewesen, wenn Sandras Freund bei dem Aufnahmegespräch anwesend gewesen wäre und gemeinsam mit Sandra an Therapiesitzungen teilgenommen hätte? Vielleicht wäre Sandra nicht aus dem Drogenprogramm ausgestiegen. Oder: Wenn sie doch aufgegeben hätte, wäre Colin vielleicht in einer besseren Position gewesen, Sandra zur Rückkehr in das Programm zu bewegen. Wie sieht es in den Fällen von James und Laura aus? Als es an der Zeit war, über James' Entlassung aus dem Erziehungsheim nachzudenken, wären er und seine Familie in ihrer Entwicklung vielleicht einen Schritt weiter gewesen, wenn ihre gemeinsamen Sitzungen früher begonnen hätten. Entsprechend wäre die Beziehung zwischen Laura und ihrem Baby vielleicht solider gewesen, wenn sie in den ersten sechs Monaten nach Wandas Geburt häufiger Kontakt miteinander gehabt hätten.

Doch die Familien waren von der Mitwirkung ausgeschlossen. In allen vier Fällen folgten die SozialarbeiterInnen einem etablierten Modus der Interaktion mit Klienten und verharrten systematisch in den Verfahren der Aufnahme bzw. Einweisung, der Einschätzung und der konkreten Dienstleistung. Angelas Ersuchen um einen Platz im Übergangsheim wurde behandelt, als ob sie eine allein erziehende Mutter sei; ihr Ehemann wurde nicht in die Planung einbezogen. Sandra wurde allein zum Gespräch über ihre Teilnahme am Drogenprogramm ins Zimmer gebeten, während ihr Freund vor der Tür wartete. Auch James' Familie wartete draußen – im konkreten wie auch übertragenen Sinn –, während ihr Kind im Erziehungsheim behandelt wurde. Wanda wurde in eine Art Warteraum verfrachtet, während ihre Mutter in die Drogenklinik geschickt wurde. Die jeweiligen Verfahren begannen mit der Fokussierung auf das Individuum, sodass für die Anwendung familienorientierter Techniken wenig Raum blieb und es mithin für die Familienmitglieder unwahrscheinlich wurde, an einem Punkt der Krise oder des Übergangs helfend mitzuwirken.

Der erste Kontakt des Klienten mit der Behörde setzt den Rahmen für alle weiteren Vorgänge und ist folglich von entscheidender Bedeutung. Deshalb beginnen wir unsere Überlegungen zu familiengerechten Vorgehensweisen mit einer Diskussion über das Aufnahme- bzw. Einweisungsverfahren.

Die Aufnahme bzw. Einweisung: Eine Partnerschaft mit der Familie eingehen

Wenn eine Behörde mit einem neuen Fall konfrontiert wird, ist eine wahre Flut dringlicher Arbeiten zu bewältigen. Die Aufnahme bzw. Einweisung ist eine Phase, in der Informationen gewonnen, Formulare ausgefüllt und Entscheidungen getroffen werden, die dem Klienten einen neuen Kontext und Fachkräfte zuweisen, die ihm soziale Dienstleistungen anbieten werden. Dabei handelt es sich nicht zwangsläufig um eine Krisensituation, aber auch nicht um einen heiteren Spaziergang. Die MitarbeiterInnen von Behörden spüren den Druck: Sie wissen, dass das Rennen schon früher und weiter oben begonnen hat, dass sie es fortsetzen müssen und dass sie gegenüber den übergeordneten Systemen, welche die Überweisung des Klienten vorgenommen haben und im Gegenzug Rechenschaft erwarten, die Verantwortung tragen. Der Druck und die formalen Anforderungen diktieren häufig den Aufnahme- bzw. Einweisungsprozess, was dazu führt, dass auf die Diagnose einer individuellen Dysfunktion („Drogenabhängigkeit", „Depression", „Gewalttätigkeit", „Vernachlässigung der Kinder") fokussiert wird sowie auf die vertrauten Informationskategorien, mit denen die offiziellen Klientenakten üblicherweise angefüllt sind (Geschichte des Klienten, kognitiver und emotionaler Zustand, Diagnose, Motivation, Prognose).

Im Rahmen dieser Parameter kann die Einbeziehung der Familie des Klienten zum Zeitpunkt der Aufnahme kompliziert, mühsam und möglicherweise unnötig sein. Selbst wenn die Behörde mit der Familie zusammenarbeiten möchte, steht dem häufig die Behördenpolitik oder die Annahme im Wege, dass die Arbeit mit der Familie später kommt, wenn der Indexklient als dafür reif betrachtet wird. Zuerst muss das präsentierte Problem des Indexklienten behandelt werden. Verfahren und Planung müssen etablierten Pfaden folgen.

Wenn eine Behörde eine aktive Partnerschaft mit den zu betreuenden Familien entwickeln möchte, muss sie die üblichen Verfahren im Allgemeinen einer grundlegenden Revision unterziehen, die damit beginnt, dass die Familie in den Aufnahme- bzw. Einweisungsprozess einbezogen und in einer gemeinsamen Anstrengung ihre Mitwirkung optimiert wird. Die Familie sollte aus dem ersten Kontakt mit der Behörde das Gefühl mitnehmen, dass die Mitarbeiter die Familie respektieren, sie unterstützen und daran interessiert sind, die Sichtweise der Familie zu verstehen. Die Mitarbeiter sollten der Familie deutlich machen, dass die Behörde die Familienmitglieder als Partner bei der Problemlösung betrachtet und dass ihre kontinuierliche Mitwirkung bei der Behandlung des Klienten entscheidend ist. Vor dem Hintergrund der enormen Bedeutung dieser ersten Phase untersuchen wir nun die Verfahren im Einzelnen.

Es folgt eine Diskussion darüber, wer beim Aufnahmegespräch bzw. bei der Einweisung anwesend sein soll, welche Themen in dieser Situation anzusprechen sind, wie man die Familie einschätzt und eine Verbindung zu ihr herstellt. Wir untersuchen diese Verfahren Schritt für Schritt, indem wir zeigen, welche Aspekte zu berücksichtigen sind, welche Entscheidungen gefällt werden müssen und in welcher Abfolge die Ereignisse ablaufen sollten. Dieser Prozess liegt im Wesentlichen in den Händen der Sozialarbeiter, welche die Familie in Empfang nehmen. Damit die SozialarbeiterInnen diese Verfahren jedoch einhalten können, brauchen sie die Unterstützung der Behörde auf mehreren Ebenen, und zwar von einer flexiblen Zeiteinteilung bis zu neuen Aufnahmeformalitäten, mit denen das Aufnahmegespräch zu den familienspezifischen Angelegenheiten gelenkt wird.

Wer soll anwesend sein?

Die Frage, wer zu einem Gespräch einzuladen ist, knüpft an unsere Überlegungen zu familienorientierten Einstellungen der Experten und zu ihrem Auftrag, „weiträumig zu denken", an. In unseren Fallbeispielen sind die Indexklienten Sandra, Angela, James und Laura. Welche Menschen sind wichtig im Leben der einzelnen KlientInnen? Im vorangegangenen Kapitel untersuchten wir diese Frage in Bezug auf den Fall Tracy und Abel, und wir stellten fest, dass mindestens Tracys Freund John, Tracys Mutter und Abels Schwestern berücksichtigt werden müssen. In ähnlicher Weise haben wir auch die persönliche Welt der vier in diesem Kapitel vorgestellten Klienten bevölkert, indem wir die zentrale Rolle von Ehemännern, Freunden, Eltern und Kindern herausgestellt haben. Wie können nun die MitarbeiterInnen von Behörden eine Vorstellung von den für die Klienten relevanten Menschen entwickeln, und wie entscheiden sie, welche Personen sie zum allerersten Familiengespräch einladen?

Wie wir schon an anderer Stelle vorgeschlagen haben, ist es hilfreich, auf der Basis der im Überweisungsprotokoll erwähnten Fakten eine Landkarte der Familienstruktur zu erstellen; wichtig ist aber auch, darüber hinausgehende Eventualitäten zu bedenken. Bei jungen Mädchen ist üblicherweise noch irgendwo ein Elternteil verfügbar, auch wenn sie allein zum Erstinterview kommen, und sie haben vielleicht noch besorgte Tanten, Großeltern, Geschwister oder nahe Freunde. Zur Welt der Kinder gehört häufig mehr als ein engagierter Erwachsener, auch wenn die Mutter einen Großteil ihres Lebensraums ausfüllt und eine zuverlässige Quelle für die üblichen Fragen ist. Die SozialarbeiterInnen sind gut beraten, wenn sie automatisch eine Checkliste im Kopf aktivieren, welche Personen über die nächsten Verwandten und Haushaltsmitglieder hinaus in einem Fall relevant sein könnten, z. B. feste oder beiläufige Freunde, außerhalb der Familie lebende Geschwister, Mitglieder von Pflegefamilien, Angehörige von Kirchengemeinden oder das Schulpersonal und eine Fülle von Sozialarbeitern, die vielleicht die Kontinuität zu vergangenen Ereignissen herstellen und eine Einschätzung der aktuellen Realitäten und Ressourcen erleichtern können.

Wenn alle für den Fall infrage kommenden Akteure schon am Anfang einbezogen würden, wäre die Bühne voll und der Prozess möglicherweise unproduktiv. Es ist jedoch eine wichtige Überlegung, welche Menschen relevant sein könnten, um danach eine Auswahl aus einem breiten Spektrum von Personen zu treffen. Die durch das Sozialwesen oder durch die erratische Lebensgeschichte des Klienten produzierte Fragmentierung sollte den betreuenden

Sozialarbeiter, der die ersten Familientreffen anberaumt, in seinem Vorgehen nicht einschränken.

Was im konkreten Einzelfall geschieht, hängt vom Urteil des Sozialarbeiters und von praktikablen Realitäten ab. Manchmal kommt der erste Kontakt durch Zufall zustande. Vielleicht hat die Polizei Angela und ihre Kinder in einer kalten Winternacht in das Übergangsheim gebracht. Zu dem Zeitpunkt waren möglicherweise weder Ehemann noch Großmutter, weder Angehörige der Kirchengemeinde noch Sozialarbeiter von Angelas Unterkunft in Sicht. Vielleicht ist James nach einem heftigen Wutanfall in der Schule und aufgrund einer Noteinweisung durch den Schulberater von seiner Mutter in das Erziehungsheim gebracht worden: kein Stiefvater, keine Schwester, kein Schulvertreter verfügbar. Natürlich muss der Prozess an diesem Punkt – mit der Aufnahme bzw. Einweisung und ein paar wesentlichen Unterlagen – einsetzen. Doch das Gespräch ist entscheidend und sollte die Zusicherung beinhalten, dass die Sozialarbeiter gemeinsam mit der Familie diese Situation so schnell wie möglich explorieren. Genau bei dieser ersten Begegnung begründen die Sozialarbeiter die Notwendigkeit, dass die Familie mitwirkt, indem sie z. B. mit Angela oder James und seiner Mutter herausarbeiten, welche Personen in dem größeren Bild wichtig sind und wer beim nächsten Treffen anwesend sein sollte.

Durch diesen ersten Kontakt oder auch aufgrund der offiziellen Klientenakte kann zwar deutlich werden, wer am Aufnahmegespräch teilnehmen sollte, aber diese Personen lassen sich vielleicht nicht so einfach unter einen Hut bringen. Manche Familienmitglieder weigern sich, dem Gespräch beizuwohnen, weil sie miteinander Streit haben oder befürchten, dass ihnen die Schuld für etwas zugeschoben wird. Eltern, denen man gewaltsam die Kinder weggenommen hat, sind vielleicht aufgebracht oder deprimiert und sehen keinen Sinn darin, Kontakt zum Jugendamt aufzunehmen. James' Stiefvater macht vielleicht seine Frau für das Verhalten des Jungen verantwortlich und beschließt, dass es am besten ist, wenn er auf Distanz geht. Sandra weigert sich vielleicht aus Zorn oder Angst oder Stolz, ihre Familie einzubeziehen. Und die professionellen Helfer aus anderen Behörden wollen vielleicht nicht an einem Familiengespräch teilnehmen, nachdem sie den betreffenden Klienten an eine andere Behörde abgegeben haben und darüber erleichtert sind; vielleicht sind sie arbeitsmäßig überlastet oder mit diesem Verfahren nicht vertraut.

Die Sozialarbeiter müssen solchen Situationen damit begegnen, dass sie eine klare Botschaft über die Notwendigkeit der Familienmitwirkung aussenden, die von den Klienten gehört wird und zu den situativen Möglichkeiten passt. Ein Erziehungsheim in Schweden nimmt z. B. die ganze Familie auf, damit sie eine Woche mit dem Kind gemeinsam im Heim verbringt, und ein Krankenhausdirektor in den USA hat auf seiner Kinderstation Raum dafür geschaffen, dass die Familie den ersten Tag und die erste Nacht bei ihrem Kind bleiben kann. Das sind kühne Maßnahmen, die nicht immer durchführbar sind, aber es gibt noch viele andere Wege, die Botschaft des Familienengagements zu vermitteln und sich mit den Mitwirkenden zu einigen. So muss ein Jugendamt sich vielleicht zusätzlich bemühen, damit die Herkunftseltern des Kindes, das gerade in eine Pflegestelle vermittelt wird, kontaktiert und einbezogen werden können. Die Einladung an diese Familie sollte die Botschaft übermitteln: „Wir brauchen Sie. Ohne Ihr Zutun wird es für uns schwieriger sein, dass die Pflegeunterbringung Ihres Kind gut abläuft."

Manchmal ist ein schonungsloser Ansatz hilfreich. In einer Drogenklinik ist es z. B. möglich, die Mitwirkung der Familie zur Aufnahmebedingung der Klienten und Klientinnen zu machen. Der Direktor einer Drogenklinik sagt dazu: „Wir können uns auf den Standpunkt stellen, dass wir die Aufnahme der Familie als selbstverständlich betrachten – so selbstverständlich wie die Urinuntersuchungen." In ähnlicher Weise kann das Personal, wenn ein Kind in eine psychiatrische Abteilung oder in ein Erziehungsheim eingewiesen wird, den Eltern die Vorstellung vermitteln, dass der Vater selbstverständlich in den Vorgang einbezogen wird – auch wenn die Mutter der Elternteil ist, der im Allgemeinen mit externen Institutionen verhandelt. Da es für Väter, berufstätige Mütter, Geschwister und andere beteiligte professionelle Helfer manchmal schwierig ist, zum Zeitpunkt des Aufnahmegesprächs von der Arbeit oder vom Unterricht fernzubleiben, muss die Behörde diesem Umstand Rechnung tragen und flexible Zeitarrangements am Abend oder an Wochenenden anbieten.

Die Idealvorstellung von einer breiten Mitwirkung der Familie muss sich aus dem Urteil der Sozialarbeiter wie auch aus praktischen Überlegungen herauskristallisieren. Wenn Familientherapeuten die erste Sitzung mit einer Familie durchführen, möchten sie im Allgemeinen alle relevanten Personen kennen lernen, aber spätere Sitzungen werden mit familialen Subsystemen und Kombinationen abgehalten, je nach dem, was die Therapeuten als sinnvoll erachten. Die gleiche Art der Betrachtung ist auch in behördlichen Zusammenhängen notwendig, obwohl Kontext und Komplexität der Familien schon eine andere Herausforderung darstellen. Der Hauptzweck besteht darin, Verbindungen herzustellen und den Primärklienten bzw. die Familie nicht zu überrumpeln. Aus diesem Grund ist es vielleicht unproduktiv, den Aufnahmeprozess mit allen relevant erscheinenden Personen zu beginnen, auch wenn es immer wichtig ist, den Kreis der Mitwirkenden über den herkömmlichen Umfang hinaus zu erweitern.

Der allererste Kontakt mit der Familie gibt dem Sozialarbeiter eine Vorstellung davon, wen der Klient als Verbündeten bzw. als Gegner sieht und welches die wunden Punkte der Familie sind. Aus dem ersten Gespräch mit James und seiner Mutter wäre klar geworden, dass die Mutter und der Stiefvater sich nicht einig sind, wie mit dem Jungen umzugehen ist, und dass die in der Nähe wohnende Großmutter James' Mutter unterstützt und großen Einfluss hat. Im Gespräch mit Sandra wäre auch offenkundig gewesen, dass sie eine komplizierte Beziehung zu ihrer Mutter und ihrer Schwester hat, dass der Vater sie missbraucht hat und dass die ganze Familie Sandras Freund Colin ablehnt.

Mit solchen Informationen im Gepäck entscheidet der Sozialarbeiter in jedem Einzelfall, ob er Personen einlädt, deren Anwesenheit die Spannung erhöhen wird, oder ob er das bleiben lässt; und er plant vielleicht, in einer Reihe von Aufnahmegesprächen weitere Kontakte aufzubauen. In James' Fall könnte die Sozialarbeiterin zuerst die Eltern zum Gespräch einladen, weil ihre miteinander kollidierenden Standpunkte einen zentralen Teil der Situation ausmachen und fast nur indirekt zum Ausdruck gebracht werden; dann könnte sie nach und nach die Großmutter, die 14-jährige Schwester und den Schulberater zu Gesprächen einladen. Angelas Ehemann würde sie sofort einbeziehen, um seine Rolle in der Familie kennen zu lernen und seine Beziehung zu Angela einschätzen zu können; zu späteren Sitzungen könnten Angelas Schwiegermutter, der Angelas Unterkunft betreuende Sozialarbeiter, ihre Schwester und ein Freund aus ihrer Kirchengemeinde hinzugezogen werden. An Sandras Aufnahmegespräch könnte Colin teilnehmen, der seine Freundin zur Klinik begleitet hat; zu späteren Sitzungen könnte man Colin, Sandras Mutter und Schwester einladen – der Kontakt mit Sandras brutalem Vater dagegen könnte unterbleiben.

Solche Entscheidungen implizieren klinische Beurteilungen und müssen eine Vielzahl von Faktoren berücksichtigen. Frisch ausgebildete Sozialarbeiter sollten bei ihren Entscheidungen bedenken, dass ihre fachlichen Fertigkeiten noch nicht ausgereift sind, und im Umgang mit einem Familienkonflikt auf ein gewisses Sicherheitsniveau achten. Ein in der Aufnahme tätiger Sozialarbeiter muss den Kreis der Mitwirkenden über den Indexklienten hinaus erweitern; doch die Sozialarbeiter, die trotz des Widerstands der Familie ihren Weg finden müssen, sollten das Verhältnis zwischen Konflikt und Unterstützung im Familiensystem prüfen, damit die zum Familientreffen eingeladenen Personen kein unkontrollierbares Maß an Familienspannungen erzeugen. Diese Einschätzung kann ergeben, dass das Gespräch mit dem Primärklienten allein hilfreicher ist. In einer Klinik bieten die Mitarbeiter widerwilligen Klienten die Möglichkeit, zwei Familienmitglieder ihrer Wahl zur Sitzung einzuladen. Man nimmt an, dass die so ausgewählten Personen eine offenere Sichtweise einbringen und darüber hinaus den Klienten in den frühen Phasen des Aufnahme- und Kooperationsprozesses stützen.

Der Aufnahmeprozess kann sich über mehrere Sitzungen erstrekken, zu denen relevante Personen der Reihe nach eingeladen und in denen mit der Zeit zentrale Informationen gewonnen werden. Auch offiziell benötigtes Datenmaterial kann auf diese Weise erhoben werden. Damit der Sozialarbeiter jedoch seine Beurteilung des Einzelfalles beginnen kann, braucht er die Unterstützung der Behörde und eine klare Vorstellung davon, inwieweit das Sozialwesen flexibel sein kann. Unabhängig von der Arbeitsgeschwindigkeit sollten die relevanten Mitglieder des familialen Netzwerkes frühzeitig hinzugezogen werden, damit sie ihre wichtige Rolle in der anstehenden Arbeit erkennen und die Sozialarbeiter auf der Basis einer breiteren Palette von Möglichkeiten vorgehen können.

Welche Themen sind anzusprechen?

Ein Aufnahmegespräch verfolgt drei vorrangige Ziele. Erstens müssen die Mitarbeiter den von ihrer Behörde vertretenen familienorientierten Arbeitsansatz den Familien deutlich machen und die Sitzungen mit der Familie so aufbauen, dass sie ihre zentrale Rolle in dem Verfahren verstehen kann. Zweitens müssen die SozialarbeiterInnen die Informationen weitergeben, welche die Klienten brauchen, und sich ihrerseits die Informationen beschaffen, die offiziell verlangt werden. Drittens müssen die Mitarbeiter die zu betreuende Familie einschätzen, indem sie auf Probleme und Konflikte, sich wiederholende Muster, familiale Stärken und Ressourcen achten und den Weg für die kontinuierliche Mitwirkung der Familie bereiten. Diese Ziele gehen teilweise ineinander über, und normalerweise ist es so, dass die Sozialarbeiter zugleich ihre Herangehensweise vermitteln, wesentliche Informationen geben bzw. gewinnen und die Familienmuster beurteilen. Alle Aspekte, über die wir in den vorangegangenen Abschnitten diskutiert haben, sind relevant für die Frage, wie sich Folgendes erreichen lässt: ein weit gefasstes Familienkonzept, Interesse an der Sichtweise der Familie, Achtung vor der Familie, Orientierung auf die familialen Stärken und die Entwicklung von Techniken, um die Familie beobachten, ihr zuhören und sie zu Familieninteraktionen ermutigen zu können. Es ist hilfreich, über die Details zu sprechen, was in den folgenden Abschnitten geschieht.

Auf die erforderliche Mitwirkung der Familie hinweisen

Die Einladung an die Familie, an Aufnahmegesprächen teilzunehmen, ist die erste Information über die Perspektive und den Arbeitsansatz der Behörde. Es ist eine kraftvolle Botschaft, in der die Prioritäten in ganz konkrete Begriffe gefasst sind. Während man erwarten könnte, dass sich die Familien darüber freuen, reagieren sie in Wirklichkeit manchmal aufgeschreckt oder verwirrt. Wenn sie das soziale System vorher schon durchlaufen haben, sind sie bereits Veteranen und darin geübt, dieselben Pfade zu gehen, welche die meisten Sozialarbeiter gewohnheitsmäßig benutzen. Diese Familien erwarten nicht, dass sie in die Planung und Durchführung der sozialen Dienstleistungen einbezogen werden, und sie brauchen genauere Erklärungen. Die Herangehensweise der Behörde muss ihnen vor allem deshalb sinnvoll erscheinen, weil sie viel Zeit und Energie dafür investieren müssen. Es gibt viele Gründe, weshalb Familienmitglieder nicht reagieren, wenn sie zur Teilnahme an Aufnahmegesprächen aufgefordert werden, und die Mitarbeiter der Behörde müssen über einen Fundus an Mechanismen verfügen, um der Familie das Grundprinzip und die Bedeutung ihrer Politik vermitteln zu können.

Die Sozialarbeiter haben einen Vorsprung, wenn es sich bei dem Indexklienten um ein Kind handelt. Die meisten Familien fühlen sich für ihr Kind verantwortlich, selbst wenn sie zornig, niedergeschlagen oder erleichtert darüber sind, dass das Kind Fachkräften übergeben wird. Wenn James und seine Mutter im Erziehungsheim auftauchen, sollte im ersten Familiengespräch sehr deutlich zum Ausdruck kommen, dass das Heim das Verhalten eines Jungen nicht aus eigener Kraft ändern kann. Die Familie ist die stärkste Kraftquelle im Leben des Kindes, und das Heimpersonal kann nur dadurch helfen, dass es eng mit den Familienmitgliedern kooperiert. Anstatt die Familie mit Beteuerungen zu beruhigen, dass das Kind nun in guten Händen sei, ist es wichtig, das Gefühl der Dringlichkeit des Falles zu bewahren und die Notwendigkeit der kontinuierlichen Mitwirkung der Familie klarzumachen.

In anders gelagerten Situationen und je nach Lebensalter des Klienten stehen andere Aspekte im Vordergrund. Wenn ein schwangeres Mädchen in einem Heim auftaucht, ist der Sozialarbeiter in der Aufnahme möglicherweise mit einer zornigen Familie konfrontiert. Die Eltern haben vielleicht das Gefühl, dass sie die Kontrolle über ihre heranwachsende Tochter verloren haben, dass das Mädchen es nicht besser verdient hat, und geben ihre Tochter auf. Doch das Mädchen ist jung und verletzbar, und andere Menschen in ihrem Lebensumfeld machen sich vielleicht Sorgen um sie. Oftmals ist es nicht schwierig, eine Familie mit der Realität vertraut zu machen, dass ein neues Kind zu ihr gehören wird und dass die Mitwirkung der erweiterten Familie bei der Planung und Unterstützung unentbehrlich ist.

Der Aufnahmeprozess beim Jugendamt ist wieder etwas anderes. Jeder Schritt in dem Verfahren von der Wegnahme des Kindes über die Gerichtsverhandlung bis zur Vermittlung in die Pflegestelle suggeriert, dass die leiblichen Eltern nicht mehr im Rennen sind. Die Aufgabe des Sozialarbeiters des Jugendamtes besteht dann darin, die weiter bestehenden Rechte und Pflichten der Herkunftsfamilie zu betonen und ihr die Botschaft zu vermitteln, dass z. B. ein Kind wie Wanda während der Unterbringung in der Pflegefamilie mit seiner leiblichen Mutter verbunden bleiben muss oder dass die ruhige Entwicklung eines älteren Kindes während seiner Zeit in der Pflegefamilie von dem kontinuierlichen Kontakt mit seiner Herkunftsfamilie abhängt.

Bei erwachsenen Indexklienten reagiert die Familie vielleicht befremdet oder missbilligend, oder sie geht davon aus, dass jeder

Erwachsene sich selbst um Unterkunft, Behandlung oder Entzugsprogramme kümmern muss. Der Sozialarbeiter kann die Aufforderung zur Mitwirkung der Familie mit zwei wesentlichen Argumenten rechtfertigen: Die Unterstützungsleistung der Familie ist ein wichtiger Bestandteil in der Behandlung des Klienten, und die Veränderungen im Klienten wirken auf das Familienleben zurück. Der Sozialarbeiter in der Aufnahme weiß z. B., dass die Investition einer Mutter in ihre Kinder der stärkste Antrieb für diese ist, sich von Drogen fernzuhalten, und vor diesem Hintergrund spricht er sofort mit der Großmutter, die das Sorgerecht für die Kinder ihrer drogenabhängigen Tochter hat. Er hilft der Großmutter verstehen, dass die Mitwirkung der Familie ein wichtiger Teil der Drogentherapie ist und die Aussichten der Tochter auf Besserung erhöht. Der Sozialarbeiter erklärt auch die Implikationen von Veränderungen, dass nämlich die Genesung der Tochter eine neue Organisation der Familienbeziehungen und Lebensumstände mit sich bringt, was sich auf alle übrigen Familienmitglieder auswirkt, und dass die Familie hier zusammenarbeiten muss. Dadurch gibt er Hoffnung und vermittelt zugleich die Logik des Vorgehens.

In allen diesen Situationen bindet der Sozialarbeiter die Familie in den Beginn des Kooperationsprozesses ein und legt die Grundlagen für ihre weitere Mitwirkung. Um dies effektiv bewerkstelligen zu können, braucht es Techniken, wie sie an früherer Stelle diskutiert worden sind. Der Sozialarbeiter muss die Überzeugung vermitteln, dass das Engagement der Familie über den Fortschritt entscheidet und dass diese Überzeugung eine Grundregel der Behörde ist, doch die Botschaft ist nur dann wirkungsvoll, wenn sie einhergeht mit der Fokussierung auf die Stärken der betreffenden Familie. Wenn der Sozialarbeiter es schafft, Achtung vor den Sorgen der Familie zu zeigen und ihr seine Kenntnisse zu vermitteln, und die klare Position vertritt, dass die Experten allein nichts ausrichten können, dann akzeptiert die Familie im Allgemeinen dies als Begründung für ihre Mitwirkung.

Information austauschen und die Familie einschätzen

Selbst wenn die Familienmitglieder zum Aufnahmegespräch versammelt sind und ein gewisses Verständnis geschaffen ist, haben die Sozialarbeiter häufig Schwierigkeiten, die gängigen Vorgehensweisen zu ändern. Möglicherweise fühlen sie sich gezwungen, sich streng an die Aufnahmeformalitäten zu halten, also eine Aufgabe zu erledigen, welche die ganze erste Sitzung in Anspruch nimmt. Wenn das passiert, geht die Familie davon aus, dass die Behörde lediglich ein rein dienstliches Verständnis ihres Problems hat und die Familienmitglieder nur deshalb eingeladen worden sind, um gesagt zu bekommen, worum es in einem konkreten Programm geht und dass sie den bürokratischen Erfordernissen genügen muss. Diese passiven „Aktivitäten" verstärken die Vorstellung, dass die Behörde sich der Familie bemächtigt.

Ein familienorientierter Aufnahmeprozess muss einer anderen Vorgehensweise folgen, und zwar einer, in der die Familie bei der Identifizierung ihrer Probleme eine aktive Rolle übernimmt und auf Lösungen hinarbeitet. Der Sozialarbeiter tut gut daran, wenn er gegenüber der offiziellen Hintergrundinformation insgeheim skeptisch bleibt, Meinungen verwirft, Fakten mit der Familie gemeinsam überprüft und nach einem vielfältigeren Bild von der Familienrealität sucht. Bei dieser Art der Aufnahme konzentriert sich der Sozialarbeiter auf Informationen, die ihm nur die Familie geben kann, z. B. die Meinungen einzelner Familienmitglieder zum Wesen und Ursprung ihrer Probleme und ihre Vorstellungen möglicher Lösungen. Was erwartet die Familie, wenn sie mit der Behörde zusammenarbeitet? Welche Erfahrungen hat sie mit früheren Interventionen? Ziehen alle Familienmitglieder am gleichen Strang, oder laufen sie in verschiedene Richtungen? Manchmal verschwindet der Sozialarbeiter aus dem Zentrum des Geschehens und ermöglicht dadurch Inszenierungen der familientypischen Manier und Funktionsweise, sodass er Familienmuster erkennt und einschätzen kann.

Wenn James, seine Mutter und sein Stiefvater an einem so gestalteten Aufnahmeprozess teilgenommen hätten, wären die Mitarbeiter des Erziehungsheims auf dem besten Weg gewesen, mit dem Jungen und seiner Familie produktiv zu arbeiten. Die Sozialarbeiterin hätte erfahren, wie jeder Elternteil Ursprung und Geschichte von James' aggressivem Verhalten sieht, wie James seinen Platz in der Familie in Bezug auf seine Schwester („das gute Kind") wahrnimmt, was die Eltern an den Beschwerden der Schule ärgert und was sie daran akzeptieren, was passiert, wenn James das Familiengespräch stört, weil er pausenlos auf den Stuhl klopft. Die Sozialarbeiterin hätte die Gelegenheit gehabt, sich zu der Sorge der Familie um das Kind zu äußern und insbesondere deren Wunsch zu kommentieren, familiale Unstimmigkeiten zu meistern, James zu bändigen und als Familie zusammenzubleiben.

Weil die Aufnahmeformalitäten so stark im Denken und Handeln der Mitarbeiter verankert sind, wäre es für eine Behörde ratsam, die bislang gepflegten Formalitäten einer Revision zu unterziehen und Leitlinien zu entwickeln, welche die Orientierung der Sozialarbeiter auf die Familie erleichtern. Am Ende dieses Kapitels schlagen wir einen Fragekatalog vor, der im Aufnahmeverfahren einer Behörde berücksichtigt werden könnte, die es mit Kindern als Primärklienten zu tun hat. Die einzelnen Posten lenken die Aufmerksamkeit auf Familienangelegenheiten, Meinungen, Erwartungen und Eigenschaften, z. B. welche Personen zur erweiterten Familie gehören, in welcher Weise sich die Probleme des Kindes auf die Familie auswirken, wo die Familie nach eigenen Angaben am dringendsten Hilfe braucht, welche Lösungen schon versucht worden sind, welche Erwartungen die Familie in Bezug auf ihre Mitwirkung hat und wie die Familienmitglieder familiale Spannungen und Stärken beschreiben.

Natürlich unterliegt jede Behörde ihren eigenen Notwendigkeiten und Zwängen und muss ihre eigenen Formalitäten entwickeln bzw. anpassen. Wenn jedoch die Familie als Informationsquelle und Ressource für die weitere Arbeit verstanden wird, dann findet diese Orientierung ihren Niederschlag in den Aufnahmeformalitäten.

An einem gewissen Punkt muss der Sozialarbeiter natürlich die familiengeschichtliche Information einholen, welche die Behörde, das Sozialsystem und die Versicherungsträger für ihre Aktenführung brauchen, und auch nützliche Informationen den Klienten zukommen lassen. Offizielle Daten können oft am Ende einer Sitzung erfragt werden, nachdem eine Grundlage für die Kooperation zwischen Familie und Behörde gelegt worden ist, oder auch in späteren Sitzungen; doch das erste Familiengespräch sollte nicht vorübergehen, ohne dass die Familie einige wichtige Informationen über die Behörde bekommt. Wie funktioniert die Behörde? Was ist das Besondere an diesem Programm, verglichen mit Programmen, die der Familie von früher bekannt sind? Welche Regeln und Vorschriften haben einen Einfluss auf die Freizügigkeit der Interaktion zwischen den Mitarbeitern und den Familien, z. B. die Verpflichtung die Sozialarbeiter, eine vermutete Kindesmisshandlung der Behörde zu melden? Wenn der Sozialarbeiter bei der Aufnahme die

Meldung solcher Informationen hinausschieben können, bis sie die Familie näher kennen gelernt und eine Beziehung zu ihr aufgebaut haben, sind sie in einer günstigeren Position, um auf Bereiche hinzuweisen, in denen die Behörde für die Bedürfnisse der Familie vielleicht relevant ist. Anstatt der Familie eine Litanei verfügbarer Dienstleistungen vorzubeten, kann der Sozialarbeiter fokussierte Beobachtungen und Empfehlungen präsentieren: „In Ihrer Situation ...“; oder: „Glauben Sie, dass diese Art von Dienstleistung für Sie wichtig wäre?“; oder: „Ich meine, Sie sollten sich das mal anschauen. Wir können helfen, wenn Sie daran interessiert sind“; und so weiter.

Sozialarbeiter überweisender oder angegliederter Behörden können für die Informationsgewinnung während des Aufnahmeprozesses oder bei der Überprüfung früherer und aktueller Dienstleistungen besonders wichtig sein. James' Schulberater z. B. könnte erklären, unter welchen Bedingungen der Junge weiter in diese Schule gehen darf und welche sozialen Hilfsangebote zu dem Zeitpunkt bestehen. Der für die Aufnahme des Klienten zuständige Sozialarbeiter ist jedoch dafür verantwortlich, die Spannkraft der Sitzung zu erhalten, die Diskussion über die Familienprobleme zu steuern und die konstruktive Mitwirkung der Familie in den Vordergrund zu rücken.

Das Fundament legen für ein konstantes Mitwirken der Familie

Die Aufnahme eines Klienten mündet fast immer in einen Plan für weitere Hilfsangebote und Dienstleistungen, und zwar unabhängig von der Herangehensweise der professionellen Helfer. Wenn die Behörde familienorientiert arbeitet, sollte am Ende des Aufnahmeprozesses ein provisorischer „Vertrag“ stehen, eine Art Übereinkunft mit der Familie über ihre zukünftige Zusammenarbeit mit der betreffenden Behörde. Bei der Unterbringung eines Kindes in einem Erziehungsheim könnte der Vertrag eine Abmachung beinhalten, welche die Häufigkeit der Familiensitzungen regelt, die Verfügbarkeit von Familienmitgliedern bei besonderen Problemen des Kindes festlegt und den Heimmitarbeitern die Pflicht auferlegt, die Familie über die Behandlungsverfahren und die Entwicklung des Kindes im Heim auf dem Laufenden zu halten. Beim Jugendamt könnte der Fokus des Vertrags darauf liegen, wie oft und an welchem Ort die leiblichen Eltern ihr Kind besuchen dürfen, in welcher

Weise die Herkunftseltern und die Pflegefamilie kontinuierlich in Kontakt bleiben können und wie sichergestellt werden kann, dass die Herkunftseltern an wichtigen Ereignissen wie Arztbesuchen, Geburtstagsfeiern und schulischen Obliegenheiten teilnehmen. Eine Drogenklinik könnte mit der Familie des Klienten vereinbaren, dass sie den Kampf des Klienten gegen die Droge unterstützt und an Sitzungen mit anderen Familien teilnimmt, die ins Leben gerufen wurden, um den ausgestoßenen Mitgliedern die Rehabilitierung zu erleichtern.

Die Partnerschaft pflegen und die Familie aktivieren

Ist der Aufnahmeprozess erfolgreich abgeschlossen worden, hat das dem Klienten und der Familie neue Energie gegeben und eine Beziehung zur betreuenden Behörde aufgebaut, doch die nun folgenden Wochen und Monate können zu einer Phase des Sich-treiben-Lassens werden. Die Gefahr besteht darin, dass Behörde und Familie sich in parallel laufenden Routineverfahren einrichten, die nicht sehr viel Interaktion erfordern. Hier ist es die Aufgabe der Sozialarbeiter, die Verbindung lebendig zu halten; die Initiative dafür muss von der Behörde ausgehen, die Wege suchen sollte, wie sie die Familien erreichen und ihr kontinuierliches Mitwirken sichern kann.

Auf die Familien zugehen

Damit die Beziehung zu den Familien gepflegt werden kann, müssen vielleicht ein paar einfache organisationsinterne Veränderungen vorgenommen werden, z. B. dass die Rahmenbedingungen modifiziert werden, um den Familien angenehme und einladende Räumlichkeiten im Behördengebäude anbieten zu können, oder dass die nur für die Klienten einer Einrichtung vorgesehenen Aktivitäten auch den Familienmitgliedern offen stehen. Doch die ständige Kontaktpflege verlangt auch, dass die Familien direkt angesprochen und gezielte Anstrengungen unternommen werden, um Entwicklungen zu bewältigen, die eher auf Widerstand der Familie als auf ein Sich-treiben-Lassen hindeuten.

Die Aufnahme des Kontakts mit der Familie sollte einzelfallspezifisch gestaltet werden. So weiß z. B. die Sozialarbeiterin, dass James' Eltern sehr viel Arbeit haben und noch weitere Kinder versorgen müssen. Im Laufe der Zeit verpasst der eine oder andere Elternteil gelegentlich die Familiensitzungen, und kein Elternteil denkt daran, sich nach James' Verhalten im Heim oder den pädagogischen Fortschritten zu erkundigen. Dann ist es die Aufgabe der Sozialarbeiterin, in Abständen mit den Eltern zu telefonieren und sie wissen zu lassen, dass die Mitarbeiter der Einrichtung annähmen, die Eltern seien an ihrem Sohn interessiert und hätten auch das Recht, über die Einzelheiten von James' Befinden im Heim informiert zu werden.

Oder nehmen wir den Fall Laura: Laura ist eine junge Mutter, deren Kind Wanda in Pflege gegeben worden ist und die weiß, dass sie nicht für eine kompetente Mutter gehalten wird. Sie hegt nicht die Erwartung, dass man sie in den Dingen, die ihr Baby betreffen, einbezieht, und es würde den Pflegeeltern wahrscheinlich nicht in den Sinn kommen, Laura zu bitten, zu Wandas Vorsorgeuntersuchung mitzugehen. Sie würden sich auch nicht im Recht fühlen, dies ohne behördliche Erlaubnis zu tun. Der Sozialarbeiter kann jedoch beiden Familien vorschlagen, gemeinsam mit Wanda zum Arzt zu gehen, und damit eine neue Idee einbringen und den Kontakt zwischen beiden Parteien pflegen. Die Einladung an Laura, ihre Tochter zu ärztlichen Untersuchungen zu begleiten, verlangsamt den Entfremdungsprozess der Mutter hinsichtlich ihres Kind, das sie kaum kennt. Dadurch kann Laura die Entwicklung ihres Kindes im Auge behalten, auf ihre Fragen Antworten bekommen und sich auf die Zeit vorbereiten, wenn das Kind in ihre Obhut zurückgegeben wird. Durch derlei Aktivitäten entwickelt sich ein gemeinsamer Erfahrungsfundus unter den Erwachsenen, die mit der Versorgung und Betreuung des Kindes betraut sind.

Einige Formen der Aufnahme des Kontakts zu der Familie können Teil der allgemeinen Organisationspolitik werden. In einem Heim für schwangere Mädchen führte das Personal die Praxis ein, zweimal in der Woche die Familien der Mädchen anzurufen, und zwar nicht um Probleme oder verwaltungstechnische Dinge zu besprechen, sondern um den Kontakt zu den Familien zu halten. In den meisten Fällen haben sich die Familien an die Vorstellung gewöhnt, dass sie nur dann kontaktiert werden, wenn ihr Kind in Schwierigkeiten ist. Ein Telefonanruf, der lediglich einem Gespräch und dem Informationsaustausch dient, ist zuerst eine Überraschung für die Familie, hat aber später die Funktion, die Kommunikationskanäle freizuhalten.

Wenn die Mitarbeiter einer Behörde gemeinsam die praktischen Möglichkeiten der Kontaktpflege bezüglich der Familien erkunden, kommt ihnen wahrscheinlich eine Fülle von Ideen, die in die Tat umgesetzt und systematisiert werden können. Nehmen wir einmal die folgenden Beispiele aus Kliniken, Jugendämtern, Einrichtungen und Tagesbetreuungsprogrammen. Diese Ideen sind durchweg anwendbar:

Eine Behörde kann z. B. ihre Räumlichkeiten umgestalten. In einem Jugendamt wurden etliche kleine Zimmer zu einem einzigen Raum umgebaut, der so groß war, dass mehrere Kinder wie auch die Mitglieder der Herkunfts- und Pflegefamilien darin Platz hatten. In einer anderen Behörde wurde der Konferenzraum zu bestimmten Zeiten für solche Zwecke umfunktioniert. Im Rahmen eines Tagesbetreuungsprogramms für drogenabhängige Mütter stellte man Räumlichkeiten mit Kinderbetten und Spielecken bereit, sodass die Kinder in der Nähe ihrer Mütter sein konnten, während diese am Programm teilnahmen. In einer Einrichtung stellte man die Möbel im Sitzungsraum so um, dass sich die Familien und die Mitarbeiter zwanglos gruppieren konnten. Derlei Veränderungen variieren zwar im Detail, aber das gemeinsame Thema ist die Flexibilität, mit dem Umfeld so zu experimentieren, dass ein familienfreundlicher Kontext geschaffen wird.

Andere Beispiele beziehen sich auf die Organisation von Programmen. Viele Einrichtungen bieten den Indexklienten Elternkurse an, doch mehrere haben inzwischen ihren Teilnehmerkreis erweitert und laden auch die Lebensgefährten, Ehepartner und Großeltern dazu ein. In anderen Kontexten hat es sich eingebürgert, vor und nach Wochenendbesuchen des Klienten zu Hause sich mit den Familien zu treffen, damit die Ereignisse des Wochenendes verarbeitet werden können. Manche Einrichtungen haben schon Familienmitglieder einbestellt, um mit ihnen über Vorfälle zu sprechen, die den Indexklienten angingen und sich vor Ort zugetragen haben, und in einigen Einrichtungen sind die Angehörigen eingeladen worden, an der Besprechung ihres Falles durch die Mitarbeiter teilzunehmen. Natürlich verlangt die Einführung neuer Vorgehensweisen von den Experten mehr als nur Kraft und phantasievolle Einfälle. Sie verlangt auch das aktive Mitwirken der Verwaltung, besonders dann, wenn bauliche Veränderungen oder Umgestaltungen der Arbeitszeiten und Arbeitsinhalte vorgenommen werden.

Das Zugehen auf die Familie als Strategie der Kontaktpflege kann unter Umständen ungeeignet sein. Manchmal sträuben sich die Primärklienten gegen die Mitwirkung ihrer Familien, weil sie entweder ahnen, dass die Familienmitglieder ihnen Kummer bereiten, oder weil sie sich vor diesen schützen wollen oder sich schämen. In einem solchen Fall kann der Sozialarbeiter langsam vorgehen, muss aber nicht aufgeben. Oft ist es möglich, Familienthemen ins Gespräch zu bringen – wenn der Sozialarbeiter den Klienten von deren Relevanz überzeugen kann –, den Gedanken an die Mitwirkung der Familie zu entschärfen und die Voraussetzungen für ein Familientreffen zu schaffen.

Die Arbeit mit Barbara ist dafür ein gutes Beispiel. Sie war dagegen, dass ihre Mutter und ihre Schwester zu gemeinsamen Sitzungen in der Drogenklinik eingeladen wurden, und zwar mit der Begründung, dass sie auf eigenen Füßen stehen müsse und dass die kritische Haltung ihrer Verwandtschaft die Dinge komplizieren würde. Die Drogenberaterin war jedoch von der ersten Sitzung an überzeugt, dass diese Menschen eine zentrale Rolle in Barbaras Leben spielten und wichtige Mitstreiter im bevorstehenden Kampf gegen die Droge seien. Sie verbrachte mehrere Einzelsitzungen damit, Barbaras Familienbeziehungen zu explorieren. Sobald Barbara mit den üblichen Themen anfing, die bereits in früheren Beratungssitzungen ausgiebig diskutiert worden waren – ihre Tendenz, sich mit gewalttätigen Männern einzulassen, ihre Anfälligkeit für den Drogenkonsum, ihre Gefühle, vom Jugendamt, welche die Vormundschaft über ihre Kinder hatte, schlecht behandelt zu werden , brachte die Beraterin immer wieder das Gespräch systematisch auf die Mutter und die Schwester der Klientin: Was die beiden von Barbaras Freund hielten; welche Beziehung sie zu Männern hätten, ob sie Barbaras Kinder vermissten, die ja jetzt in Pflegefamilien untergebracht seien.

Diese Vorgehensweise führte zu der nicht überraschenden Entdeckung, dass Barbara sich von ihrer Mutter zurückgestoßen fühlte, auf ihre Schwester eifersüchtig war und sich danach sehnte, ihre Beziehung zu beiden Frauen zu korrigieren, aber nicht wusste, wie sie das anstellen sollte. Als diese emotionale Bindung deutlich wurde, kam Barbara von selbst auf die Idee, eine Annäherung an Mutter und Schwester zu versuchen. Die Familie wurde zu einer Reihe von Gesprächen eingeladen, in denen einige Spannungen aufgelöst wurden und Barbara ein stärkeres Gefühl familialer Unterstützung entwikkelte. Danach eröffneten sich der Beraterin viele Wege, die Familie miteinander in Kontakt zu halten, indem sie Barbara motivierte, ihre

Schwester anzurufen, wenn es etwas zu besprechen gab, indem sie Barbara vorschlug, die Familie zu Klinikveranstaltungen einzuladen, und indem sie eine Besuchsregelung arrangierte, sodass Barbara ihre Kinder im Haus der Großmutter besuchen und die Familie zusammen sein konnte.

Wenn die Mitglieder einer Familie die geplanten Besuchskontakte mit ihren Kindern nicht einhalten, wie das bei James' Eltern der Fall war, dann sind die Mitarbeiter der Einrichtung in einer Zwickmühle. Sobald sich diese nämlich auf das Muster des Nichterscheinens und Immer-wieder-Termine-Machens – „Bis nächste Woche um die gleiche Zeit" – einlassen, vermitteln sie der Familie den Eindruck, dass sie mit diesem Verhalten rechnen und es nicht für sonderlich schlimm halten. Rücken die Mitarbeiter dagegen den Mangel an elterlichem Verantwortungsgefühl in den Mittelpunkt, geraten sie in die Rolle der Ankläger und bringen die Familie in die komplementäre Position der Angeklagten.

In solchen Situationen müssen die gewählten Vorgehensweisen fein ausgewogen sein. Der Sozialarbeiter bleibt der Familie beharrlich genug auf den Fersen, um die Wichtigkeit ihres Mitwirkens zu unterstreichen, ohne jedoch Feindseligkeiten hervorzurufen. Die Botschaft muss vor allen Dingen auf eine Grundtatsache hinauslaufen: Das Kind und die Helfer brauchen die Mitarbeit der Eltern, um zufrieden stellende Fortschritte erzielen zu können. Das klingt zwar wie eine Litanei, entspricht aber der Realität, und genau diese Tatsache sollte den Bemühungen des Sozialarbeiters die nötige Überzeugungskraft verleihen.

Manchmal ist es hilfreich, mit der Familie zu telefonieren oder ihr einen Brief zu schreiben, damit der Kontakt nicht abreißt. In solchen Fällen erwähnt der Sozialarbeiter die Probleme, über die er mit dem Kind spricht, und betont noch einmal, wie wichtig die Mitwirkung der Familie an der Lösung dieser Probleme ist. So könnte z. B. die Sozialarbeiterin James' Eltern nahe legen, sich doch die Sichtweise ihres Jungen anzuhören, nach der auf ihm – nicht aber auf seiner Schwester – herumgehackt werde, und darüber nachzudenken, dass nur sie allein James' unangebrachte Phantasien über die elterlichen Absichten korrigieren könnten. Darüber hinaus ist es sinnvoll, wenn verpasste Familiensitzungen gleich am nächsten Tag bzw. so früh wie möglich nachgeholt werden, anstatt den nächstfolgenden Sitzungstermin abzuwarten.

Wenn die Mitarbeiter von Jugendämtern auf die Herkunftseltern des in Pflege lebenden Kindes zugehen, sind sie mit einem besonders komplexen Dilemma konfrontiert, das daher kommt, dass sie das Verhalten der Eltern auch überwachen müssen. Diese Kontrolltätigkeit steht in der Arbeitsplatzbeschreibung eines Sozialarbeiters und kann von der Behördenleitung nicht storniert werden, weil sie auf höheren Machtebenen – z. B. von Kinderschutzbehörden und Gerichten – angeordnet wird. Die Sozialarbeiter meinen, dass sie von der Familie Erklärungen für Zuwiderhandlungen verlangen müssen, wenn sich diese z. B. nicht an den Besuchsplan hält, weil – wie uns oft gesagt worden ist – „der Richter das wissen will". Unter solchen Umständen kann die Partnerschaft zwischen Behörde und Familie einem Machtkampf zum Opfer fallen mit dem Ergebnis, dass wenig Energie oder Bereitschaft vorhanden sind, zugunsten des Kindes zusammenzuarbeiten.

Wenn von der Behörde erwartet wird, dass sie elterliches Verhalten überwacht, dann kann es zum Schutz der Partnerschaft erforderlich sein, dass die Mitarbeiter der Behörde ihre Rolle als Kontrollorgan annehmen und zugleich einen Weg suchen, diese Rolle gegenüber ihrer Aufgabe in der Partnerschaft abgrenzen. Manche Behörden organisieren ihre Mitarbeiter in Teams zu je zwei Personen: Eine Person ist dafür zuständig, dass der behördliche Auftrag ausgeführt wird, die andere Person kann sich unbelastet auf die Intensivierung der Beziehung zwischen Behörde und Familie konzentrieren. Weil in vielen Behörden die Personaldecke dünn ist, muss ein Sozialarbeiter vielleicht beide Rollen übernehmen – und zwei Hüte gleichzeitig tragen. Bei einer Behörde ging der Sozialarbeiter tatsächlich dazu über, Hüte in verschiedenen Farben zu tragen und diese mitten in Familiensitzungen zu wechseln. Auch wenn wir in den bisherigen Kapiteln kaum auf den Gebrauch von Humor, Metaphern oder Heiterkeit eingegangen sind, so retten diese Strategien oft die Lage, indem sie von den Sozialarbeitern wie auch von der Familie Spannung wegnehmen und Bilder hervorrufen, über die eine Bindung zwischen beiden Parteien entsteht.

Die Familie zu Hause besuchen

Auf die Familie zugehen bedeutet, dass sie zu einem Gespräch in die Behörde eingeladen wird, aber manchmal ist es hilfreich, den

Kontakt zur Familie durch einen Besuch des Sozialarbeiters zu pflegen. Besuche bei der Familie zu Hause verlangen ein Gespür für die Wünsche und Reaktionen der Familie. Für die Familie ist es wichtig, zu sehen, dass die Mitarbeiter der Behörde sie wirklich näher kennen lernen, die anderen Familienmitglieder treffen sowie ihre alltägliche Lebensweise und ihr Lebensumfeld verstehen möchten. Familien werden oft dadurch qualifiziert *(empower)*, dass die Familiensitzung bei ihnen zu Hause stattfindet, aber sie reagieren auch empfindlich auf Einmischung in ihre und Kritik an ihrer Lebensweise. Es ist selbstverständlich, dass der Sozialarbeiter mit Respekt in die Familie geht und dass der Besuch dem Kontakt und der Kommunikation dient.

Welche Art von Gedankenaustausch dabei stattfindet, hängt von der Beziehung ab, die bis dahin aufgebaut worden ist. Ein versierter Sozialarbeiter kann einen aufkommenden Konflikt spontan meistern oder einer bestimmten Diskussion bewusst aus dem Wege gehen, um sich mit dieser Angelegenheit zu einem anderen Zeitpunkt zu befassen. Es ist fast immer von Vorteil, sich mit Spannungen in der Familie auseinander zu setzen, wenn auch der Primärklient zu Hause ist, aber es kann auch Zeitpunkte geben, zu denen das nicht von entscheidender Bedeutung ist. Wenn z. B. ein Kind ständig in die Ehekonflikte seiner Eltern hineingezogen wird, möchte der Sozialarbeiter dieses Problem vielleicht während eines Besuchs besprechen, wenn das Kind gerade nicht zu Hause ist. Auch das ist ein sachlich begründeter Kurzbesuch bei der Familie durch den betreuenden Sozialarbeiter, und die Entscheidung dafür hängt sowohl von der Situation als auch vom Geschick des Sozialarbeiters ab.

Lebt der Klient in einer Einrichtung, dann sind für ihn die Besuchskontakte zu Hause eine wichtige Sache. Besuche bei der Familie sind unbedingt erforderlich; denn sie halten die Familie zusammen und bieten eine realistische, aktuelle Materialbasis für die laufende Arbeit des Sozialarbeiters mit der Familie, wobei es unerheblich ist, ob das Grundproblem die Spannung zwischen Eltern und Kind oder der Rückfall eines erwachsenen Klienten in den Drogenmissbrauch ist. Besuchskontakte ermöglichen ebenso eine „Trockenübung" für die spätere Wiedervereinigung der Familie. Allerdings ist die Behördenpolitik in dieser Hinsicht nicht immer förderlich. Manchmal wird sie eher von einer Philosophie des Belohnens und Bestrafens geleitet statt von der Idee, dass Besuche des Klienten zu Hause zum Prozess der Problemlösung gehören.

Die Einschränkung von Besuchskontakten des Klienten sollte die Ausnahme bleiben und nur dann greifen, wenn der Besuch bei der Familie zu Hause ein Sicherheitsrisiko darstellt. Die Erlaubnis bzw. das Verbot, das Wochenende zu Hause verbringen zu dürfen, sollte nie als Belohnung bzw. Bestrafung für das Verhalten des Klienten in der Einrichtung eingesetzt werden, und die Besuchskontakte des zur Pflege untergebrachten Kindes bei den Herkunftseltern sollten nicht davon abhängen, ob diese die anderen Aspekte des Behandlungsplanes einhalten. Es gibt kaum Belege dafür, dass sich solche Kontrollverfahren positiv auf das Klientenverhalten auswirken; dagegen vermitteln sie die Botschaft, dass es wichtiger ist, die von der Behörde bzw. Einrichtung festgesetzten Regeln zu beachten, als die Familienbindungen zu pflegen.

Wenn es bei Besuchskontakten des Klienten zu Hause zu spannungsgeladenen, aber nicht gefährlichen Vorfällen kommt, kann der Sozialarbeiter das Geschehen thematisieren und in den Kontext der sich entwickelnden Beziehung zwischen Klient, Behörde und Familie stellen. Konflikte können als normale Phänomene akzeptiert und bei Menschen, die nicht zusammenleben und sich dennoch aneinander anzupassen versuchen, sogar erwartet werden. Im Grunde genommen beinhaltet jeder Besuchskontakt für den Klienten und die Familie eine Reihe von Übergängen. Die Familie muss ihre Verhaltensmuster erweitern, um den Klienten einbeziehen zu können, und sich dann wieder neu organisieren, wenn der Besuch vorbei ist. Der Klient muss sich Familienrealitäten anpassen, nachdem er sich den Erwartungen der Einrichtung angepasst hat, und sich danach wieder auf die Routine der Einrichtung einstellen. Das ist keine leichte Aufgabe, und wenn der Sozialarbeiter mit der Familie zu einem Gespräch zusammenkommt, sollte er diese Übergänge als ein normales, aber schwieriges Phänomen zur Sprache bringen.

Der nächste Schritt: Entlassung und/oder Rückkehr in die Familie

Schließlich ist da die Frage nach dem „nächsten Schritt". Die Beendigung der sozialen Dienstleistungen und Hilfsangebote einer bestimmten Behörde mündet in eine Phase des Übergangs mit allen Unsicherheiten und Unannehmlichkeiten, von denen jede Veränderung begleitet wird, selbst wenn es ein Schritt zum Positiven ist. Paradoxerweise schwindet oder verschwindet die Unterstützung oft genau an diesem Punkt erhöhter Anfälligkeit. Der Fall wird aus dem Dienstplan des Sozialarbeiters herausgenommen und sofort durch neue Klienten ersetzt.

Um die Anzahl der Fälle zu verringern, in denen die Beendigung der Leistungen bzw. die Entlassung aus der Einrichtung schief geht, wäre eine Behörde bzw. Organisation gut beraten, die Entlassungsverfahren so zu modifizieren, dass den Klienten und ihren Familien mehr Aufmerksamkeit gewidmet wird. Ob Übergänge erfolgreich verlaufen, hängt davon ab, inwieweit die Begegnungen mit den Personen und Situationen – ob Familienmitglieder, eine neue Pflegefamilie, ein Rehabilitationszentrum oder eine andere Behörde –, mit denen der Klient konfrontiert sein wird, gut vorbereitet waren und sorgfältig durchgeführt werden. Die Betroffenen müssen mit dem sich anschließenden Kontext Erfahrung sammeln und erleben, dass dies ihr zukünftiger Lebensraum ist; und die Personen in diesem Kontext müssen sich auf die Aufnahme bzw. die Rückkehr des Klienten vorbereiten. Die Anpassung ist ein Prozess, der vor dem konkreten Übergang einsetzt, sich durch die Übergangsphase zieht und darüber hinausreicht.

Die Struktur behördlicher Verfahren sollte den Fachkräften genügend Zeit einräumen, um die Übergänge vorbereiten und den Klienten mit ihren Familien anschließend helfen zu können. Wenn Wanda in die Obhut ihrer Mutter zurückkehrt, brauchen Laura und ihr Freund die Unterstützung einer mit der Situation vertrauten Sozialarbeiterin, die ihnen über die ersten Anpassungsklippen hinweghilft. Wenn Angela eine Wohnung findet und ihr Ehemann in die Familie zurückkehrt, müssen die Sozialarbeiter des Übergangsheims die Klientin bei diesem Schritt unterstützen oder die Familie mit Personen in Kontakt bringen, die gegebenenfalls unterstützend wirken können. Wenn Sandra aus der Drogenklinik entlassen wird und danach mit ihrem Freund zusammenlebt, muss in einigen Familiensitzungen über diesen Übergang und die sich wandelnden Beziehungen zu ihrer Familie gesprochen werden. Und wenn James aus dem Erziehungsheim in die Familie zurückkehrt, muss die Familie durch Besuchskontakte des Jungen vorbereitet und nach seiner Entlassung in Familiengesprächen unterstützt werden, damit sie sich mit ihren Bedenken auseinander setzen und die Praktikabilität ihrer Muster ausprobieren kann, die sie für das Zusammenleben entwickelt hat.

Bemühungen dieser Art müssen eine Sache der Behördenpolitik sein. Die zusätzlichen Familiensitzungen, in denen Veränderungen vorbereitet werden, müssen genehmigt werden. Wenn ein Sozialarbeiter nach der Beendigung einer Maßnahme bzw. Entlassung des Klienten weiterhin am Leben einer Familie teilnehmen soll, setzt das die Billigung voraus, dass diese Betreuung für eine bestimmte Zeit zum Arbeitsumfang eines Sozialarbeiters gehört. Die Umsetzung einer solchen Politik ist vielleicht einfacher, wenn die Behörde einsieht, dass dies vermutlich die ökonomischste Art der Familienbetreuung ist; denn dadurch wird die Wahrscheinlichkeit reduziert, dass der Anpassungsprozess der Familie scheitert und diese durch die Hintertür wieder hereinkommt. Ein gewisser Prozentsatz der Klienten einer Behörde schafft diesen Schritt, weil sich ihre Bedingungen gebessert haben und weil die Mitarbeiter davon überzeugt sind, dass sie nach der Entlassung aus der Betreuung durch die Behörde ihr Leben meistern werden. Es ist tragisch, wenn dieses Potenzial durch einen jähen und ungesicherten Übergang im letzten Stadium des Prozesses untergraben wird.

Fragevorschäge bei der Aufnahme einer Familie[5]

Information gewinnen

– Wer gehört zur Familie?

– (Wenn Sie die Auskünfte nicht unaufgefordert erhalten, fragen Sie nach Familienmitgliedern, die es neben dem Kind und den Eltern noch gibt: Großeltern, Geschwister, Tanten und Onkel. Fragen Sie nach Personen, die außerdem noch wichtig sein können, auch wenn diese mit der Familie nicht blutsverwandt sind, z. B. Patentante und -onkel. Wenn möglich, bitten Sie die Informanten, eine Landkarte ihrer Familienstruktur zu zeichnen.)

Die Probleme des Kindes

– Weshalb ist das Kind hier? Was hält die Familie für den Grund dafür? Gibt es Familienmitglieder, die darüber anderer Meinung sind?

5 Die Fragen stammen aus einem von Ema Genijovich entwickelten Formular. Sie sind als Ergänzung zu den Fragen zu verstehen, die von den Behörden gestellt oder für offizielle Zwecke benötigt werden.

– Wann sind die Probleme zum ersten Mal aufgetaucht? Was ist im Leben des Kindes und in der Familie zu dieser Zeit noch geschehen?
– Wer ist von den Problemen des Kindes außerdem betroffen? In welcher Weise?
– Welche Lösungen sind versucht worden?
– In welcher Weise waren Jugendamt, Ärzte, Gerichte oder Schulen mit dem Fall befasst oder haben mit dem Kind und der Familie gearbeitet? War das hilfreich?
– (Wenn nicht das Kind als Problemträger beschrieben wird, sondern aufgrund von Familienschwierigkeiten in die Obhut der Behörde gegeben worden ist, fokussieren Sie auf die Fragen zu den Merkmalen des Kindes, seiner Entwicklung und seinem Beziehungsnetz, wie sie von der Familie gesehen werden.)

Die Familie: ihre Stärken und Zwänge
– Worin liegen die Stärken der Familie?
– (Nehmen Sie sich für diesen Bereich Zeit. Wenn Sie keine zufrieden stellenden Auskünfte erhalten, fragen Sie nach Hilfesystemen, Bewältigungsstrategien, Qualitäten, auf welche die Familie stolz ist wie z. B. Loyalität, Flexibilität, gegenseitige Achtung, Gewährung von Schutz, Schulbildung der Kinder und so weiter.)
– Welchen Zwängen unterliegt die Familie?
– (Berücksichtigen Sie soziale und ökonomische Faktoren wie z. B. Arbeitslosigkeit, rassische Vorurteile, Obdachlosigkeit, schlechte Schulbildung, Migration, Sprachschwierigkeiten sowie persönliche und familiale Faktoren wie z. B. Krankheit, Drogenabhängigkeit, Alkoholismus, Todesfall in der Familie, Scheidung, Spannungen zwischen den Ehepartnern.)

Erwartungen der Familie und ihre Rolle
– Was erwarten die Mitglieder der Familie von der Behörde? Welche Ziele hoffen sie zu erreichen? Welches ist ihrer Meinung nach das wichtigste Anliegen, auf das man sich zuerst konzentrieren sollte?
– Welche Angehörigen sollten an allen Familiensitzungen teilnehmen, weil doch die Familienmitglieder eine wichtige Rolle bei der behördlichen Arbeit mit dem Kind spielen?

– Wie könnte die Behörde mit Familienmitgliedern Kontakt aufnehmen, die sich üblicherweise nicht am Geschehen beteiligen, aber eine wertvolle Ressource sein könnten?

TEIL II: Interventionen in unterschiedlichen Kontexten

Als Nächstes sprechen wir über spezifische Bereiche, in denen Betreuungs- und Versorgungsleistungen angeboten werden. In den folgenden Kapiteln diskutieren wir über Familienpflege, Behandlung drogenabhängiger schwangerer Frauen, Erziehungsheime und psychiatrische Einrichtungen für Kinder und Jugendliche sowie über häusliche Betreuungsdienste für Familien. Der im ersten Teil des Buches abgesteckte Rahmen umschließt alle diese Bereiche. Bei der Beschreibung des jeweiligen Leistungsbereichs gehen wir durchgängig nach einem systemischen, familienorientierten Ansatz vor, indem wir die Techniken und Verfahren anwenden, die wir bereits für die Details der Betreuungs- und Versorgungsarbeit diskutiert haben.

In allen diesen Kapiteln geht es um Erweiterung und Kooperation. Das ist vielleicht nicht sofort offenkundig, weil die einzelnen Kapitel sich scheinbar ziemlich voneinander unterscheiden. Jedes Kapitel enthält Fallmaterial, Interviews und Beispiele, doch die Erfahrungen, auf denen die Kapitel beruhen, unterscheiden sich, und die Kapitel haben auch keinen gemeinsamen Grundriss. Zum Thema Familienpflege stellen wir ein Gesamtmodell und ein Schulungsprogramm vor. Das Kapitel zum Thema Drogenabhängigkeit ist im Wesentlichen eine Fallbeschreibung, welche sowohl die Probleme zeigt, die entstehen, wenn ein neuer Ansatz in ein etabliertes System eingeführt werden soll, als auch die Entwicklungs- und Erweiterungsmöglichkeiten veranschaulicht. Die Kapitel zum Thema Erziehungsheime und psychiatrische Einrichtungen für Kinder und Jugendliche werden in einem größeren Rahmen abgehandelt. Wir zeigen darin, wie das Wesen und die Organisation dieser Dienste durch gesellschaftliche und professionsgebundene Interessen beeinflusst worden sind. Das Kapitel über familienorientierte häusliche Betreuungsdienste beschäftigt sich mit dem „Ärger im Paradies". Wir untersuchen die viel versprechenden Aspekte des familienorientierten Ansatzes und die Probleme seiner effektiven Realisierung. Obwohl sich die einzelnen Leistungsbereiche in ihrer Form voneinander unterscheiden, stimmen sie in dem grundlegenden Thema Erweiterung und Kooperation überein, wodurch die Notwendigkeit unterstrichen wird, weiträumiger zu denken, über den individuellen Klienten hinauszusehen und die fragmentierten Teile der relevanten Systeme miteinander zu verbinden.

Wir geben uns nicht der Illusion hin, dass es für schwierige Probleme die schnellen Lösungen gibt. Bei der Vorbereitung der folgenden Kapitel haben wir uns darauf konzentriert, Alternativen zur gängigen Praxis anzubieten, d. h. eine Art Geländekarte zur Erkundung von Routen anzufertigen, die wahrscheinlich unwegsamer sind als die viel befahrenen Straßen, sich für die Erreichung des Ziels aber als zweckmäßiger erweisen können. Die vorgestellten Interventionsmodelle müssen spezifischen Kontexten angepasst werden, und die vielen kurzen Beispiele sind weniger als Patentrezepte denn als Leitlinien zu verstehen, die darauf abzielen, das sich Verschließende zu öffnen und den Fokus der Arbeit zu erweitern.

Bei der Lektüre der Kapitel ist es hilfreich, zwei weitere Aspekte im Hinterkopf zu behalten.

Erstens stehen in diesem Buch die Kinder armer Familien im Mittelpunkt. In jedem Kapitel beschäftigen wir uns mit den sozialen Diensten und Hilfsangeboten, die sich auf ihr Wohl auswirken. Im Hinblick auf Familienpflege und Erziehungsheime bzw. psychiatrische Einrichtungen für Kinder und Jugendliche ist dieser Fokus offensichtlich, er ist aber auch in den anderen Bereichen existent. In dem Kapitel über Drogenmissbrauch beschreiben wir ein Perinatalprogramm für Frauen und ihre Kinder, und das Kapitel über häusliche Interventionen beschäftigt sich mit Betreuungsangeboten für Familien, denen die Kinder weggenommen und in Pflegestellen vermittelt werden sollen.

Obwohl die Kinder und Jugendlichen armer Familien das zentrale Thema sind, befassen wir uns nicht direkt mit den ernsten Problemen ihrer Entwicklung und Anpassung, die für die Kinder dieser Population typisch sind. Das ist zum einen darauf zurückzuführen, dass solchen Problemen bereits beachtliche Aufmerksamkeit durch die einschlägigen Professionen geschenkt wird, zum anderen darauf, dass unserer Meinung nach die Probleme der Kinder – isoliert betrachtet – nicht hinreichend verstanden oder gemildert werden können. Um den Kindern helfen zu können, müssen wir im relevanten Kontext arbeiten: also mit den Familien der Kinder und den Systemen, die für ihre Fürsorge und Betreuung die Verantwortung haben.

Schließlich sind die Diskussionen und Fallbeispiele in den folgenden Kapiteln dem konkreten Arbeitsleben des Lesers vermutlich näher als das Material im ersten Teil des Buches – näher an den täglichen Aufgaben, welche die Sozialarbeiterin des Jugendamtes, der Drogenberater oder der Psychologe in einer psychiatrischen Einrichtung zu bewältigen haben. Trotzdem möchten wir daran erinnern, dass die Aufteilung in spezifische Leistungsbereiche vielleicht nicht die Realität widerspiegelt, wie sie von den Klientinnen und Klienten wahrgenommen wird. Um tiefere Einblicke zu gewinnen, mussten wir das Arbeitsfeld fragmentieren, indem wir ein Thema nach dem anderen untersuchten. Wir wissen jedoch, dass dieselben Multiproblem-Familien in allen diesen Kontexten auftauchen, verschwinden und von neuem in Erscheinung treten. Drogenmissbrauch, Obdachlosigkeit und Pflegeunterbringung können für die Mitglieder einer einzigen Familie verwandte Tatsachen des Lebens sein, auch wenn diese Probleme separat definiert und von verschiedenen Behörden bearbeitet werden.

Niemand kann sich die ganze Welt zu Eigen machen. Die professionellen HelferInnen müssen ihre Aufgaben im Rahmen ihrer Organisation und ihrer Stellenbeschreibung erfüllen. Dennoch sind die SozialarbeiterInnen, die begreifen, dass Familienprobleme oft grenzüberschreitend sind, eher in der Lage, die Sorgen und das Verhalten ihrer Klientinnen und Klienten zu verstehen, und vielleicht besser darauf vorbereitet, die Kontakte herzustellen und zu pflegen, die für das Wohl der Kinder und der für sie verantwortlichen Familien enorm wichtig sind.

5. Die Unterbringung in Pflegefamilien

Ein ökologisches Modell

Manch einer wäre schon über die bloße Anzahl von Pflegekindern bestürzt: knapp eine halbe Million in den USA in den ausgehenden 90er-Jahren, und die Zahl scheint zu steigen. Coontz (1992) erinnert daran, dass unsere Vorstellung von der Kernfamilie mit Mama und Papa, die ihre Kinder durch die Zeit der Adoleszenz und in ihr Berufsleben als Erwachsene hinein begleiten, eher rührselig als historisch präzise ist. In früheren Zeiten bedeuteten der Tod der Eltern und finanzielle Notlagen, dass viele Kinder in Einelternhaushalten aufwuchsen oder gewerbsmäßig in Pflege gegeben wurden. Dennoch beunruhigt die gegenwärtige Wirklichkeit. Heute wissen wir mehr über das psychische Trauma, wenn Kinder von allem Vertrauten getrennt werden, und wir haben Grund zur Sorge, dass durch die Stimmung und Gesetzgebung im Amerika der späten 90er-Jahre tendenziell die Anzahl der Pflegeunterbringungen steigt, das elterliche Sorgerecht schneller entzogen wird, die Adoption von Kindern erleichtert wird und die Anzahl der gewinnorientiert arbeitenden Heime für elternlose Kinder zunimmt.

Der aktuelle Trend unterliegt einer Vielfalt von Faktoren – kostenbezogene Überlegungen, die Wirksamkeit von Maßnahmen und die legitimen Interessen der Gesellschaft am Schutz der Kinder eingeschlossen. Es ist unbestritten, dass manche Berichte über Misshandlung, Missbrauch und Vernachlässigung von Kindern tatsächlich stimmen. Wichtig ist, hier die wirklich schweren Fälle herauszufinden und die Kinder der potenziellen Gefahr zu entreißen. Doch in vielen Fällen ist es nicht am besten, den Eltern die Kinder wegzunehmen, und wenn solche Maßnahmen für ratsam gehalten werden, dient der Prozess danach vielleicht weder der optimalen

Entwicklung der Kinder noch dem Potenzial ihrer Familien, auf andere Weise funktionieren zu können. Es ist eine herausfordernde Aufgabe, ein effektives und an der Familie orientiertes Heim- und Familienpflegesystem zu entwickeln, das die Kinder schützt und zugleich die Rechte der Familie wahrt sowie die Fähigkeit der Familie stärkt, ihre Kinder ohne Gefährdung zu erziehen.

Diese Philosophie findet üblicherweise in den erklärten Zielen der Familien- und Heimpflege ihren Niederschlag, in denen die Absicht formuliert wird, den Druck in einer überlasteten Familie zu verringern, die Kinder vorübergehend unterzubringen und die Wiedervereinigung der Familie zu fördern, sobald die Bedingungen dafür sicher und funktional sind (siehe Foster Care Committee of the Mayor's Commission for the Foster Care of Children 1993). Doch in der Wirklichkeit hat der Prozess der Evaluation, der Pflegeunterbringung und der konstanten sozialen Dienstleistung die elementaren Ziele oft ad absurdum geführt und auf notwendige Veränderungen in der Struktur und den Verfahren aufmerksam gemacht. Unsere Arbeit fokussiert darauf, die Praxis der Pflegeunterbringung den erklärten Zielen näher zu bringen.

Die Herangehensweise bezüglich der Unterbringung von Pflegebefohlenen, wie sie in diesem Kapitel beschrieben wird, wurde in den frühen 80er-Jahren in den USA entwickelt (S. Minuchin 1994). Das Modell, das auf allgemeinen Konzeptionen von Familien und Systemen beruhte, wurde den spezifischen Realitäten der Pflegesituation angepasst und schließlich in die Fortbildungsprogramme für die Mitarbeiter von Jugendämtern[6] aufgenommen.

Allgemein gesprochen, zielt dieser Ansatz darauf ab, das Trauma des Kindes zu mildern, die Stärken der Familie auszubauen und die Möglichkeit einer erfolgreichen Wiedervereinigung zu erhöhen. Damit diese Ziele erreicht werden können, ist es – so das Modell – erforderlich, die einzelnen Teile des Systems miteinander zu verbinden, die Qualifizierung *(empowerment)* der Familie des Kindes zu fördern und die Funktionen der Experten wie auch der Mitglieder der Pflege- und Herkunftsfamilien zu erweitern. Das Modell

6 Das von Salvador Minuchin entwickelte Modell wurde in der Anfangsphase durch Mittel der *Edna McConnell Clark Foundation* und des Staates New York unterstützt und durch die MitarbeiterInnen der *Family Studies, Inc.*, in die Praxis umgesetzt.

selbst ist einmalig, aber die Ziele werden auch von anderen familienorientiert ausgerichteten Organisationen anvisiert. So unterstützte z. B. die *Annie E. Casey Foundation* in den 90er-Jahren eine breit angelegte Familieninitiative (Sharkey 1997), und das *National Resource Center for Family Centered Practice* hat Berichte publiziert, in denen Bestrebungen im Kontext der Pflegeunterbringung mit ähnlichen Zielsetzungen beschrieben werden (siehe z. B. The Prevention Report 1992).

In diesem Kapitel untersuchen wir, wie sich der in den vorangegangenen Kapiteln vorgestellte konzeptuelle Rahmen speziell auf das Familienpflegesystem anwenden lässt; und wir illustrieren auch den Schulungs- und Beratungsprozess in Jugendämtern. Wir beschreiben nun den Ablauf einer Pflegeunterbringung in einer amerikanischen Großstadt, die Beteiligung von Kommunalbehörden, Gerichten und Jugendämtern sowie den Prozess von den ersten Beschwerden über die Vermittlung des Kindes in eine Pflegestelle bis zu den sich anschließenden Verfahren. Es ist dieser Kontext, in dem wir zum ersten Mal unser Modell in die Praxis umsetzten, und er veranschaulicht die Mischung aus stützenden und zersetzenden Eigenschaften, die uns diktierten, welche Aspekte des Systems wir zu verändern versuchten.

Der Kontext: Übergeordnete Systeme und der Prozess der Pflegeunterbringung

Der Prozess, der zur Pflegeunterbringung führt, beginnt im Allgemeinen mit einem Telefonanruf bei der Kinderschutzbehörde, in dem ein Verdacht auf Kindesmisshandlung oder Vernachlässigung eines Kindes gemeldet wird. Ein Kontrolleur wird in die betreffende Familie geschickt und entscheidet vielleicht, dass kein begründeter Verdacht vorliegt oder dass die Situation durch spezifische Hilfsangebote an die Familie bewältigt werden kann. In anderen Fällen entscheidet der Sozialarbeiter, dass die Kinder geschützt werden müssen, indem man sie den Eltern wegnimmt. Manchmal ist die Entscheidung, das Kind in Pflege zu geben, äußerlich korrekt. In manchen Fällen ist die Entscheidung fragwürdig und lässt darauf schließen, dass nur begrenzte Informationen vorliegen, dass ein armer Haushalt als negatives Umfeld für Kinder bewertet wird oder dass der Sozialarbeiter Angst vor Kritik hat, wenn die Kinder in der Familie bleiben und ihnen etwas passiert. Wenn nämlich tragische Fälle die öffentliche Aufmerksamkeit erregen, wird eine neue Dringlichkeitsstufe für den informellen Auftrag eingeläutet: „Im Zweifelsfall der Familie die Kinder wegnehmen."

Wenn die Kinder den Eltern weggenommen werden, übergibt man sie üblicherweise dem Jugendamt, das aus seinem offiziellen Bewerberpool geeignete Pflegefamilien auswählt und anschließend die Aufsicht über die Pflegestelle übernimmt. In Gerichtsverhandlungen und Rechtsverfahren werden die Bedingungen für die Wiedervereinigung der Familie festgesetzt, wobei die Kinder andere Anwälte und betreuende Sozialarbeiter haben als die übrigen Familienmitglieder. Der Rehabilitationsplan kann eine Drogentherapie, Elternkurse, annehmbare Wohnbedingungen und / oder Einzelberatung zur Auflage machen. Die sich anschließenden Schritte verlangen immer eine richterliche Überprüfung, in der das Gericht den Fortschritt bewertet, wie er aus der Perspektive von Kinderschutzbehörden und anderen relevanten Ämtern gesehen wird.

Während der Zeit der Pflegeunterbringung variieren zwar die Besuchsregelungen, aber bestimmte Verfahren sind typisch – vor allem dann, wenn es geographisch schwierig ist, die Betroffenen zusammenzubringen, oder wenn die Behörde in erster Linie darum bemüht ist, die Pflegefamilien zu schützen. In vielen Fällen kennt die Herkunftsfamilie weder Adresse noch Telefonnummer der Familie, die ihre Kinder in Obhut hat, und Besuchskontakte sind alle zwei Wochen in den Räumlichkeiten der Behörde vorgesehen. Wenn Besuche in der Wohnung der Herkunftsfamilie angeordnet sind, wird das Kind von einem Sozialarbeiter der betreuenden Behörde begleitet. Zwischen den Herkunfts- und Pflegefamilien besteht nur wenig oder überhaupt kein Kontakt.

Dahinter steckt zwar eine schützende Absicht, aber der enge, individuumbezogene Fokus, das geringe Verständnis für Familienbeziehungen, richterliche Einstellungen und bürokratische Fragmentierung sozialer Dienste – worüber wir bereits gesprochen haben – errichten Hindernisse gegen einen optimalen Ansatz. Unter solchen Bedingungen dümpelt die Situation häufig vor sich hin. Die Verwandtschaft des Pflegekindes lässt Besuchstermine verstreichen, das Kind und die Pflegefamilie wachsen zusammen, während das Kind und seine leiblichen Eltern zunehmend auseinander driften. Dieser Prozess stützt die Familie nicht, und die Wiedervereinigung der Familie, wenn sie denn eintritt, scheitert oftmals. Wenn wir nun einen anderen Ansatz beschreiben, befassen wir uns sowohl mit den Leitideen als auch den praktischen Vorgehensweisen in diesem System.

Das ökologische Modell: sechs Grundgedanken

Die Situation der Pflegschaft weist ein paar typische Merkmale auf. Im Unterschied zu den meisten sozialen Diensten und Hilfsangeboten sind hier *zwei* Familien involviert: die Herkunftsfamilie und die Pflegefamilie. Außerdem sind zwei Gruppen von „Behördenangestellten" beteiligt: die professionellen Helfer und die Pflegefamilien. Wenn wir eine Behörde untersuchen, sehen wir die Situation aus einer *ökologischen* Perspektive; das bedeutet, dass wir zum einen die Komplexität dieser Organisation berücksichtigen und zum anderen viele Elemente in Bezug darauf integrieren, in welcher Weise wir denken, Ziele setzen und Ausbildung planen.

Das ökologische Modell beruht auf sechs Grundgedanken, die wir in den folgenden Abschnitten näher erläutern.

Die Familienpflege generiert ein neues, trianguläres System

Wenn ein Kind den leiblichen Eltern weggenommen und in eine Pflegefamilie vermittelt wird, entsteht ein neues Beziehungsdreieck, das aus Herkunftsfamilie, Pflegefamilie und Jugendamt besteht. Diese Realität wird im System des Pflegekinderwesens oft nicht beachtet. De facto ziehen die gängigen Verfahren tendenziell sogar eine scharfe Trennungslinie zwischen den beiden Familien, und die Fragmentierung sozialer Dienste bedeutet oftmals, dass die Fachkräfte die Familienbeziehungen nicht erkennen.

Wenn wir die Beteiligten in ihrem Kontext beobachten und das größere Bild anschauen, können wir besser verstehen, wie die beiden Familien und das Jugendamt durch ihr gemeinsames Engagement für das Kind unweigerlich miteinander verbunden sind. In diesem Netzwerk gibt es wichtige Subsysteme: die Gruppe der Pflege- und Herkunftsfamilien, das Sozialarbeiterteam und die Pflegefamilie sowie das Kind im Kontext jeder einzelnen Familie – das also an den Mustern beider Familien teilhat. Aus der Sicht dieses Modells ist die Existenz eines übergeordneten Dreiecks und darin enthaltener Subsysteme eine grundlegende Tatsache.

Das trianguläre System sollte kooperieren statt opponieren und die Mitglieder beider erweiterten Familien integrieren

Wenn der erste Grundgedanke eine Beschreibung von Realität ist, dann ist dieser zweite eine Formulierung von Zielen – und vielleicht der Kernpunkt unseres Ansatzes. In dem Maße, in dem wir Entscheidungsträger und professionelle Helfer unterstützen können, in diesen Termini zu denken und dementsprechend die Verfahren zu gestalten, können wir unsere Intervention als effizient betrachten und das System als so weit vorangeschritten, dass die Praxis besser geworden ist und das Ergebnis wahrscheinlich positiver (siehe P. Minuchin 1995).

Der Begriff Kooperation impliziert, dass die Beteiligten miteinander in Kontakt sind und als Netzwerk zugunsten des Kindes funktionieren, indem sie Informationen austauschen und im gegenseitigen Bemühen Probleme lösen. Aus der Beschreibung eines typischen Prozesses von Pflegeunterbringung geht hervor, dass die Mitglieder des triangulären Systems entweder als Triade oder als Dyade aus Pflege- und Herkunftsfamilien selten in ständigem Kontakt sind. Außerdem ist die Sozialarbeit oft auf je ein erwachsenes Mitglied beider Familien beschränkt, das anscheinend die Hauptverantwortung für das Kind trägt – im Allgemeinen die leibliche Mutter und die Pflegemutter. Die SozialarbeiterInnen sind überlastet; und wenn sie nicht in größeren Zusammenhängen denken, forschen sie selten nach Mitgliedern der erweiterten Herkunftsfamilie, die zu einer Ressource werden könnten, auch wenn sie fern von Mutter und Kind leben. Genauso konzentriert sich der Kontakt mit der Pflegefamilie häufig auf die Pflegemutter, selbst wenn das Kind in eine Familie aufgenommen wird, die aus dem Pflegevater und Kindern verschiedener Altersstufen besteht, die alle ihren Beitrag dazu leisten, wie das Pflegekind von der Familie akzeptiert wird.

Wenn Angehörige beider Familien zusammenkommen – meistens dann, wenn die Mutter ihr Kind in den Räumlichkeiten der Behörde besucht –, ist der Kontakt üblicherweise kurz und der Ton argwöhnisch oder feindselig. Pflege- und Herkunftsfamilien haben tendenziell ein stereotypes Bild voneinander, und ihre Einstellungen gegenüber der jeweils anderen Partei sind häufig negativ. Als Roger und Alva Lincoln den kleinen Jed als Pflegekind annahmen, erzählte man ihnen nur, dass der Junge von seinen Eltern vernachlässigt worden sei, und sie fragten erstaunt, wie jemand „das einem Kind antun kann". Jeds Mutter und Vater waren entsetzt darüber, wie schnell Jed und seine Schwester ihnen weggenommen wurden, und zornig auf die Familie, „die unsere Kinder hat". Wie bei allen stereotypen Wahrnehmungsmustern lassen sich auch diese Einstellungen nicht leicht verändern, vor allem dann nicht, wenn die Familien keinen Kontakt haben.

Die Qualität der Besuchskontakte zwischen Angehörigen der Herkunfts- und Pflegefamilien ist das zentrale Moment und steht in engem Zusammenhang damit, wie die Situation letztlich ausgeht. Kelseys Geschichte ist hier ein klares Beispiel, weil sie sowohl in einer destruktiven, entmündigenden Beziehung involviert ist als auch eine nachhaltige, stützende Beziehung erlebt.

Kelsey ging 13-jährig von zu Hause weg und schloss sich einem drogenabhängigen Mann Mitte zwanzig an. Sie verließ ihn nach der Geburt ihres zweiten Kindes. Inzwischen ist sie 17, und ihre beiden Söhne sind in Familienpflege, allerdings hat man sie in verschiedenen Pflegefamilien untergebracht, die von verschiedenen Behörden beaufsichtigt werden. Kelsey versucht bis jetzt, den Kontakt zu beiden Kindern zu halten, hat aber mit den beiden Pflegefamilien völlig unterschiedliche Erfahrungen gemacht.

Kelsey spricht zuerst über ihre Kontakte mit der Pflegemutter ihres jüngeren Sohnes (2), wenn sie den Jungen in den Räumlichkeiten der Behörde besucht.

„Sie bringt ihn, wenn *sie* ihn bringen will. Wenn ich ihn z. B. von mittags zwölf bis nachmittags um vier besuchen darf, dann bringt sie ihn um halb zwei … Sie sagt zu mir: ‚Nimm ihn nicht auf den Arm. Gib ihm keinen Kuss. Nimm ihn nicht mit nach draußen.' Dann sage ich: ‚Er ist mein Sohn', und sie sagt: ‚Tja, nun, er ist jetzt in *meiner* Obhut, also ist er *mein* Sohn.' Und ich fange an zu weinen, aber kein Mensch kümmert sich darum. Also habe ich es einfach aufgegeben. Wenn ich meinen Sohn zurückbekomme, werde ich ihn einfach nehmen und weggehen!"

Die Abwärtsspirale ist offenkundig. Die Kombination aus Kelseys Beschwerden, der missbilligenden Haltung der Pflegemutter und der Tatsache, dass Kelsey ihren Sohn nicht mehr besuchen wird, führen wahrscheinlich dazu, dass die Behörde Kelsey für eine herzlose, verantwortungslose Mutter hält, die an ihrem Kind nicht interessiert ist. Ihre Annahme, dass sie eines Tages ihren Sohn zurückbekommen wird und „ihn einfach nehmen und weggehen“ kann, ist naiv, und ihre Erwartung, dass dann alles in Ordnung sein wird, ist doppelt naiv. Es ist unwahrscheinlich, dass sie eine kompetente Mutter sein wird, wenn sie plötzlich in dieser Rolle ist und ein entwurzeltes, verwirrtes Kind übernehmen soll, das die leibliche Mutter weniger gut kennt als die Pflegefamilie.

Kelseys Erfahrung mit der Pflegefamilie ihres drei Jahre alten Sohnes ist völlig anders. Diese Familie hat an einem Schulungsprogramm teilgenommen, das in einem späteren Abschnitt beschrieben wird. Kelsey und die Pflegemutter haben eine starke Beziehung zueinander entwickelt. „Julie ist toll“, sagt Kelsey.

„Als ich zum ersten Mal hierher kam, war ich in einer üblen Verfassung. Ich wollte mit niemandem sprechen ... weil sie meinen Sohn hatten! Ich beschwerte mich über alles: ‚Ich will dies nicht; ich will das nicht. Warum hat er eine Schramme?‘ – Ich wusste, er war hingefallen ... ich wusste, dass das bei mir auch passieren würde. Aber ich machte in dieser Tour weiter, einfach um mich hineinzusteigern ... Und Julie ging auf mich zu und sagte: ‚Kelsey, du weißt doch, wie Jungs sind! Komm jetzt, warum hörst du nicht auf damit?‘ Und sie redete mit mir, und ich war immer noch ... wie ‚von Sinnen‘ ... und sie sagte: ‚Schau mal, wir nehmen jetzt Buddy und holen uns etwas zu essen.‘“

Kelsey war zuerst zornig, als man ihr nacheinander die beiden Kinder wegnahm, reagiert aber inzwischen auf Warmherzigkeit, Humor und nüchternes Akzeptieren ihres Unmuts. Sie profitiert allmählich von den kleinen, wirkungsvollen Gesten der Pflegemutter, die Raum schafft für Kelseys Beziehung zu ihrem Sohn, Kelseys mütterliche Kompetenz herausfordert und ein Modell anbietet, wie die konkreten Aufgaben der Sozialisierung eines Kindes bewältigt werden können.

Kelsey sagt: „Wissen Sie, manchmal bittet Buddy Julie um etwas, und dann sagt sie: ‚Warum bittest du nicht deine Mami, dass sie dir die Jacke auszieht?‘ Oder: ‚Frag deine Mami, ob sie mit dir zur Toilette geht.‘ Es gab Dinge, die ich nicht wusste, und es war mir nicht peinlich, sie zu fragen ... Sie gewöhnte ihm an, aufs Töpfchen zu gehen, und sie erzählte mir vieles darüber ... also fragte ich sie: ‚Wie haben Sie das geschafft, dass Buddy das macht? Und wie machen Sie das, dass Buddy zu einer bestimmten Zeit ins Bett geht?‘, wenn er nämlich bei mir ist und will nicht ins Bett gehen, darf er einfach aufbleiben, ja? Da sagte sie zu mir, dass du ihn wissen lassen musst, dass du die Mutter bist und es Zeit fürs Bett ist. Und manchmal ist Buddy ganz außer sich und sagt: ‚Ich hasse dich!' Und ich frage sie, wie ich denn damit umgehen soll. Ich stelle ihr Fragen, und sie sagt mir, wie *sie* es mit ihm macht, also kann ich das Gleiche machen, wenn er zu mir zurückkommt."

Der Unterschied zwischen diesen beiden Erfahrungen lässt sich nicht allein aus der Persönlichkeit der Pflegemütter heraus erklären. Er ist auch in der Vorbereitung der Pflegefamilie zu suchen – im Sinne von Verständnis, Mitgefühl und Geschick – sowie in der Behördenpolitik und der Unterstützung der Fachkräfte, die diese Art von Kontakt ermöglichen. Bei der Schulung der Mitarbeiter von Jugendämtern kommt es darauf an, negative Einstellungen abzubauen sowie die Strukturen und Techniken zu fördern, die Kooperation möglich machen.

Die Qualifizierung der Herkunftsfamilie ist entscheidend

Die Kooperation eines Netzwerkes hängt davon ab, dass die Rollen seiner Mitglieder einigermaßen gleichwertig sind. Wenn ein Kind den Eltern weggenommen und in eine Pflegestelle gegeben wird, hat die Herkunftsfamilie die schwächste Position im Beziehungsdreieck. Die Gesellschaft hat ein Urteil gefällt und eine Rangordnung der Akzeptanz etabliert: Die Pflegefamilie ist kompetent, und die Herkunftsfamilie ist unzulänglich. Die behördliche Anordnung zur Pflegeunterbringung ist vielleicht gerechtfertigt, doch wenn diese Entscheidung gefallen ist, muss der Prozess der Disqualifizierung der Familie revidiert werden, wenn die Familie jemals wiedervereinigt werden soll. Eine Familie kann unmöglich die Zeit der Pflegeunterbringung ihres Kindes erfolgreich bewältigen, wenn die Eltern nicht das Gefühl zurückgewinnen, dass sie das Erziehungsrecht und die Verantwortung für ihre Kinder haben und für deren Leben und Schicksal von Bedeutung sind.

An sich betrachtet, ist die Wegnahme des Kindes für Eltern, die ihre Kinder lieben, eine niederschmetternde Erfahrung und bestätigt das Gefühl von Unfähigkeit, das vielen Familien vertraut ist. Der Prozess der Wegnahme und Pflegeunterbringung verstärkt ihr Gefühl, eine Niederlage erlitten zu haben.

Nelda hat vier Kinder: einen 19-jährigen Sohn, der einer regelmäßigen Arbeit nachgeht und nicht mehr zu Hause wohnt, und drei

Kinder, die bei ihr leben. Tommy ist 14 und geht noch zur Schule; Rafie ist vier und hat eine leichte geistige Behinderung; und Damon ist ein kränklicher Säugling, der sich nicht gut entwickelt. Als Nelda mit dem jüngsten Kind zur Untersuchung ins Krankenhaus geht, wird die Krankenschwester aufmerksam und benachrichtigt die Kinderschutzbehörde. Eine Sozialarbeiterin, die daraufhin Neldas Wohnung inspiziert, meldet der Behörde, dass Abfalltüten in der Küche gestanden und wenig Lebensmittel im Kühlschrank gewesen seien und dass eine allgemeine Stimmung von Armut und Chaos geherrscht habe. Am nächsten Tag kommt die Sozialarbeiterin in Begleitung eines Polizisten wieder und nimmt die drei Kinder mit; zurück bleibt eine verstörte und verwirrte Mutter mit der Erklärung, dass diese Maßnahme gut sei für das Baby und dass sie wegen der Gerichtsverhandlung benachrichtigt werde.

Neldas Kinder werden entsprechend ihren Betreuungsbedürfnissen und nach verfügbaren Pflegestellen untergebracht: der Säugling in einem städtischen Krankenhaus, das vierjährige Kind in einer Familie, die in einem Vorort lebt und für die Sonderbetreuung geistig behinderter Kinder behördlicherseits anerkannt ist, der 14-Jährige in einer weit abgelegenen Einrichtung für Jugendliche, die von ihren Familien getrennt sind. Die geographische Verteilung dieser Pflegestellen ist entmutigend. Wie kann die Mutter unter diesen Bedingungen den Kontakt mit ihren Kindern halten?

In der Gerichtsverhandlung wird der Fall diskutiert, aber Nelda hat keine Gelegenheit, sich zu verteidigen. Sie möchte erklären, dass die Müllbehälter in der Küche standen, weil der 19-jährige Sohn noch kommen und sie runtertragen wollte; dass sie an jenem Nachmittag einkaufen gehen wollte; dass ihr Schwester, die in der Nähe wohnt, ihr hilft und manchmal auch die Kinder nimmt, während Nelda die Wohnung putzt. Sie möchte erklären, wie sie ihr Leben organisiert hat und damit zurechtkommt, und die Tatsache, dass keine Amtsperson ihr zuhört, macht sie zornig und niedergeschlagen.

Der Plan für die Wiedervereinigung der Familie sieht vor, dass Nelda Elternkurse besucht, zur Einzelberatung erscheint und ihre Kinder regelmäßig besucht. Wenn dies die Bedingungen sind, ist Nelda mehr als bereit, den Plan einzuhalten. Doch im Gespräch mit einer Person, zu der sie Vertrauen hat, räumt Nelda ein Gefühl der Konfusion und Hoffnungslosigkeit ein. Die Reisen, die Nelda unternehmen muss, um ihre Kinder zu besuchen, erschöpfen sie, und die Elternkurse kommen ihr belanglos vor. Am meisten verwirren Nelda die Beratungsgespräche. Sie versteht nicht, was falsch ist, was man von ihr erwartet oder woran sie oder eine andere Person erkennt, dass die Sache erfolgreich ist. Niemand hat ihr den Grund oder das Ziel genannt. Menschen, die sich auf diese Weise durch eine Verfügung kämpfen müssen, werden – zumindest – entmündigt, und es ist unwahrscheinlich, dass Nelda eine kompetentere und überzeugtere Mutter sein wird, wenn das System ihre Kinder an sie zurückgibt.

Dieser Prozess könnte anders verlaufen. Die Tatsache, dass Nelda ihre zwei älteren Jungen erfolgreich großgezogen hat, ist eine Seite der Medaille. Es war vermutlich unnötig, Nelda den 14-jährigen Jungen wegzunehmen, der noch zur Schule ging, nicht straffällig war und keine Drogen konsumierte. Die Pflegeunterbringung der beiden jüngeren Kinder hätte, wenn sie schon für notwendig erachtet wurde, so abgewickelt werden können, dass die Mutter als Partnerin behandelt und darauf vorbereitet worden wäre, sich effektiver um ihr geistig behindertes Kind zu kümmern. Man hätte Nelda die Aufgaben ausführlicher erklären müssen, die sie während der Zeit der Pflegeunterbringung hätte erfüllen sollen, und ihr einen individuelleren Aktivitätenplan vorlegen sollen. Sie hätte von dem fortgesetzten Kontakt mit dem Krankenhauspersonal und der auf die Betreuung behinderter Kinder spezialisierten Pflegemutter vor allem für die Versorgung und Erziehung ihrer Kinder profitieren können. Das wäre hilfreicher gewesen und anscheinend sinnvoller als die pauschalen Elternkurse. Nelda hätte aus dieser Erfahrung mit einem Gefühl größerer Kompetenz und mit spezifischen Strategien für die Betreuung ihrer beiden jüngeren Kinder Rafie und Damon herauskommen können.

Um den Eltern helfen zu können, muss das Pflegschaftssystem den Prozess der Pflegeunterbringung und die Art, in der die Bedingungen für die Wiedervereinigung gesetzt werden, überdenken und umstrukturieren. Ist ein Kind jedoch erst einmal in eine Pflegestelle vermittelt worden, dann liegt die Qualifizierung der Familie *(empowerment)* – per Aufnahme- bzw. Einweisungsverfahren und Besuchsregelungen sowie per Interaktion zwischen Sozialarbeitern, Pflegeeltern und Herkunftsfamilie – in den Händen der Behörde.

Als Beispiel der kleinen Schritte, an denen die leiblichen Eltern beteiligt werden und die deren Stärken sichtbar machen, dient uns die folgende Situation: Zwei kleine Jungen sind in eine Pflegefamilie vermittelt worden, und die Eltern haben ihre Kinder seit deren Einweisung vor drei Monaten nicht mehr gesehen. Ein Ausbilder hat die Mitarbeiter der betreuenden Behörde geschult, und der zuständige Sozialarbeiter lädt die Herkunftseltern sowie die Pflegeeltern mit den beiden Jungen in die Räumlichkeiten der Behörde ein. An der Sitzung nehmen der Sozialarbeiter, der Ausbilder, die Kinder und die beiden Elternpaare teil.

Nachdem alle Beteiligten Platz genommen haben, nimmt die Pflegemutter den Einjährigen auf den Schoß, öffnet den Reißverschluss seines Schneeanzugs und schickt sich an, ihn frisch zu wikkeln. Der Sozialarbeiter meint dazu, dass die Mutter des Kindes dies tun könne. Die Pflegemutter ist einverstanden – die Situation ist völlig neu für sie –, und sie übergibt das Kind der Mutter. Der Sozialarbeiter, der sich der Wichtigkeit der Kommunikation zwischen diesen beiden Familien bewusst ist, schlägt den Pflegeeltern vor, den Eltern der Jungen etwas über ihre Familie zu erzählen, damit sich diese ein Bild von dem neuen Lebensumfeld ihrer Kinder machen könnten. Die Pflegeeltern erzählen von ihren vier Kindern und auch davon, dass der Sechsjährige, ihr jüngstes Kind, ein besonderer Kamerad für die beiden Pflegekinder sei. Die Unterhaltung verläuft in einer freundlichen und ruhigen Atmosphäre und nimmt Spannung weg. Gleichzeitig kommt heraus, dass die Pflegefamilie den älteren Jungen „Kenny" nennt, ihn also mit seinem offiziellen Namen anspricht – obwohl seine Eltern ihn seit seiner Geburt „Kiko" nennen –, und dass der Junge nur zögernd darauf reagiert. Die Pflegeeltern erzählen auch: „Wir wussten bis letzte Woche nicht, dass er laufen konnte, als er plötzlich aufstand und durch den Raum hinter dem Hund herrannte!" Auch wenn die Pflegeeltern es nicht explizit sagen, so hat diese Familie den zwei Jahre alten Jungen wie ein zurückgebliebenes Kind behandelt, das nur verzögert gehen, sprechen und seinen Namen verstehen kann.

Der Ausbilder bemerkt dazu, dass das Kind durch die Veränderungen in seinem Leben sehr eingeschüchtert gewesen sein müsse, und fängt ein Gespräch mit der Mutter über Kikos Entwicklung an: Wann konnte er sitzen? Welche Wörter kann er sprechen? Die Mutter wird zur anerkannten Expertin, und der Ausbilder erläutert den Pflegeeltern, dass die leiblichen Eltern viel über das Leben der Kinder wüssten, was den Pflegeeltern nicht bekannt sei – was allgemeine Zustimmung fand. Die Familien sind nun an einem Punkt, an dem sie ein Kooperationssystem bilden, in dem alle etwas miteinander gemein haben.

In dieser Situation sind der Ausbilder und der Sozialarbeiter die Lokomotiven für Veränderung, indem sie die Interaktion zwischen den Familien ermuntern und sie auf eine neue Ebene des Gleichgewichts bringen. Wenn aber Pflegefamilien geschult sind, werden sie zu den Hauptakteuren der Qualifizierung und sind oft kreative und effektive Helfer.

Wir haben eine Gruppe geschulter Pflegeeltern gefragt, wie sie es schaffen, die leiblichen Eltern einzubeziehen, wenn sie deren Kind in Pflege haben. Wie können die Pflegeeltern die leibliche Mutter unterstützen, sich während einer Besuchssitzung mit ihrem Kind verbunden zu fühlen, da sie doch die Personen sind, die das Kind füttern, waschen und beruhigen und ihm die Art von Fürsorge geben, die Erwachsene und Kinder aneinander bindet?

Martha sagt: „Ich gebe der Mutter sofort das Baby, eine Flasche, etwas zu essen, eine Windel. Es ist immerhin ihr Kind. Das sage ich ihr zwar nicht, aber ... Ich bleibe eine Zeit lang bei ihr und rede, entferne mich dann aber. Ich lasse die beiden immer allein."

Gina nickt und sagt: „Ich mache das auch so. Ich gehe vielleicht zur Toilette ... und warte dann vor der Tür zehn oder 15 Minuten, weil aus meiner Sicht die Mutter ... es ist für sie merkwürdig, wenn sie das Baby in die Hand gedrückt bekommt, also sage ich zu ihr ... , Das Baby muss gekämmt werden. Würden Sie es kämmen? Ich bin gleich zurück. Und könnten sie auch die Windel wechseln? Ich muss zur Toilette.' Ich sage ihr nicht, dass ich möchte, dass sie das kann ... aber sie muss wissen, dass sie die Mutter ist. Und nicht nur das, auch das Baby muss wissen, dass das *ein wichtiger Mensch* in seinem Leben ist."

Die leiblichen Eltern zu qualifizieren (*empower*) ist nur natürlich; denn die meisten Eltern lieben ihre Kinder, selbst wenn ihre Betreuung chaotisch ist oder sie ihre Kinder kaum kontrollieren können, und im Allgemeinen wollen sie eine Familie bleiben und ihre Kinder erfolgreich großziehen. Das ist auch zweckmäßig so, weil die Wiederherstellung von Familien für das System einen praktikableren Weg darstellt als die permanente Suche nach Pflegefamilien und die ruinierende Verfrachtung der Kinder von einer Pflegestelle in die andere. Schließlich ist eine vereinte Familie auch unter psychologischen Aspekten gesünder. Nur eine Familie, die sich respektiert fühlt und eine gewisse Kontrolle über ihr Leben hat, kann ein funktionales Umfeld für die Erziehung von Kindern darstellen.

Die Pflegeunterbringung ist geprägt von einschneidenden Übergängen, die besondere Aufmerksamkeit verlangen

Übergänge sind im Leben eines jeden Individuums wie auch im familialen Lebenszyklus unausweichlich. Wie schon in früheren Abschnitten erwähnt, sind Übergänge normal und erwartbar, z. B. die Geburt eines Kindes, und manchmal kommen sie unerwartet und traumatisierend, z. B. die Arbeitslosigkeit des Familienernährers. Unabhängig von ihrer Beschaffenheit erfordern Übergänge immer eine Umstrukturierung vertrauter Muster, damit die Betroffenen unter den neuen Lebensumständen funktionieren können.

Die Pflegschaftssituation ist gekennzeichnet durch tief greifende Übergänge an den Stellen, an denen das Kind in Pflege gegeben und die Familie wieder zusammengeführt wird. Oft werden auf diesem Weg noch andere Schritte ausgeführt. Diese Übergänge sind Phasen des Umbruchs und der Anfälligkeit. Die Art ihrer Bewältigung hat einen Einfluss darauf, wie sich die Menschen anpassen, und formt den Verlauf zukünftiger Ereignisse.

Wenn wir mit einem Jugendamt zusammenarbeiten, konzentriert sich ein großer Teil unserer Arbeit auf das Wesen des Aufnahmevorgangs, d. h. auf den für alle Beteiligten ersten, einschneidenden Übergang. Unser Fokus liegt dabei auf der Einrichtung des Kooperationsdreiecks: dass also alle relevanten Parteien einbezogen werden, dass Vorgehensweisen zur Unterstützung ihrer Beziehungen entwickelt werden und dass gemeinsam für die Zukunft geplant wird. Wir erwarten auch von den Mitarbeitern der Behörde, dass sie dieses größere Bild im Gedächtnis behalten. Übergänge wirken sich nicht nur auf das Kind aus, dessen Verhalten vielleicht das Trennungstrauma und die Fremdheit der neuen Situation spiegelt, sondern auch auf die Pflege- und Herkunftsfamilien. Wenn ein Pflegekind in eine neue Familie kommt, muss sich die Pflegefamilie erweitern und neu organisieren. Zeit und Energie werden dann von den Erwachsenen anders eingeteilt, und das neu hinzugekommene fünf Jahre alte Kind bricht in das gewohnte Verhältnis zwischen dem vierjährigen Sohn der Familie und dem schon in der Familie lebenden siebenjährigen Pflegekind ein und bringt das gesamte Gefüge der Familienroutine durcheinander.

Für die Herkunftsfamilie ist die Veränderung ebenso dramatisch. Sie muss sich an ein Leben ohne die Kinder gewöhnen und Aufträge ausführen, z. B. die Kinder besuchen, die Lebensführung ändern, an Elternkursen teilnehmen und eine Wohnung suchen, was zu den Bedingungen für die Rückkehr ihrer Kinder gehört. Erste Reaktionen der Feindseligkeit oder des Rückzugs überraschen deshalb nicht und sind vielleicht – wie bei den Kindern – eher Ausdruck des Trennungstraumas als ein fester Standpunkt. An Kelseys Bemerkungen lässt sich ihr „Standpunkt" beschreiben, als ihr die Kinder weggenommen wurden, wie auch der Prozess, durch den sich ihre Einstellung zum Positiveren wandte.

Besuchskontakte mit dem Kind während der Zeit der Pflegeunterbringung sind ebenfalls kleine Übergänge, wobei meistens das Kind die Last trägt. In unserem Schulungsprogramm beschreiben wir diesen Vorgang mit einem konkreten Bild (siehe Abb. 5.1), mit dem wir die Bewegung des Kindes von einer Familie zur anderen und wieder zurück plastisch darzustellen versuchen.

In der Abbildung trägt das Kind einen „Rucksack". Der Rucksack enthält die Erwartungen und Muster der Herkunftsfamilie, mit denen das Kind in die Pflegefamilie geht, sowie die Erwartungen und Muster der Pflegefamilie, mit denen es während der Besuche seiner Herkunftsfamilie belastet ist. Das Kind muss in die Muster beider Familien passen, wobei es mit jedem Schritt die Mixtur umschichtet und irgendwie zu einer inneren Landkarte der Familienwelt zusammenbaut.

Abbildung 5.1: Besuchssituation während der Zeit der Pflegeunterbringung

Wird die Familie schließlich wieder zusammengeführt, ist der Übergang zwar willkommen, aber nicht einfach. Er bedeutet einen Verlust für die Pflegefamilie und eine Herausforderung für die Herkunftsfamilie, die jetzt eine funktionale Situation herstellen muss, obwohl sie vorher als unzulänglich beurteilt worden ist. Das schürt Ängste und ist schwierig. In der Zeit der Pflegeunterbringung haben diese Eltern und ihre Kinder nicht die Art des alltäglichen Miteinander erlebt, durch das die meisten Menschen Beziehungen ausleben, Autoritätsfragen klären, Familienregeln festlegen und Glaubwürdigkeit zueinander entwickeln.

Dazu fällt uns der ergreifende Film *Losing Isaiah* von Stephen Gyllenhaal aus dem Jahr 1995 ein. Er erzählt die Geschichte eines farbigen Jungen, der aus der weißen Pflegefamilie, in der er seit seiner Geburt gelebt hat, herausgenommen und seiner leiblichen Mutter zurückgegeben wird. Die Mutter kämpft darum, ihren Sohn großziehen zu dürfen, obwohl sie vorher keinen Kontakt miteinander gehabt haben. In dieser Situation gibt es nicht das Richtige oder das Falsche, und die ethnischen Probleme und persönlichen Unsicherheiten gründen tief. Die Bedrücktheit des Kindes ist so stark und beunruhigend, dass die beiden Mütter schließlich Kontakt zueinander aufnehmen und allmählich eine Welt für Isaiah aufbauen, in der seine Verlustängste gemildert und seine emotionalen Bindungen erweitert werden können.

Wir haben konkrete Situationen gesehen, in denen die Übergangsschwierigkeiten – auch ohne ethnische Probleme – ebenso tief greifend waren. Margo z. B. war knapp vier Jahr alt und seit drei Jahren in Familienpflege, als ihre junge Mutter Jill die Kinderschutzbehörde um Hilfe bei der Rückführung ihres Kindes ersuchte. Während der Zeit der Pflegeunterbringung war Margo bei ihrer Mutter Jill und ihrer erweiterten Familie immer in der Wohnung der Großmutter zu Besuch. Die Wiedervereinigung der Familie war für die nahe Zukunft geplant, und die MitarbeiterInnen des Jugendamtes arrangierten ein Treffen zwischen der Pflege- und der Herkunftsfamilie.

Man hatte sich wechselseitig besucht und war auf beiden Seiten guten Willens, doch es stellte sich heraus, dass die Wiedervereinigung der Familie schwierig sein würde. In der Pflegefamilie lebte ein Junge, der etwas älter war als Margo, und die beiden Kinder waren als Spielkameraden miteinander aufgewachsen. Eine Trennung wäre schmerzlich. Außerdem war Jill schwanger und stand kurz vor der Heirat. Jill und Kevin waren eine in Gründung stehende Familie mit einem noch ungeborenen Kind, für das sie die Verantwortung hatten; die Inanspruchnahme durch Margo würde ihre Aufgabe komplizieren. Die Sozialarbeiter erkannten, dass das Paar Hilfe brauchte.

Geschichten dieser Art gibt es im System des Pflegekinderwesens zur Genüge; sie unterscheiden sich zwar im Detail, nicht aber in ihrer Komplexität oder Mischung aus Freude und Leid. Wichtig ist die Erkenntnis, dass Übergänge kritische Phasen sind, welche die permanente Kooperation des triangulären Systems erfordern. Der Erfolg eines Übergangs hängt davon ab, ob der Prozess sorgfältig geplant wird, ob die Beteiligten verstehen, dass Anpassungen Zeit brauchen, und ob die Mitarbeiter der Behörde ihre Arbeit nach der Rückkehr der Kinder in die Familie engagiert fortsetzen, bis sich die Situation stabilisiert hat.

Entwicklungsbezogene Überlegungen als Bestandteil des Pflegekinderwesens

Die Entwicklungsstufe des Pflegekindes überlagert alle Aspekte der Pflegschaft: von der Belastung durch die Trennung über die Anpassung an ein neues Zuhause bis zu der Möglichkeit, einen Sinn für die Herkunftsfamilie zu erhalten und zugleich neue Menschen zu akzeptieren. Die Realität der Pflegeunterbringung ist für Säuglinge, Kleinkinder, Schulkinder und Heranwachsende jeweils eine völlig andere – in den einzelnen Stadien nicht unbedingt leichter oder schwerer –, und sie wird auf verschiedenen Ebenen kognitiven Verstehens und emotionalen Erlebens verarbeitet.

Die Vermittlung eines Kindes in eine Pflegestelle geschieht normalerweise vor dem Hintergrund, dass das Kind altersmäßig in die Pflegefamilie passt. Bestimmte Pflegefamilien sind bekannt dafür, dass sie mit sehr kleinen Kindern gut umgehen können; andere Familien werden als geeigneter für Schulkinder oder Heranwachsende angesehen. Die meisten Behörden geben den Pflegefamilien als Vorbereitung auch Literatur und Informationsmaterial über die entwicklungsbedingten Bedürfnisse der Kinder verschiedener Altersstufen.

Dies sind hilfreiche erste Schritte, doch auch wenn sie noch so gewissenhaft ausgeführt werden, bleiben sie auf die Pflegefamilie und das Kind gerichtet. Überlegungen zur Entwicklung des Kindes werden nicht als relevant für die neu gebildete Triade betrachtet. Aus unserer Sicht gehören Fragen des Gedeihens und der Kindesentwicklung zur gemeinsamen Verantwortung der beiden Familien. Diese sollten zusammenarbeiten, um über Veränderungen zu sprechen, neu entstehende Probleme zu lösen und eine gewisse Konsistenz der beiden Welten des Kindes zu schaffen. Durch die Kooperation erhöht sich die Wahrscheinlichkeit, dass die Eltern mit einem Kind umgehen können, das gewachsen ist und sich verändert hat und das nach einer Zeit der Trennung in die Familie zurückkehrt.

Der Fluss der kindlichen Entwicklung fordert entsprechend den verschiedenen Phasen spezifische Aufgaben. Bei Säuglingen ist das Grundthema die Bindung: das Gefühl des Kindes, bei bestimmten Menschen geborgen zu sein, und das Gefühl des Erwachsenen, emotional in dieses Kind zu investieren. Wenn Mütter von ihren Säuglingen sehr früh getrennt werden, ist die elementare Bindung in Gefahr. Elena z. B. wurde häufig stationär im Krankenhaus behandelt, und ihr Kind, das im Alter von zwei Monaten in Pflege gegeben worden war, hat inzwischen zu der Pflegemutter eine Bindung entwickelt. Wenn Elena ihren Sohn besucht und ihn auf den Arm nimmt, um mit ihm zu schmusen, schreit er, zappelt und langt nach seiner Pflegemutter. Beide Frauen müssen etwas tun, damit die leibliche Mutter und ihr Kind miteinander verbunden bleiben, wenn sie jemals zusammenleben wollen, und die Sozialarbeiterin muss Elena helfen, sich in diesem Prozess mit ihrem Gefühl der Enttäuschung auseinander zu setzen.

Bei Kleinkindern besteht die entwicklungsbezogene Herausforderung darin, realistische Grenzen zu setzen und das Gleichgewicht zwischen Autonomie und Führung zu finden. Kelsey war unerfahren oder ungeschickt, Buddy ins Bett zu bringen, ihn ans Töpfchen zu gewöhnen oder herauszufinden, wann sie der Forderung eines Dreijährigen nachgeben sollte und wann sie eine Grenze ziehen musste. Ihre Beziehung zur Pflegemutter gab ihr einen Rahmen vor, in dem sie lernen konnte, wie mit Problemen bei der Erziehung eines kleinen Kindes umzugehen ist.

Bei etwas größeren Kindern entstehen entwicklungsbedingte Probleme in der Familie und in der Schule. Kinder zwischen acht und neun Jahren haben legitime Privilegien und Verantwortlichkeiten in einem Haushalt. Jede Familie geht damit anders um, und ein Pflegekind trägt beide Modelle in seinem „Rucksack“. Hier ist wichtig, dass die beiden Familien miteinander über ihre Erwartungen und Unterschiede sprechen. Marys Mutter z. B. war religiös und wollte, dass ihre zehnjährige Tochter zur Kirche ging und die Sonntagsschule besuchte. Die Pflegefamilie war ebenfalls religiös und akzeptierte die Bitte der Mutter, aber die Pfingstlergemeinde der einen Familie passte der anderen nicht, sodass beide Familien eine Lösung dieses Problems finden mussten.

Mary hatte auch die Schule gewechselt; ihre Erfahrung und ihr Fortschritt im neuen schulischen Kontext waren ein wichtiger Teil ihres Lebens. Eltern, denen man die Kinder weggenommen hat, wissen selten, wie sie zu den Schulen Kontakt aufnehmen können, die ihre Kinder besuchen. Sie kümmern sich nicht darum, auf dem Laufenden gehalten zu werden, und weder der Behörde noch der Schule kommt es in den Sinn, dass Eltern das Recht auf Information und Mitwirkung haben. Die offene Kommunikation über Marys schulische Fortschritte ist vor allem durch den Kontakt zwischen den Familien eine Aufgabe für das trianguläre Netzwerk.

Die entwicklungsbedingten Probleme mit Jugendlichen sind bekannt und alarmierend: ein Gemisch aus Selbstständigkeit und Verantwortung innerhalb der Familie und Drogenkonsum, Vergewaltigung, Anschluss an kriminelle Banden, Schulversagen und Gewaltanwendung außerhalb der Familie. Heranwachsende werden oftmals aus ihren Familien herausgenommen, weil die Erwachsenen keine Kontrolle mehr über sie haben. Einer Familie zu helfen, sich für ihre Wiedervereinigung zu qualifizieren, ist mehr als eine Frage von Drogenprogrammen, Einzelberatungen oder das Antrainieren von Techniken bei Eltern und dem Heranwachsenden. Sie müssen einen Weg finden, wie sie gedeihlich und erfolgreich zusammenleben können. Für die Pflegefamilie ist es weder korrekt noch produktiv, sich mit Entwicklungsproblemen des Pfleglings zu beschäftigen, ohne die Herkunftsfamilie einzubeziehen, und es ist unrealistisch, anzunehmen, dass die Familie erfolgreich wieder vereinigt werden kann, wenn ihre Mitglieder den Kontakt zueinander verloren haben.

Die Pflegeunterbringung bei Verwandten ist ein Spezialfall von Pflegschaft und verlangt besondere Dienste

Die meisten Aspekte des ökologischen Modells lassen sich auf alle Situationen der Pflegeunterbringung anwenden und umfassen die Kooperation, die Qualifizierung *(empowerment)*, den Fokus auf Übergängen, das Interesse an entwicklungsbezogenen Aufgaben und die notwendige Mitwirkung aller Mitglieder des erweiterten Familiensystems. Doch die Pflege bei Verwandten ist in einer entscheidenden Weise anders: Wenn Kinder zu Verwandten in Pflege gegeben werden, entsteht durch die Pflegeunterbringung kein neues System. Vielmehr verändert sich die Realität der Familienmitglieder, die sich bereits kennen und Muster entwickelt haben, wie sie miteinander in Beziehung treten, sich Autorität verschaffen und Konflikte lösen.

Die Pflegeunterbringung bei Verwandten ist generell die bevorzugte Form einer Pflegschaft und hat eindeutige psychologische Vorteile für das Kind. Das Trennungstrauma ist abgeschwächt und die Anpassung an eine völlig neue Welt aus Menschen und Orten nicht erforderlich. Die Pflege eines Kindes bei Verwandten erhöht auch die Möglichkeit, dass die „Pflegefamilie" im Leben des Kindes weiterhin figuriert und als Ressource für die Herkunftseltern agiert, wenn das Kind in seine Familie zurückkehrt.

Doch diese Situation ist nicht immer einfach. Die erweiterte Familie kann sowohl Teil des Problems als auch Teil der Lösung sein. Alvas Großmutter z. B. missbilligt seit langem die Partner und die Lebensführung ihrer Tochter, und als sie ihr Enkelkind in Pflege hat, macht sie es der Mutter und dem Kind schwer, sich gegenseitig zu besuchen. Sie polemisiert gegen den Besuchsplan, kritisiert die Art des Umgangs ihrer Tochter mit Alva und lässt keine Gelegenheit aus, darauf hinzuweisen, dass die Freunde ihrer Tochter deren Leben ruinierten. Spannungen sind in solchen Situationen ein relativ übliches Phänomen, auch wenn die Familienmitglieder füreinander Sorge tragen und das Beste für die Kinder erreichen wollen. Wenn Pflegeunterbringung und Wiedervereinigung der Familie gelingen sollen, müssen Rollenvermischungen, destruktive Muster und Grenzziehungsprobleme identifiziert und beseitigt werden. Die Entwicklung eines Kooperationssystems bleibt das vorrangige Ziel, doch die Interventionen durch Experten haben hier vielleicht mehr mit konventioneller Familientherapie zu tun als mit Maßnahmen, die in Fällen von Familienunterbringung typisch sind.

Die Situation von Jill und Margo, die wir bereits erwähnt haben, ist ein gutes Beispiel dafür, wie Rollen und Grenzen am Punkt der Wiedervereinigung verwischen. Wenn Margo bei ihrer Herkunftsfamilie zu Besuch war, spielte sich das immer in der großmütterlichen Wohnung ab, wo Jill ihr Kind in Empfang nahm und den Nachmittag mit ihm verbrachte. Als der betreuende Sozialarbeiter über die Zusammenführung der Familie sprach, wurde deutlich, dass Jill und ihre Mutter unterschiedliche Erwartungen hatten. Jill sah alle Familienmitglieder als „eine große Familie". Sie erwartete, dass Margo zur Großmutter zurückkehren würde, wo sie und Kevin das Kind oft besuchen könnten. Jill bemerkte dazu, dass sie von ihrer Mutter zwar äußerlich weggezogen sei, aber „im Herzen eben nicht". Die Großmutter war bestürzt: „Ich dachte, wenn du ausziehst, dann bist du auch ausgezogen!" Sie hatte die kleine Margo zwar gern, zugleich aber noch drei weitere Kinder zu versorgen und außerdem ernste finanzielle Probleme. Sie war nicht darauf gefasst, Margos ständige Betreuerin zu sein und – wenn auch inoffiziell – als verwandte Pflegemutter zu fungieren.

Die kurze und erfolgreiche Therapie konzentrierte sich zuerst auf Jill und ihre Mutter und fokussierte dann auf Grenzen und Rollen. Jills Vorstellung, für Margo gewissermaßen die große Schwester zu sein, war unreif und eine zu große Belastung für Jills Mutter. Nachdem dieser Punkt geklärt war, wurde auch Kevin zu den Sitzungen eingeladen, und er und Jill begannen mit der Planung für ihre vierköpfige Familie. Gemeinsam mit dem Sozialarbeiter gingen sie der Frage nach, wann – im Hinblick auf die Geburt ihres Kindes – der geeignetste Zeitpunkt für Margos Rückkehr in ihre Familie sei, wie das Kind wohl reagieren werde und wie sie diesen komplizierten Übergang bewältigen könnten. Die Großmutter war inzwischen zur interessierten, aber peripheren Beobachterin geworden, und nach ein paar Sitzungen setzte das junge Paar die Therapie ohne die Großmutter fort. Obwohl sich dieser Fall im Kontext einer Pflegschaft ereignete, würde man als Familientherapeut ihn als eine vertraute Situation betrachten, in der Eltern und ihre jungen erwachsenen Kinder Funktionen und Grenzen abklären müssen, um in diesem Prozess eine neue Stufe des familialen Gleichgewichts erreichen zu können.

Schulung im Kontext von Pflegschaften

Wie kommt man von hier nach dort? Konzepte und Ziele sind der theoretische Unterbau für die Praxis, doch der Schulungsprozess ist ein eigenes Kapitel. Man braucht eine Hypothese, wie Veränderungen zustande kommen, einen Ablaufplan und einige Kenntnisse der behördenspezifischen Aufgabe und Struktur. Jugendämter haben – wie andere Anbieter sozialer Dienste auch – Sozialarbeiter „im Feld" und Verwaltungsangestellte; deshalb muss die Ausbildung sowohl für die Techniken bei der Arbeit mit Klientinnen und Klienten als auch für die behördliche Verfahrenspolitik Wirkung zeigen. Das spezifische Merkmal dieser Art von Behörden besteht darin, dass zu der Organisation auch Pflegefamilien gehören, welche die elementare Aufgabe ausführen und geschult werden müssen, damit sie mit der Herkunftsfamilie ihres Pflegekindes und auch mit den Mitarbeitern der Behörden kooperieren können.

Wir stellen nun einen Schulungs- und Beratungsplan für den Kontext von Pflegschaften vor. Dieser Plan beruht auf dem ökologischen Modell und spiegelt unsere mehr als eine Dekade umfassende Arbeitserfahrung mit Jugendämtern wider. Diese Erfahrung ist in unserer Publikation *Training Manual for Foster Parents* (Handbuch für Pflegeeltern; P. Minuchin et al. 1990) festgehalten und für die Einrichtungen gedacht, die an dem ökologischen Ansatz interessiert sind. Seit Erscheinen des *Manual* (Inhaltsverzeichnis siehe Seite 173) im Jahr 1990 wird es amerikaweit von Behörden und Ministerien benutzt, was darauf schließen lässt, dass es einen Bedarf an derlei Schulungen auf nationaler Ebene gibt.

In Tabelle 5.1 wird eine Übersicht des Schulungs- und Ablaufplans dargestellt. Man sieht, dass fünf Phasen vorgesehen sind, dass das mit der Pflegschaft betraute Personal und die Pflegeeltern sowohl separat als auch gemeinsam geschult werden und dass es periodisch Kontakte mit den Verwaltungsangestellten gibt. In der sich anschließenden Diskussion beschreiben wir die Abfolge der Vorgehensweisen und einige Details aus unserer Erfahrung bei der ersten Durchführung dieser Schulung in drei Behörden.

	Sozialarbeiter der Behörde	Pflegeeltern	Verwaltungs-angestellte
Phase I Kontakt mit Verwaltung; Schulungsvorbereitung			Diskussionen, Planung, Vertrag
Phase II Personalschulung; 4–6 Sitzungen	Struktur und Konzepte; Aktivitäten, Bandaufzeichnungen, Rollenspiel, Demonstration		↑
Phase III Fortsetzung der Personalschulung; Beginn Pflegeelternschulung, 3–4 Sitzungen	Arbeit mit Behördenfällen; Landkarten von Familienstrukturen erstellen, Planung, Interviews, Entwicklung von Techniken	Struktur und Konzepte; *Handbuch für Pflegeeltern*	Diskussionen über Behördenpolitik: Aufnahme, Besuchsregelung, Fallkoordination – entsprechend Einzelfallproblematik
Phase IV Schulung Personal- und Pflegeelternteams; Entwicklung von Techniken	Gemeinsame Schulung; gemeinsame Arbeit an Themen wie Aufnahme, Besuchsregelung, Entlassung, Teamkooperation, Rollenkoordination; Treffen als Teams mit „Behördenfamilien"		
Phase V Schulung wird zu behördeninterner Personalentwicklung	Behördenmitarbeiter werden Ausbilder; schulen neues Personal und neue Pflegeeltern	Pflegeeltern nehmen an Schulung neuer Pflegeeltern teil	↓

Tabelle 5.1: Schulungs- und Ablaufplan

Der Kontakt mit Verwaltungsangestellten

Wir kamen als externe Ausbilder in die Behörden, und unsere ersten Gespräche führten wir mit den Direktoren und leitenden Angestellten der Behörden. Sie brauchten nähere Informationen über unser Projekt, und wir mussten wissen, welche Ergebnisse sie von unserer Schulung erwarteten und wie die Ausbildung in die Funktionsweise der einzelnen Behörde passen würde. In diesen ersten Gesprächen legten wir auch die Schulungsbedingungen fest: Wer nimmt teil, wo finden die Sitzungen statt, welche Ausstattung benötigen wir? Es waren fruchtbare Diskussionen, in denen unser Vorhaben detailliert vorbereitet und der Kontakt zu den Verwaltungsangestellten aufgebaut wurde.

In Absprache mit der Verwaltung fingen wir mit einer allgemeinen Einführung für das gesamte Behördenpersonal an, in der wir unseren Standpunkt präsentierten, den Schulungsplan vorstellten und Fragen beantworteten. Da die Behörden viel Personal beschäftigten und die intensive Schulung auf eine Kerngruppe von Teilnehmerinnen und Teilnehmern beschränkt sein würde, mussten die übrigen Angestellten wissen, wie die Ausbildung ablaufen würde und welche Erwartung wir in Bezug auf die spätere Akzeptanz unseres Ansatzes bei allen Behördenmitarbeitern hatten.

In unserem ersten Treffen mit Verwaltungsangestellten erklärten wir, dass wir mit einer Pilotgruppe von SozialarbeiterInnen und Pflegeeltern arbeiten würden, die Auswahl der Teilnehmerinnen und Teilnehmer jedoch Sache der Behörden sei. Diese gingen dabei ganz unterschiedlich vor: Eine Behörde suchte unter ihren SozialarbeiterInnen Freiwillige, während eine andere Behörde bestimmte MitarbeiterInnen auswählte und danach prüfte, ob diese zur Teilnahme bereit seien. Bei einer Behörde wählten die Sozialarbeiter die Pflegeeltern aus, die mit ihnen an der Schulung teilnehmen würden; bei einer anderen Behörde wurden die Pflegeeltern unabhängig ausgewählt. Der Direktor einer Behörde war bei der Teilnehmerauswahl relativ rührig; bei den übrigen Behörden überließ man das Auswahlverfahren den Supervisoren und dem Ausbildungspersonal.

Die Phase I läuft in jedem Kontext unweigerlich anders ab. Ein hausinterner Ausbilder muss keine ersten Kontakte knüpfen, um das Verwaltungspersonal und die Behörde kennen zu lernen. Ausbilder, die auf bundesstaatlicher Ebene Schulungsmaßnahmen durchführen, arbeiten nicht direkt mit Behördenverwaltungen zusammen. Ausbilder werden Dinge bewirken mittels Verfahren, die in ihrem spezifischen Kontext sinnvoll sind. Man muss jedoch verstehen, dass manche Sachverhalte im Laufe der Schulungsmaßnahme eine Überprüfung der Behördenpolitik und ihrer Verfahren notwendig machen. Wir trafen uns von Zeit und Zeit mit Verwaltungsangestellten, um über Themen wie Aufnahme bzw. Einweisung, Besuchsregelung und Fallkoordination zu sprechen. Unabhängig vom behördlichen Kontext ist der springende Punkt der gute Draht zur Verwaltung, die über die Verfahren entscheidet. Die Schulung konzentriert sich auf Sozialarbeiter und Pflegeeltern, aber die

Verwaltungsangestellten machen die Behördenpolitik und sind dafür zuständig, dass Hindernisse für die neuen Arbeitsweisen aus dem Weg geräumt werden.

Die Schulung der Sozialarbeiter

Intensive Weiterbildung beginnt bei den mit Pflegschaften betrauten Sozialarbeitern. Langfristig ist die Schulung auf die Entwicklung eines Teamansatzes gerichtet, bei dem Sozialarbeiter und Pflegeeltern einen gemeinsamen Standpunkt vertreten und sich gegenseitig ergänzen, sich aber in ihren Rollen unterscheiden. Die Sozialarbeiter tragen die berufsethische Verantwortung, und in mancher Hinsicht unterscheidet sich der Ansatz, den wir vertreten, von ihrer bisherigen Arbeitsweise. Also ist es wichtig, dass sie zuerst in ihrer eigenen Gruppe über das präsentierte Arbeitsmaterial diskutieren und die Techniken anwenden, bevor die Pflegeeltern dazukommen.

In der Phase I legen wir das Fundament dafür, dass sich Einstellung und Konzeption der Sozialarbeiter verändern. Wir wollen erreichen, dass sie ihre Vorstellungen davon, welche Personen in den Kontext einer Pflegschaft involviert sind, erweitern, damit sie verstehen, dass das Verhalten eine Funktion der Interaktion ist und dass Herkunfts- wie auch Pflegefamilien Muster ausbilden, die sich wiederholen und beobachtbar sind. Da die meisten Sozialarbeiter, die Pflegschaften betreuen, besonders an den Kindern interessiert sind, die auch tatsächlich im Zentrum des Geschehens stehen, konzentrieren wir uns auf die Erfahrung des Kindes als Mitglied zweier Familien und als Person, die den Übergang von einer Familie zur anderen zu bewältigen hat.

Welche Werkzeuge, die für den Bau dieses Fundaments notwendig sind, benutzt werden, hängt von der Schulungsgruppe ab sowie von den Präferenzen des Ausbilders und den verfügbaren Arbeitsmaterialien. Wir haben mit Übungen, Videoaufzeichnungen, didaktischem Material, schriftlichen Unterlagen, Diskussionen, Rollenspiel und Demonstrationen gearbeitet. Viele Übungen und Rollenspiele haben wir in das *Training Manual for Foster Parents* aufgenommen, und diese sind nicht nur hilfreich für die Schulung von Pflegeeltern, sondern für jede Fachgruppe, die ihren Arbeitsansatz erweitern und aktualisieren möchte.

Wir haben z. B. eine Aktivität ausprobiert, die im *Manual* für die erste Sitzung vorgesehen ist, wie man mit Sozialarbeitern über die

Realitäten des Lebens einer Familie arbeiten kann. Dabei werden alle Teilnehmer gebeten, eine Landkarte ihrer eigenen Familie anzufertigen und das Alter der Familienmitglieder sowie die Geschlechtssymbole einzutragen, um ein einfaches Bild der gesamten Familie und ihrer Struktur zu erhalten. Im Rahmen der Kleingruppenarbeit werden dann einzelne Personen aufgefordert, ihre Familienlandkarten zu tauschen und zu „erraten", mit welcher entwicklungsbezogenen Aufgabe die andere Familie in ihrer aktuellen Lebensphase gerade beschäftigt ist (z. B.: „Sie haben zwei Schulkinder und müssen wahrscheinlich darauf achten, dass sie ihre Hausaufgaben ordentlich machen"; „Ihr Vater lebt also bei Ihnen, und der ist nicht mehr gerade jung; vielleicht müssen Sie ihn pflegen"). Danach folgt eine Übung, in der die eigene Familie einen fünfjährigen Jungen in Pflege nimmt und jede Teilnehmerin bzw. jeder Teilnehmer von den wahrscheinlichen Reaktionen ihrer bzw. seiner Familie erzählt: Was würde die Familie von dem Kind erwarten? Welche Regeln müsste der Junge befolgen? Wie würden die einzelnen Familienmitglieder reagieren, wenn das Kind herrschsüchtig oder aggressiv wäre? Wer würde dem Jungen beistehen, wenn er Angst hätte?

Dieser Übung könnten wir ein Rollenspiel folgen lassen (aus der dritten Sitzung des *Manual*), in dem zwei Geschwister, der zehn Jahre alte Tony und der achtjährige Willis, gerade zusammen in eine Pflegefamilie gekommen sind. In diesem Szenario spricht die Pflegemutter mit Willis, der diese weder anschaut noch Antwort gibt, und Gloria, die elfjährige Tochter der Familie, beginnt mit Willis zu scherzen. Das Rollenspiel setzt ein, wenn Tony anfängt zu reden – wie das geschieht, bleibt dem Sprecher überlassen –, und nimmt von da an seinen Lauf. Durch diese Aktivität soll die Diskussion über die Erwartungen einer Pflegefamilie, über die Rollen der Jungen in ihrer Herkunftsfamilie und über die Beziehungen der Geschwister angeregt werden. Ein Hinweis auf den „Rucksack", den Pflegekinder von einer Familie zur anderen mit sich tragen, ist eine sinnvolle Art, die Diskussion zu organisieren.

In unserer Schulungsmaßnahme haben wir uns zwecks Veranschaulichung und Diskussion zu einem guten Teil auf Videoaufzeichnungen gestützt. Nicht alle Ausbilder haben einen leichten Zugang zu Videoaufzeichnungen von Familiensitzungen; aber sie sind ein ausgezeichnetes Lehrwerkzeug und der Mühe wert, danach zu suchen oder sie selbst anzufertigen. Wenn Fachkräfte lernen wollen, wie man „Familientherapie macht", sind sie vielleicht besonders an solchen Aufzeichnungen interessiert; doch hier steht nicht die Therapie im Mittelpunkt, vor allem nicht in den Einführungsphasen. Das relevante Merkmal ist die Interaktion der Familienmitglieder. Videoaufzeichnungen bieten die Möglichkeit zu demonstrieren, inwieweit das Verhalten von Familienmitgliedern zirkulär und komplementär ist und wie sich Verhaltensmuster wiederholen. Der Ausbilder kann den Fokus auf die Familie dadurch verstärken, dass er einzelne Filmsequenzen anhält, wieder abspielt, analysiert und damit der Schulungsgruppe hilft, das noch nicht Verstandene zu verstehen. Auf diese Weise kann die Gruppe sich wiederholt vor Augen führen, was in der Familiensitzung geschieht (z.B. dass die Tochter jedes Mal das Thema wechselt, wenn die Mutter mit dem Sohn schimpft, und dieser dann einen aggressiven Gesichtsausdruck bekommt), und dann darauf achten, ob genau dieses Muster noch an anderen Stellen in der Familiensitzung auftaucht.

Weil Sozialarbeiter von Behörden oft automatisch auf Pathologisches fokussieren, haben wir Videoaufzeichnungen benutzt, um daran Hinweise auf Stärken und Ressourcenreichtum einer Familie zu geben. Und weil Sozialarbeiter es gewohnt sind, auf Inhalte zu lauschen, haben wir mit Videoaufzeichnungen gearbeitet, die den Zuschauer zwingen, auf nonverbale Muster zu achten, die so viel über die Funktionsweise einer Familie aussagen: Wer führt das Gespräch, wer tröstet die anderen, wer wendet Streit ab, wie werden Botschaften durch Körpersprache mitgeteilt und so weiter. Wann immer es möglich war, haben wir Videoaufzeichnungen benutzt, in denen es um die gleiche Population wie die Klientenschaft der betreffenden Behörde geht und die Probleme thematisieren, welche für Familien mit Kindern in Pflegeunterbringung typisch sind: Einelternfamilien, Schwangerschaft bei jungen Mädchen, Drogenabhängigkeit, körperliche Misshandlung oder sexueller Missbrauch und/oder Familien mit aidskranken Mitgliedern.

Nachdem wir einige Grundgedanken überprüft und exploriert haben, befassen wir uns mit den Techniken, die man für die Arbeit mit Familien benötigt. Wir unterstreichen dabei das Aufbauen von Bindungen sowie das Qualifizieren *(empower)* und, etwas spezifischer, das Joining, indem wir nach Stärken und Komplementarität in der Familie suchen. Die Methode des Joining ist für voll ausgebildete Sozialarbeiter relativ leicht. Die Suche nach Stärken und Komplementarität, beides Formen der Qualifizierung (*empowerment*) der Familie, gestaltet sich schwieriger. Vor dem Hintergrund der Probleme, die Multiproblem-Familien mit sich bringen, und aufgrund der Tatsache, dass Sozialarbeiter an die Berufstradition der Betonung des Pathologischen, das es zu behandeln gilt, gewöhnt sind, fällt es manchmal schwer, auf Stärken und Ressourcen zu fokussieren. Für Menschen, die beruflich und berufenermaßen Helfer sind, kann es außerdem schwierig sein, zurückzutreten und die Kontrolle und das Handeln anderen zu überlassen. Doch mit Komplementarität ist gemeint, dass die Klienten umso passiver sind, je aktiver die Experten werden – und umgekehrt, dass die Klienten aktivere Rollen übernehmen, wenn ihnen die Sozialarbeiter mehr Raum lassen. Sowohl die Ausleuchtung von Familienstärken als auch das Bemühen, mit seiner Kompetenz zurückhaltend zu sein, sind wichtige Techniken der Sozialarbeiter von Jugendämtern.

Die in einem früheren Abschnitt beschriebene Sitzung mit „Kiko", seinem jüngeren Bruder sowie den Pflege- und Herkunftseltern bietet ein gutes Beispiel für die Techniken des Joining und Qualifizierens. Der betreuende Sozialarbeiter schlägt vor, dass die leibliche Mutter sich um ihr Baby kümmern solle und dass die Pflegeeltern den leiblichen Eltern von ihrem Zuhause und ihrer Familie erzählen sollten. Der Ausbilder empfiehlt der Mutter, ihr Wissen um die Entwicklung ihrer Kinder den Pflegeeltern mitzuteilen. Diese Sitzung hatte viele Ebenen, die nicht nur für die Familien, sondern auch für die Schulung der Mitarbeiter hilfreich gewesen sind.

Die Schulungsgruppe ist hier Zeuge einer Form der Intervention geworden, bei der die Experten ihre fachliche Kompetenz zurückhalten, die üblichen Muster der Komplementarität neu ausbalanciert und die Menschen qualifiziert werden, die es gewohnt sind, disqualifiziert zu werden. Durch einfache Vorschläge und Verhaltensweisen schuf der Ausbilder Raum für den Sozialarbeiter, der Sozialarbeiter schuf Raum für die Pflegeeltern, und die Pflegeeltern schufen Raum für die Herkunftseltern. Darüber hinaus hat die Schulungsgruppe bemerkt, dass Spannung und Argwohn zu Beginn der Familiensitzung mit der Zeit nachließen und wachsender Vertrautheit und dem Informationsaustausch Platz machten. Am Schluss der Sitzung bestand noch die Gelegenheit, über Schwachpunkte des Aufnahmeprozesses zu diskutieren. Wenn die Familien gleich am Anfang zu einer gemeinsamen Sitzung eingeladen worden wären, wäre klar gewesen, dass Kiko laufen und sprechen konnte und seinen Namen wusste und dass sein regressives Verhalten eine Reaktion auf Trennung und Pflegeunterbringung war.

Im Allgemeinen legt nicht der Ausbilder fest, welche Familien für den Anschauungsunterricht ausgewählt werden. Es ist aber wichtig, dass Familien dabei sind, die sich gerade im Aufnahmeprozess befinden, und andere Familien, deren soziale und fürsorgerische Betreuung durch die Behörden gerade abgeschlossen wird. So können die zu schulenden Sozialarbeiter die Verfahren analysieren, die für die Qualifizierung der Familie in bestimmten Phasen am effizientesten sind.

Die Schulung der Pflegeeltern

Die Schulung der Pflegeeltern beginnt separat. Zum einen haben Pflegeeltern ihre eigene Sichtweise, und sie sollten die Realitäten ihrer spezifischen Aufgabe erforschen können, bevor sie mit einer anderen Gruppe zusammenarbeiten. Zum anderen sollen diese ersten Treffen dazu beitragen, das Bewusstsein der Pflegeeltern um ihre Position in der Gesamtstruktur zu verändern.

Bei den meisten Behörden werden die Pflegeeltern lebhaft umworben, und ihre Mitwirkung wird freimütig und sogar dankbar angenommen. Ohne diese Familien könnten die Kinder nicht in Familienpflege untergebracht werden, und diese Tatsache versteht man im gesamten System. Trotzdem wird qua Definition der pflegeelterlichen Aufgabe und durch den Prozess der Selektion, Einführung, Unterweisung und Beurteilung oftmals eine Botschaft der eingeschränkten Funktionen (Betreuung des Kindes) und strengen Kontrollen (Befolgung behördlicher Regeln und Aufträge) vermittelt. Die dem Kinderschutz verpflichtete Motivation zum Überwachen und Kontrollieren der Pflegeeltern ist offenkundig, aber die Schulung der Pflegeeltern lässt oft zu wünschen übrig. Durch Schulungsmaßnahmen sollten die Pflegeeltern gestärkt, zugleich mit den notwendigen Informationen ausgestattet und als wichtige, mitwirkende Partner des Dienstleistungsteams qualifiziert werden.

Fast jede Behörde arbeitet mit neu gewonnenen und mit „diensterfahrenen" Pflegeeltern. In der Schulung für die Novizen müssen Informationen über behördliche Verfahren und Einzelheiten der Kinderfürsorge gegeben werden; doch wichtig ist auch, die Sichtweise der Pflegeeltern von Anfang an dahin gehend zu prägen, dass die Bedeutung der Herkunftsfamilie hervorgehoben wird und sie das Spektrum und die Macht ihrer eigenen Rolle erkennen. Frisch gewonnene Pflegeeltern können in diesem Stadium besonders aufgeschlossen sein, sind sie jedoch den Herkunftsfamilien gegenüber moralisierend oder respektlos eingestellt, muss diese Einstellung gleich zu Beginn thematisiert werden.

Erfahrene Pflegeeltern, die im Laufe der Jahre viele Kinder in Pflege genommen und wieder aus ihrer Pflege entlassen haben, kennen die Routineverfahren in- und auswendig. Sie sind entweder besonders kluge Eltern für ein Pflegekind, oder sie sind besonders resistent gegen neue Sichtweisen – und tendenziell haben sie von beidem etwas. Wenn eine Behörde einen kohärenten Ansatz zu entwickeln beabsichtigt, muss sie daran denken, dass erfahrene Pflegeeltern als Ausbilder in Schulungsmaßnahmen fungieren sollten. Für diese Gruppe ist die Schulung eine Möglichkeit, Einstellungen zu explorieren, ihr Rollenverständnis zu erweitern und die Früchte aus ihrer gesammelten Erfahrung zu ernten. Gleichzeitig sollte ihnen die Erfahrung als Ausbilder das Gefühl vermitteln, dass sie auf der Hierarchieleiter der Behörde auf dem Weg nach oben sind.

Das *Manual* (P. Minuchin et al. 1990) eignet sich – mit entsprechenden Modifikationen – sowohl für neu gewonnene als auch für erfahrene Pflegeeltern. Es besteht aus einem theoretischen Abschnitt, der die in diesem Kapitel beschriebenen Konzepte enthält, und den sich anschließenden Instruktionen für die Durchführung von acht Schulungssitzungen. Die für jede dieser acht Sitzungen zentralen Themen und Übungen finden sich in der Tabelle 5.1.

Die ersten vier Sitzungen bilden einen Rahmen für das Verständnis von Familien, wobei deren Verschiedenartigkeit und Stärken sowie das Erleben des Kindes und der beiden Familien zum Zeitpunkt der Pflegeunterbringung besondere Beachtung finden. Zu den hier durchgeführten Aktivitäten gehören, wie schon erwähnt: die Erstellung einer Landkarte der Familienstruktur, das Rollenspiel, die Arbeit in Kleingruppen und die Besprechung von Fallbeispielen zur Erfahrung mit Pflegeunterbringung. Wenn die Pflegeeltern diese Schulungsaktivitäten durchgeführt haben, verstehen sie die Rolle ihrer eigenen Familie und die der Familie des Pflegekindes im Allgemeinen besser. Sie können sich dann mehr auf die potenziellen Stärken der Herkunftsfamilie orientieren und die traumatisierenden Aspekte der Trennung und der Pflegeunterbringung besser akzeptieren. Die meisten Pflegeeltern verfügen über ein gewisses Grundverständnis der Entwicklung eines Kindes, da sie üblicherweise auch eigene Kinder haben. Doch die erneute Reflexion über die kindliche Entwicklung im Kontext der Pflegeunterbringung erinnert die Pflegeeltern daran, dass sich Kinder eines bestimmten Alters vielleicht anders verhalten als die eigenen Kinder; Pflegekinder haben oftmals andere Erfahrungen gemacht und sind außerdem aus ihrer Familie herausgerissen worden.

Sind fest sitzende Einstellungen erst einmal gelockert und neue Gedankengänge beleuchtet worden, fangen die Pflegeeltern oft an, die Notlage und den Standpunkt der leiblichen Eltern klar zu erkennen. Dann machen sie häufig produktive Vorschläge, wie Bindungen entwickelt und die Herkunftsfamilien mit einer größeren Rolle bei der Betreuung der Kinder und bei wichtigen Entscheidungen betraut werden können.

Es hat sich als fruchtbar herausgestellt, das Thema Besuchsregelung gründlich zu erforschen (siehe Sitzung 5 im *Manual*). Besuchskontakte zwischen der Herkunftsfamilie und dem Kind bilden die Lebenslinie der Pflegeunterbringung, und der Kontakt zwischen den beiden Familien ist grundlegend. Die behördliche Besuchspolitik sollte flexibel sein und im Einzelfall offen ausgehandelt werden können. Die Pflegeeltern können in Bezug auf die Besuchsregelung die vorsichtigsten Teile des Dreiecks sein, aber auch die kreativ zugänglichsten. Novizen hegen vielleicht stereotype Ansichten oder haben von beunruhigenden Geschichten über aufdringliche Herkunftseltern gehört. Erfahrene Pflegeeltern haben sich vielleicht mit der behördlichen Routine arrangiert, mit der Besuchskontakte begrenzt werden und der Schutz der Pflegefamilie vor der Verwandtschaft des Pflegekindes betont wird. Andererseits haben wir oft erlebt, dass Pflegeeltern positiv und objektiv reagiert haben, wenn das Thema Besuchsregelung angesprochen wurde, und dass Alternativen zu den Routinebesuchen in den Räumlichkeiten der Behörde vorgeschlagen worden sind: z. B. ein Picknick im Park, ein Treffen bei McDonald's mit den Kindern beider Familien, gemeinsame Geburtstagsfeiern, Telefonanrufe, Austausch von Fotos und Briefwechsel. Die Pflegemütter, die an unserem Projekt teilnahmen, fanden die Idee, die Kontakte zwischen den Familien – und zwischen dem Pflegekind und der Herkunftsfamilie – zu entwickeln, anscheinend gut. Eine Pflegemutter sagte dazu: „Man kann mit den Kindern besser umgehen, wenn sie wissen, man mag ihre Mutter."

In mancher Hinsicht sind Pflegeeltern lebensklüger als Sozialarbeiter und verständnisvoller gegenüber den Lebensbedingungen der Armen. Eine Übung im *Manual* (Sitzung 5) beschreibt eine Situation, in der ein siebenjähriger Junge in Pflege gegeben wird, während seine Mutter eine sechsmonatige Gefängnisstrafe wegen eines Drogendelikts absitzt. Eine Gruppe von Pflegeeltern sollte darüber diskutieren, ob und wie das Kind während dieser Zeit seine Mutter besuchen könnte – eine zugegebenermaßen komplizierte Situation. Sozialarbeiter haben bei dieser Vorstellung oft gewisse Hemmungen, aber die Gruppe der neu gewonnenen Pflegeeltern reagierte auf diese Aufgabe mit einer offenen und lebhaften Diskussion. Nicht alle TeilnehmerInnen verbanden mit dieser Situation behagliche Gefühle, aber diese Personengruppe aus einem innerstädtischen Wohnbezirk war mit den Realitäten ihrer Nachbarschaft wohl vertraut. Man war sich einig darüber, dass das Kind nicht vor der Tatsache, dass seine Mutter im Gefängnis war, geschützt werden könne, dass es für diesen traurigen kleinen Jungen wichtig sei, seine Mutter zu besuchen und mit ihr zu sprechen, und dass er auf die Gegebenheiten und die Atmosphäre im Gefängnis vorbereitet werden müsse.

Aus den einzelnen Teilnehmergruppen konnten wir hören, wie Pflegeeltern klare Vorstellungen über ihre Rolle äußerten und überzeugt waren, über bestimmte Informationen zu verfügen, die den Sozialarbeitern der Behörde nicht zugänglich seien.

Myra sagt: „Tatsache ist, dass ... die Behörde nicht immer sehen kann, was die leibliche Mutter gerade so treibt. *Wir* sind es, die ... Wir sind diejenigen, die beobachten müssen ... Meistens haben die Pflegemütter eine bessere Vorstellung von den Familien und kennen die Eltern besser als die Sozialarbeiter, also ist es doch wirklich unsere Aufgabe."

Cara sieht die Situation aus einem anderen Blickwinkel. Sie meint: „Manche Sozialarbeiter glauben, die natürliche Mutter hat einen schlechten Einfluss auf das Kind, und das *fühlen* die auch. Sie sind ja nicht blöd!"

Janine ist sich in dieser Hinsicht weniger sicher. Ihre Ansicht: „Tja, wenn die Mutter halt drogenabhängig oder so irgendetwas ist ..."

Caras Gefühle sind dagegen ausgeprägt: „Ob sie nun drogenabhängig oder von was auch immer abhängig sind, sie ist und bleibt die Mutter dieses Kindes! Sie sind genauso Menschen wie du und ich. Egal, wie schlecht die Eltern sind, das Kind will zu seiner Mutter oder seinem Vater zurück. Selbst wenn es die schlechteste Mutter ist, will das Kind zu seiner natürlichen Mutter zurück."

Marilyn fügt der Diskussion noch eine weitere Beobachtung hinzu: „Tja, manchmal hat man es mit guten Sozialarbeitern zu tun und manchmal mit weniger guten. Manchmal bekommt man einen, der tut alles, um sie mit den Kindern zusammenzubringen, und dann gibt es welche, die sagen: ‚Ach, sie ist doch nur ein Junkie … Sie ist doch nur eine Drogensüchtige.'"

Für die Sozialarbeiter kann es hilfreich sein, zu realisieren, dass die Pflegeeltern an den Mitarbeitern der Behörde zwischen den Zeilen Kritik übten, als die beiden Gruppen zur Übung zusammenkamen.

Das Team: Sozialarbeiter und Pflegeeltern werden gemeinsam geschult

Wenn Sozialarbeiter und Pflegeeltern ein Team bilden, sind einige Einstellungen und Techniken bereits abgeklärt worden. Ihre Aufgabe ist nun eine zweifache: Sie bilden Kooperationsteams und arbeiten mit den Herkunftsfamilien zusammen.

Ein Team ist stark und komplex. Wenn zwei Menschen zusammenarbeiten, bringen sie ihre Stärken oft wechselseitig zur Entfaltung, doch zugleich entwickeln sich Status-, Kompetenz- und Rollenprobleme. Wenn sich der Status der Teammitglieder von Anfang an unterscheidet, ist die Kooperation oft schwierig. Manche Techniken, die für die Arbeit mit den Herkunftseltern wichtig sind, können auch in solchen Situationen helfen: Joining, gegenseitiges Zuhören, Qualifizierung und die Bereitschaft, komplementäre Rollen zu übernehmen. Die Sozialarbeiter und Pflegeeltern müssen ihr Verständnis von Zuständigkeitsbereichen diskutieren, Grenzüberschreitungen zur Sprache bringen sowie die Art ihrer Autonomie und wechselseitigen Abhängigkeit erforschen.

Diese Schulungsphase ist grundsätzlich praktischer Natur. Teams aus Sozialarbeitern und Pflegeeltern treffen sich mit den Herkunftsfamilien, die mit der Behörde in Verbindung stehen. In jedem einzelnen Fall hat das Team die Aufgabe, ein Kooperationsnetzwerk zu entwickeln, in dem die Familie des Kindes als ein zentraler und respektierter Teil des Dreiecks fungieren kann. Wenn Sozialarbeiter und Pflegeeltern zusammenarbeiten, sehen sie im Allgemeinen schon, wo ihre natürlichen Linien der Arbeitsteilung verlaufen, wo Grenzüberschreitungen vorliegen und welche Probleme sie zu lösen haben.

Es gibt viele Möglichkeiten, eine gemeinsame Perspektive zu festigen und sich auf die Sitzungen mit „Behördenfamilien" vorzubereiten. Kelseys Bemerkungen, über die wir bereits gesprochen haben, waren an eine Schulungsgruppe aus Sozialarbeitern und Pflegeeltern gerichtet. Kelsey war eingeladen worden, um ihre Erfahrungen als Mutter eines in Pflege lebenden Kindes zu beschreiben und Vorschläge zur Verbesserung der Vorgehensweisen einzubringen. Für die Sozialarbeiter und Pflegeeltern wurden in dieser Sitzung die Bedürfnisse, Enttäuschungen und Empfindungen der Mutter offen gelegt. Kelseys Darstellung mündete in eine Diskussion darüber, inwieweit sich das Verhalten der Pflegeeltern auf die Verwandtschaft des Pflegekindes auswirkt, welche Probleme die Betreuung eines kleinen Kindes mit sich bringt und wie die Pflegemutter – sowohl als Vorbild wie auch als Förderin elterlicher Kompetenz – die Chancen auf eine effektive Wiedervereinigung der Familie erhöhen kann. In der Diskussion schlug man auch für den Sozialarbeiter eine wichtige Rolle vor: die Beziehung zwischen den beiden Familien zu überwachen und in Erscheinung zu treten, wenn sich die Qualität ihrer Beziehung verschlechtert.

Damit die Teams aus Sozialarbeitern und Pflegeeltern ihre Rollen und Kooperation explorieren können, sollten sie sich mit verschiedenartigen „Behördenfamilien" treffen, die eine Fülle unterschiedlicher Problemlagen präsentieren. In einem Fall hatte die Mutter dreier zur Pflege untergebrachter Jungen gerade den Kontakt zu der Behörde abgebrochen und eine Situation heraufbeschworen, die Sozialarbeiter und Pflegeeltern vor ein komplexes Problem stellten, das gelöst werden musste.

Jana hatte ihre drei Söhne freiwillig in Pflege gegeben, als sie in eine Lebenskrise geraten war. Die Kinder wurden in zwei verschiedenen Pflegefamilien untergebracht, und Jana kam regelmäßig zur Behörde, um dort ihre Kinder zu besuchen. Irgendwann empfand sie die Besuchssituation als so beengt und laut, dass sie die anwesenden Betreuer bat, die Jungen mit nach draußen nehmen zu dürfen. Unter

Berufung auf die Behördenregeln wurde ihr diese Bitte abgeschlagen. Jana war darüber verstimmt, und als die Situation eskalierte, brach sie den Kontakt zu der Behörde ab und erschien nicht mehr zu den Besuchsterminen.

Da die betreuende Sozialarbeiterin und die beiden Pflegemütter gerade an einem Schulungsprojekt teilnahmen, besprachen sie die Situation mit der Gruppe und dem Ausbilder. Man kam zu dem Schluss, dass es eher die Aufgabe der beiden Pflegemütter, da sie Nachbarinnen waren und Janas Kinder in ihren Familien lebten, als die der Mitarbeiter der Behörde sei, Kontakt zu Jana aufzunehmen. Bei der Planung des gemeinsamen Treffens beschloss das Team, dass die Pflegemütter die Sitzung leiten würden, die Sozialarbeiterin aber anwesend sein und zur Verfügung stehen werde, um gegebenenfalls helfend einzugreifen. Das Ziel der Sitzung bestand darin, Kontakt herzustellen, den Stillstand zwischen Jana und der Behörde zu beenden und mit der Bildung eines Kooperationsnetzwerkes zu beginnen.

Bei dem Treffen sitzt Jana zwischen Clara und Laura, den Pflegemüttern. Maude, die Sozialarbeiterin, ist ebenfalls anwesend und sitzt etwas abseits. Alle Teilnehmerinnen haben sich auf ihren Plätzen eingerichtet, und Jana sitzt da mit vor der Brust verschränkten Armen, ernstem Gesicht, argwöhnisch, schweigend.

Clara spricht als Erste. Sie hat Janas ältesten Sohn, den zwölfjährigen Bobby, und den jüngsten Sohn, den fünf Jahre alten Malcolm, in Pflege.

„Jana, ich möchte Ihnen sagen … Sie haben zwei wunderbare Söhne."

Ein wohlwollender Auftakt für eine Sitzung. Jana lächelt, nickt und wird etwas entspannter.

Laura sagt im Spaß, dass James eine kleine Nervensäge sei. James ist zehn und separat in einer Pflegefamilie untergebracht worden, weil er ein schwierigeres Kind ist. Jana bemerkt dazu, dass alle den ältesten und den jüngsten Sohn anhimmelten, James aber der mittlere Sohn sei und schwerere Zeiten durchgemacht habe.

Clara fragt dann: „Finden Sie es in Ordnung, wie ich mit Ihren Jungen umgehe?"

Sie betrachtet es als selbstverständlich, dass Jana ihre eigenen Vorstellungen von Erziehung hat und auch das Recht, darüber zu befinden, wie eine andere Person ihre Kinder betreut. Jana bejaht diese Frage und sagt, dass sie wisse, Clara verwöhne die beiden. Das ist ein kleiner Scherz, und beide lachen. Clara fährt dann in ernsthaftem Ton fort. Sie erzählt von Malcolm, der Schwierigkeiten hatte, als er die erste Zeit in ihrer Familie lebte. „Er war sehr empfindlich. Ich musste ihm wirklich sehr viel Zeit widmen … inzwischen ist er stabiler."

An dieser Stelle wird Jana zu einer lebhaften Gesprächspartnerin. Sie spricht von den Jungen und über das Problem, wie sie die Kinder auf den Abschied von ihr vorbereitet hat. Sie erzählt, dass sie nie etwas vor Bobby, der verantwortungsbewusst und sehr klug sei, verheimlicht und die Situation den beiden älteren Jungen erklärt habe, sie aber wisse, dass Malcolm noch zu klein sei, um zu verstehen. Als Jana so weitererzählt, wird klar, dass sie eine intelligente, aufmerksame Mutter ist, die sich um ihre Kinder sorgt und auf deren Persönlichkeiten und individuellen Unterschiede eingestellt ist.

Laura schließt sich dem Gespräch an und erzählt von den Schwierigkeiten, die sie mit James hat, der gerne mit anderen Kindern kämpft.

Sie sagt: „Also, ich habe mit ihm im Moment ein kleines Problem. Bei Ihnen, wenn er einen Wutanfall hatte, wie es seine Art ist … ich meine, was haben Sie in dem Fall gemacht? Wie haben Sie reagiert?"

Das ist ein respektvolles Vertrauensvotum. Laura bittet die leibliche Mutter, bei der Lösung eines pädagogischen und strategischen Problems mitzuhelfen, wodurch sie bestätigt, dass Jana erfahren ist im Umgang mit ihrem Sohn und wahrscheinlich ein paar hilfreiche Ideen hat. Das ist ein erster Schritt zur Bildung eines Kooperationssystems von Erwachsenen, in dem Ressourcen zugunsten des Kindes angelegt werden. Jana reagiert ebenso vertrauensvoll. Sie erzählt, dass James sich bei ihr genauso verhalten habe und es nicht ausstehen könne, wenn man ihm etwas vorschreibe. Dann erklärt sie, wie sie mit dem Jungen umgeht.

Eine Viertelstunde lang sprachen die drei Mütter über die Kinder und die Realitäten der Situation. Obwohl das Verhalten der Pflegemütter spontan war, beruhte es auf der Einsicht, dass die Verbindung zu der Familie ihrer Pflegekinder wichtig ist; und es spiegelte die Techniken, die sie sich angeeignet hatten, um Achtung und Interesse zu signalisieren. In der Konsequenz erschlossen sie in sehr kurzer Zeit die Stärken und das Wissen der Mutter und initiierten somit den Prozess einer konstruktiven Kommunikation.

Die Sozialarbeiterin wohnte zwar der Sitzung bei, hielt sich aber die meiste Zeit im Hintergrund und ermöglichte damit, dass sich die neue Beziehung entfalten konnte. Wenn die Pflegemütter weniger geschickt vorgegangen wären oder Jana weniger bereitwillig reagiert hätte, wäre sie zwangsläufig aktiver gewesen. Weil das nicht angezeigt war, bestand ihre Rolle darin, die Situation durch Zurückhaltung zu erleichtern. Da die weitere Entwicklung in der Zukunft liegt, trägt sie die zentrale Verantwortung dafür, die Fortschritte zu beurteilen, nötigenfalls schlichtend einzugreifen und den Fall voranzubringen.

Aus der Erfahrung haben wir gelernt, dass professionelle Helfer und Pflegeeltern gemeinsam lernen und Kooperationsteams bilden können, die mit Behördenfällen spontan umgehen und ihre Techniken mit der Zeit verfeinern. Doch Teams dieser Art sind in eine Behördenstruktur eingebettet, und der Erfolg ihrer Bemühungen hängt zum Teil davon ab, dass Politik und Vorgehensweisen der betreffenden Behörde revidiert werden.

Der kontinuierliche Kontakt zu Verwaltungsangestellten

Im weiteren Verlauf der Schulungsmaßnahme hatten wir selten, aber regelmäßig Kontakt mit Verwaltungsangestellten und Supervisoren. Mit bestimmten Einzelfällen rückten oft Fragen der Behördenpolitik in den Vordergrund. In Janas Fall z. B. musste die Besuchsregelung überprüft werden. Jana war eine verantwortungsbewusste Mutter, und ihre Bitte, ihre Jungen mit in den Park nehmen zu dürfen, war berechtigt. Wenn die Behörde starrsinnig die Einhaltung der Regeln einklagte, wäre die Verbindung zwischen Jana und den beiden Pflegemüttern mit Sicherheit gefährdet.

Wir waren beeindruckt, wie viele Verfahren habitualisiert sind und weniger auf Vorschriften beruhen und wie oft sie auf *worst-case*-Szenarios basieren. Viele Behörden begrenzen die Familienbesuche in den Räumlichkeiten der Behörde, weil sie auf der Notwendigkeit der Kontrolle, auf Problemen der Logistik und auf dem nötigen Schutz der Kinder und Pflegefamilien eine Politik aufgebaut haben. Die Politik einer Behörde ist als Grundlinie akzeptabel. Aber könnte man sie nicht erweitern und flexibler gestalten?

Unter welchen Bedingungen ist das möglich? Könnte man Verfahren auf einer einzelfallspezifischen Basis beurteilen oder vielleicht schrittweise vorgehen? Jana könnte z. B. ihre Kinder mit nach draußen nehmen, wenn eine Pflegemutter dabei ist, und dieses Arrangement könnte so lange beibehalten werden, bis alle Beteiligten ruhigen Gewissens bei Jana die Zügel lockern können.

Wir haben weitere Situationen analysiert, in denen die Unterstützung der Verwaltung notwendig ist, um neue Verfahren einführen zu können, die vor allem die Aufnahme bzw. Einweisung, die Fallkoordination und die intensiven Dienstleistungen in Übergangsphasen betreffen. Häufig stellt es sich als machbar heraus, dass sich die beiden Familien treffen, sobald das Kind in die Pflegefamilie aufgenommen ist, wodurch das Trennungstrauma abgemildert wird. Die bürokratischen Mühlen mahlen langsam, und es ist nur möglich, den Aufnahmeprozess zu beschleunigen und das Ensemble der Beteiligten zu vergrößern, wenn die verantwortlichen Parteien dies für die Kinder, die Familien und das Gesamtergebnis für unabdingbar halten. Veränderung verlangt die Unterstützung auf allen Hierarchieebenen der Behörde und insbesondere die Ermutigung durch die Entscheidungsträger.

Das Gleiche gilt auch für die Umstrukturierung innerhalb einer Behörde. Wir plädierten für die behördeninterne und -externe Koordination nach der *Case-mangement*-Methode[7] und gaben fallbezogene Beispiele für Grenzüberschreitungen und Leiden, um die Diskussion über Behördenpolitik zu entfachen. Wir diskutierten auch die Möglichkeit, für die KlientInnen in Übergangsphasen zusätzliche Fachkräfte einzusetzen. Solche Momente sind besonders schwierig, aber auch besonders gestaltbar. Das Potenzial für positive und negative Entwicklungen ist am größten, wenn neue Systeme im Entstehen begriffen sind, und an solchen Punkten sind zusätzliche Bemühungen tendenziell besonders produktiv.

Bis jetzt hat sich unsere Beschreibung der Schulungsmaßnahme auf die Mitarbeiter der Behörden bezogen. Obwohl die Hindernisse für Veränderungen größer werden, wenn die Familien, Sozialarbeiter und Verwaltungsangestellten involviert sind, ist die Ver-

7 Unter *case management* versteht man eine – zuerst in den USA angewandte – Methode zur Koordination von Betreuungs- und Versorgungsleistungen im Sozial- und Gesundheitswesen (Anm. d. Übers.).

feinerung behördlicher Politik, von Verfahren und Techniken ein vernünftiges und realistisches Ziel. Jenseits dieser Grenzen, d. h. an den Nahtstellen zu anderen Systemen, wird diese Herausforderung massiver.

Jenseits des Beziehungsdreiecks: Arbeit an den Nahtstellen zu anderen Systemen

In fast allen Situationen von Pflegeunterbringung üben die Systeme jenseits der Behördengrenzen einen Einfluss auf wichtige Entscheidungen und den Fortschritt des einzelnen Falles aus. Wir untersuchen nun das Netzwerk relevanter Systeme in den folgenden Fällen von Pflegeunterbringung.

Mary möchte unbedingt ihren Sohn zurückhaben. Sie ist in die vorgeschriebenen Elternkurse gegangen und hat an Beratungssitzungen teilgenommen, sie hat ihren Sohn regelmäßig besucht und steht in gutem Kontakt zur Pflegefamilie. Die betreuende Sozialarbeiterin ist der Ansicht, dass das Kind zu Mary zurückkehren könne, doch der Sozialarbeiter der Kinderschutzbehörde ist anderer Meinung. Die betreuende Sozialarbeiterin hat auf den Gerichtsbeschluss fokussiert und nimmt an, dass die primäre Aufgabe für Mary darin besteht, an den vorgeschriebenen Sitzungen teilzunehmen. Gerichtsverhandlungen sind anberaumt, storniert, von neuem anberaumt und verschoben worden. Mary ist eine redegewandte Frau, die überzeugt ist, für sich selbst sprechen zu können, und sie beschwert sich darüber, dass der Richter bei Gerichtsverhandlungen zwar mit den Anwälten und den Sozialarbeitern der Kinderschutzbehörde spricht, aber nie mit ihr. Die Situation stagniert seit einer geraumen Zeit ungelöst, und Mary ist zutiefst entmutigt. Beteiligt an dieser Situation sind das Rechtssystem, Kinderschutzbehörden, die Lebens- und Erziehungsberatungsdienste, das Pflegschaftssystem und das Jugendamt.

Angies Kinder sind zur Pflege untergebracht, während sie selbst an einem Drogenprogramm in einem Therapiezentrum teilnimmt. In dem Programm konzentriert man sich auf ihre Vergangenheit, ihre Gefühle und auf ihren Fortschritt in der therapeutischen Gemeinschaft. Doch Angie macht sich Sorgen um ihre Kinder und ihren Partner und verlässt das Programm gegen den Ratschlag der Experten. Beteiligt an dieser Situation sind das Therapiezentrum, das Sozialhilfesystem, das Pflegschaftssystem und das Jugendamt.

Alfreda ist obdachlos und hat drei Kinder: Zwei davon sind zur Pflege untergebracht, und eins lebt bei der Mutter. Eine energische und effektive Gruppe von Frauenrechtlerinnen hat für Alfreda eine anständige Unterkunft besorgt, die aber nur aus einem Zimmer besteht. Die meisten Frauen, die in diesem Haus leben, haben ihre Kinder zur Pflege weggeben. Wenn Alfreda diese Unterkunft annimmt, kann sie ihre Kinder nicht zurückbekommen. Beteiligt an dieser Situation sind die öffentliche Wohnungsverwaltung, private Wohnungsvermittler, das Pflegschaftssystem und Jugendämter.

Nelda und Angie haben Kinder, die eine Sonderbetreuung brauchen und zur Pflege in speziell geschulten Familien untergebracht sind. Nelsas Sohn ist geistig behindert, und Angies Tochter hat eine körperliche Behinderung. Jedes der beiden Kinder wird durch die Kinderfürsorgebehörde therapeutisch behandelt, und für die Pflegeeltern werden häusliche Supervisionen zur Arbeit mit den behinderten Kindern arrangiert. Es ist nicht vorgesehen, dass Nelda oder Angie sich an dieser spezialisierten Arbeit beteiligen, obwohl die Wiedervereinigung dieser Familien im Bereich des Möglichen liegt und beide Mütter zumindest den Kontakt mit ihren Kindern auf unbestimmte Zeit halten werden. Beteiligt an dieser Situation sind Kinderschutzbehörden, medizinische und pädagogische Systeme, das Pflegschaftssystem und Jugendämter.

Die 17-jährige Maureen und ihr Neugeborenes sind in einer Pflegestelle untergebracht. Sie leben bei einem Paar, das Maureen und ihr Kind gern hat und beide in ihre Familie aufnehmen möchte. Maureen steht in ständigem Kontakt zu ihrer Herkunftsfamilie, obwohl deren Niveau des Chaos, des Drogenmissbrauchs und der häuslichen Gewalt enorm hoch ist. Die Beziehung zwischen den beiden Familien ist gekennzeichnet durch gegenseitiges Misstrauen; dennoch versucht die für die Nachsorge zuständige Sozialarbeiterin des Zentrums für schwangere Mädchen, die Familien zusammenzubringen. Maureen reagiert auf die Spannungen so, dass sie die Besuche bei ihrem Vater vor der Pflegemutter verheimlicht – und wird entdeckt. Die Pflegefamilie fühlt sich hintergangen und ist zornig, und der Sozialarbeiter der Kinderschutzbehörde trägt sich mit dem Gedanken, Mutter und Kind in eine andere Pflegestelle zu geben. Beteiligt an dieser Situation sind Kinderschutzbehörden, das Zentrum für schwangere Mädchen, das Pflegschaftssystem und das Jugendamt.

Alle diese Fallbeispiele haben eine Gemeinsamkeit. Obwohl die zentralen Personen in ihren Familien eingebettet sind, reagieren weder die Systeme noch die sozialen Dienste auf diese Tatsache. Die Wohnungsverwaltung sieht in Alfreda ein obdachloses Individuum. Im Drogenprogramm arbeitet man mit Angies quälenden Erinnerungen und Abwehrmechanismen. Die Kinderschutzbehörden und Pflegschaftssysteme betrachten Maureeen und ihr Baby als die alleinigen Klienten. Keines der involvierten Systeme sieht die erweiterte Familie als Klienten.

In jedem System gibt es Probleme, die sich allerdings verdichten, wenn mehrere Systeme involviert sind. Es kommt zu Blockaden an den Nahtstellen, zu Verengungen der Perspektive, wenn ein System das andere überlappt. Niemand schlägt den Experten für Rehabilitation vor, dass die leiblichen Eltern der Kinder wie auch die Pflegeeltern zu betreuen sind. Niemand denkt daran, dass Mary vor Gericht sich für ihre Kinder einsetzen oder über die Ressourcen ihrer Familie berichten könnte. Der Richter erhält seine Informationen von der Sozialarbeiterin der Kinderschutzbehörde, welche die Situation aus ihrer Sicht darlegt. An dieser Nahtstelle gibt es keinen Punkt, an dem Mary einmal im Kontext ihrer Familie betrachtet wird.

Ist es möglich, auf die Kommunikation zwischen den Systemen so einzuwirken, dass sie mehr Überlegung in die Erhaltung der Familien investieren? Die Antwort ist Ja und Nein zugleich. Was im Rahmen eines Jugendamtes geleistet werden kann, lässt sich nicht so leicht erreichen, wenn umfassendere Systeme involviert sind. Um weit reichende Veränderungen in der Struktur der Rechtsgrundlagen, der Wohnungsverwaltungen, des Kinderfürsorgesystems, der Drogenprogramme und der medizinischen Versorgungsdienste für die Armen bewirken zu können, muss man auf einer anderen Ebene arbeiten. Doch die im Pflegschaftssystem tätigen Berater, Ausbilder, Sozialarbeiter und Verwaltungsangestellten verfügen über Ressourcen, um auf etablierte Systeme Einfluss zu nehmen. Sie können zu einer Kraft werden, die das Bewusstsein schärft, indem sie die Ergebnisse schlechter Koordination und die kostspieligen, sinnlosen Effekte einer Politik beleuchten, welche die Familien der KlientInnen außer Acht lassen. Sie können die Unterstützung von Entscheidungsträgern ihrer Behörde nutzen und mit den in anderen Systemen tätigen Mitarbeitern, welche die gleichen Ziele verfolgen, gemeinsame Sache machen.

Die Sitzung, die in Kapitel 1 beschrieben wird, ist ein Beispiel für solche Bemühungen. Mit diesem Treffen wurden Angie und ihre Familie, die Pflegeeltern ihrer beiden Kinder, die Sozialarbeiter des Jugendamtes, die Experten aus dem Drogenprogramm, das Angie jäh abgebrochen hatte, und Ausbilder zusammengeführt. Es war eine Explorationssitzung – ein Versuch, die verschiedenen Sichtweisen und die komplexen Themen, die für alle Beteiligten wichtig sind, ins Bewusstsein zu heben. Inwieweit die gegnerischen Positionen dann konstruktiv ins Wanken gebracht wurden, ist nicht bekannt. Doch das gemeinsame Gespräch war allemal ein Anfang. Es bot die Möglichkeit zur Interaktion zwischen den Vertretern verschiedener Systeme und unterstrich die Notwendigkeit integrierter Dienstleistungen.

Wenn die Vertreter der verschiedenen Systeme, die mit der Familie arbeiten, zusammenkommen, ist das eine viel versprechende Vorgehensweise, um Veränderungen in Gang zu setzen. Im Kontext der Pflegeunterbringung sind die Sozialarbeiter der Kinderschutzbehörde für die Durchführung gesetzlicher Aufträge zuständig und ziemlich mächtig. Sie können Anträge auf die Wiedervereinigung einer Familie ablehnen, selbst wenn der Sozialarbeiter des Jugendamtes die Zusammenführung befürwortet. Wenn der Sozialarbeiter der Kinderschutzbehörde mit den Mitgliedern des mit der Pflegschaft befassten Beziehungsdreiecks ins Gespräch kommt, realisiert er vielleicht, dass es außer der Erfüllung vorgeschriebener Gesetzesaufträge noch andere wichtige Kräfte gibt, z. B. die Entwicklung eines zuverlässigen Unterstützungssystems oder die Erweiterung erzieherischer Kompetenzen. Vielleicht kann er dann mehr Vertrauen in die Beurteilung seiner Fachkollegen beim Jugendamt setzen und eher als Fürsprecher denn als Verhinderer auftreten, wenn Eltern um die Rückkehr ihrer Kinder bitten.

Die einzelnen Fälle sind spezifisch, und doch weisen sie allgemein auf Mängel in Politik und Verfahren hin, die es zu korrigieren gilt. Die Gerichte sollten ihre Denkschemata und Routinehandlungen so modifizieren, dass sie die Kläger selbst zu Wort kommen lassen, auch wenn sie legitimerweise an der Expertenmeinung interessiert sind. Öffentliche Wohnungsverwaltungen wie auch private Wohnungsvermittler sollten auf die Realitäten des sozialen Kontextes eingehen und die Bedingtheiten überprüfen, durch die Familien getrennt sind. Die Vermittlungssysteme, die pädagogische, medizinische und therapeutische Dienstleistungen für Kinder organisieren, sollten das mit diesen verbundene Netzwerk berücksichtigen und mit den Herkunfts- wie auch Pflegeeltern zusammenarbeiten. Langfristig werden sich derlei Verfahren ökonomisch positiv auswirken und als familienfreundlicher herausstellen.

An den Nahtstellen zwischen Jugendamt und anderen beteiligten Systemen, die in das Leben einer Familie eintreten, müssen die Grenzen infrage gestellt, die Beteiligten miteinander in Verbindung gebracht und integrative Verfahren entwickelt werden. Bundesweite Bemühungen um ein Gesamtpaket sozialer Dienstleistungen und um Fallkoordination sind Schritte in diese Richtung. Mitarbeiter eines aufgeschlossenen Pflegekinderwesens können von diesen Bemühungen lernen und selbst Beiträge dazu leisten.

Training Manual for Foster Parents – aus einer ökologischen Sicht der Pflegeunterbringung

Inhaltsverzeichnis

Teil II

1. Sitzung: Was ist eine Pflegefamilie?

Für den Ausbilder (Themen, Techniken, Ziele)
Sitzungsaktivitäten

I. Landkarte der Struktur der Pflegefamilie erstellen
II. Die Pflegefamilie: Entwicklungsbezogene Aufgaben und Familienstärken
III. Übergänge: Die Pflegefamilie bekommt ein Kind
IV. Offene Diskussion
Anhang
Familienlandkarte
Entwicklungsbezogene Aufgaben der Familie

2. Sitzung: Das Pflegekind: ein neues Zuhause

Für den Ausbilder (Themen, Techniken, Ziele)
Sitzungsaktivitäten

I. Entwicklung des Kindes
II. Verbindung herstellen zur neuen Familie
III. Verhaltensschwierigkeiten: verstehen und helfen
IV. Offene Diskussion

3. Sitzung: Die Herkunftsfamilie des Pflegekindes

Für den Ausbilder (Themen, Techniken, Ziele)
Sitzungsaktivitäten

I. Die Herkunftsfamilie verstehen
II. Geschwister in der Pflegefamilie empfangen
III. Offene Diskussion

4. Sitzung: Unterschiedliche Familienarten: Familienformen und ethnische Besonderheiten

Für den Ausbilder (Themen, Techniken, Ziele)
Sitzungsaktivitäten

I. Familienformen
II. Ethnische Besonderheiten
III. Offene Diskussion

5. Sitzung: Familienbesuche und kontinuierlicher Kontakt

Für den Ausbilder (Themen, Techniken, Ziele)
Sitzungsaktivitäten

I. Die Bedeutung von Besuchen und Familienkontakten
II. Familienbesuche fördern
III. Besuchszeit: vorher, während und danach
IV. Offene Diskussion

6. Sitzung: Koordination mit den betreuenden Sozialarbeitern Funktionen und neue Rollen explorieren

Für den Ausbilder (Themen, Techniken, Ziele)
Sitzungsaktivitäten

I. Aktivitäten in der Behörde im Kontext der Pflegschaft: organisierte Dienstleistungen und neue Rollen
II. Sozialarbeiter und Pflegefamilie als Team: Tempo und Rollen für den Kontakt mit der Herkunftsfamilie festlegen
III. Offene Diskussion
Anhang
Mustertafel für Aktivitäten im Kontext der Pflegschaft

7. Sitzung: Koordination mit den betreuenden Sozialarbeitern Den Prozess in die Tat umsetzen

Für den Ausbilder (Themen, Techniken, Ziele)
Sitzungsaktivitäten

I. Den Kontakt vorbereiten
II. Das Treffen mit der Herkunftsfamilie
III. Probleme durch Zusammenarbeit lösen
IV. Offene Diskussion

8. Sitzung: In die Familie zurückkehren

Für den Ausbilder (Themen, Techniken, Ziele)
Sitzungsaktivitäten

I. Der Übergang in die Herkunftsfamilie: unterschiedliche Sichtweisen
II. Der Übergang in die Herkunftsfamilie: gemeinsame Planung
III. Ende der Schulungsmaßnahme

6. Drogenmissbrauch und Schwangerschaft

Ein familienorientiertes Perinatalprogramm

Dieses Kapitel befasst sich mit der Behandlung von Frauen, die arm, schwanger und drogenabhängig sind. Natürlich existiert das Problem der Drogensucht in weitaus größeren Segmenten unserer Bevölkerung und ist nicht an Schichtzugehörigkeit, ethnische Zugehörigkeit, Alter oder Geschlecht gebunden; aber die Notlage der erwähnten Gruppe ist von besonderer Dringlichkeit. Diese Frauen bringen die nächste Generation hervor. Ob deren Kinder bereits HIV-positiv geboren werden oder nicht, steht dabei nicht im Vordergrund; die Behandlung der Abhängigkeit der Mütter hat für die Frauen selbst, ihre Kinder und für die Gesellschaft langfristige Implikationen. Aus dieser Motivation heraus beschreiben wir nun ausführlich das Konzept und die Entwicklung eines familienorientierten Perinatalprogramms.

Es gibt noch einen zweiten Grund, die Durchführung dieses Programms im Detail zu beschreiben, der vielleicht genauso wichtig ist. Die Geschichte des Programms demonstriert die Problemkreise, die dann entstehen, wenn ein neuer Ansatz in ein etabliertes System eingeführt wird – gleichgültig, ob es sich dabei um eine Poliklinik, ein Krankenhaus, eine Schule oder ein Unternehmen handelt. Die spezifischen Krisen, Kompromisse und Lösungen, die wir beschreiben, gehören zu diesem besonderen Kontext, doch die damit verbundenen Erfahrungen haben auch Implikationen für viele andere Situationen.

Das Perinatalprogramm wurde in einer etablierten therapeutischen Gemeinschaft für Drogenabhängige platziert, die selbst in einer Abteilung eines großen städtischen Krankenhauses untergebracht war. Da wir von Anfang an Berater und Ausbilder des Programms waren, kam uns explizit die Rolle zu, die Familienkomponente zu entwickeln und den Mitarbeitern zu helfen, diese Komponente in ihre Behandlungsverfahren zu integrieren. Als die Zusammenarbeit Gestalt annahm, veränderten sich die Interventionen vom Spektrum und vom Inhalt her. Unsere Kontakte blieben nicht auf die Mitarbeiter des Perinatalprogramms begrenzt, sondern weiteten sich aus auf Mitglieder der größeren therapeutischen Gemeinschaft, auf die Frauen der Perinataleinheit, deren Familien und schließlich auf die Klientinnen und MitarbeiterInnen der Abteilung für Frauenheilkunde und Geburtshilfe des Krankenhauses. Die Fortbildungs- und Beratungsaufgabe nahm an Komplexität zu. Wir mussten die Perspektiven wechseln, uns auf Konflikte in Subsystemen einstellen und regelmäßig innehalten, um unsere Rollen und Prioritäten neu zu bewerten.

Durch die Interventionen wurden Geschlechtsfragen in den Vordergrund gerückt. Das Perinatalprogramm, an dem Frauen und Kinder teilnahmen, wurde in eine therapeutische Gemeinschaft integriert, die vorwiegend aus Männern bestand. Geschlechtsfragen entstanden nicht als politisches Thema, sondern als Reflexion über unterschiedliche Realitäten, und unser familienorientierter Ansatz stand im Zentrum sowohl der Spannungen als auch der Lösungen.

Durch die Interventionen wurde auch eine Frage angesprochen, die für jedes Fortbildungsprogramm elementar ist: Welche Bedingungen sind erforderlich, damit ein neuer Ansatz funktioniert? Wie wird er zu einem integralen Bestandteil einer Organisation, sodass die laufenden Verfahren den Wandel widerspiegeln, das etablierte Personal die neuen Mitarbeiter in der neuen Arbeitsweise schult und die Weiterführung des Programms nicht mehr von den Personen abhängt, die den neuen Ansatz initiiert haben? Wir haben erlebt, wie ein neues Arbeitsmodell in einem klinischen Kontext sich entwickelte, seinen Höhepunkt erreichte und dann ins Stocken geriet, während es sich in einem anderen Kontext entfaltete und Fuß fasste. Wie kann so etwas geschehen? Was hat Bestand und was nicht? Welche Elemente begünstigen die Langlebigkeit eines Modells?

In den folgenden Abschnitten diskutieren wir das klinische Umfeld des Programms, die Art unserer Interventionen, die Entwicklung des Perinatalprogramms und die Ausdehnung des Modells auf einen Kontext, der sich letztlich besser für die Fortführung dieses Ansatzes eignete.

Das Perinatalprogramm

Das Perinatalprogramm war ein Sonderprojekt, das durch den Leiter der Suchtklinik des Krankenhauses eingeführt und über Drittmittel finanziert wurde. Es war konzipiert als vor- und nachgeburtlicher Behandlungsdienst für Frauen, die crack- oder kokainsüchtig waren, und es wurde im Wesentlichen als eine Erweiterung der bereits vorhandenen Tagesbetreuungsklinik gesehen. Die neue Klientenpopulation sollte in die therapeutische Gemeinschaft der Klinik integriert werden, wobei nur ein Programmkoordinator und ein Berater hinzukamen. Die in der therapeutischen Gemeinschaft vorhandene Kombination aus medizinischer Versorgung, psychosozialen Diensten und Erziehung zur Selbsthilfe hielt man für besonders geeignet, um sich mit den multiplen Problemen der neuen Klientenpopulation auseinander zu setzen. Darüber hinaus schien das Konzept der Tagesbetreuung den Vorteil zu haben, dass es für weibliche Drogenabhängige attraktiv war, die stationäre Langzeitprogramme als eine Bedrohung für ihre Verbindungen nach draußen ansehen könnten.

Die Mitarbeiter unseres Ausbildungszentrums, der *Family Studies, Inc.*, wurden gebeten, das von uns als „Familienkomponente" der Drogenabhängigkeit konzeptualisierte Moment erkennen zu helfen: den Einfluss der Drogensucht auf die Familienstruktur und den Einfluss der Familienstruktur auf das Individuum. In Wirklichkeit war die Aufgabe komplexer, denn sie spiegelte sowohl die Realitäten der Situation als auch unsere eigene Vorstellung von Veränderungsprozess. Von Anfang des Projekts an mussten wir die organisatorische Dynamik bewältigen, die durch den Eintritt einer neuen Klientenpopulation in die bereits bestehende therapeutische Gemeinschaft erzeugt wurde. Obwohl wir mit einigem Widerstand gegen familienorientierte Vorgehensweisen gerechnet hatten, hatten wir nicht erwartet, dass wir mitten in einen Konflikt zwischen „alter" und „neuer" Belegschaft geraten würden, in dem es um die Politik der Behandlung und des *case management* ging. Parallel zu der Einführung eines familienorientierten Ansatzes begannen wir sofort mit Frieden stiftenden Maßnahmen und Anpassungsbemühungen.

In der Rückschau auf diesen Beratungs- und Fortbildungsprozess können wir drei Phasen identifizieren: die Integration des Perinatalprogramms in die therapeutische Gemeinschaft, das allmähliche Herauslösen dieses Programms aus der Szenerie des Gastgebers und die Ausdehnung des Programms auf einen anderen klinischen Kontext. Allgemein gesprochen, können Integration, Abgrenzung und Ausdehnung eine typische Sequenz eines jeden Programms sein, das erfolgreich in eine größere Struktur integriert wird.

Das Perinatalprogramm schließt sich der therapeutischen Gemeinschaft an

Der Integrationsprozess beginnt

Als das Programm anfing, bestand die erste Aufgabe des Ausbilders und der Berater darin, etwas über den Kontext des städtischen Krankenhauses zu erfahren. Wir beobachteten, unterhielten uns mit den Mitarbeitern und nahmen an Konferenzen teil, in denen verwaltungstechnische und krankenhauspolitische Themen diskutiert wurden. Einmal in der Woche fand eine Konferenz statt, an der nun auch die Mitarbeiter des neuen Perinatalprogramms teilnahmen. Einmal im Monat übernahm der Leiter der Suchtklinik den Vorsitz der Mitarbeiterkonferenz, an der die Mitarbeiter des Perinatalprogramms sowie der Koordinator und die Supervisoren der therapeutischen Gemeinschaft teilnahmen.

Da die therapeutische Gemeinschaft die Kultur des Gastgebers repräsentierte und unsere Arbeit durch deren Struktur und Ausrichtung geprägt wurde, beginnen wir mit der Beschreibung ihrer Klientenpopulation, Philosophie und Routineaktivitäten.

Die Kultur des Gastgebers

Die Klientenpopulation und das Modell

Die therapeutische Gemeinschaft war in einem Tagesbetreuungszentrum für Drogensüchtige angesiedelt, deren Alter von Mitte 20 bis Anfang 50 reichte. Die Suchtklinik war in einem großen Klinikgebäude untergebracht und vereinigte eine Strategie der Selbsthilfe, wie sie für das Modell der therapeutischen Gemeinschaft typisch war, mit einer Vielfalt medizinischer, psychotherapeutischer, pädagogischer und fürsorgerischer Dienste. Die Mitarbeiter der Suchtklinik spielten die Doppelrolle als professionelle Helfer und als Kontrolleure der therapeutischen Gemeinschaft. Die Pflegekräfte z. B. kümmerten sich, wenn es nötig war, um medizinische Probleme, stellten aber auch durch routinemäßige Urinuntersuchungen sicher, dass die Gemeinschaft drogenfrei war. Die Drogenberater und Sozialarbeiter halfen den Klienten, therapeutische Ziele zu formulieren und einzulösen, und beobachteten auch den emotionalen Zustand der therapeutischen Gemeinschaft insgesamt. Neben den internen

Aktivitäten unterhielt die Suchtklinik Kontakt zu den MitarbeiterInnen anderer Krankenhausdienste sowie zu externen Behörden.

Im Durchschnitt behandelte die Klinik zwischen 30 und 40 Klienten, von denen die meisten männlichen Geschlechts, afroamerikanischer oder lateinamerikanischer Herkunft und arm waren. Viele von ihnen waren zum Zeitpunkt der Aufnahme bzw. Einweisung obdachlos, und einige waren HIV-positiv. Die meisten von ihnen hatten lange Geschichten der Abhängigkeit von Crack, Kokain oder sonstigen Drogen und waren Veteranen anderer Drogenprogramme. Um in das Programm der therapeutischen Gemeinschaft aufgenommen zu werden, mussten die Kandidaten zum Zeitpunkt der Aufnahme aktiv „auf Droge" sein, ihre Bereitschaft zeigen, den Drogen zu entsagen, und sich verpflichten, eine 18-monatige Behandlung durchzustehen. In den Erstinterviews wurde die Motivation der Klienten abgeklärt, das Programm erklärt und ein Behandlungsplan zur Einwilligung vorgelegt, in dem persönliche Ziele formuliert wurden.

Erwartungsgemäß verhielten sich diese Klienten in der Anfangsphase passiv, und der ursprüngliche Arbeitsschwerpunkt lag darauf, ihre Einbindung in die Gemeinschaft zu sichern. In der ersten Therapiestufe, die auf mindestens neun Monate ausgelegt war, mussten die Klienten fünf Tage in der Woche anwesend sein. Die Tagesroutine begann mit einer halbstündigen Sitzung, an der die Klienten und Mitarbeiter teilnahmen, und danach folgte eine Reihe von Aktivitäten: Orientierung am Modell der therapeutischen Gemeinschaft, psychologisch-pädagogische Kurse, Einführungsseminare in zwölf Schritten für Anfänger, offene und geschlossene Treffen der „Anonymen Abhängigen", Selbsterfahrungsgruppen, Stützgruppen, Stress- und Entspannungsworkshops und Gemeinschaftssitzungen am Ende des Tages. Freitags und montags, also vor und nach den Wochenendpausen, gab es Treffen, in denen es um „Rückfallprävention" und „Wochenendverlauf" ging. Zusätzlich hatte jeder Klient ein individuelles Arrangement mit einem persönlichen Berater und einem Mentor.

Die Klienten wurden streng auf die Einhaltung der Gemeinschaftsregeln überwacht. Ein Klient, der gegen die Regeln verstoßen hatte, musste sich den anderen Klienten wie auch den Mitarbeitern des Programms stellen. Zweimal in der Woche war die Hauptaktivität des Tages die „Begegnung", die von der gesamten therapeutischen Gemeinschaft besucht und durch die Mitarbeiter gefördert wurde. In dieser emotional aufgeladenen Atmosphäre nahmen die Klienten der Reihe nach Platz auf dem „heißen Stuhl" und mussten dann über Fortschritte, Verweigerungen, Gemeinschaftsleistungen und manipulatives Verhalten Rechenschaft ablegen. Die Encounter-Sitzung hatte die Funktion, die Einhaltung der Regeln zu bekräftigen, die Rechtfertigungen des Inhabers des „heißen Stuhles" zu ergründen und die übrigen Gruppenmitglieder zum Ausdrücken ihrer Gefühle zu ermutigen. Generell sah man die häufigen Zusammenkünfte als ein Instrument, den Mitgliedern der therapeutischen Gemeinschaft zu helfen, sich zu öffnen und sich wechselseitig zu stützen.

Man erwartete, dass der Klient in dieser Therapiestufe zunehmend in die Gemeinschaft hineinwachsen würde. Ob die Einbindung in das Programm und die nachhaltige Drogenabstinenz gelingen würden, war gemäß diesem Konzept abhängig von einer Mischung aus persönlicher Motivation, der Unterstützung durch die therapeutische Gemeinschaft und der Geltendmachung der gemeinschaftlichen Werte. Das Durchhaltevermögen der Klienten wurde zum einen mit der Übertragung von Verantwortlichkeiten für die Gemeinschaft belohnt, was vom Bodenwischen und Organisieren von Festen bis zur Planung und Leitung von Sondersitzungen reichen konnte, und zum anderen mit der Zuweisung der Rolle des „großen Bruders" für neue Mitglieder der therapeutischen Gemeinschaft. Man ging davon aus, dass diese Fortschrittsmarkierungen ein Gefühl der Zugehörigkeit erzeugen und sich zugleich Verantwortung und Selbstachtung entwickeln würden.

Nach etwa neun Monaten Drogenabstinenz und zufrieden stellender Teilnahme am Programm kam der Klient in eine neue Therapiestufe, in der seine Anwesenheit nur an zwei bis drei Tagen in der Woche vorgeschrieben war. Auf dieser Stufe, die auch als Rehabilitierungsphase bezeichnet wird, konzentrierte man sich darauf, den Klienten bei der Anpassung an das Leben draußen zu unterstützen, und half ihm bei finanziellen Angelegenheiten, der Suche nach einer Unterkunft und Arbeit, bei rechtlichen Fragen, Familienthemen und anderen wichtigen Beziehungen. Zu dem Zeitpunkt, zu dem die Klientin bzw. der Klient das Programm absolvierte, erwartete man, dass sie bzw. er eine Arbeitsstelle oder einen Ausbildungsplatz gefunden oder sich in einer Schule angemeldet hatte; dass sie bzw. er die Probleme im Griff hatte, welche die Drogenabstinenz und die weitere Rehabilitation bedrohen könnten; dass sie bzw. er mit der Suchtklinik in Verbindung bleiben würde, z. B. in der Rolle der Mentorin bzw. des Mentors für neue Klienten.

Der Prozess verlief nicht immer so reibungslos, wie der Plan es vorsah. Die Zahl der Abbrecher war hoch. Einige Klienten schafften es nie über die Orientierungsphase hinaus, andere waren immer nur unregelmäßig anwesend, bis sie schließlich das Programm ganz verließen, und wieder andere Klienten waren zwar regelmäßig anwesend, blieben aber emotional unbeteiligt. Ausrutscher und Rückschläge kamen vor und verlangsamten den Fortschritt auf den einzelnen Therapiestufen und zogen die Behandlung in die Länge. Einige Klienten mussten das Programm verlassen – meistens deshalb, weil sie gegen die Regel der Drogenabstinenz verstoßen hatten. Andererseits gab es Klienten, die an die therapeutische Gemeinschaft überangepasst waren und sich gegen den Eintritt in die Rehabilitierungsphase und den erfolgreichen Abschluss sträubten. Trotz all dieser unvermeidlichen Probleme war dieses Programm ein prinzipiell erfolgreiches Beispiel für das Modell der therapeutischen Gemeinschaft.

Die Einstellung der therapeutischen Gemeinschaft zur Familie

Da wir besonders an einem familienorientierten Ansatz interessiert waren, galten unsere ersten Beobachtungen in den wöchentlichen Konferenzen den Bemerkungen, die sich auf die Familien der Klienten bezogen. Was war über diese bekannt? Worüber wurde diskutiert? Welche Einstellungen waren vorhanden? Vielleicht überrascht es nicht, dass kaum über die Angelegenheiten der Familien gesprochen wurde. Die Klienten wurden in Begriffen des individuellen Erfolgs und Versagens, ihrer Beziehungen zu anderen Mitgliedern der therapeutischen Gemeinschaft und ihrer Interaktionen mit den Klinikmitarbeitern abgehandelt. Über die Beziehung der Klienten zu ihren Familien oder darüber, inwieweit diese die Rehabilitierung beeinflussen könnten, wurde wenig oder überhaupt nichts gesagt. De facto wussten die Mitarbeiter wenig über den Hintergrund, die Realitäten oder das Beziehungsgeflecht der Klientenfamilien.

Die Beobachtung der Diskussionen führte uns zu der Erkenntnis, dass die therapeutische Gemeinschaft auf zwei Hypothesen beruhte: dass drogenabhängige Klienten auf sich selbst fokussieren und sich mit ihrer Sucht auseinander setzen müssen, bevor sie etwas anderes tun können, und dass die therapeutische Gemeinschaft der Heilungskontext an und für sich ist. Alles, was sich im klinischen Kontext ereignete, wurde in einen Zusammenhang gebracht mit dem Kampf um ein drogenfreies Leben, und die Beziehungen zwischen den Mitgliedern der therapeutischen Gemeinschaft wurden als die allein selig machende Kraft zur persönlichen Problembewältigung gepflegt. Keine der beiden Hypothesen lenkte die Aufmerksamkeit der Klinikmitarbeiter auf die Klientenfamilie als relevantes Interventionselement.

Die therapeutische Gemeinschaft in Aktion

Die Realität der Beziehungen innerhalb der therapeutischen Gemeinschaft war natürlich komplex. Freundschaften entstanden während des Ablaufs der täglichen Aktivitäten und reichten über die Programmstunden hinaus, in denen man von den Mitgliedern der therapeutischen Gemeinschaft wechselseitige Unterstützung erwartete, durch die Rückschläge verhindert werden sollte. Manche Arten von Beziehungen, z. B. die Patenschaft für neue Teilnehmer durch „dienstältere" Mitglieder, wurden von der therapeutischen Gemeinschaft explizit gutgeheißen. Andere Arten, z. B. sexuelle Beziehungen, wurden dem Inzest gleichgesetzt und waren ausdrücklich verboten. Zum größten Teil spiegelten die Kontakte zwischen den Mitgliedern der therapeutischen Gemeinschaft die spontane Dynamik von Allianzen und Feindschaften, der Dominanz und des Bedürfnisses, Aufmerksamkeit zu geben und zu erhalten. Dienstliche Grenzen und Objektivität stellten sich oft als verschwommen dar, wenn Klienten um die Aufmerksamkeit der Klinikmitarbeiter buhlten und sich über die Bevorzugung anderer Mitglieder der therapeutischen Gemeinschaft beschwerten, während das Personal die Klienten voreinander schützte. Von der Intensität und Dynamik her gesehen, hatte die therapeutische Gemeinschaft viele Merkmale einer Familie, und tatsächlich bezeichnete man sie oft als die „wirkliche" Familie einiger Klienten.

Das der therapeutischen Gemeinschaft zugrunde liegende Leitkonzept machte die Klinikmitarbeiter stark. Weil man sich auf die Drogensucht als das Problem und die therapeutische Gemeinschaft als die Lösung konzentrierte, wurden die übrigen Lebensbereiche der Klienten als sekundär behandelt. In Teamsitzungen erfuhren wir

z. B., dass eine Klientin Rede und Antwort stehen musste, weil sie zu spät zur Klinik gekommen war; denn auf dem Weg von ihrer Unterkunft zur Klinik war sie noch in die Kirche gegangen. Wir hörten auch, dass ein Klient, der in der Nacht als Bäcker hätte arbeiten können, zur weiteren Arbeitslosigkeit gezwungen wurde, weil er sonst für die Tagesaktivitäten der therapeutischen Gemeinschaft zu müde gewesen wäre. Wenn wir uns nach den Familien der KlientInnen erkundigten, bekamen wir zur Antwort, dass es diese nicht gebe („Joe hat keine Familie"), dass ein Klient seine Familie ablehne („Dave möchte nicht, dass seine Familie einbezogen wird"), dass eine Klientin von ihrer Familie zurückgewiesen werde („Paulas Familie möchte nicht belästigt werden") oder dass die Familie schädlich sei („Brendas Mutter hat einen schlechten Einfluss, was Brenda rückfällig machen könnte").

Der Gedanke an eine Mitwirkung der Familien kam erst in der Rehabilitierungsphase auf, und zwar im Zusammenhang mit der Überzeugung, dass Klienten sich erst der therapeutischen Gemeinschaft gegenüber verpflichten und mit ihrem Suchtverhalten befassen müssten, bevor sie emotional bereit seien, Familienprobleme abzuhandeln. Selbst an diesem Punkt wurden die Familien der KlientInnen nicht in die Behandlung einbezogen; stattdessen wurden die Familien zu besonderen Anlässen, z. B. zu Feierlichkeiten, eingeladen. Familie und Außenwelt wurden in erster Linie als Ressourcen für die Zeit nach der Behandlung betrachtet, auf die man zurückgriff, wenn ein Klient den Punkt erreicht hatte, an dem er seine Entlassung plante und seinen Abschied von der therapeutischen Gemeinschaft vorbereitete.

Nachdem wir das Modell der Kultur des Gastgebers verstanden hatten, mussten wir unsere Rolle als Familienberater des Perinatalprogramms überdenken.

Dem Perinatalprogramm eine familienorientierte Perspektive geben

Die ersten Klientinnen, die in das Perinatalprogramm aufgenommen wurden, machte man mit dem gängigen Ansatz der therapeutischen Gemeinschaft vertraut. Erwartet wurde von ihnen, dass sie eine enge therapeutische Beziehung zu ihren Drogenberatern entwickeln und mindestens 18 Monate lang der therapeutischen Gemeinschaft verpflichtete Mitglieder sein würden. Familienthemen waren nicht von Bedeutung. Wenn eine schwangere, drogenabhängige Frau ihre Kinder in Pflege gegeben hatte, sah man es als selbstverständlich an, dass sie ihre Beziehung zu ihnen so lange aussetzte, bis sie in dem Drogenprogramm Fortschritte gemacht hatte – die sie durch ihre Bereitschaft signalisierte, sich auf ihr Suchtverhalten zu konzentrieren und der Philosophie der zwölf Schritte zu folgen.

Wir sahen die Situation aus einem anderen Blickwinkel. Wir waren der Meinung, dass die Mitarbeiter des Perinatalprogramms gegenüber der Bedeutung der Familie als Ressource sensibler werden und lernen müssten, wie die Bindungen der Klientinnen zu ihren Kindern, Partnern, Geschwistern und Eltern geschützt und intensiviert

	Therapeutische Gemeinschaft	Systemischer, familienorientierter Ansatz
Oberster Wert	Drogenabstinenz	Verbundenheit mit der Familie
Rolle der Familie	zweitrangig	Priorität
	gelegentlich als Gast	volle Mitwirkung
	Ressource gegen Ende des Programms	Ressource von Anfang an
	kompliziert die Behandlung	wird kompliziert durch die Behandlung
	Teil des Problems	Entscheidend für die Lösung
Reaktion auf neue Klientenpopulation	muss sich der Gemeinschaftsstruktur anpassen	verlangt spezifische Subkultur
Beziehungsstruktur	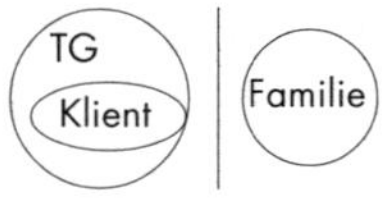	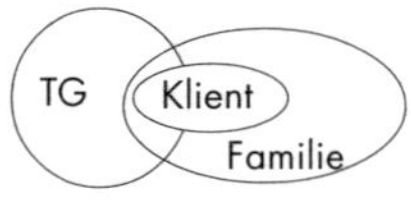

Abb. 6.1: Unterschiedliche Herangehensweisen an das Perinatalprogramm: Modell der therapeutischen Gemeinschaft (TG) vs. systemisches, familienorientiertes Modell

werden können. De facto brachten wir ein alternatives Arbeitsmodell in die Situation ein und mussten uns mit der Realität auseinander setzen, dass unser Konzept die beiden Programme zwangsläufig miteinander in Konflikt bringen würde.

Abbildung 6.1 zeigt den Kontrast zwischen dem Modell, wie es die therapeutische Gemeinschaft repräsentiert, und dem Modell, das auf einem systemischen, familienorientierten Ansatz beruht. Die Modelle haben eine unterschiedliche Gewichtung bezüglich Drogenabstinenz vs. Familienverbundenheit, basieren auf unterschiedlichen Konzeptionen zur Rolle der Familie, stellen an die KlientInnen unterschiedliche Bedingungen für den Eintritt in die Behandlungsgemeinschaft und befürworten unterschiedliche Beziehungsstrukturen zwischen Klient, therapeutischer Gemeinschaft und Familie.

Da wir uns der Macht der herkömmlichen Behandlungsphilosophie bewusst sind, haben wir eine direkte Konfrontation sorgfältig vermieden. Wir verlagerten jegliche Provokation auf konkrete Vorgehensweisen, bezweifelten nicht die Priorität der Rehabilitation und beharrten nicht auf der Notwendigkeit, die Familie einzubeziehen. Stattdessen begannen wir mit einem pädagogischen Ansatz, der auf die Familie als einen wichtigen Faktor fokussierte. Unsere Strategie verfolgte zwei Ziele: Zum einen sollte das Interesse der Klinikmitarbeiter am Leben der Klientenfamilie geweckt werden, damit sie die potenzielle Bedeutung der Familie für den Rehabilitierungsprozess einschätzen können; zum anderen sollten konstruktivere Glaubenssysteme und Einstellungen gegenüber Familien als mögliches Fundament für familienorientierte Interventionen erzeugt werden. Zu diesem Zeck boten wir didaktische Vorführungen zur Familienstruktur und ethnischen Zugehörigkeit, zu Konflikten und Stärken an; wir veranstalteten wöchentlich Fallbesprechungen und führten zu Demonstrationszwecken Familiengespräche durch. Unsere Aufgabe war es, die Mitarbeiter des Perinatalprogramms zu schulen, doch diese gehörten zu dem größeren System, und dessen Klienten interagierten mit dem Personal des gesamten Krankenhauses. Deshalb planten wir unsere Aktivitäten so, dass auch die übrigen Mitarbeiter des Krankenhauses daran partizipieren konnten.

Der Fortschritt kam langsam – durch ausführliche Diskussionen über konkretes Fallmaterial, in denen wir automatisch vorgenommene Negierungen umdeuteten und den Gesichtskreis der Klinikmitarbeiter erweiterten. In einem Fall z. B. zweifelten wir an der Einschätzung der Mitarbeiter, nach der eine Klientin von ihrer Familie zurückgewiesen worden sei. Während die offizielle Version lautete, die Familie habe die Frau einstimmig verstoßen, als sie schwanger wurde, konnten wir über verschiedene Mitarbeiter Informationen gewinnen, die auf ein differenzierteres Bild schließen ließen. Der Drogenberater der Klientin wusste von einer Tante, die hilfsbereiter war als die übrigen Familienmitglieder; eine Sozialarbeiterin hatte gehört, dass die Mutter der Klientin Interesse an dem Baby der Klientin, wenn auch nicht an der Tochter selbst, geäußert habe. Als die Tante und eine Schwester unsere Einladung annahmen und zu uns kamen, um uns zu helfen, die Situation der Klientin besser zu verstehen, führten wir das Gespräch als Anschauungsunterricht durch. Gemeinsam erarbeiteten wir eine Landkarte der Familienstruktur und konnten so ein differenzierteres Bild der Familie erzeugen als das, wie es von der Klientin spontan vermittelt wurde oder der Klientenakte zu entnehmen war. Auf der Grundlage dieser und anderer Fallbesprechungen führten wir die Idee, eine Landkarte der Familienstruktur anzufertigen, als eine Methode der Informationsgewinnung ein, um herauszufinden, wer im Leben der Klientin wichtig ist, wer sie schätzt bzw. wer von ihr enttäuscht ist, wer sich um ihre Kinder kümmert und so weiter.

Die Klinikmitarbeiter reagierten interessiert und stellten bald fest, dass selbst die Klientinnen, die sagten, nichts mehr mit ihren Familien zu tun haben zu wollen, ständig Unerledigtes hervorbrachten: das Gefühl, von den Eltern nicht gemocht zu werden; das Gefühl, von der Mutter, die ein Geschwister bevorzugt, ungerecht behandelt worden zu sein; das Gefühl, von einem nahen Verwandten verraten zu werden, weil der „mir die Kinder gestohlen hat“; und das Gefühl, andere Familienmitglieder enttäuscht zu haben. Als das Interesse der Klinikmitarbeiter wuchs, wurden wir gebeten, bei einzelnen Klientinnen Familienberatung zu machen: Inez hatte drei Kinder, die in verschiedenen Familien zur Pflege untergebracht waren, und war mit ihrer Mutter und ihrem Freund in einer komplizierten Dreiecksbeziehung verwickelt. Julies Freund unterstützte offensichtlich ihre Rehabilitation, doch die MitarbeiterInnen verdächtigten ihn, Julie zu misshandeln. Shirley war gefangen in der Vorstellung, dass ihre Kinder in die Obhut ihrer Mutter kommen könnten, zu der sie eine feindselige Beziehung hatte. Beth lebte in einem komplizierten Netzwerk, und die Mitarbeiter hatten ein Treffen mit allen ihren Kindern, deren Pflegeeltern und den Sozialarbeitern anderer Behörden arrangiert.

Wir benutzten diese Familiengespräche, um einen Ansatz zu gestalten, der sich um die Förderung von Familienbindungen dreht und weniger um die Behandlung dysfunktionaler Aspekte, die für die Klinikmitarbeiter vorrangig gewesen waren. Als Shirley sich darüber beklagte, dass ihre Mutter ihren Plan sabotiere, eine Schule zu besuchen und lesen zu lernen, explorierten wir etwas großräumiger und suchten nach positiven Aspekten: „Können Ihre Kinder lesen?"; „Wissen die Kinder, dass Sie nicht lesen können?"; „Können Sie ihnen bei den Hausaufgaben helfen, auch wenn Sie selbst nicht lesen können?"; „Kann Ihre Mutter lesen?" Aus solchen Fragen gewannen wir ein reicheres Bild von der Realität der Familie. Shirleys Mutter konnte nicht nur lesen, sie schrieb sogar Gedichte, und Shirleys feindselige Beziehung zur Mutter war – nicht überraschend – eine Mischung aus Bewunderung und Sehnsucht. Diese Art der gemeinsamen Exploration machte es möglich, Shirley zu helfen, konstruktivere Familienbindungen herzustellen.

Unsere Investitionen als Lehrer in die Klinikmitarbeiter und als Berater in die Familien fokussierten auf einzelne Fälle und waren auf ein paar Stunden pro Woche begrenzt. Wir wussten, dass das nicht ausreichte: Die Struktur der Organisation müsste sich ändern, und wir suchten Wege, auf die Politik und Verfahren der Organisation einzuwirken.

Die Aufnahme- bzw. Einweisungsverfahren verändern

Wenn ein neuer Ansatz in einem System jemals Fuß fassen soll, muss die betreffende Einrichtung ihre Verfahren so verändern, dass die Schubkraft des Modells wirksam werden kann und neu entstehende Techniken unterstützt werden. Das ist ein ganz allgemeines Prinzip. Doch jeder Kontext verlangt eine besondere Einschätzung, bei der zeitliche Abläufe und angemessene Mechanismen im vorgegebenen Rahmen beurteilt werden. Im Falle des Perinatalprogramms bot die hohe Fluktuationsrate der Klientinnen in den ersten Monaten des Programms die Gelegenheit, eine Veränderung der Aufnahmeverfahren vorzuschlagen.

Schon beim Start des Programms wurde deutlich, dass viele Klientinnen nach einer kurzen Zeit wieder aussteigen würden. Die Mitarbeiter des Perinatalprogramms sahen den Abbruch des Programms als natürliche Folge der Tatsache, dass eine Klientin nicht motiviert sei und außerdem unfähig, sich den Regeln der therapeutischen Gemeinschaft anzupassen. Die geringe Zahl von Teilnehmerinnen bedeutete jedoch eine Bedrohung für die Fortsetzung des Perinatalprogramms. Die sinkende Zahl der Anmeldungen rief nach Korrekturen und öffnete den Weg für tief greifende Ideen. Wir gaben zu bedenken, dass sich die Situation verbessern könnte, wenn die signifikanten Mitglieder des Netzwerkes einer Klientin in die Aufnahmeverfahren einbezogen und in den Bemühungen um soziale Wiedereingliederung als Partner fungieren würden. So könnten während der Aufnahme Ehemänner oder Freunde, Eltern, Geschwister, Kinder, Sozialarbeiter von Kinderschutzbehörden oder Jugendämtern anwesend sein – auf jeden Fall eine Person, welche die jeweilige Klientin zur regelmäßigen Teilnahme an dem Programm zu motivieren in der Lage ist. Wir konkretisierten unsere Empfehlung dadurch, dass wir Leitlinien anboten, wie man ein Aufnahmegespräch mit einer Familie führt.

Der erste Versuch, Aufnahmeverfahren zu verändern, schlug fehl – zumindest was die von uns vorgeschlagenen Vorgehensweisen anging. Das Ensemble der Mitwirkenden, die zu Aufnahmegesprächen eingeladen wurden, blieb unverändert. Rückblickend stellten wir fest, dass eine Aufnahme, bei der die Familie einbezogen wird, sich nicht mit der Erfordernis vertrug, das Perinatalprogramm in großer Eile einzurichten. Es war immer noch leichter, schneller und wahrscheinlich bequemer, mit den potenziellen Klientinnen ein Einzelgespräch zu führen und auf dieser Basis über eine Aufnahme in das Programm zu entscheiden. Andererseits veränderte sich die Qualität der Aufnahmegespräche. Die Mitarbeiter reagierten sensibler auf das Netzwerk der Klientinnen. Sie widmeten einen Teil des Einzelgesprächs der Herstellung einer Landkarte, welche die Struktur der Familie der Klientinnen abbildete, und stellten Fragen über die Zusammensetzung der Familie, die Qualität ihrer Beziehungen und die Einstellungen verschiedener Familienmitglieder zur Sucht und möglichen Rehabilitierung der Klientinnen.

Darüber hinaus wurden die Behandlungspläne, die während der Aufnahmegespräche entstanden, in einer anderen Sprache abgefasst und beinhalteten Zielsetzungen mit einem breiteren Spektrum. Während man sich in früheren Behandlungsplänen vage auf das Fernziel bezog, dass eine Klientin das Sorgerecht für ihre derzeit in Pflege untergebrachten Kinder zurückerhalte, wurde nun explizit darauf Bezug genommen, dass der Kontakt der Klientin zu den Kindern zu pflegen und verbessern sei, auch wenn die Kinder in Pflege blieben. Das war ein wichtiger Schritt nach vorne. Im Kontext der Beziehungen zwischen der therapeutischen Gemeinschaft und dem Krankenhaus bedeutete dieser Schritt tatsächlich einen Wendepunkt. Die informelle Botschaft dieses Umfeldes war bis dahin immer eindeutig gewesen: Wenn du schwanger und drogensüchtig bist, nimmt dir das Krankenhaus dein Kind sofort nach der Geburt weg. Aufgrund der Existenz eines Programms, in dem man Mutter und Kind als Einheit betrachtete und auf die Wiederherstellung von Familienbindungen hinarbeitete, verbesserte sich allmählich der Ruf des Krankenhauses. Die Zahl schwangerer, drogensüchtiger Frauen, die sich freiwillig in dem Krankenhaus meldeten und an dem Programm teilnehmen wollten, stieg signifikant.

Das Perinatalprogramm löst sich aus der therapeutischen Gemeinschaft

Die zweite Fortbildungs- und Beratungsphase begann, als das Programm „alte Hasen" hervorbrachte, was bedeutet, dass manche Klientinnen schon lange genug an dem Programm teilgenommen hatten, um einen „harten Kern" bilden zu können. An diesem Punkt stellten sie für die therapeutische Gemeinschaft – insbesondere für die Klinikmitarbeiter – eine Herausforderung an die etablierten Verfahren dar. Diese Herausforderung erzeugte einen Konflikt, bot aber auch eine Chance zur Überprüfung und Korrektur, und wir konnten eine familienorientierte Perspektive auf direktere Weise in das Programm einbringen.

Probleme bei den KlinikmitarbeiterInnen

Als die Zahl der Teilnehmerinnen des Perinatalprogramms wuchs, gesellten sich zu dem Problem der hohen Fluktuation auch noch die Ambivalenz und die dürftige Verbindlichkeit der Frauen, ihre unregelmäßige Anwesenheit und häufigen Verstöße gegen die Regeln. Klientinnen des Perinatalprogramms kamen oft zu spät, gingen zu früh weg, versäumten ganze Tage und nahmen nur nachlässig an Sitzungen der therapeutischen Gemeinschaft teil.

Die Folge war, dass sich zwischen den Klinikmitarbeitern über Behandlungsfragen und Disziplinarmaßnahmen eine Kluft auftat. Die zum Kern gehörenden Mitarbeiter der therapeutischen Gemeinschaft erwarteten von den Neulingen, dass sie sich voll und ganz an die Standardregeln des Programms hielten, weil sie Angst davor hatten, dass geringere Anforderungen die Rehabilitierung verhindern und die Moral der Klientinnen und Klienten untergraben würden. Die MitarbeiterInnen des Perinatalprogramms argumentierten, dass die besonderen Lebensumstände der Klientinnen eine flexiblere Haltung verlange. Sie erlaubten den Frauen, auch weniger als fünf Tage pro Woche anwesend zu sein oder weniger Stunden am Programm teilzunehmen, und nahmen insgesamt eine nachsichtigere Haltung gegenüber Regelverstößen ein.

Im Gegensatz zu dieser Ausnahmeregelung belegten die zum Kern gehörenden Mitarbeiter der therapeutischen Gemeinschaft die Klientinnen des Perinatalprogramms mit den üblichen Sanktionen, wenn diese gegen die Regeln verstießen. Die Verletzungen der Regeln nahmen zu, und die Unstimmigkeiten zwischen den Klinikmitarbeitern eskalierten, wobei sich die Fragen, ob, wie und wen man bestrafen sollte, ständig wiederholten. Zum Teil war es auf diese personalinternen Spannungen zurückzuführen, dass die Koordinatoren des Perinatalprogramms ihre Arbeit als aufreibend empfanden. Nachdem die zweite Person auf diesem Posten gekündigt hatte, wurden wir bei der Neubesetzung der Stelle um Rat gefragt, woraufhin ein Koordinator mit einem starken Interesse an der Familiendynamik[8] eingestellt wurde.

Für die Organisationsberatung ist die personelle Ausstattung einer Einrichtung ein wesentlicher Faktor und zugleich eine Unwägbarkeit. Veränderungen lassen sich nicht diktieren, sobald sich aber eine Gelegenheit zur Veränderung ergibt, ist es ein begrüßenswerter Vorteil, wenn die Berater bei der Einschätzung neuer Kandidaten mitwirken können.

Der Wechsel auf der Koordinatorenstelle setzte dem Konflikt unter den Klinikmitarbeitern kein Ende; im Gegenteil: Die Aktivitäten des neuen Koordinators brachten das Fass zum Überlaufen. Er startete eine energische und erfolgreiche Werbekampagne für das Perinatalprogramm, die auf einer rührigen Zusammenarbeit mit der Abteilung für Frauenheilkunde und Geburtshilfe des Krankenhau-

8 David Greenan, der gegenwärtig am *Minuchin Center for the Family* tätig ist, wurde Koordinator dieses Programms und war später dafür zuständig, dass das Programm auf andere Kontexte ausgedehnt wurde.

ses und mit den regionalen Obdachlosenasylen für Frauen basierte. Daraufhin stieg die Zahl der Teilnehmerinnen schneller als zuvor, wodurch die Infragestellung bestehender Regeln und die Unstimmigkeiten bezüglich der Krankenhauspolitik noch deutlicher wurden.

Geschlechtsspezifische Problemlagen berücksichtigen

Die Kluft zwischen den Klinikmitarbeitern erlaubte den Beratern, unterschiedliche Standpunkte in die offene Diskussion einzubringen. Wir motivierten dazu, dass in den einmal monatlich stattfindenden Konferenzen unter dem Vorsitz des Leiters der Suchtklinik der Konflikt zur Sprache gebracht wurde, und boten Analysen und Empfehlungen für einen Kontext an, der einen optimalen Einfluss auf die Arbeitsweise des Perinatalprogramms garantierte. Vor allem nutzten wir den Vorteil dieses Forums und die Anwesenheit des neuen, familienorientiert ausgerichteten Koordinators, um vorzuschlagen, dass die Klientinnen des Perinatalprogramms als eine besondere Population behandelt werden müssten und ein Programm benötigten, das ihren Bedürfnissen entspreche.

Wir stellten uns auf den Standpunkt, dass die Schwierigkeiten, welche die Teilnehmerinnen des Perinatalprogramms bei der Anpassung an die Regeln der therapeutischen Gemeinschaft hätten, weitgehend mit geschlechtsspezifischen Problemen erklärt werden könnten – wenn man allein die Realität der Schwangerschaft berücksichtige. Diese Frauen kamen auf einem anderen Weg in die Klinik als die Klienten der therapeutischen Gemeinschaft. Anders als ihre männlichen Kollegen hatten sie nicht mit der Entscheidung gerungen, sich der therapeutischen Gemeinschaft anzuschließen. Die meisten von ihnen waren jäh vor die Wahl gestellt worden, entweder an dem Programm teilzunehmen oder das Kind sofort nach der Geburt in Pflege geben zu müssen. Im Gegensatz zu den Klienten der therapeutischen Gemeinschaft, von denen viele ein Zimmer in der Klinik hatten, waren die Klientinnen über Freunde, Kinder, Eltern, Geschwister stärker mit der Außenwelt verbunden. Die betreuenden Sozialarbeiterinnen der Kinderfürsorgebehörden, die oft in die Erhaltung von Familienbindungen investierten, motivieren tendenziell zu derlei Interessen. Als Paula eine Programmveranstaltung früher verließ, um ihre Tochter zu besuchen, als Tina zwei Tage versäumte, weil ihr Freund seine Kinder mit nach Hause brachte, und als Christa drei Tage abwesend war, um Einwanderungsformalitäten zu erledigen und Sozialhilfe zu beantragen, wurden diese Frauen von den Sozialarbeiterinnen der Kinderfürsorgebehörde und des Jugendamtes dazu ermutigt.

Wir betonten die neuen Realitäten, welche die Einführung einer weiblichen, vielfältig mit der Außenwelt verbundenen Population in eine überwiegend männliche und weitgehend geschlossene therapeutische Gemeinschaft mit sich brachte. Wir zeigten Verständnis dafür, dass die vordringliche Aufgabe der KlinikmitarbeiterInnen darin bestand, sich auf die Aktivitäten und den Fortschritt ihrer Klienten zu konzentrieren, drangen aber auch darauf, dass die Mitarbeiter den für die Frauen wichtigen Realitäten der Außenwelt Rechnung trugen. Für alle Mitarbeiter der therapeutischen Gemeinschaft bedeutete dies, mehr Toleranz für die Art aufzubringen, wie die Frauen an dem Programm teilnahmen und die Regeln befolgten. Für die Mitarbeiter des Perinatalprogramms, mit denen wir sehr eng zusammenarbeiteten und die direkt mit den Frauen zu tun hatten, bedeutete dies, neue Programmaktivitäten in Form von Gruppen zu entwickeln, die sich zum Gespräch über familienorientierte Themen treffen sollten: eine Elternstützgruppe und eine Familienthemengruppe.

Die Elternstützgruppe

Für uns schien klar, dass die Aufmerksamkeit der Klientinnen des Perinatalprogramms zumindest zeitweilig auf die Beziehung zu ihren Kindern gelenkt werden sollte, und zwar nicht nur zu ihren noch ungeborenen, sondern auch zu ihren anderen Kindern. Wir schlugen vor, dass Experten für die kindliche Entwicklung aus der Krankenhausabteilung für Kinderheilkunde diese Aktivität initiieren könnten, was eine revolutionäre Idee zu sein schien. Die Klinikmitarbeiter hatten zwar Kontakt zu einigen medizinischen Diensten des Krankenhauses und nutzten diese im Notfall auch, waren es aber nicht gewöhnt, die Ressourcen des gesamten Krankenhaussystems in ihr Programm zu integrieren. Wir offerierten also ein Modell der Kommunikation und der verbundenen Dienste, das über tradierte und ziemlich sorgfältig gehegte Grenzen hinausging.

In Übereinstimmung mit dieser Empfehlung wurde der Stundenplan der Programmaktivitäten dahin gehend modifiziert, dass wöchentlich eine Sitzung zum Thema Kinder und die Elternrolle eingerichtet wurde. Die Sitzungen fanden in einem Raum auf der

Säuglingsstation statt, der mit Spielzeug und mit Kinderbildern an den Wänden ausgestattet war, wodurch eine warme und kindorientierte Atmosphäre entstand. Mit dem Treffen bekamen die Frauen eine Gelegenheit, über Eltern-Kind-Beziehungen zu sprechen, ihre Erfahrungen und Sorgen miteinander zu teilen, etwas über die entwicklungsbezogenen Fähigkeiten ihrer Kinder zu lernen und darüber, wie man die kindliche Entwicklung fördern kann.

Die Einführung einer Programmaktivität, die von Mitarbeitern der Abteilung für Kinderheilkunde geleitet wurde, hatte den wellenartigen Effekt, dass der Familienfokus des Programms erweitert wurde. Die Klientinnen verbrachten nun einen Teil des Programms damit, über Elternthemen statt über Drogenprobleme zu sprechen, und man brachte sie in Kontakt mit anderen in der Abteilung für Kinderheilkunde angesiedelten pädiatrischen Diensten, die z. B. die Untersuchung ihrer Säuglinge und Kleinkinder und ein kindertherapeutisches Programm umfassten. Nach der ersten Programmphase gehörten auch Väter und andere wichtige Erwachsene aus dem natürlichen Netzwerk der Klientinnen zu der Gruppe. Ein weiterer wichtiger Entwicklungsschritt der Gruppe bestand darin, dass männliche Mitglieder der therapeutischen Gemeinschaft auf eigenen Wunsch aufgenommen wurden, was sich folglich auf die klinische Gemeinschaft auswirkte. Die Bemerkung eines Klienten der therapeutischen Gemeinschaft bringt den Effekt, wenn in einem Drogenprogramm auf die Familie fokussiert wird, auf den Punkt: „Diese Gruppe mag ich am liebsten, weil ich hier nicht wie ein Drogensüchtiger behandelt werde, sondern wie ein Vater."

Die Familienthemengruppe

Die zweite Ergänzung des Perinatalprogramms war eine zweimal wöchentlich tagende Gruppe, die sich mit Familienthemen beschäftigte und vom Programmkoordinator sowie einem Berater von *Family Studies, Inc.*, geleitet wurde. Diese Gruppe spielte eine wichtige Rolle bei der Abgrenzung des Programms von einem eher herkömmlichen Arbeitsansatz. Sie führte die „Familie" als zentrales Gesprächsthema ein und sensibilisierte die Frauen für die Zusammenhänge zwischen ihren Interaktionen im Rahmen des Perinatalprogramms und ihren Beziehungen zu ihren Familien. Diese Sitzungen, die ursprünglich als „Resonanzboden" bei der Beschäftigung mit schwierigen Familienmitgliedern gedacht waren, halfen den

Teilnehmerinnen, sich von konflikthaften Verwandtschaftsbeziehungen zu eher produktiven Verbindungen zu bewegen. Die Gruppe fing an, Familienmitglieder zu Beratungsgesprächen einzuladen und diese Einladungen als Annäherung und Exploration schwieriger Probleme zu rahmen.

Katherine z. B. schilderte, wie sie vor sechs Jahren ihre beiden noch sehr kleinen Kinder bei ihrer Tante in Pflege unterbrachte, weil sie sich außerstande fühlte, sich um ihre Kinder zu kümmern. Die beiden Frauen erwarteten, dass Katherine innerhalb von zwei Jahren ihre Kinder zurückholen würde, und die Tante versprach, die Kinder zurückzugeben. Da Katherine aber tatsächlich erst nach mehr als fünf Jahren ihre Kinder zurückhaben wollte, bat die Tante um Aufschub, um gewisse Vorbereitungen zu treffen. Katherine stimmte zu, weil ihr die Bitte der Tante sinnvoll vorkam, doch beide Frauen hatten nach diesem Gespräch ein unbehagliches Gefühl. Miteinander zu sprechen war nicht mehr leicht, und die Tante machte es Katherine schwerer, die Kinder zu besuchen.

Als Katherine ihre Geschichte erzählte, schlug eine Teilnehmerin vor, sie solle ihre Tante vor Gericht bringen. In der Gruppe war dies eine gängige Reaktion auf Konflikte um Familienbesuche und Sorgerecht. Der Familienberater schlug stattdessen vor, dass Katherine ihre Tante zu einem Gespräch in die Gruppe einladen solle. Obwohl Katherine bei dieser Vorstellung nervös wurde, war sie damit einverstanden und rief ihre Tante an, um einen Termin für ein Treffen abzumachen. Das Treffen hatte sowohl für Katherine als auch für die Gruppe weit reichende Konsequenzen. Der Berater konnte dazu beitragen, dass die Tante nicht nur über ihren Zweifel an Katherines mütterlicher Kompetenz sprach, sondern auch über ihre eigene Reaktion auf die Rückgabe der Kinder. Obwohl Katherine ziemlich aufgebracht war, konnte sie die Haltung der Tante akzeptieren, und man fand Wege, die Frequenz von Katherines Besuchen bei ihren Kindern zu erhöhen. Eine auf Vorwürfen aufgebaute, feindselige Beziehung verwandelte sich langsam in eine Kooperation.

Für die Gruppe war Katherines Entscheidung, ihre Tante zu einem Gespräch einzuladen, ein kathartisches Moment. In den darauf folgenden Wochen arrangierten zwei weitere Frauen in ähnlichen Lebenssituationen Treffen mit ihren Familien. Der automatische Impuls, derlei Probleme über ein gerichtliches Verfahren zu lösen, wurde schwächer und machte der Überlegung Platz, Familienmitglieder zu einer Sitzung einzuladen und gemeinsam auf die Lösung von Problemen hinzuarbeiten.

Sowohl für die Klientinnen als auch für die KlinikmitarbeiterInnen bedeuteten solche Vorgehensweisen eine grundlegende Veränderung im Denken und Handeln: Sie waren zufrieden, manchmal aufgeregt und voller Hoffnung. Wir hielten es für möglich, auch wenn wir keinen Beweis für unsere Annahme hatten, dass die Zusammenführung mit Familienmitgliedern den Klientinnen nicht nur helfen kann, Beziehungen zu reparieren, sondern auch schrittweise von ihrer Drogensucht loszukommen. Das Gefühl von Solidarität und Unterstützung in der Gruppe wirkte in die gleiche Richtung und bot ein Muster für und eine Ergänzung – aber keinen Ersatz – der Familienbindungen. Generell gaben die speziell für dieses Perinatalprogramm gebildeten Gruppen die gleiche Art von Unterstützung wie die verschiedenen Gruppen und Aktivitäten der größeren therapeutischen Gemeinschaft. Der Unterschied bestand allerdings darin, dass sich die Gruppe vorwiegend mit Frauenthemen beschäftigte und die Gruppenmitglieder stark an Beziehungen und Realitäten der Außenwelt gebunden waren.

Der Einfluss der Neugeborenen

Die besonderen Bedürfnisse der Klientinnen des Perinatalprogramms konturierten sich stärker, als die ersten Frauen, die während ihrer Schwangerschaft in das Programm aufgenommen wurden, sich der Niederkunft näherten. Neue strukturpolitische Fragen wurden gestellt, und neue Realitäten führten zu Veränderungen sowohl in der räumlichen Organisation als auch im Behandlungsfokus.

Fragen der Strukturpolitik

Veränderungen im Denken münden nicht automatisch in die Fähigkeit zur Verallgemeinerung. Wenn neuartige Probleme auftauchen, besteht die Tendenz, auf herkömmliche Annahmen und Verfahren zurückzugreifen, anstatt mit weniger vertrauten Modellen zu arbeiten. So wurde die Geburt der Kinder zu einer neuen Quelle des Konflikts unter den Klinikmitarbeitern. Die Leitung der therapeutischen Gemeinschaft erwartete, dass die städtische Kinderfürsorgebehörde eine Familienpflegerin zur Verfügung stellen würde, die das Kind einer Klientin in deren Wohnung bzw. Unterkunft betreuen würde, damit die Mutter während dieser Zeit an den Programmaktivitäten teilnehmen könne. Einige Sozialarbeiter der Kinderfürsorgebehörde begrüßten diese Regelung, andere beharrten darauf, dass die Mutter ihr Kind selbst betreue, selbst wenn dadurch ihre Teilnahme an den Programmaktivitäten eingeschränkt werde. Die Mitarbeiter der therapeutischen Gemeinschaft reagierten mit gesteigertem Misstrauen: „Wo ist der Haken, wenn sie zwischen Kind und Programm wählen können?" „Wäre es nicht unverantwortlich, wenn man zuließe, dass diese Kinder bei ihren Müttern bleiben dürften?" Die Mitarbeiter des Perinatalprogramms standen im Zentrum der Auseinandersetzung und schwankten zwischen den beiden Positionen hin und her.

Wiederum machte es der Konflikt über strukturpolitische Fragen den Beratern möglich, eine Vorgehensweise zu empfehlen, welche die besonderen Merkmale des Perinatalprogramms unterstrich. Wir stellten uns auf den Standpunkt, dass die *Familie* in das Programm aufgenommen werden müsse, und machten zwei Aspekte deutlich: Der Schutz und die Pflege der Mutter-Kind-Bindung seien ein Grundpfeiler des Perinatalprogramms, sogar dessen eigentliche Rechtfertigung; und die Anwesenheit der Kinder solle als Bereicherung und nicht als Behinderung des Wiedereingliederungsprozesses verstanden werden. Mit diesen Argumenten zogen wir das Modell der Familienpflegerin als Lösung des Problems in Zweifel. Statt die Säuglinge den Müttern wegzunehmen, musste das Perinatalprogramm Wege finden, um Mutter und Kind so lange wie möglich zusammenzuhalten, während die Mutter an den Programmaktivitäten teilnahm. Diese Position löste eine erneute Überprüfung strukturpolitischer Fragen aus, in die mehrere Hierarchieebenen der Krankenhausorganisation involviert waren. Schließlich führte diese Überprüfung zu einschneidenden Veränderungen in der Struktur des Perinatalprogramms.

Veränderungen in der räumlichen Organisation

Die erste Frage war, ob das Krankenhaus die Anwesenheit der Säuglinge akzeptieren werde. Die Frage bezog sich sowohl auf die Kinder, die eigentlich keine Patienten waren, als auch auf die, die bereits HIV-positiv geboren worden waren. Unter dem Kinderpflegepersonal gab es Bedenken, dass HIV-positiv geborene Kinder ein Infektionsrisiko für die Klientinnen der Klinik darstellen könnten. Auf Anordnung des Leiters der Suchtklinik prüfte der leitende Epidemiologe des

Krankenhauses die Situation und gab eine Entscheidung ab, die zwei Punkte hervorhob: Die Versorgung der HIV-positiven Säuglinge vor Ort sei akzeptabel, und bestimmte Richtlinien zur Gesundheit und Sicherheit aller Säuglinge müssten befolgt werden. Klientinnen, die ansteckende Krankheiten auf die Kinder übertragen konnten, mussten auf die Teilnahme an den Programmaktivitäten vorübergehend verzichten; ein angemessen ausgestatteter Bereich sollte als Wickelraum eingerichtet werden; bevor jemand – außer der Mutter – einen Säugling anfasste, musste er sich die Hände waschen; und so weiter.

Diese Richtlinien und die erhöhte Besorgnis um die Sicherheit und das Wohl der Säuglinge führten zu Veränderungen in der räumlichen Organisation. Ein großer Raum wurde zur ausschließlichen Benutzung durch die Perinatalgruppe reserviert. Die Möblierung wurde neu gestaltet, Kinderbetten wurden aufgestellt, sodass die Säuglinge schlafen gelegt werden konnten, die Wände wurden mit bunten Bildern geschmückt, und es gab eine Vorrichtung zum Kühlen und Wärmen der Babyfläschchen. Als dann die Kinder größer wurden, kamen Matratzen, Krabbeldecken und Spielzeuge hinzu. Der Klinikbereich, in dem das Perinatalprogramm durchgeführt wurde, nahm ein ausgesprochen familiäres Aussehen an, und das Kinderzimmer wurde zu einem „Familienzimmer", in dem sich die Frauen treffen konnten, um miteinander zu reden und sich auszuruhen.

Veränderungen im Behandlungsfokus

Zwangsläufig gab es auch Veränderungen, die über die räumliche Organisation hinausgingen. Da die Kinder sehr präsent waren und von ihren Müttern betreut wurden, nahm die Zeit, in der man sich den Klientinnen in ihrer Mutterrolle widmete, im Vergleich zu der Zeit, in der man auf ihre Drogenabhängigkeit fokussierte, zu. Die Elternstützgruppe bestand nun aus richtigen Dyaden, und die Mitarbeiter der Abteilung für Kinderheilkunde konnten sich direkt auf die kommunikativen Fähigkeit von Mutter und Kind konzentrieren, auf die Ernährung der Kinder und auf die Arten der Kinderpflege sowie auf das Verständnis der Mütter von der Entwicklung ihrer Kinder. Die Funktion der Abteilung für Kinderheilkunde erweiterte sich aufgrund logistischer Komplikationen. Die Mitarbeiter der therapeutischen Gemeinschaft waren besorgt darüber, dass die Encounter-Gruppen sich emotional zu intensiv um die Kinder drehen könnten oder dass – umgekehrt – deren Anwesenheit die emotionale Intensität, die ein zentraler Bestandteil der Gruppendynamik war, abwürgen könnte. Die Abteilung für Kinderheilkunde erkannte die Ruhe vor dem Sturm und kreierte – die Mitarbeiter waren gewiefte Profis – neben der Routinebetreuung der Kinder etwas Neues. Man organisierte ein „entwicklungsstimulierendes" Programm für die Kinder, das zweimal in der Woche stattfand, während die Mütter an den Encounter-Gruppen teilnahmen. Die Mitarbeiter der therapeutischen Gemeinschaft modifizierten die Encounter-Sitzungen dahin gehend, dass mit den Frauen respektvoller umgegangen wurde und man sich die Tatsache vor Augen führte, dass viele von ihnen in der Vergangenheit misshandelt oder sexuell missbraucht worden waren.

Die Existenz der Kinder wirkte sich ebenso auf den Inhalt der Gespräche in der Familienthemengruppe aus. Die Gruppe, die sich nun zwischen Kindern, Kinderbetten und Spielmatratzen eingerichtet hatte, konzentrierte sich zunehmend auf die praktischen Implikationen des Mutterseins und auf die Verknüpfung mit anderen Aspekten des Familienlebens. Wichtig wurden Themen bezüglich der Unterstützung, die man als Mutter vom Vater des Kindes, vom Freund, von der erweiterten Familie, von sozialen Netzwerken und Sozialdiensten erhielt oder nicht, einklagte oder nicht. Für die meisten Frauen bedeutete der neue Fokus auch, dass sie ein verstärktes Interesse daran entwickelten, das Sorgerecht für ihre derzeit zur Pflege untergebrachten Kinder zurückzuerhalten.

Veränderungen in der Gruppenidentität

Schließlich spielte die Existenz der Kinder eine entscheidende Rolle dabei, dass sich die Identität dieser Gruppe als eine unverkennbar weibliche Gemeinschaft konsolidieren konnte. Da diese Frauen die alltäglichen Herausforderungen des Mutterseins miteinander teilten, entwickelten sie allmählich ein starkes Solidaritätsgefühl, das um ihre unentrinnbare Lage als Mutter, die sich mit schwierigen Situationen auseinander setzen muss, organisiert war und weniger um ihren Status als einer zu rehabilitierenden Drogensüchtigen.

Als die ersten Teilnehmerinnen des Perinatalprogramms die Rehabilitierungsphase erreichten und Termine für Vorstellungsgespräche hatten, bildeten die Frauen einen informellen Kinderbetreuungskreis, um wechselseitig auf die Kinder aufzupassen. Wenn sie erfuhren, dass eine künftige, aber noch zögernde neue Klientin durch die städtische Kinderfürsorgebehörde inspiziert werden sollte, zogen sie spontan los, um den Kühlschrank der Kandidatin mit Lebensmitteln aufzufüllen, und setzten dann alle Hebel in Bewegung, sie von der Teilnahme an dem Programm zu überzeugen. Und als eine neue Klientin erzählte, dass sie von den anderen Frauen in ihrer Unterkunft angefeindet werde, sagte eine Veteranin des Perinatalprogramms: „Die behandeln dich so, weil sie glauben, du stehst allein da. Sie müssen wissen, dass du nicht allein bist, dass du eine Familie hast. Und wenn du keine hast, dann sind wir deine Familie." Dann beschloss die Gruppe, zu dem Haus zu gehen, in dem die Klientin wohnte, „nicht um jemanden einzuschüchtern, sondern damit sie wissen, dass du nicht allein bist, dass wir uns um dich kümmern".

Hilfe beim Wiederaufbau der Familie

Ein Effekt der Konzentrierung auf die Familie war, dass viele Teilnehmerinnen des Perinatalprogramms beschlossen, ihre älteren Kinder, die in Pflege untergebracht waren, zurückzufordern. Da dieses Thema in den Vordergrund rückte, verbrachte man einen Teil der wöchentlichen Beratungssitzung damit, Techniken für die Verhandlung mit dem Sozialsystem zu entwickeln. Den Mitarbeitern brachte man bei, wie die Mütter dazu ermutigt werden können, mit den zuständigen Sozialarbeitern und Pflegeeltern Kontakt aufzunehmen, und wie man sie durch diesen Prozess begleitet. Schon bald übernahmen Mütter die Leitung dieser Sitzungen und trugen die Verantwortung für etwas, das mit Sicherheit eine Umkehrung der üblichen Hierarchie darstellte.

Manchmal wurde das Perinatalprogramm zu einem Versammlungsort, an dem Mütter, Kinder, Sozialarbeiter und Pflegeeltern über die Schwierigkeiten der Pflegeunterbringung miteinander sprechen konnten. Wenn es einer Teilnehmerin gelang, das Sorgerecht für ihre Kinder zurückzugewinnen, dann halfen die Berater den Mitarbeitern des Programms, die Klientin während des strapaziösen Zusammenführungsprozesses zu stützen.

Als Sonia z. B. in das Programm aufgenommen wurde, war sie schwanger und brachte bald darauf ein Mädchen, Tisha, zur Welt. Sonias Rehabilitierung verlief erfolgreich, und zu dem Zeitpunkt, als sie das Programm abschloss, bekam sie das Sorgerecht für ihre achtjährige Tochter Tania zurück. Ihre Tochter Latoya sollte nach zweijähriger Unterbringung in einem Erziehungsheim in Kürze auch zu ihrer Mutter zurückkehren. Die beiden Söhne von Sonia lebten zusammen in einer betreuten Wohngruppe und sollten vorerst dort bleiben. Sonia hielt den Kontakt zum Perinatalprogramm auch nach ihrem Abschluss aufrecht. Sie bat um gezielte Hilfe für den Umgang mit Tania, die ihrer Meinung nach die Mutter ablehnte, verstockt war und sich der mütterlichen Autorität widersetzte.

Wir erkennen hier die Symptome einer schwierigen Wiedervereinigung der Familie. Sonia und Tania hatten sich über viele Jahre isoliert voneinander entwickelt und mussten nun ziemlich abrupt lernen, wie man als Mutter und Tochter eine Beziehung zueinander aufbaut, wo Sonia doch noch mit den Ängsten des Übergangs von der geschützten Position als Klientin zu der mühevollen Arbeit einer autonomen Mutter kämpfte. Auf der Basis dieser Lesart der Situation lehnte der Berater es ab, ein weiteres Mal als Experte für Tanias Lebenslage aufzutreten. Stattdessen schuf er einen Kontext, in dem Sonia ihre Kompetenz als Mutter üben und verfeinern konnte. Man arrangierte alle zwei Wochen stattfindende Familientreffen mit Sonia und allen ihren Kindern und überließ die Organisation von Sitzungen mit Sozialarbeitern und den Kindern Sonias Entscheidung.

Die Familiensitzungen waren weitgehend unstrukturiert. Bei diesen Treffen hatte Sonia immer viel auf dem Herzen; sie redete von Arbeitsstellen und ihrer Wohnsituation sowie von Themen, die ihre Kinder betrafen. Der Berater stellte sich auf Sonias Realitäten und ihren Stil ein, statt eine Familiensitzung zu inszenieren. Er war ansprechbar, wenn Sonias Sorgen sich um die Kinder drehten, wurde desinteressiert, wenn sie in andere Bereiche abschweifte, und wurde wieder aktiv, wenn das Thema angemessen war. Er ging oft auf ihre scherzende Art ein, indem er mit leichtem Humor ein Familienthema ins Gespräch brachte, Familienmuster inszenierte *(enactment)* oder die Tatsache beleuchtete, dass die Kinder gegenüber Sonia aufgeschlossener seien als den Sozialarbeitern des Heims gegenüber.

Das zentrale Thema dieser Familie war die Unsicherheit hinsichtlich der Familienzusammenführung. Sonia begann jede Sitzung mit einer Kaskade von Beschwerden über das eine oder andere ihrer Kinder und erzählte, wie deren Verhalten sie belaste, wie das Ganze ihre laufende Rehabilitierung gefährde und dass sie vom Gelingen der

Wiedervereinigung der Familie nicht ganz überzeugt sei. Vielleicht sollte sie die Rückkehr der Kinder, die noch in der Wohngruppe leben, verschieben, vielleicht sollte sie die gerade zurückgeholte Tochter wieder in Pflege geben, vielleicht … Der Berater hörte zu, zeigte Mitgefühl für Sonias missliche Lage und konzentrierte sich darauf, Bindungssituationen zu erzeugen, in denen Sonia und die Kinder die Verbundenheit, die Fürsorge und die spielerische Interaktion erfahren konnten, die sie in all den Jahren der Trennung vermisst hatten:

Sonia: Tania geht mir so auf die Nerven. Sie macht überhaupt nichts allein. Ich muss alles machen.

Berater: Was zum Beispiel?

Sonia: Was? Zuerst, als sie kam, da war sie so unabhängig. Sie hat sich allein gekämmt und gewaschen. Jetzt muss ich sie kämmen und waschen. Eigentlich sollte ich das gar nicht machen. Sie ist kein Baby mehr.

Berater: Sie bittet Sie darum, sie zu kämmen?

Sonia: Nein, sie bittet mich nicht darum. Sie kämmt sich dann einfach nicht. Ich muss das dann machen.

Berater: Und sie lässt das zu?

Sonia: Ja. Ich vermute, sie legt es darauf an.

Berater: Ich vermute, sie weist Sie nicht mehr zurück, oder?

Sonia: Ja. Aber jetzt möchte sie, dass ich sie verhätschle.

Berater: Machen Sie das?

Sonia: Manchmal ja. Sie bringt mich dazu, dass ich sie verhätschle.

Berater: Würden Sie mir mal zeigen, wie Sie sie verhätscheln?

Sonia: Ja. *(Zu Tania, im Kommandoton:)* Komm hierher. *(Tania geht rasch zu Sonia und klettert auf ihren Schoß. Sonia fängt an, Tania zu streicheln; ihre Stimme wird weich.)* Ich streichle sie und flüstere ihr ins Ohr, so wie jetzt. *(Sie führt vor, wie sie Tania ins Ohr flüstert. Latoya und die Jungen, die bis dahin gespielt hatten, nähern sich den beiden.)*

Berater (zu den Kindern): Wollt ihr auch mitmachen? *(Die Kinder stehen um Sonia und Tania herum und bilden eine große Gruppe, die sich umarmt.)*

Sonia (lacht): Hört auf! Lasst mich in Ruhe! *(Aber sie behält die Kinder in den Armen, und die Kinder lachen und umarmen sie weiter.)*

Es gibt in solchen Situationen weder Wunder noch die Garantie, dass Sonia und ihre Kinder eine erfolgreiche Wiedervereinigung durchstehen können, insbesondere dann nicht, wenn sie in der Übergangsphase keine Unterstützung bekommen. Es ist aber unter allen Umständen wichtig, dass sie eine Chance haben, ihre Verbundenheit zu spüren und auszudrücken, damit Sonia ihre Bedeutung als Mutter erleben kann und alle einen lebenslang anhaltenden „Familiensinn" haben können – unabhängig davon, wo sie leben und mit wem sie Bindungen eingehen.

Die Orientierung auf die Familie wird konsolidiert

Etwa zweieinhalb Jahre nach Beginn der Fortbildungsmaßnahme fand eine signifikante Entwicklung statt: Der Programmkoordinator initiierte zusammen mit den MitarbeiterInnen der Abteilung für Kinderheilkunde eine Stützgruppe für Betreuer. Die Teilnahme an der Gruppe war freiwillig und stand sowohl Klienten als auch anderen Erwachsenen offen, die im Leben eines betreffenden Kindes eine Rolle spielten. Die Sitzungen fokussierten darauf, den Beteiligten zu helfen, ihre Beziehungen zu anderen Erwachsenen wiederherzustellen oder zu verbessern, insbesondere zu den Personen, die sich um die Kinder der Klientinnen kümmerten, das Sorgerecht für diese hatten oder Entscheidungen fällten, die sich auf das Leben der Frauen und ihrer Kinder auswirkten. Die Gesprächsthemen erstreckten sich über die ganze Bandbreite relevanter menschlicher Beziehungen. In einer Sitzung diskutierte man z. B. über Konflikte, die zwei Paare in Bezug auf ihre Männer- bzw. Frauenrollen erlebten, wobei Themen wie Vertrauen, Respekt und Gehörtwerden im Mittelpunkt standen.

Dieser Prozess war besonders signifikant, weil er von den Klinikmitarbeitern in eigener Regie konzipiert und durchgeführt wurde. Er war ein Schritt, der mit einem familienorientierten Standpunkt vereinbar war, aber nicht von den Vorgaben des Beraters abhing. Im Mitarbeiterprotokoll, in dem die Bildung der Stützgruppe für Betreuer formuliert wurde, stand zu lesen, dass sich die Gruppe auf die Exploration von Strategien konzentrieren werde, um Beziehungen und Kommunikation zwischen den Eltern und anderen im Leben der Kinder wichtigen Erwachsenen zu verbessern, weil man grundsätzlich davon ausgehe, dass die Drogenabstinenz durch den Aufbau stützender Netzwerke stabilisiert werde. Ton und Inhalt des Protokolls ließen erkennen, wie weit die KlinikmitarbeiterInnen von ihrer Einstellung, die Familie der Klientinnen auf Distanz zu halten, abgerückt und der Einstellung, dass die Familie ein unverzichtbarer Aktivposten im Leben der Klientinnen ist, näher gekommen sind.

Die Ausdehnung des Perinatalprogramms auf andere Kontexte

Das ursprüngliche Ziel unserer Intervention war es, die Etablierung einer familienorientiert arbeitenden Krankenhauseinheit zu fördern und diese mit MitarbeiterInnen auszustatten, die einen weiten Gesichtskreis und relevante Techniken entwickelt hatten und das Programm im strukturellen Rahmen der Klinik ohne die Anwesenheit der Berater fortsetzen konnten. Mit der Zeit entwickelte sich die Idee, die Grundgedanken unseres Ansatzes auf andere Kontexte auszudehnen. Die Initiative wurde vom Koordinator des Perinatalprogramms geleitet, der die Hauptverantwortung dafür trug, den familienorientierten Ansatz des Programms auf andere Bereiche auszudehnen.

Die Einsicht, dass das Programm auf andere Kontexte ausgedehnt werden müsse, beruhte auf detailliertem Wissen über die Frauen und die Realitäten ihres Lebens. Sie brauchten eine Fülle sozialer und fürsorgerischer Dienste, und durch die herkömmliche Organisation solcher Dienste waren sie gezwungen, Hilfe bei unterschiedlichen Behörden an verschiedenen Orten zu suchen. Neben dem Tribut, den die Frauen an Zeit und Gesundheit zu leisten hatten, war es für sie nicht leicht, regelmäßig die Perinataleinheit zu besuchen. Der Koordinator suchte nach einer Organisationsstruktur, die einige der wichtigsten Dienste integrieren würde. Medizinische Versorgung, Beschaffung von Wohnraum und Drogentherapie waren vorrangig. Eine wesentliche Voraussetzung eines solchen Netzwerkes war es, dass alle involvierten Elemente die Familien der Klientinnen akzeptierten und dafür Sorge trugen, dass die Frauen mit ihren Kindern in Kontakt blieben.

Die Abteilung für Frauenheilkunde und Geburtshilfe des Krankenhauses war der bevorzugte Ort für die Ausdehnung des Programms. Diese Abteilung konnte die Klientinnen der Perinataleinheit mit medizinischen Diensten versorgen und dadurch verhindern, dass sie zur Schwangerenvorsorge weit reisen mussten. In der Abteilung für Frauenheilkunde und Geburtshilfe gab es auch eine Station für Risikopatientinnen, auf der drogenabhängige Frauen eine medizinische Spezialversorgung bekommen konnten. Ein Zusammengehen mit der Perinataleinheit war – zum allermindesten – ein passendes Arrangement, wenn Frauen zur Drogentherapie eingewiesen wurden. Darüber hinaus waren die MitarbeiterInnen der Station für Risikopatientinnen generell davon überzeugt, dass die Klientinnen nicht mit der Trennung von ihren Kindern konfrontiert werden sollten. Das Personal war sich bewusst, dass die Frauen, die auf diese Station kamen, nicht gern über die Probleme der Obdachlosigkeit, des Drogenmissbrauchs und der Pflegeunterbringung sprachen, weil sie Angst hatten, dass man ihnen die Kinder sofort nach der Geburt wegnehmen werde. Die MitarbeiterInnen dieser Abteilung waren der Ansicht, dass die Klientinnen von einem sicheren und helfenden Forum, in dem sie über ihre Problem sprechen konnten, profitieren würden.

In gewisser Weise war das Fundament für ein Kooperationsnetzwerk mit einer gemeinsamen Sichtweise schon gelegt. Regelmäßige Fallbesprechungen gehörten zum Perinatalprogramm und waren organisiert worden, um die Personen einzubeziehen, die mit den Frauen und ihren Familien arbeiteten. Wann immer eine Klientin auf der Station für Risikopatientinnen medizinisch behandelt wurde, waren MitarbeiterInnen dieser Station involviert. Da eine informelle, einzelfallbezogene Zusammenarbeit zwischen der Station für Risikopatientinnen und der Perinataleinheit bereits existierte, konnte man nun in eine formalere Arbeitsbeziehung eintreten: Die Mitarbeiter des Perinatalprogramms gingen auf die Abteilung für Frauenheilkunde und Geburtshilfe zu, wenn Überweisungen und medizinische Dienste notwendig waren, und die Mitarbeiter der Abteilung für Frauenheilkunde und Geburtshilfe partizipierten von dem Perinatalprogramm im Hinblick auf Fortbildung, Programmaktivitäten und Drogentherapie. In diesem Zusammenhang führte der Koordinator ein einmal wöchentlich stattfindendes multidisziplinäres Treffen ein, zu dem Mitarbeiter der Abteilung für Frauenheilkunde und Geburtshilfe, der therapeutischen Gemeinschaft und der Abteilung für Kinderheilkunde zusammenkamen, um Einzelfälle zu besprechen. Die unterschiedlichen Perspektiven ergaben ein reicheres Bild des jeweiligen Falles und schwächten die Tendenz ab, auf das Pathologische zu fokussieren. Wenn z. B. eine Mitarbeiterin der Abteilung für Kinderheilkunde berichtete, dass Sharon eine kompetente und sensible Mutter sei, führte das zu einer anderen Einschätzung des Drogenberaters, der Sharon immer als schwach und flatterhaft betrachtet hatte.

Ein dritter Bereich dieses Netzwerkes betraf die Beschaffung von Wohnraum. Da die Aufmerksamkeit des Koordinators immer noch auf die Schwierigkeiten der Alltagsbewältigung bei den Klientinnen gerichtet war, sorgte er dafür, dass die notwendigen Dienste im nahen geographischen Umfeld angesiedelt waren. Er nahm Kontakt auf zu einem regionalen Obdachlosenheim für Frauen, die zum Teil schwanger und drogenabhängig waren. Mit der Zeit bildeten die drei Bereiche des Netzwerkes ein praktikables System, das die Klientinnen von einer Stelle zur anderen überwies und Dienste zu koordinieren versuchte.

Wir möchten hier betonen, dass die Techniken, die in diesem Netzwerk zum Tragen kamen, wenig mit Familientherapie zu tun hatten. Gefordert waren vielmehr die Sensibilität für die Bedürfnisse der Klientinnen, der Überblick über ambulante oder städtische Ressourcen, eine gewisse Kreativität für den Fall des „Was ist, wenn" und die Fähigkeit, in jedem Kontext die entscheidenden Personen herauszufinden, die aufgeschlossen und flexibel waren. Auf der Basis dieser Kombination konnten die Grundkonzepte des Perinatalprogramms in die Station für Risikopatientinnen der Abteilung für Frauenheilkunde und Geburtshilfe des Krankenhauses integriert werden.

Die Fortbildungs- und Beratungsaktivitäten in der Abteilung für Frauenheilkunde und Geburtshilfe wurden in unterschiedlichen Formen durchgeführt. Wie schon erwähnt, veranstaltete der Koordinator einmal pro Woche ein Treffen, bei dem die Klinikmitarbeiter und die Mitarbeiter anderer Dienste zu einem Informationsaustausch zusammenkamen. Zusätzlich wurden für das Personal der Station für Risikopatientinnen Fortbildungsseminare abgehalten, die auf solche Konzepte und Techniken fokussierten, die für die Arbeit mit den Frauen und ihren Familien notwendig waren.

Der direkte Kontakt mit den Klientinnen war ein wichtiger Aspekt der Intervention. Er begann informell: Ausbilder waren an den Tagen in dem Krankenhaus anwesend, an denen die Frauen zur medizinischen Untersuchung kamen; sie nahmen an informellen Gruppensitzungen teil, setzten Diskussionen zwischen den Frauen in Gang und halfen bei der Klärung wichtiger Probleme. Der wichtigste Entwicklungsschritt war vielleicht die Etablierung einer neuen Struktur. Veteraninnen des Perinatalprogramms – Frauen, die erfolgreich an dem Programm teilgenommen, ihre Kinder zur Welt gebracht hatten und drogenfrei geblieben waren – wurden zu Mentorinnen für Klientinnen auf der Station für Risikopatientinnen. Sie arbeiteten mit Gruppen und nutzten dabei die Kenntnisse und die Führungsqualitäten, die sie in der therapeutischen Gemeinschaft erworben hatten. Der Berater wurde zum Ratgeber, der die Gruppenleiterin unterstützte und gemeinsam mit ihr Führungsstil und Gesprächsinhalt beobachtete.

Die Mentorinnen arbeiteten besonders effektiv, wenn es darum ging, die Frauen zur Teilnahme an dem Drogenprogramm zu motivieren; sie kamen nämlich nicht nur aus der gleichen Leidensgemeinschaft, sondern repräsentierten auch ein viel versprechendes und erfolgreiches Ergebnis. Wenn sie ihre eigenen Kinder zu den Sitzungen mitbrachten, unterstrichen sie implizit die Mutter-Kind-Bindung als eine Kraft gegen die Drogenabhängigkeit. Die Präsenz des Kindes war ein greifbarer Beweis dafür, dass man den Säugling der Mutter trotz ihrer Vergangenheit als Drogensüchtige nicht weggenommen hatte. Mit der Zeit erweiterten sich diese Gruppen sowohl in der Mitgliederzahl als auch in ihrem Themenspektrum. An den Gruppensitzungen nahmen schließlich die Partner der Frauen, ihre älteren Kinder und die erweiterten Familien teil, und es etablierte sich noch eine separate Paargruppe, die sich wöchentlich traf, um über Beziehungsthemen und Elternfragen zu diskutieren.

Wodurch kann ein Programm überleben?

Worin besteht nun der Zusammenhang zwischen dem Perinatalprogramm, wie es in der therapeutischen Gemeinschaft eingebettet war, und demselben Programm, wie es auf der Station für Risikopatientinnen durchgeführt wurde? Im ersten Fall dümpelt das Programm vor sich hin, im zweiten Fall gedeiht es. Dahinter steckt etwas Geheimnisvolles. Welche Elemente geben einem Programm Standfestigkeit?

Zweifellos war das Perinatalprogramm in der therapeutischen Gemeinschaft ein erfolgreiches Experiment. Einige Jahre lang florierte das Programm, brachte zumindest kleine Veränderungen in die therapeutische Gemeinschaft und hatte wünschenswerte und nachweisbare Effekte. Im Rahmen einer Evaluation eines so genannten multisystemischen, geschlechtsspezifischen Modells haben die Mitarbeiter der gastgebenden Suchtklinik des städtischen Krankenhauses die Interventionsergebnisse beschrieben. Sie vergleichen die erste Stufe des Perinatalprogramms, auf der geschlechtsspezifische Problemlagen berücksichtigt wurden, aber die Orientierung auf die Familie fehlte, mit der zweiten Stufe, auf der die am Anfang dieses Kapitels beschriebene Intervention durchgeführt wurde. Auf der Basis harter Daten wie der Ergebnisse von Urinuntersuchungen auf Drogenspuren und der Aussteigerrate bei den Klientinnen wird – im Vergleich zu den auf Stufe 1 behandelten Klientinnen – von signifikanten Verbesserungen bei den auf Stufe 2 behandelten Klientinnen des Perinatalprogramms berichtet. Bei einer Kontrollgruppe von Klientinnen, die nicht am Perinatalprogramm teilgenommen hatten, gab es dagegen keine derartige Verbesserung (Egelko, Galanter, Dermatis a. DeMaio 1998). Doch inzwischen ist die Zahl der Klientinnen des Perinatalprogramms in der therapeutischen Gemeinschaft drastisch gesunken, und das Programm kann in diesem Kontext kaum fortgesetzt werden.

Eine Erklärung dafür liegt auf der Hand. Das Perinatalprogramm wurde über Sondermittel finanziert, die schließlich ausliefen. Der Koordinator wechselte als Berater in die Abteilung für Frauenheilkunde und Geburtshilfe, und niemand unter den Mitarbeitern der therapeutischen Gemeinschaft fühlte sich dem Programm besonders verpflichtet. Aber weshalb wurde das Programm nicht in die Routineabläufe der Suchtklinik integriert, wo doch einige Mitarbeiter reichlich stolz darauf waren und die positiven Ergebnisse publizieren wollten? War die ursprüngliche Philosophie der therapeutischen Gemeinschaft so mächtig, dass sie dieses kleinere Programm absorbierte? Lag es an den Mitarbeitern? An konkurrierenden Forderungen und anderen Verpflichtungen?

Vielleicht sind alle diese Fragen falsch gestellt? Vielleicht können die Antworten auch nur gefunden werden, wenn man den Erfolg des Modells auf der Station für Risikopatientinnen der Abteilung für Frauenheilkunde und Geburtshilfe untersucht. Der Ansatz ist hier ein integraler Bestandteil der laufenden Verfahren, und die Ergebnisse des Programms sind weiterhin erfreulich. In diesem Kontext hat die Zahl der Geburten von Kindern, die voll ausgetragen wurden, bei ihrer Geburt HIV-negativ waren und ein normales Geburtsgewicht hatten, merklich zugenommen. Als Resultat haben viel mehr Klientinnen das Sorgerecht für ihre Kinder behalten können.

Warum hat das Programm auf der Station für Risikopatientinnen Bestand? Wir können lediglich auf die vielen Faktoren hinweisen, die wahrscheinlich eine Rolle spielen; und die Tatsache, dass diese Faktoren vielfältiger Natur sind, ist vielleicht ein Teil der Antwort. In Kombination miteinander werden diese Faktoren stark.

Ein entscheidender Faktor ist die Geschlechtsspezifik und alles, was damit zusammenhängt. Die Abteilung für Frauenheilkunde und Geburtshilfe geht Frauen an; dort befasst man sich mit frauenspezifischen Realitäten. Das allein ist natürlich noch keine hinreichende Erklärung. Fast jede Frau kennt die Kluft zwischen ihren Bedürfnissen und Sorgen einerseits und der üblichen Behandlung durch gynäkologische Dienste andererseits. Doch das Personal dieser Abteilung war fachkundig, der Fürsorge der Frauen verpflichtet und überzeugt, dass Kinder und Familie ein wichtiger Teil des Lebens sind – auch für drogenabhängige Frauen. Die Mitarbeiter dieser Abteilung mussten keine etablierte Orientierung ersetzen durch eine neue; zumindest von ihrer Einstellung her waren sie dort schon angekommen. Sie verstanden und akzeptierten, dass die Schwangerschaft nicht noch erschwerend zur Drogenabhängigkeit hinzukam, sondern das Zentrum des Lebens der Frau darstellte und Implikationen für ihre aktuellen Beziehungen und das zukünftige Leben ihres Kindes hatte. Die Mitarbeiter dieser Abteilung eigneten sich ausgezeichnet für Fortbildungsmaßnahmen, sie konnten ihre Techniken hervorragend verfeinern und ihr Programm integrieren, um die Frauen in ihrer Fürsorge zu qualifizieren und zu stärken *(empower)*.

Zweifellos war es außerdem wichtig, dass der Koordinator seine Arbeit mit den Mitarbeitern der Station für Risikopatientinnen fortsetzte. Seine Energie und Kreativität waren für die Entwicklung des Programms grundlegend, auch wenn der Ansatz institutionalisiert wurde. Wie bei vielen anderen innovativen Unternehmungen, fiel auch bei diesem Programm allmählich ein Großteil der ursprünglichen Finanzmittel weg, aber die Station arbeitet weiterhin nach einem familienorientierten Modell.

Schließlich gehört das Programm zu einem größeren Netzwerk, was wahrscheinlich ein Teil der Antwort ist. Es gibt einen Funktionszusammenhang mit den regionalen Obdachlosenasylen und Unterkünften für Frauen, und das an der Familie orientierte Modell ist den notwendigen medizinischen und sozialen Diensten angeschlossen. Das Programm kommt deshalb der Unmittelbarkeit des Lebens dieser Population in ihrer eigenen ethnischen oder kulturellen Gemeinschaft nahe. Darin liegt vielleicht eine der herausragendsten Erklärungen für seinen Erfolg. Unabhängig davon, ob die Zielgruppe von Programmen Männer oder Frauen sind, ob es sich um vor- und nachgeburtliche Betreuung handelt oder nicht: Programme für die armen Multiproblem-Familien müssen familienorientiert arbeiten, in das tägliche Leben dieser Menschen integriert sein und von der Gemeinschaft mitgetragen werden, um Standfestigkeit zu haben. Ein Programm, das sich selbst trägt, ist kein isoliertes Programm; das bedeutet, durch den eigenen Kontext hinreichend gestützt zu werden, sodass es kontinuierlich funktionieren und an Ort und Stelle wachsen kann.

7. Die Internierung von Kindern, Teil I

Erziehungsheime und Besserungsanstalten

In diesem Kapitel ist unser Ansatz eher ein historischer und evaluierender: Wir untersuchen einige Erziehungsheime und Besserungsanstalten, stellen dabei allmähliche Veränderungen und Unterschiede in der Herangehensweise fest und beschreiben die Beziehung solcher Einrichtungen zu den Familien der betroffenen Kinder. Anschließend schildern wir eine Kurzberatung in einem Erziehungsheim, bei der unser Ziel darin bestand, den auf die Kinder gerichteten Fokus der pädagogischen Arbeit der Einrichtung zu verlagern auf die Familie und auf einen familienorientierten Ansatz. Schließlich geben wir einige allgemein gehaltene Empfehlungen für Einrichtungen, in denen Kinder betreut und behandelt werden.

Von der Vergangenheit in die Gegenwart: Die Entwicklung von Einstellungen und Praktiken

Aus der Geschichte wissen wir, dass im europäischen Mittelalter manche Städte ihre unerwünschten Bürger – die Behinderten, die Verrückten, die Armen – vertrieben haben: Sie wurden auf „Narrenschiffe" verladen und auf dem Fluss von einer Stadt zur anderen verschifft. Die Internierung der Sonderlinge und Andersartigen in geschlossenen Anstalten begann 1656 mit der Gründung des *Hôpital général* in Paris, als die Außenseiter und Geisteskranken „zu ihrem eigenen Schutz" (Foucault 1973) in Hospitäler eingesperrt wurden. Genau an diesem Punkt beanspruchte das medizinische Establishment, die Entscheidungsinstanz über die Etikettierungen zu sein, nach denen seelisch-geistige Gesundheit und Krankheit definiert wurden, und es erhob sich selbst zum Richter darüber, wann die Internierung eines Menschen notwendig sei.

Die Macht des Establishments, derartige Entscheidungen fällen zu können, hat eine gewisse Parallele in der heutigen US-amerikanischen Gesellschaft, in der Erziehungsheime und Besserungsanstalten oft als Lösung der Verhaltensprobleme herangezogen werden. Die Bereitschaft, schwierige Kinder durch Heimunterbringung von ihren Eltern zu trennen, ist jedoch ausgeprägter, wenn die Familien der Kinder arm und auf Wohlfahrtsdienste angewiesen sind. Unter solchen Umständen agieren die Sozialämter, die zuständigen Psychologen und Psychiater sowie die Gerichte oft *in loco parentis* (anstelle der Mutter / des Vaters) und übernehmen die Aufgabe, die Kinder zu schützen, indem sie diese in einschlägige Heime und Anstalten einweisen.

Zwei Annahmen liegen diesem Verfahren zugrunde: Erstens sind die Familien nicht nur hilflos, wenn sie ihre Kinder kontrollieren oder Verhaltensstörungen beheben sollen, sondern generell die Quelle der Pathologie. Zweitens hängen Prävention und Rehabilitation davon ab, dass man die Kinder aus ihrem pathologischen Kontext herausnimmt und an einem sicheren und neutralen Aufenthaltsort unterbringt. Die Schlussfolgerung aus diesem Denkansatz ist die, dass die Kinder in Einrichtungen untergebracht werden sollten, wo ihnen eine Behandlung zuteil wird, und dass sie nach einer gewissen Zeit stärker, gesünder und bereit zur Rückkehr in ihre Familien heraustreten werden.

Bei dieser Art von Prozessorganisation geht man davon aus, dass ein Kind freizügig von der Familie ins Heim und vom Heim in die Familie wechseln könne und sein psychischer Zustand mit jedem Austausch besser werde. Man geht außerdem davon aus, dass das Kind, wenn es schließlich aus der Einrichtung entlassen wird, zu Hause eine Familie vorfinde, die für ihr abwesendes Mitglied einen Platz freigehalten habe und seine Rückkehr mit Leichtigkeit und Dankbarkeit begrüße. Doch der Übergang in die Familie ist oft problematisch. Das Kind und seine Familie gewöhnen sich vielleicht nicht so leicht aneinander, wenn sie wieder zusammen sind, und aus der systemischen Perspektive verstehen wir, weshalb das so ist. Im Allgemeinen wird zwischen der Einrichtung und der Familie in der Zeit der Heimunterbringung eine scharfe Grenze gezogen, und zwar trotz der Tatsache, dass durchlässige Grenzen das Kind und die Familie besser auf ihre gemeinsame Zukunft vorbereitet hätten. Im Allgemeinen wird auch wenig Wert gelegt auf die Umstrukturierung der Familie, obwohl neue Familienmuster oft über eine erfolgreiche Zusammenführung entscheiden.

Wenn systemisches Denken in der Arbeit von Erziehungsheimen und Besserungsanstalten keine Rolle spielt, worauf liegt dann der Schwerpunkt, und wie sind Arbeit und Dienste organisiert? In diesem Zusammenhang ist es sinnvoll, die Entwicklung solcher Einrichtungen in den zurückliegenden Dekaden zu untersuchen, wobei auf die Leitkonzeption und die Organisation von Arbeit und Diensten zu achten ist – ebenso auf Anzeichen für einen allmählichen Wandel. Aus diesem Grunde beschreiben wir in den nächsten Abschnitten vier Anstalten und Heime, die für die Entwicklung des Heimwesens von den 50er-Jahren bis in die 80er-Jahre des 20. Jahrhunderts stehen. Zum Teil sind diese Einrichtungen deshalb ausgewählt worden, weil ein Autor dieses Buches (S. M.) in allen vier Institutionen tätig war und sie gut kennt, aber auch deshalb, weil sich an diesen Einrichtungen bestimmte Grundkonzeptionen und Entwicklungstrends veranschaulichen lassen. Wie die meisten Einrichtungen dieser Art gaben auch sie den Kindern ihre Unterstützung und verfolgten das Ziel, Probleme zu lindern und die Kinder auf die Belastung des Lebens außerhalb des Heims vorzubereiten; alle vier Einrichtungen waren personell gut ausgestattet, sehr renommiert und wurden für ihre Zeit als effektiv betrachtet. Sie unterschieden sich zwar in ihrer Ansicht, wo die Pathologie anzusiedeln sei, und in ihrem Behandlungsansatz, aber keine der drei früheren Einrichtungen legte den Schwerpunkt auf die Herangehensweise, die wir in diesem Buch beleuchten: Die Diagnose des Individuums sollte in einem Verständnis von seiner Familie eingebettet sein, und die Behandlung muss Familie und Lebenskontext einbeziehen.

Wir beschreiben zuerst drei Einrichtungen, die in den 50er- und 60er-Jahren in den USA bekannt waren, erläutern ihre zentralen Konzepte, um die herum die Heime organisiert waren, und stellen detailliert den Prozess dar, durch den die dritte Einrichtung ihren Fokus verlagerte und schließlich die Familien der Klienten in ihre Arbeit einbezog. Danach stellen wir eine Erziehungseinrichtung vor, die in den 70er-Jahren eine Orientierung auf die Familie entwickelte und diese Perspektive in ihre Organisation und Behandlungsverfahren integriert hat.

Die 50er- und 60er-Jahre: Drei Erziehungseinrichtungen

1.) Hawthorne Cedar-Knolls

In den 50er-Jahren war *Hawthorne Cedar-Knolls* eine Einrichtung für psychisch gestörte Kinder, die am Rande von New York City lag und von dem *Jewish Board of Guardians* geleitet wurde. Sie war ursprünglich eine jüdische Organisation, aber bereits Anfang der 50er-Jahre konfessionell ungebunden, und sie betreute eine große Zahl Kinder anderer ethnischer Minoritäten. Die meisten von ihnen kamen anfangs aus innerstädtischen Bezirken. Die Kinder lebten in Wohneinheiten und standen unter der Aufsicht von Heimeltern; das Leben im Heim wurde kontinuierlich überwacht. Doch Herz und Kopf der Erziehungseinrichtung befanden sich im Behandlungszentrum, in dem die Kinder Einzelsitzungen hatten, die hauptsächlich von Sozialarbeitern durchgeführt wurden, die in psychodynamischer Therapie ausgebildet waren.

So sah damals natürlich in den meisten solcher Einrichtungen die Praxis aus. Der Fokus lag auf dem einzelnen Kind, und es gab wenig Spielraum, die Familien der Kinder und das Umfeld, aus dem die Kinder gekommen waren, einzubeziehen oder deren Rolle für die Prägung des kindlichen Verhaltens einzuschätzen. An einem Vorgang aus dieser Zeit lässt sich die in diesem Heim gängige Orientierung des Denkens und der Behandlung illustrieren: Ein junges, promiskuitives Mädchen verbrachte den größten Teil seiner Therapiesitzungen mit unzweideutigen Versuchen, ihren Therapeuten zu verführen. Ein Supervisor gab dem Therapeuten den Rat, dem Mädchen das Phänomen der Übertragung und Gegenübertragung zu erklären und es darauf hinzuweisen, dass Sexualität zwischen ihnen für die Behandlung nicht förderlich sei. Weder der Supervisor noch der Therapeut dachten jemals daran, dass es wichtig sein könnte, zu erforschen, welchen sozialen Hintergrund das Mädchen hatte, inwieweit die Sexualität eine Transaktionsleistung in ihrer kulturellen Gemeinschaft war oder ob das Mädchen möglicherweise in ihrer Familie sexuell missbraucht worden war. Heutzutage achten wir zwar mehr auf soziale Kraftfelder, doch in Einrichtungen ist es immer noch nichts Ungewöhnliches, mit dieser am Individuum ausgerichteten Orientierung zu arbeiten und den Lebenskontext des Kindes als Teil der signifikanten Daten außer Acht zu lassen.

In *Hawthorne Cedar-Knolls* wurde zwar das unmittelbare Lebensumfeld der Kinder – in Form des Gruppenlebens – von den Mitarbeitern überwacht, man schenkte diesem als einer dynamischen Kraft aber wenig Beachtung. Doch die Gruppe, in der die Kinder lebten, war ein starker Motor und kontrollierte einen guten Teil des Verhaltens der Kinder. Sie hatte ihr eigenes Wertesystem und ihre eigene Gerechtigkeit, wie der folgende Vorfall erkennen lässt: Eines Tages war der Geldbeutel eines Therapeuten verschwunden – ein an sich kein ungewöhnliches Vorkommnis –, und solche Vorfälle regelten die Mitarbeiter üblicherweise auch über die Heimeltern. Doch in diesem Fall sprach der Therapeut über das Problem mit dem Kind, das als Führer der Gruppe bekannt war. Noch am selben Abend – nach einem „Gruppengericht" *(kangaroo court)* – wurde die Brieftasche zurückgegeben und die Täter durch die Kinder selbst bestraft. Doch dieser Vorgang war ungewöhnlich; im Allgemeinen wurde die informelle Organisation des Gruppenlebens weder erforscht noch genutzt.

2.) Die Erziehungszentren Youth Aliyah

Diese in Israel angesiedelten Einrichtungen hatten eine andere Orientierung. Anders als US-amerikanische Einrichtungen, deren Arbeit auf das Individuum ausgerichtet war, konzentrierten sich diese Zentren auf die Organisation und Macht der Gruppe. Ursprünglich waren diese Einrichtungen für Kinder und Jugendliche gegründet worden, die als Überlebende des Holocaust von Europa nach Israel gekommen waren, und später nahmen diese Zentren auch Kinder aus Jemen, Marokko, Tunesien und anderen arabischen Staaten sowie aus Indien und Iran auf.

Der erste Schritt, diesen Mikrokosmos der Kinder der Welt zu integrieren, wurde im Kibbuz gemacht. Hier lebten – unter der Führung eines Sozialpädagogen – die Kinder in Gruppen zusammen. Sie gingen zur Schule, arbeiteten einen Teil der Zeit und nahmen am laufenden Leben im Kibbuz teil. Für einige Kinder war der Übergang von einer Kultur in die andere eine große Hürde, die sie nicht nehmen konnten. Bei der straffen sozialen Organisation des Kibbuz hielt man ihre psychische Not und ihr regelwidriges Verhalten für inakzeptabel und sah es als notwendig an, sie in einen anderen Kontext zu überweisen.

Diese Kinder wurden dann in Zentren untergebracht, die von *Youth Aliyah* geführt wurden, von einer Behörde, die mit der Integration junger Immigranten in die israelische Kultur beauftragt war.

In diesen Einrichtungen waren pädagogisches Konzept und Sozialstruktur im Wesentlichen die gleichen wie im Kibbuz. Die Kinder waren in Kleingruppen organisiert, die von Sozialpädagogen geleitet wurden. Der therapeutische und erzieherische Fokus lag auf dem Milieu und dem Gruppenleben. Es gab einzelne Berater für Kinder mit ernsthaften Störungen, aber Individualtherapie war nicht die Regel. Auf jeden Fall war die Ausrichtung dieser Beratungsarbeit eine andere als die US-amerikanischer Therapeuten. Diese Berater waren in der europäischen Tradition der Heilpädagogik ausgebildet, und einige arbeiteten nach der Lehre des russischen Pädagogen Makarenko (1986), der die Theorie vertrat, dass die Konsequenzen aus dem Fehlverhalten eines einzelnen Mitglieds auf die ganze Gruppe zurückfallen müssten.

Weder *Hawthorne Cedar-Knolls* noch die *Youth-Aliyah*-Zentren bezogen die Familien der Kinder und Jugendlichen in ihre therapeutische Arbeit ein. Familiale Faktoren gehörten nicht in die herrschende Ideologie und waren für die Behandlung irrelevant. In beiden Kontexten nahm man an, dass therapeutische Veränderungen im Rahmen der Institution stattfinden und sich dann auf die Welt draußen übertragen würden.

3.) Das Jungeninternat Wiltwyck

In dieser Hinsicht machte das Jungeninternat *Wiltwyck* keine Ausnahme – zumindest die meiste Zeit seines Bestehens. Diese Einrichtung war eine Besserungsanstalt für Jungen, die als straffällige Jugendliche von den Gerichten eingewiesen wurden. Die meisten dieser Jungen waren schwarz und stammten aus Spanish Harlem in New York City. Die Einrichtung lag außerhalb der Stadt und verfolgte offensichtlich das Ziel, die Jungen auf Distanz zu den negativen Einflüssen zerrütteter Familien und der Großstadtkultur zu halten. Die Anstalt legte großen Wert auf die Verhaltenskontrolle und unterhielt ein „Punktekonto", auf dem Belohnungen und Bestrafungen verbucht wurden. Darüber hinaus hatte jeder Junge einen Therapeuten, im Allgemeinen einen Sozialarbeiter, der den Jungen nach der psychodynamischen Therapie in Einzelsitzungen behandelte. Doch die Einrichtung war gegenüber Veränderungen offen, weil in der Anstaltsleitung einige einflussreiche Persönlichkeiten saßen, die soziale Entwicklungen beobachteten und im Bereich der Psychohygiene kreative Denkansätze vertraten.

In den 60er-Jahren verkündete Präsiden Lyndon B. Johnson, dass Amerika „der Armut den Krieg ansagen" werde, wodurch die Aufmerksamkeit für arme Familien wuchs und die Entwicklung sozialer und fürsorgerischer Dienste, die ihren Bedrängnissen abhelfen sollten, intensiviert wurde. An diesem Punkt begann *Wiltwyck* sich für die Familien zu interessieren, deren Kinder die Anstalt bevölkerten. Die Mitarbeiter des Internats hatten keine fertigen Ideen für die Arbeit mit den Familien und keine Techniken, um die Familien in Therapiesitzungen einbeziehen zu können. Doch Veränderungen lagen in der Luft, und das Feld der Psychohygiene bot neue Forschungsmöglichkeiten. In Kalifornien, Washington, D. C., und New York wurden Konzeptionen zu Familiensystemen und zur Familientherapie entwickelt, die sich über das ganze Land ausbreiteten. Diese neuen Ideen waren etwas Aufregendes für das Expertenteam, das nach *Wiltwyck* gekommen war, um neue Behandlungsformen zu explorieren. Die Entschlossenheit dieser Expertengruppe, mit Familien zu arbeiten, markierte in der Geschichte der Erziehungsheime und Besserungsanstalten einen Wendepunkt, und die Fokussierung auf arme Familien war bis dahin einzigartig.

Die Entwicklung der Technik war bei den Bemühungen, Neuland zu erschließen, ein hilfreicher Faktor. Die Expertengruppe in *Wiltwyck* riss eine Zimmerwand nieder und baute dafür einen Einwegspiegel ein, installierte eine Videokamera und erklärte sich zu Familientherapeuten – bereit, mit Familien zu arbeiten, die bis zu diesem Zeitpunkt als unerreichbar gegolten hatten. Im Zuge ihrer Arbeit erfanden sie Strategien, wie man Familiensitzungen durchführt, mit dem ganzen Prozess vertrauter wird und Neues dazulernt. Schließlich entwarfen sie einen in drei Phasen ablaufenden Komplex von Sitzungen mit der erweiterten Familie: Zuerst sprachen zwei Therapeuten mit der ganzen Familie; danach unterhielt sich ein Therapeut mit den Eltern bzw. einem Elternteil, während der andere Therapeut mit den Geschwistern sprach; in der dritten Phase kam die Familie wieder zusammen und unterhielt sich mit beiden Therapeuten. Der Zweck der drei Phasen bestand darin, zu klären, wie die einzelnen familialen Subsysteme das Denken und Verhalten von Familienmitgliedern organisieren.

Nach jeder Sitzungsphase trafen sich die Therapeuten und Beobachter, um über die Familiensitzung zu sprechen und aus der Erfahrung zu lernen. Mit der Zeit entwickelten sie eine Fülle praktikabler Strategien für therapeutische Interventionen, die auf diesen Explorationsbemühungen und ihrem wachsenden Verständnis von Familien beruhten.

Die Arbeit im Jungeninternat *Wiltwyck* ist in dem Buch *Families of the Slums* von S. Minuchin et al. (1967) beschrieben worden. Wir halten es hier für angebracht, ein Zitat aus diesem Buch über die Diskussion der *Wiltwyck*-Familien anzuführen, um darauf aufmerksam zu machen, wie man vor 30 Jahren die Belastungen der Armut in einer Großstadt für die Organisation armer Familien einschätzte.

Der folgende Auszug beschreibt die Funktionsweise der Familien und enthält Merkmale, welche die Entwicklung dieses neuen Therapieansatzes leiteten. Dazu ist noch anzumerken, dass Verhalten und Entwicklung des Kindes zum ersten Mal als Teil der interpersonellen Transaktionen zwischen Familienmitgliedern beschrieben worden sind. Der Fokus lag auf der Familie als System und nicht auf dem Kind allein.

„Wesentliche Merkmale der Familie und ihres häuslichen Umfeldes sind die Instabilität und die Unkalkulierbarkeit. Diese Eigenschaften machen es dem heranwachsenden Kind schwer, sich selbst in Bezug auf seine Welt zu definieren … Objekte und Ereignisse haben keine Dauer. Ein Bett, das sich zwei oder noch mehr Kinder teilen müssen, kann plötzlich einem anderen Kind oder einem Dauergast zugeteilt werden, während die ursprünglichen Besitzer sich in der Ecke eines anderen Bettes zusammendrängen müssen. Die Geographie der Wohnung und deren Organisation verhindern die Entwicklung des Gefühls, dass ‚ich meinen Platz in der Welt habe'. Die Mahlzeiten werden nicht zu festen Zeiten, in einer bestimmten Abfolge oder an einem festen Platz eingenommen. Eine Mutter, die an einem Tag auf Wunsch der Kinder für die vier Familienmitglieder unterschiedliche Abendessen zubereitet hat, kocht am Tag darauf überhaupt nichts, sodass die Kinder in den Schränken nach etwas Essbarem suchen und sich ihre Mahlzeiten aus Kartoffelchips und Mineralwasser zusammenstellen müssen.

Zwischenmenschliche Beziehungen haben genau die gleichen chaotischen und instabilen Qualitäten. In diesen großen Familien wird die Betreuung der kleinen Kinder von vielen Personen übernommen. Mütter, Tanten, Großmütter oder ältere Geschwister kümmern sich um das kleine Kind. Manchmal wird es überschüttet mit

Reizen, und manchmal bleibt es lange Zeiten allein, in denen es unbeaufsichtigt durch die Wohnung wandert. Bei dieser multiplen Fürsorge kann es Momente der Sicherheit geben, aber die Gefahr lauert in den Zeiten, wenn sich das Kind in einem Betreuungsvakuum verliert. Viele und desorientierte Aufsichtspersonen können das Gefühl des Kindes, sich in einer instabilen Welt zu befinden, verstärken und seine Entwicklung von einem diffusen zu einem spezifischen Selbstkonzept behindern.

In Bezug auf die Sozialisation des Kindes scheinen diese Familien von zwei wesentlichen Merkmalen geprägt zu sein: Zum einen sind die Reaktionen der Eltern auf das Verhalten der Kinder relativ willkürlich und deshalb defizitär in den Qualitäten, die dem Kind internalisierungswürdige Regeln vermitteln könnten. Zum anderen liegt der elterliche Schwerpunkt auf der Verhaltenskontrolle und -hemmung und weniger auf der Leitbildfunktion …

Die Muster der elterlichen Reaktionen funktionieren wie Verkehrssignale: Sie vermitteln zwar im Moment die Anweisung ‚Nein!', geben aber keine Optionen für zukünftiges Verhalten … Das Kind kann nicht erkennen, welcher Teil seines Verhaltens unangemessen ist. Die Konsequenz ist, dass es die Grenzen des zulässigen Verhaltens dadurch zu definieren lernt, dass es hauptsächlich auf die stimmungsabhängigen Reaktionen der Eltern reagiert. Das Kind lernt, dass die Verhaltensverbote mit dem Schmerz oder der Macht der Mutter oder anderer mächtiger Figuren in Zusammenhang stehen. ‚Tu das nicht, weil ich es sage!' oder: ‚Tu das nicht, weil mich das nervt!' oder: ‚Tu das nicht, oder ich hau dir eine runter!'. Da den Kindern Normen zur Verhaltensregulierung fehlen und sie in Erfahrungen eingesperrt sind, die von unmittelbarer zwischenmenschlicher Kontrolle abhängen, brauchen sie die kontinuierliche elterliche Mitwirkung, um ihre interpersonellen Transaktionen organisieren zu können. Die Transaktionen sind zwangsläufig ineffizient. Sie perpetuieren eine Situation, in der eine überforderte Mutter chaotisch auf ein verwirrtes Kind reagiert, das sich so verhält, dass ihm ein kontinuierlicher Kontakt mit einer externen Kontrollfigur sicher ist" (S. Minuchin et al. 1967, S. 193 f. – Passage wurde für dieses Buch übersetzt).

Die Art von Familientherapie, die von dem *Wiltwyck*-Team entwickelt wurde, hatte ihren Ursprung in diesen Beobachtungen von der Familie als einem System. Da die Mitglieder dieser Familien in einer Weise miteinander kommunizierten, die chaotisch wirkte und Gefühle ausdrückte, aber keine klare Botschaft trug, entwickelten die Mitarbeiter des Heims Strategien, die auf die Klärung von Bedeutung abzielten. Weil das Verhalten der Eltern urplötzlich von der Nichtbeachtung unangemessener Verhaltensweisen umschlagen konnte in gewalttätige Reaktionen und weil die Reaktionen oft unspezifisch waren, entwickelten die Mitarbeiter des Heims Strategien, um die auslösenden Momente schon an einem früheren Punkt erkennen zu können, und arbeiteten mit der Familie an der Entwicklung von Reaktionen, die emotional moderat waren und eine klare Zielrichtung hatten. Da die Mitglieder dieser Familien nicht daran gewöhnt waren, ihre innersten Gefühle zu explorieren, sondern in unübersichtlichen Transaktionen tendenziell ausrasteten, entwickelte das Expertenteam Strategien, die das Verständnis von Beziehungen erleichtern und der Familie helfen sollten, neue Muster zu explorieren.

Insgesamt entwickelte sich eine Therapie, die sich auf wahrgenommene Bedürfnisse der Familien einstellte und das Ziel hatte, eine Richtung herzustellen und ein Gefühl der Hoffnung in die Familie zu tragen. Die Idee der Heimmitarbeiter war es, dass die Menschen lernen sollten, im Soziallabor der eigenen Familie kompetent zu funktionieren, und fähig sein sollten, ihre neu gewonnene Kompetenz auf den strapaziösen Kontext ihres schwierigen und von Armut gezeichneten Lebens zu transferieren. Aus unserer heutigen Sicht kommen uns diese Bemühungen politisch naiv vor, weil sie die Realitäten des familialen Umfeldes ausschlossen; aber zu ihrer Zeit waren sie revolutionär. Es war das erste Mal, dass die Familie als Quelle der Heilung und nicht nur als Quelle der Pathologie betrachtet wurde. Und es war auch das erste Mal, dass ein familienorientiertes Behandlungsverfahren im Kampf gegen jugendliche Straffälligkeit entwickelt und durchgeführt wurde.

Nach einer gewissen Zeit wurde es eine akzeptierte Tatsache, dass die Familie in die Behandlung ihres Kindes einbezogen werden musste und dass viele Vorgehensweisen in dem Jungeninternat zu modifizieren waren. Das Aufnahme- bzw. Einweisungsverfahren wurde revidiert, die Besuche der Kinder bei ihren Familien wurden häufiger, und die Mitarbeiter weihten Familienmitglieder in ihre eigenen Reaktionen auf das Verhalten des Kindes im Heim ein. Wie so viele Geschichten im Feld der Psychohygiene hatte auch diese

Geschichte leider ein uneindeutiges Ende. Die Projektfinanzierung lief aus, und die Mitglieder des Expertenteams begaben sich zu anderen Arbeitsfeldern. Die Erziehungseinrichtung selbst zog an einen anderen Ort, kam in finanzielle Schwierigkeiten und wurde schließlich geschlossen. Doch das Vermächtnis des Programms fand weit über das Leben in *Wiltwyck* hinaus Beachtung. Die Schule der strukturellen Familientherapie mit ihrem Schwerpunkt auf der direktiven therapeutischen Intervention entsprang genau dieser Erfahrung und übte einen tief greifenden Einfluss auf die Familientherapie der 70er- und 80er-Jahre aus.

Die 70er- und 80er-Jahre:
Die Philadelphia Child Guidance Clinic

Da die Familientherapie als Spezialgebiet gewachsen und die Erfahrung von *Wiltwyck* bereits Teil der Geschichte der Heimerziehung geworden war, konnte man neue Kontexte planen, in welche die sich wandelnden Vorstellungen von Familie und Erziehungsheim integriert werden konnten. Die Gelegenheit zur Umsetzung eines solchen Planes ergab sich in den 70er-Jahren, als die *Philadelphia Child Guidance Clinic* ihr neues Erziehungszentrum bauen ließ. Der Leiter des Zentrums (S. M.) und der Architekt verfolgten gemeinsam die Idee einer Einrichtung mit offenen Grenzen. Die Kinder und Jugendlichen sollten sich zwischen einer ambulanten Einrichtung, einem Tagesbetreuungsheim und stationären Abteilungen frei bewegen können. Den stationären Abteilungen sollten zwei Apartments für die kurzzeitige Unterbringung von Familien angeschlossen werden. Das Kinderkrankenhaus, dem die *Philadelphia Child Guidance Clinic* angeschlossen war, sollte die medizinische Versorgung der Kinder und Jugendlichen übernehmen, während die Mitarbeiter der *Clinic* die Beratungsarbeit bei psychischen Problemen der jungen Patienten des Krankenhauses anboten. Der ambulante Zweig der *Clinic* sollte erweitert werden und mit seinen Aktivitäten auch die kommunalen Sozial- und Betreuungsdienste erreichen. Der Grundgedanke bei dieser Planung war, die Einrichtung so zu organisieren, dass sie ein Kontinuum an familienorientierten Versorgungs- und Betreuungsleistungen anbieten konnte.

Der stationäre Zweig ist für unsere Diskussion besonders relevant. Er war als offene Einrichtung organisiert und arbeitete mit den Eltern der als Indexpatienten behandelten Kinder zusammen. Der

Aufnahmeprozess erstreckte sich über zwei oder mehrere Sitzungen und begann mit einem Familiengespräch. Zu diesem Zeitpunkt wurde ein Vertrag zwischen der Familie und der *Clinic* geschlossen, in dem die Behandlungsziele und die Verpflichtungen jeder Partei zur Erreichung dieser Ziele festgelegt waren. Der Vertrag fokussierte auf die Veränderungen, welche die Familie von ihrem Kind während der Zeit der Heimunterbringung erwartete, und auf die Veränderungen in der Familie, die notwendig waren, um die erfolgreiche Rückkehr des Kindes in die Familie zu ermöglichen.

Die Art der Behandlung war eine Mischung aus Milieu-, Einzel- und Familientherapie. An den Familiensitzungen nahmen alle Mitarbeiter der *Clinic* teil, die mit dem Kind arbeiteten: Lehrer, Krankenschwestern, Erzieher und der Familientherapeut. Die Eltern wurden zu Schulbesuchen eingeladen, um das Verhalten ihres Kindes in diesem Kontext beobachten zu können, und Eltern und Lehrer arbeiteten gemeinsam die pädagogischen Ziele aus. Die Besuche der Kinder und Jugendlichen zu Hause bei ihren Familien waren ein wesentlicher Teil der Behandlung. Sie unterlagen keinem heiminternen System von Belohnung und Bestrafung und wurden nie gestrichen, weil ein Kind unfolgsam oder aggressiv gewesen wäre.

Bereits bei der Aufnahme wurden Pläne für die Entlassung des Klienten aus dem Heim gemacht. Ein Kind sollte nur kurze Zeit stationär behandelt werden. Deshalb musste man schon in den ersten Familiengesprächen über Veränderungen in der Familie und Pläne für die Entlassung des Klienten diskutieren. Kehrte dann ein Kind in die Familie zurück, wurde die Therapie in der ambulanten Einrichtung fortgesetzt, wobei in der Übergangsphase Kliniker des Erziehungsheims an den Familiensitzungen teilnahmen.

Die konzeptionellen Arbeiten hinter dieser Praxis waren sehr umfangreich, und neue Interventionsstrategien mussten kontinuierlich weiterentwickelt werden. Wichtig ist in diesem Zusammenhang die formale Struktur der Internatseinheit, denn sie wurde zum Modell für die spätere Beratungsarbeit in Erziehungsheimen. Diese Struktur spiegelte unsere Grundanschauung: Wenn ein Kind in ein Heim aufgenommen wird, führt die Einrichtung – wissentlich oder unwissentlich – eine Familienintervention durch. Fokussiert die Einrichtung allein auf das Kind und ignoriert die Familienmuster, in denen das Verhalten des Kindes eingebettet ist, dann ist die Behandlung wahrscheinlich erfolglos. Die Einrichtung muss eine Struktur der offenen Grenzen haben, sodass sie die Familie in das Leben des Kindes im Heim integrieren und die Familienmitglieder in klinische Interventionen einbeziehen kann.

Der nächste Schritt: Veränderungen in einem Erziehungsheim bewirken

In den 90er-Jahren besteht nun die Herausforderung darin, aus Erziehungsheimen und Besserungsanstalten Einrichtungen zu machen, die auf die Familien ihrer Klienten orientiert sind. Wie können systemische Konzepte in starke Werkzeuge verwandelt werden, welche sich auf die Art auswirken, wie eine Einrichtung organisiert ist und Verfahren durchführt?

Wir präsentieren im Folgenden ein Beispiel für eine Beratung, die durch eine relativ kurze Intervention Veränderungen angestoßen hat. Viele unserer Fortbildungsprogramme in Erziehungsheimen haben sich über ein Jahr oder noch länger erstreckt, doch einige Projekte sind auch beträchtlich kürzer gewesen. Die Schilderung einer kurzzeitigen Beratung scheint uns hier am sinnvollsten, weil in dem konzentrierten Zeitraum die Details der einzelnen Schritte beleuchtet werden und außerdem gezeigt wird, dass eine kurze, aber intensive Intervention eine ökonomische Art ist, den Veränderungsprozess einzuleiten.

Wenn wir nun unsere Beratung im *Ridge Center* vorstellen, beziehen wir uns auf eine spezielle Beratung, nehmen allerdings auch noch andere Einzelaspekte aus anderen Einrichtungen dazu, um ein Gesamtbild unseres Ansatzes zu geben.

Das Ridge Center: Eine kurzzeitige Beratung

Das *Ridge Center* war ein Erziehungsheim im herkömmlichen Sinn und am Rande einer US-amerikanischen Großstadt angesiedelt. Der Leiter der Einrichtung nahm mit *Family Studies, Inc.*, Kontakt auf und bat um eine Beratung, deren Ziel es sein sollte, die Dienstleistungen der Einrichtung zu verbessern. Nach seiner Schilderung hatte das Heim in den vergangenen fünf Jahren seine Ausrichtung auf das Individuum modifiziert und versuchte nun, einen familienorientierten Ansatz in seine Vorgehensweisen zu integrieren. Doch dabei gab es einige Schwierigkeiten. Der Leiter der Einrichtung bat um eine Evaluation der angewandten Verfahren und um Veränderungsvorschläge. Man vereinbarte, dass die Beratung vier Tage in Anspruch nehmen und in der Einrichtung durchgeführt werde.

Die Beratung begann in der gewohnten Weise mit einer Vorbesprechung, an der die Berater und das Leitungsgremium der Einrichtung teilnahmen. Anwesend waren der geschäftsführende Direktor, der ärztliche Direktor, die Pflegeleitung, der Leiter des Sozialdienstes, der Psychiater des Heims und der Berater. Das Erziehungsheim war eine Einrichtung für 50 bis 60 Kinder im schulpflichtigen Alter und Jugendliche, von denen die meisten aus afroamerikanischen oder hispanischen Familien kamen. Die Kinder und Jugendlichen lebten in Häusern, die von Erziehern geleitet wurden, und die meisten Klienten gingen in der Einrichtung zur Schule, einige besuchten jedoch städtische Schulen. Jedes Kind bekam eine Einzel- und Familientherapie bei Sozialarbeitern der Einrichtung.

Zwei Grundanliegen kristallisierten sich bei der Vorbesprechung heraus. Die Leitung der Einrichtung war beunruhigt über die lange Verweildauer ihrer Klienten. In der Vergangenheit hatten die Kinder und Jugendlichen im Durchschnitt zwei Jahre im *Ridge Center* verbracht. Die Einrichtung hatte dann zwar einige Verfahren geändert und auch die Familien der Kinder in ihre Arbeit einbezogen, aber die durchschnittliche Verweildauer betrug immer noch etwa 18 Monate. Ein Arbeitsbereich bezog sich deshalb auf dieses Problem: Welche organisatorischen Verfahren trugen dazu bei, dass die Klienten länger in der Einrichtung blieben als notwendig? Was können die Mitarbeiter in diesem Fall tun? Der ärztliche Direktor zeigte sich außerdem besorgt über die Eltern, die man inzwischen zwar in die Behandlung ihrer Kinder einbezog, die im Prinzip aber passiv blieben und tendenziell von der Einrichtung abhängig wurden. Wie könnte die Einrichtung die Autonomie der Eltern fördern, statt ihre Abhängigkeit zu pflegen?

Auf der Basis dieser einrichtungsspezifischen Probleme als Fokus der Beratung entwickelte sich der Plan, die vier vereinbarten Tage zu nutzen, in denen eine Einschätzung der hausinternen Abläufe sowie Veränderungsempfehlungen eingeschlossen waren. Für den ersten Tag waren ein Besuch der verschiedenen Lokationen der Einrichtung, separate Gespräche mit der Gruppe der Erzieher und der Gruppe der Lehrer sowie ein Treffen mit einer Gruppe von Kunden, d. h. Eltern von Kindern, die früher im Zentrum behandelt worden waren oder sich noch dort befanden, vorgesehen. Am zweiten Tag lag der Fokus auf dem Aufnahmeprozess. Am dritten Tag wollte man sich mit Behandlungsinterventionen befassen, und der vierte Tag war für Rückmeldungen, Diskussionen und Empfehlungen vorgesehen. Dieser Plan ergab sich zwar aus der Diskussion in der Vorbesprechung im *Ridge Center*, kann aber durchaus verallgemeinert werden. Das Themenspektrum lässt sich auf fast jede Einrichtung anwenden, auch wenn sich Art und Bereitschaft der Teilnehmer im Detail unterscheiden können.

Der erste Tag: Die Begehung der Einrichtung

Der Tag begann mit der Besichtigung der Häuser, in denen die Kinder lebten. Die Häuser waren hübsch eingerichtet und gepflegt, strahlten aber die in den meisten Heimen übliche Interesselosigkeit gegenüber ästhetischen Dingen aus und zeigten einen relativen Mangel an ganz persönlichen Utensilien der einzelnen Kinder. In jedem Haus und in der Schule hingen an prominenter Stelle Tafeln, auf denen die Verhaltensregeln aufgelistet waren. In der linken Spalte standen die schlechten Verhaltensweisen und die Anzahl der Punkte, die ein Kind verlor, wenn es sich im Speisesaal danebenbenahm oder im Klassenzimmer randalierte. In der rechten Spalte standen die guten Verhaltensweisen und die entsprechende Anzahl der zu gewinnenden Punkte.

Diese Tafeln verwiesen eindeutig auf das System „Punktekonto", das an ein in Erziehungsheimen so gängiges Verhalten gekoppelt ist. Der Berater hielt diese Vorgehensweise für fragwürdig und den Prinzipien der kindlichen Entwicklung nicht angemessen. Wenn Kinder experimentieren und sich durch die Welt tasten, brauchen sie Phasen, in denen sie unsichtbar sein wollen. Das Gefühl, beobachtet und für jede Bewegung zur Rechenschaft gezogen zu werden, hemmt die Spontaneität. Der Berater kommentierte seine Beobachtung jedoch nicht, weil das unmittelbare Milieu in dieser Situation nicht von primärer Bedeutung war. Ein Berater muss Prioritäten setzen und bestimmte Dinge ignorieren. Dieser Grundsatz gilt für jede Intervention – ob bei Familien oder größeren Systemen. De facto wäre es angebracht, wenn eine Einrichtung eine interne Einschätzung ihrer organisatorischen Verfahren durchführte, um Veränderungen einzuleiten.

Das Treffen mit den Erziehern war für diese Gruppe ein Novum. Obwohl sie regelmäßig an Sitzungen teilnahmen, in denen sie nach spezifischen Informationen über die Kinder befragt wurden, bat man sie selten um Einschätzungen allgemeinerer Natur.

Sie brachten die Art von Beschwerden vor, die oft in Gesprächen mit Erziehern laut werden und die auch in gewisser Weise ihre Berechtigung haben. Sie fühlten sich von den Klinikern nicht respektiert und waren überzeugt, dass man ihre Informationen nicht schätzte. Obwohl sie in mancher Hinsicht mehr über die Kinder wussten als die Sozialarbeiter, hatten sie keine Möglichkeit, direkt mit den Familien der ihnen anvertrauten Kinder zu kommunizieren. Die Erzieher berichteten den Klinikern über das Verhalten der Kinder in der jeweiligen Wohneinheit, und diese Informationen wurden den Familien mitgeteilt. Die Erzieher hatten weder die Möglichkeit, Familiensitzungen zu beobachten, noch an ihnen teilzunehmen, und folglich nahm ein Erzieher die Familie und den Platz des Kindes in dieser immer nur durch die Augen des Therapeuten wahr. Die Erzieher erlebten die Grenze zwischen ihnen und den Familien als undurchdringbar, und diesen Umstand werteten sie als einen Hinweis auf ihre niedrige Stellung in der Hierarchie der Einrichtung.

Das Gespräch mit den Erziehern löste in dem Berater zwei Gedankengänge aus: Zum einen verlangte die Situation nach einer generellen Revision der Einrichtung. Entscheidungen zur Rolle zwischen Erziehern und Klientenfamilien gehörten zu den heiminternen Angelegenheiten. Es war jedoch wichtig, dass man die Sichtweise der Erzieher verstand und ihre Aufgaben so modifizierte, dass sie den Endzielen der Einrichtung besser entsprachen. Eine konstruktive Überprüfung verlangte die Mitwirkung der Erzieher, der Geschäftsführung und der Kliniker.

Der zweite Gedankengang bezog sich auf die Implikationen, die diese „Barriere" für die Familien hatten. Die Distanz zwischen den Erziehern und der Familie vermittelte eine Botschaft an die Eltern, die das alltägliche Leben ihres Kindes im Heim betraf: „Nicht anrühren! Nicht fragen! Nicht eintreten! Das geht Sie nichts an." Auch dieser Aspekt lag wahrscheinlich außerhalb des Bewusstseins des Heimpersonals, und deshalb war es wichtig, ihn zur Diskussion zu stellen.

Das Gespräch mit den Lehrern war entmutigend, zumal diese in einer Einrichtung arbeiteten, die nach einem familienorientierten Ansatz suchte. Ausnahmslos urteilten die Lehrer negativ über die Eltern. Sie selbst investierten in die Kinder und nähmen beträchtliche Mühen auf sich, um den destruktiven Auswirkungen der zurückliegenden Erlebnisse der Kinder entgegenzusteuern, zeigten aber generell wenig Verständnis für die sozial Schwachen. Ihr Fokus lag auf der Annahme, dass das Verantwortungsgefühl in unterprivilegierten Familien mangelhaft ausgebildet sei und dass deren Kinder schädlichen Einflüssen ausgesetzt seien und diese Kritik übertrugen die Lehrer auf die Familien der Kinder in ihrer Obhut. Vor dem Hintergrund solch heftiger Reaktionen war es erschreckend, zu erfahren, dass die Lehrer die Familien überhaupt nicht kannten. Die Familien wurden nie eingeladen, die Schule zu besichtigen, in Klassen zu hospitieren oder sich mit den Lehrern zu unterhalten. Die Lehrer konnten bei keinem Kind spezifische Fragen zu seinem sozialen Hintergrund beantworten, obwohl sie generell den Familien und deren häuslichem Umfeld sehr kritisch gegenüberstanden.

Die Mischung aus minimalen Informationen und negativen Einstellungen haben wir oft erlebt, wenn verschiedene Menschen, die es mit denselben Kindern zu tun hatten, aufgrund von Klischees ihre Vorstellungen voneinander entwerfen. Dabei fällt einem sofort die Situation der Pflegeunterbringung ein. Am Anfang haben die Pflegeeltern vielleicht eine negative Meinung von den Eltern ihrer Pflegekinder, doch ihre Ansichten relativieren sich im Allgemeinen, wenn sie die Eltern kennen lernen, Informationen austauschen und gemeinsam für das Kind planen. Im *Ridge Center* würden verstärkte Kontakte zwischen Lehrern und Eltern höchstwahrscheinlich die Einstellung der Lehrer verändern. Dadurch könnte auch die aktivere Rolle der Eltern gefördert werden – was der ärztliche Direktor anstrebte.

Am Nachmittag des ersten Tages hatte der Berater ein Gespräch mit den Klienten. Die Einrichtung hatte zwei Elternpaare eingeladen, deren Kinder früher in der Einrichtung gewesen waren und nun wieder in der Familie lebten, dazu zwei allein erziehende Mütter, deren Kinder inzwischen über ein Jahr lang in der Einrichtung waren, sowie die Eltern eines Kindes, das erst vor kurzem aufgenommen worden war. Alles in allem ein repräsentativer Querschnitt.

Die Eltern waren kluge Beobachter der Situation, den Mitarbeitern gegenüber freundlich und überzeugt, dass die Einrichtung ihren Kindern geholfen habe. Sie sprachen von der Notwendigkeit intensiverer Kommunikation zwischen Heimmitarbeitern und Eltern, doch ihre Bemerkungen waren vage und nicht besonders kritisch. Vielleicht waren sie sich über den Zweck des Treffens weniger im Klaren als die Erzieher oder die Lehrer, doch wenn ihre Reaktionen von Loyalität geleitet gewesen waren, waren sie ein Tribut an die Einrichtung. Diese Eltern waren mit der Einrichtung prinzipiell zufrieden.

Das Gespräch mit den Eltern brachte wenig Neues. Trotzdem hielt der Berater es für angebracht. Eine solche Sitzung vermittelt dem Heimpersonal die konkrete Botschaft, dass der Dialog mit den Familien wichtig ist, vor allen Dingen dann, wenn die Eltern dazu ermutigt werden, das Verhalten der Mitarbeiter zu kommentieren und Möglichkeiten vorzuschlagen, wie Familien stärker in das Geschehen eingebunden werden können. Sitzungen, die von Zeit zu Zeit zwischen Personal und Eltern durchgeführt werden, können sich zu einem konstruktiven Forum entwickeln.

Der zweite Tag: Die Aufnahme

Der zweite Tag war den Aufnahmeverfahren gewidmet. Der Tag begann mit einem Aufnahmegespräch, das vom Berater und von Mitarbeitern der Einrichtung über einen Monitor beobachtet wurde. Die Familie stammte aus Lateinamerika und bestand aus den Eltern, die etwa Mitte dreißig waren, einem aggressiven zehnjährigen Indexpatienten und zwei jüngeren Geschwistern. Die Sitzung wurde vom aufnehmenden Sozialarbeiter geleitet, der Psychiater des Heims nahm als Beobachter teil. Wie üblich hatte das überweisende Krankenhaus die Familie durch eine Akte angekündigt, in der Probleme der Kindesmisshandlung und Vernachlässigung als Hintergründe nicht ausgeschlossen wurden.

Das Gespräch wurde vom aufnehmenden Sozialarbeiter in einer freundlichen, entspannten Atmosphäre durchgeführt und war relativ kurz – ungefähr 45 Minuten. Die meiste Zeit beantworteten die Eltern Fragen und beschrieben die Schwierigkeiten ihres Sohnes, besonders während seines Aufenthaltes in der Kinder- und Jugendpsychiatrie, aus der er gekommen war. Nachdem die Sitzung beendet war, verließ der Psychiater mit dem Kind den Raum zu einem Einzelgespräch. Die Familie wurde durch die Einrichtung geführt, und die Eltern wurden gebeten, die Einwilligungserklärung für die ärztliche Behandlung ihres Sohnes zu unterschreiben. Danach wurde die Familie wieder zusammengeführt, und man ging gemeinsam zu dem Haus, in dem das Kind untergebracht werden sollte – und in dem sich zu diesem Zeitpunkt keine

Kinder aufhalten durften. Hier wurde die Familie offiziell dem Erzieher vorgestellt. Dann gingen sie zur Schule, wo ebenfalls keine Kinder waren und wo sich die gleiche Formalität mit dem Lehrer wiederholte. Als dieser Vorgang abgeschlossen war, gingen die Eltern und die Geschwister weg, das Kind blieb in der Einrichtung.

Der Berater ließ sich das Aufnahmeverfahren schildern und stellte dann eine der ersten Fragen der Vorbesprechung: „Was können wir tun, um die Abhängigkeit der Eltern zu verringern und ihre Aktivität zu fördern?“ Seiner Meinung nach waren die Ursprünge des Problems im Aufnahmegespräch deutlich geworden. Offensichtlich existierte ein familienorientierter Ansatz neben solchen Vorgehensweisen, die eine Trennung zwischen Familie und Einrichtung förderten.

Das familienorientierte Modell der Heimleitung sah zwar einen Aufnahmeprozess und Behandlungsverfahren vor, in die die Familie involviert wurde. Doch die Konzentration auf das Kind, die mit einer peripheren Rolle der Familie einherging, war immer noch das hervorspringende Moment dieses Ansatzes. Die Vorgehensweisen signalisierten den Eltern, dass die Pathologie im Kind lokalisiert und das Heim dafür ausgerüstet sei, das Problem ohne Hilfe bewältigen zu können. Den Eltern vermittelte man die Botschaft: „Wir finden euch in Ordnung (für die Familie), aber ihr seid nicht kompetent, um mit dem Kind richtig umzugehen (Schutz des Kindes).“ Hinter der erklärten Philosophie versteckten sich traditionelle Vorgehensweisen, ein Relikt aus all den vielen Jahren, in denen Erziehungsanstalten es als notwendig betrachteten, die Kinder vor den pathologischen Einflüssen ihrer Familien zu schützen.

Am Nachmittag führte der Berater ein Aufnahmegespräch mit einer anderen Familie durch. Die Sitzung dauerte eineinhalb Stunden, und allein die Gesprächsdauer legte nahe, dass die mit der Familie verbrachte Zeit ein wichtiger Faktor war, um das Kind kennen zu lernen. Der Berater fokussierte auf die Funktionsweise der Familie und auf die Rolle, welche die Familie bei der Erhaltung des Symptoms beim Kind spielte. Er hob die Bereiche der Stärken der Familie und des Kindes hervor, indem er einzelne Familienmitglieder zur Exploration alternativer Funktionsweisen ermunterte, wodurch die elterliche Kompetenz erhöht, die Unterstützung der Geschwister mobilisiert und die Symptome des Kindes verändert werden könnten. Schließlich stellte der Berater noch die Heimunterbringung und die Behandlungsbedürftigkeit des Kindes infrage. Er erläuterte der Familie, Anzeichen dafür gesehen zu haben, dass sie alternative Möglichkeiten zur Verfügung habe, die bei der Lösung des Problems hilfreich sein könnten, dass er aber die Familie bzw. das Kind natürlich nicht gut kenne und sich irren könne. Da dies so war, bat er die Eltern, ihn davon zu überzeugen, dass eine Heimbehandlung des Jungen notwendig sei. Am Schluss der Sitzung waren sich alle einig, dass ein Aufenthalt in der Erziehungseinrichtung nützlich sein könne, doch der Berater bezweifelte, ob das Heim ohne die Mitwirkung der Eltern erfolgreich sein werde.

Die sich anschließende Diskussion mit den Mitarbeitern der Einrichtung konzentrierte sich auf Unterschiede zwischen den beiden Aufnahmetypen, wobei auch über die klaren Botschaften, welche die Eltern in Bezug auf ihre Mitwirkung bei der Behandlung des Kindes empfangen hatten, gesprochen wurde. Die erste Aufnahme war exploratorischer Natur und respektierte die Eltern, die als Informanten über die Probleme des Kindes fungierten, doch die eigentliche diagnostische Sitzung wurde vom Psychiater durchgeführt, der sich mit dem Kind zu einem Einzelgespräch zusammensetzte. Nach der Familiensitzung hatte der Kontakt mit den Eltern Ähnlichkeit mit einem „Tag der offenen Tür“ und erinnerte an gewisse Schulen, die den Eltern und Kindern getrimmte Rasen vorführen und das Kollegium die Brillanz des Schulprogramms rühmen lassen. Die Eltern durften kein volles Klassenzimmer oder andere Kinder zu Gesicht bekommen, weil aus Gründen des Datenschutzes die Heimbewohner vor den Blikken neuer Klienten geschützt werden müssen; und niemand lud die Eltern ein, mit Erziehern oder Lehrern über Gewohnheiten, Lieblingsessen, Lieblingsspiele oder Lernhaltungen ihres Kindes zu sprechen. Die Mitarbeiter widmeten der Familie des neuen Klienten wenig Aufmerksamkeit, wimmelten sie im Prinzip ab und nahmen ihre Alltagsgeschäfte wieder auf, während die Eltern mit einem Gefühl der Erleichterung weggingen, dass das Heim schon das Beste für ihren Sohn tun werde. Sollte die Familie auf dem Heimweg ein Gefühl der Leere gespürt haben, hat sie das wahrscheinlich nicht den Barrieren zugeschrieben, welche die Einrichtung zwischen ihr und dem Kind aufgebaut hatte.

Die zweite Aufnahme fokussierte auf das Verständnis von der Familie als Ganzheit und dem Kind als Subsystem. Die Diagnose kreiste um die Familie: Wie sie funktioniert; welche wiederkehrenden Muster es gibt; wie sich die Geschwistergruppe zusammensetzt; wie der potenzielle Klient in diese Gruppe und in die Familie als ganzes System passt; welche Starrheiten, Flexibilität und Möglichkeiten deutlich werden. Der Berater motivierte zum Dialog zwischen den Familienmitgliedern und nahm die Position des Beobachters ihrer Unterhaltungen ein. Er schloss sich der Familie an, indem er positive Fertigkeiten und Möglichkeiten bei Familienmitgliedern stützte, und stellte Fragen, die seine Unkenntnis und seinen Wunsch demonstrierten, über die Funktionsweise der Familie aufgeklärt zu werden. Als der Berater die Fähigkeit der Einrichtung anzweifelte, dem Kind zu helfen, und das Bestehen der Eltern auf Heimbehandlung akzeptierte, teilte er eine wichtige Botschaft mit: „Ich bin sicher, dass wir ohne Sie scheitern werden." Sein Ausdruck der Besorgnis und die Zuschreibung qualifizierter elterlicher Kompetenz waren eine dringende Einladung an die Familie, den Kontakt mit dem Heim zu halten und mit dem Personal zusammenzuarbeiten.

Der dritte Tag: Die Behandlung

Der Fokus des nächsten Tages lag auf Behandlungsverfahren. Mitarbeiter des Heims führten ein Gespräch mit einer Familie am Vormittag, und der Berater hatte ein Gespräch mit einer anderen Familie am Nachmittag. Zur ersten Familie gehörten Melissa, eine allein erziehende 35-jährige Mutter aus Puerto Rico, der zwölfjährige Pedro, der schon über ein Jahr in der Einrichtung war, und seine 14 Jahre alte Schwester Mirta. Die Geschichte dieser Familie war geprägt von Rastlosigkeit. Sie war kurz hintereinander mehrfach umgezogen und hatte ein halbes Jahr, bevor Pedro ins Erziehungsheim eingewiesen wurde, in einem Obdachlosenasyl gelebt. Laut Akte hat der Junge seit seinem dritten Lebensjahr gestohlen, zuerst von seiner Mutter und später von Nachbarn und Geschäften in der Umgebung.

Die Sitzung wurde von der Familientherapeutin des Heims geleitet und begann mit einer freundlichen wechselseitigen Begrüßung. Die Therapeutin hatte zwar einen guten Draht zu der Mutter bekommen, aber die heranwachsende Tochter, die sichtlich gelangweilt war und während der ganzen Sitzung unbeteiligt blieb, überhaupt nicht angesprochen. Pedro war sichtlich erfreut, seine Mutter zu sehen. Er erzählte ihr ausführlich über einen Vorfall in der Schule, bei dem andere Kinder ruppig zu ihm gewesen seien. Melissa reagierte mitfühlend und riet ihm, mit dem Lehrer darüber zu reden. Dann brachte sie ihn auf den neuesten Stand der Familienereignisse und erzählte ihm, dass kürzlich ein Verwandter aus Puerto Rico angekommen sei. Die Therapeutin sprach danach mit Pedro und wie er so zurechtkomme, und der Rest der Sitzung konzentrierte sich auf das Kind. Im Anschluss ging die Familie in den Speisesaal und aß zu Mittag, verabschiedete sich von Pedro und fuhr zurück in die Stadt. Die Sitzung hatte den Anstrich eines angenehmen Besuches für die Familie, der durchsetzt war mit ein paar einzeltherapeutischen Einlagen für Pedro.

Bei der Nachbesprechung dieser Familiensitzung wies der Berater darauf hin, dass die Therapeutin zwar eine nette und freundliche Einstellung der Familie gegenüber gezeigt habe, die Sitzung aber unverbindlich und ohne Hebelkraft für Veränderung geblieben sei. Dies führte er auf die Terminierung der Sitzung zurück, die beiläufig in das Alltagsleben des Jungen im Heim eingestreut worden und ohne Dringlichkeit oder Gefühlskraft gewesen sei. Da Pedro inzwischen zu den Heimmitarbeitern und den anderen Kindern in der Einrichtung eine Grundbindung entwickelt hatte, erlebte er die Familienmitglieder paradoxerweise als Besucher. Die Familie ihrerseits hatte neue Pfade angelegt, die Pedro nicht mitgegangen war, sodass er im Familienalltag so peripher geworden war wie sie in seinem Leben.

Der Berater schlug hier Folgendes vor: Eine Familiensitzung sollte generell nach einem Besuch des Jungen zu Hause, wenn die Familie ihn nach einem gemeinsamen Wochenende zurückbringt, durchgeführt werden, damit die Familientherapie zu einem wirkungsvollen Instrument werden könne. Während nämlich das Kind in der Familie ist, werden alte Muster reaktiviert, weil die Familie die Möglichkeiten des Zusammenlebens ausprobiert. Wenn dann die Familie das Kind in die Einrichtung zurückbringt und alle Familienmitglieder zwischen zwei Welten schweben, hat die Therapeutin Gelegenheit, Familienkonflikte zu sondieren, die noch frischen Quellen von Irritationen zu untersuchen und neue Optionen zu explorieren.

Durch diesen Vorschlag bekamen die Hausbesuche eine neue Bedeutung und eine neue Wichtigkeit. Im Lichte dieser Veränderung fragte eine Mitarbeiterin des Heims, was passiere, wenn ein Kind ungezogen sei und der Besuch zu Hause gestrichen werden müsse. Ihre Frage führte zurück zu dem Thema, wo der Behandlungshebel angesetzt werden müsse. Wenn die Pathologie im Kind selbst angesiedelt wird und die Therapie auf die Psychodynamik des Individuums abzielt, kann es notwendig sein, auf Regelverletzungen zu fokussieren. Wenn aber die erfolgreiche Zusammenführung des Kindes mit seiner Familie angestrebt wird, dann sind die Besuche zu Hause ein wesentlicher Teil der Behandlung und sollten nicht gestrichen werden.

Am Nachmittag führte der Berater ein Gespräch mit einer Familie, die aus einer Großmutter, einer Tante und der zwölfeinhalb Jahre alten Joanna bestand, die etwas über ein halbes Jahr in der Einrichtung war. Die Mutter des Mädchens war an Aids gestorben, als Joanna noch ein Säugling war, und die Großmutter Tessa und Tante Lilian hatten das Kind großgezogen. Vor zwei Jahren war Lilian in eine eigene Wohnung gezogen, wo sie nun gemeinsam mit ihrem Freund lebte. Joanna war hin- und hergerissen zwischen Großmutter und Tante, die angeblich andere Ansichten darüber hatte, wo Joanna leben und wie sie sich verhalten solle. Das Mädchen war in das Heim eingewiesen worden, weil es in der Schule nicht mitgemacht hatte und zunehmend depressiv geworden war.

Der Berater lud Joannas Einzeltherapeutin, den zuständigen Erzieher und die Familientherapeutin zur Familiensitzung ein. Er eröffnete die Sitzung mit der Mitteilung, dass die Familie zuerst den Erzieher über das Leben des Kindes in seiner Hausgemeinschaft befragen könne, weil dieser nämlich nur am Anfang des Gesprächs anwesend sei. Die Großmutter wollte wissen, ob Joanna höflich sei und sich ordentlich benehme, und Lilian wollte wissen, ob Joanna Freundinnen habe, da sie in dieser Hinsicht nicht sehr gesprächig erscheine. Der Erzieher war freundlich, und nachdem er vom Routinealltag in der Wohneinheit erzählt hatte, beantwortete er die Fragen der beiden Frauen und versicherte ihnen, dass Joanna nie Ärger mache und dass die anderen Mädchen sie gerne hätten. Doch sei sie immer noch ziemlich zurückgezogen und habe wenige Freundinnen. Als der Erzieher die Sitzung verließ, sagte er noch, dass er zur Verfügung stehe, wenn es gewünscht werde. Die Einzeltherapeutin war die ganze Sitzung über schweigsam, denn zu Beginn des Gesprächs hatte sie angedeutet, dass sie lediglich als Beobachterin anwesend sei, um die Vertraulichkeit ihrer Beziehung zu Joanna nicht zu verletzen.

Nachdem der Erzieher weggegangen war, wurde der Berater aktiver und stellte den Konflikt zwischen der Großmutter und der

Tante in den Vordergrund. Lilian wollte, dass das Kind bei ihr lebte, doch Tessa zweifelte an deren Kompetenz und Fähigkeit, ihre Nichte zu kontrollieren. Aufgrund der Art des Familienmusters und der positiven Reaktion Joannas auf Lilian hielt der Berater es für wichtig, die Qualität der Beziehung zwischen dem Mädchen und seiner Tante zu sondieren und die Möglichkeit zu erkunden, dass Joanna das Heim verlassen und bei ihrer Tante leben könnte. Er initiierte einen Dialog zwischen den beiden. Gleichzeitig achtete er darauf, dass er auf die Unterbrechungen durch die Großmutter nicht einging, sondern stattdessen den Plan aufmerksam verfolgte, den Lilian und Joanna gemeinsam explorierten. Die Sitzung endete mit der Empfehlung, dass Joanna ihre Tante Lilian öfter zu Hause besuchen solle, und mit dem Vorschlag an alle drei Familienmitglieder, einen Weg zu suchen, der auch Joannas Besuch bei der Großmutter ermögliche.

Die der Familiensitzung folgende Diskussion drehte sich um drei Bereiche: die Einbeziehung des Erziehers in das Familientreffen, den Sinn der Trennung zwischen Einzel- und Familientherapie und den Stil, in dem der Berater die Sitzung geführt hatte. Der Berater unterstrich die strategische Bedeutung, welche die Teilnahme des Erziehers an der Familiensitzung hat, als Signal, dass die Familie das Recht hat, sich über das Leben des Kindes in der Einrichtung zu informieren. Dann forderte er die Diskussionsgruppe auf, den Grund dafür zu erforschen, weshalb Einzel- und Familientherapie unter zwei Praktikern aufgeteilt werden, die gleichermaßen in beiden Behandlungsformen ausgebildet sind. Ein Mitarbeiter meinte, dass man als Therapeut oder Therapeutin Informationen besser und kreativer nutzen könne, wenn man sowohl die Rolle des Einzel- als auch des Familientherapeuten annehme. Diskutiert wurde auch über den Vorschlag, eine zweite Person gelegentlich als Kotherapeut oder Supervisor hinzuzuziehen, anstatt die Funktionen aufzuteilen und eine sorgfältige und vielleicht unnötige Vertraulichkeit zu pflegen.

Das Heimpersonal war besonders daran interessiert, die therapeutische Orientierung des Beraters kennen zu lernen, der tatkräftig Meinungsverschiedenheiten geschürt und ein Familienmitglied dem anderen vorgezogen hatte. Doch die Mitarbeiter waren auch verwirrt. Wie war das denn mit Neutralität und Gerechtigkeit? In der sich anschließenden Diskussion betonte der Berater drei Punkte, von denen zwei für die Familientherapie allgemein relevant waren und einer speziell für die aktuelle Situation zutraf: Erstens ist es ein wesentlicher Teil des Heilungsprozesses, den Familienkonflikt in die Sitzung einzubringen, denn ohne offene Exploration ihrer Unstimmigkeiten bleibt die Familie tendenziell in der Sackgasse stekken. Zweitens hat die „Destabilisierung" des Systems eine Hebelkraft, wie sie in der Familiensitzung am Vormittag fehlte und welche die Familie zu einer aktiveren Mitwirkung mobilisieren kann – obwohl ein versierter Therapeut zu einem späteren Zeitpunkt die Gewichtung verlagern kann, um ein anderes Familienmitglied zu stützen, wenn das sinnvoll erscheint. Drittens gab es Anzeichen dafür, dass Joanna sich bei ihrer Tante wohler fühlte und lebhafter war als bei der Großmutter und Lilian besser auf die Probleme eines heranwachsenden Mädchens eingestimmt war, sodass der Berater beschloss, genau diese Kombination zu stützen. Seine Wahl war aber stellenweise willkürlich, weil sein primäres Ziel darin bestand, die sich wiederholenden und bei dem Kind zu Depressionen führenden Familienmuster zu durchbrechen.

Einige dieser Punkte sind komplex, und vielleicht leuchtet den Heimmitarbeitern die zugrunde liegende Logik nicht auf Anhieb ein, oder möglicherweise können sie diese mutigeren Vorgehensweisen auch nicht ad hoc umsetzen. Doch der wichtige Teil des vom Berater zur Demonstration durchgeführten Aufnahmegesprächs war auf einer relativ einfachen Ebene angesiedelt. Wie das Demonstrationsgespräch an sich, so suggerierte auch die sich anschließende Diskussion, dass es entscheidend ist, ein größeres Ensemble von Akteuren einzubeziehen, Familienmuster zu explorieren und die Familie zu mobilisieren, die Arbeit des Heims aktiv zu unterstützen.

Analyse und Empfehlungen

Der vierte Tag im *Ridge Center* war der Rückmeldung und der Diskussion gewidmet: der Rückschau auf die Themen, die an den Tagen zuvor aufgekommen waren, und einer Präsentation von Empfehlungen, die auf Veränderungen abzielten. Anstatt die Aktivitäten des letzten Tages in dieser Einrichtung zu beschreiben, geben wir einen allgemeinen Kommentar, der die Themen und Empfehlungen beleuchtet, die auf nahezu jede Erziehungseinrichtung anwendbar sind. Manche Ausführungen sind für einen spezifischen Kontext vielleicht irrelevant, und manche scheinen unter bestimmten Bedingungen unmöglich umsetzbar zu sein. Doch unseren Erfahrungen nach sind die Themen für die meisten Einrichtungen relevant, und die Empfehlungen haben wir so allgemein wie möglich gehalten.

Die Analyse

Die Themen lassen sich in drei Kategorien einordnen: die Einrichtung als Milieu; Wahrnehmungen und Einstellungen; Personalschulung und Orientierung. Manche Aspekte sind typisch für Einrichtungen, andere dagegen beziehen sich auf allgemeine Ausführungen, die wir in Kapitel 2 über die Hindernisse für einen familienorientierten Ansatz gemacht haben. Hindernisse tauchen immer da auf, wo Dienste dem Individuum in herkömmlicher Weise angeboten werden und die Mitarbeiter kaum wahrgenommene Barrieren überwinden müssen, um Familien in ihre Arbeit integrieren zu können.

Die Einrichtung als Milieu

Weil Erziehungseinrichtungen je nach Größe, Ausstattung, Atmosphäre usw. variieren, lassen sich keine allgemeinen Aussagen über den Einfluss des Heimmilieus auf die Familien der Klienten machen. Viele Einrichtungen befinden sich allerdings in Gegenden, die von dem familialen Lebensumfeld der Heimbewohner weit entfernt sind, sodass es für die Familien schwierig ist, ihre Kinder zu besuchen oder an den Aktivitäten des Heims teilzunehmen, weil sie einen weiten Weg zur Einrichtung haben.

Die Tatsache, dass die meisten Erziehungseinrichtungen an abgeschiedenen Orten angesiedelt sind, ist kein Zufall. Erziehungsheime wurden mit der expliziten Zielvorgabe errichtet, die Kinder von ihrem gewohnten Umfeld zu isolieren. Der Beschluss, eine Distanz zwischen Kind und Familie herzustellen, war manchmal eine Form der Bestrafung für die Kinder und wurde manchmal als Schutzmaßnahme für die Außenwelt betrachtet; doch fast immer hielt man die Isolierung der Kinder und Jugendlichen für einen Weg, den Einflüssen der Minderheitenghettos und den pathogenen Einwirkungen der Familien gegenzusteuern. In den ersten Erziehungsheimen und Besserungsanstalten war die Verweildauer der Klienten noch nicht festgelegt, man ging aber von einem längeren Zeitraum aus, um genügend Zeit zu haben, die Kinder und Jugendlichen vor ihrer Rückkehr in die Familie präparieren zu können. In dieser Entwicklungsphase war es die implizite Heimpolitik, die Familien auf Distanz zu halten.

Die Zeiten haben sich geändert, und die Langzeitunterbringung von Kindern ist keine flächendeckende Heimpolitik mehr. In Anlehnung an modernere Denkansätze sind neue Erziehungseinrichtungen oft kleine Heime, in denen zehn bis 20 Kinder leben und die in erreichbarer Entfernung zu den Wohnorten der Familien angesiedelt sind. Doch der frühere Einrichtungstypus besteht fort, und manchmal werden Kinder aus praktischen Gründen, z. B. wegen verfügbarer Heimplätze, spezieller Diagnosen usw., in Heimen untergebracht, die weit entfernt sind von ihrem Elternhaus. In diesem Fall bleibt die Tatsache, dass ein scheinbar logistischer Grund in Wirklichkeit eine psychische Barriere zwischen Einrichtung und Familie ist, im Allgemeinen unbemerkt.

Wahrnehmungen und Einstellungen

Der zweite Aspekt dreht sich um die Frage, welche Bilder die Familie und die Einrichtung voneinander haben. Unter den Familien, deren Kinder in Heimen untergebracht sind, gibt es zwei grundsätzliche, aber klar voneinander abgegrenzte Einstellungen. Die erste Gruppe opponiert gegen die Internierung als eine von Regulierungsmächten wie Jugendamt, Sozialbehörden oder Familiengerichten auferlegte Entscheidung. Das gesamte Verfahren wird als Ärgernis erlebt und die Einrichtung den feindlichen Stellen zugeordnet – dem mächtigen Anderen. Die Familie muss sich zwangsläufig der Kontrolle unterwerfen, kann sich aber nicht als Partner sehen. Diese Familien stellen die Einrichtung vor eine schwierige, aber elementare Aufgabe. Die Heimmitarbeiter müssen Brücken bauen, um die Familie zu erreichen, und den Ärger der Familienmitglieder vom allerersten Kontakt an vorsichtig thematisieren.

Die Einstellung der zweiten Gruppe ist fast das genaue Gegenteil. Diese Gruppe begrüßt die Heimunterbringung als Lösung für die Probleme des Kindes und erlebt die Einrichtung vielleicht als Internatsschule oder als bessere Alternative zum familialen Lebensumfeld. Oftmals fühlen sich die Familien so unfähig, mit dem Kind umzugehen, dass die Trennung als akzeptable Lösung des Konflikts empfunden wird. Wenn das die primäre Reaktion der Familienmitglieder ist, sind sie erleichtert darüber, dass sie die Verantwortung für das Kind der Einrichtung übertragen können. Sie hoffen darauf, dass das Heim es schafft, ihnen ein Kind zurückzugeben, das sich verändert hat und umgänglich geworden ist. Familien mit dieser Einstellung sind zufrieden mit traditionellen Heimen, die auf Langzeitbehandlung ausgelegt sind. Wenn aber die Einrichtung die Familie in ihre Arbeit einbeziehen möchte, muss das Personal ihre Erwartungen infrage stellen und einen Weg finden, sie an der Behandlung ihres Kindes teilhaben zu lassen.

Diese Aufgabe ist oft schwierig. Vonseiten der Institution gepflegte Einstellungen sprechen oft gegen die Mitwirkung der Familie. Die Mentalität, mit der die Eltern als pathogen oder inadäquat wahrgenommen werden, drückt sich in Verfahren aus, welche die Eltern unsichtbar werden lassen oder sie so lange wie möglich fernhalten. In ihrer günstigsten Lesart gehören diese Verfahren zu den Bemühungen der Einrichtung, das Kind zu retten. In einer destruktiveren Lesart spiegeln solche Verfahren die Einstellung wider, dass die Eltern die Arbeit der Einrichtung zunichte machen werden. Das Heimpersonal hat hohe, manchmal unvernünftige Wertmaßstäbe für Fortschritt und behält das Kind in der Einrichtung, bis man sich einer erfolgreichen Entlassung absolut sicher ist. Das ist natürlich gut gemeint, aber nur wenige in unserem Arbeitsfeld Tätige sind überzeugt, dass wir erst alle unsere Probleme lösen und dann in die Welt hinausgehen. Außerdem ist die Wahrscheinlichkeit, dass nach der Rückkehr des Kindes in die Familie ein ruhiger Übergang stattfindet, eher geringer als höher, weil sich Kind und Familie mit der Zeit an die jeweiligen Lebensumstände gewöhnt haben. Auch hier gibt es Parallelen zu anderen Situationen, z. B. zur Pflegeunterbringung eines Kindes oder zur Einweisung in eine Drogenklinik. Je länger die Verweildauer in einer Institution und je schwächer der Kontakt zwischen Klient und Familie in der Zeit der Trennung, desto schwieriger wird die Wiedervereinigung – selbst wenn die Behandlung des Klienten gute Fortschritte erzielt hat.

Schließlich erzeugt die Einrichtung oft selbst eine widersprüchliche Situation – wenn auch ohne Absicht. Die Mitarbeiter sehen die Mitwirkung der Familie als Zeichen dafür, dass die Familienmitglieder wirklich an dem Kind interessiert sind, und sie deuten den Mangel an elterlicher Beteiligung als Desinteresse oder Widerstand. Doch die Mitarbeiter realisieren nicht, dass sie eine klare Botschaft der sich selbst erfüllenden Prophezeiung vermittelt haben: „Wir kümmern uns um das Kind. Wir melden uns, wenn wir Sie brauchen.“ Kommt die implizite Botschaft zu dem Gefühl hinzu, versagt zu haben und inadäquat zu sein, das jede Familie bei der Heimeinweisung ihres Kindes beschleicht, trifft sie das bis ins Mark. Die Familie begreift, dass sie weder erwünscht noch notwendig ist.

Personalschulung und Orientierung

Viele der als heimspezifische Phänomene diskutierten Einstellungen kommen über das Personal einer Einrichtung zum Ausdruck und müssen hier nicht eigens wiederholt werden. Der Dünkel der institutionellen Selbstgenügsamkeit, die hohen Standards für die Entlassung aus dem Heim und die Einschätzung der Eltern als pathogene Faktoren sind Teil eines Bildes, das die für die Behandlung des Kindes Verantwortlichen internalisiert haben. Wir haben schon an früherer Stelle darauf hingewiesen, dass der Schwerpunkt der psychologischen Ausbildung generell auf der inneren Dynamik und der Pathologie liegt – also Zorn, Angst, Konflikt und Beziehungsstörungen vorrangig thematisiert werden. Wenn Therapeuten einer Einrichtung mit den einzelnen Kindern arbeiten, gehen sie oftmals nach diesem Schema vor, und wenn sie ihre Arbeit auf die Familien der Kinder ausdehnen, entwickeln sie vielleicht neue Methoden, ohne jedoch ihre Grundorientierung zu ändern. Sie sind im Allgemeinen nicht darin ausgebildet, familiale Kompetenzbereiche zu erschließen, und haben wenig Geschick oder Erfahrung, über wiederkehrende Familienmuster hinauszudenken und Alternativen zum familialen Verhaltensrepertoire zu explorieren. Das ist eine verzerrte Perspektive auf die Natur des Menschen und eine große Hürde für eine konstruktive und qualifizierende (*empower*) Zusammenarbeit mit Familien.

Empfehlungen

Empfehlungen ergeben sich natürlich aus der Problemanalyse, und einige Spezifika sind bereits erwähnt worden. In der bisherigen Diskussion sind Themen gestreift worden wie z. B. die Planung des Standortes von Einrichtungen sowie Fragen der Personalschulung und Orientierung. Letztere muss durch Seminare, Fallbesprechungen und Supervision aufgebaut werden, damit familienorientierte Einstellungen in den Vordergrund rücken und das Vertrauen und Geschick der Mitarbeiter bei ihrer Arbeit mit Familien erhöht werden können.

Der eigentliche Fokus unserer Empfehlungen liegt jedoch auf der Organisation der Verfahren auf der institutionellen Ebene. Es folgen nun Empfehlungen für die Aufnahme, für den Kontakt mit der Familie während der Zeit der Heimunterbringung des Kindes und für die Entlassung aus der Einrichtung.

Die Aufnahme

Eine Einrichtung muss Verfahren entwickeln, damit die Mitwirkung der Eltern *notwendig* wird. Es reicht nicht aus, die Familien willkommen zu heißen und ihnen ein paar Optionen zu geben oder sie zu Besuchen in der Einrichtung zu motivieren. Es reicht nicht einmal, regelmäßig familientherapeutische Sitzungen durchzuführen. Das Heim muss der Familie die Botschaft vermitteln, dass die Mitarbeiter mit dem Engagement der Familie für das Leben des Kindes in der Einrichtung rechnen und das Heim ohne die Familie nicht erfolgreich sein kann.

Wir beginnen mit der Aufnahme. Vermitteln Sie von Anfang an die Vorstellung von Partnerschaft. Planen Sie einen ganzen Tag für die Aufnahme ein, sodass die Familie alle relevanten MitarbeiterInnen des Heims kennen lernen kann – die Erzieher, Lehrer und Therapeuten eingeschlossen. Laden Sie die Eltern ein, das Alltagsleben der Einrichtung zu beobachten: den Unterricht in einer Schulklasse, eine Aktivität oder Freizeitbeschäftigung. Die Eltern sollten ein Gespür dafür bekommen, wie ein Tag im Heim für ihr Kind aussieht, und bei ihrem Besuch sollten sie von einem Mitarbeiter begleitet werden, der ihnen das Gesehene erklären und die Philosophie der Einrichtung veranschaulichen kann.

Stellen Sie die Notwendigkeit der Einweisung infrage. Im Aufnahmeverfahren sollte eine strategische Haltung der Unsicherheit mitschwingen. Die Eltern müssen die Verantwortung dafür tragen, dass sie ihr Kind im Heim unterbringen möchten. Wenn die Einrichtung die Bitte der Eltern akzeptiert, wird sie zur Verbündeten der Familie, die auf deren Bedürfnisse eingeht. Natürlich verläuft das Aufnahmegespräch mit einer Familie, die voller Groll ist, anders als mit einer Familie, die allzu bereitwillig ihr Kind einweist, doch in jedem Fall muss die Familie ihre aktive Rolle in dem Entscheidungsprozess spüren.

Durch ein Gespräch dieser Art wird die Aufnahme auf die Begründung für die Heimbehandlung und auf die Ziele für das Kind, die Familie und die Einrichtung fokussiert. In den meisten Fällen ist es sinnvoll, ein Dokument zu erstellen, in dem die Ziele festgelegt sind, und es sowohl von der Familie als auch von den Mitarbeitern unterschreiben zu lassen. Es verpflichtet beide Parteien zu kooperativen Bemühungen, und die Aufnahme wird als ein Ritual des Heilens definiert.

Wenn der Fokus auf den Zielen liegt, werden auch die Bedingungen für die Entlassung beleuchtet. Dadurch wird die Frage der Entlassung in den Aufnahmeprozess integriert. Wenn wir nicht davon ausgehen, dass eine Heimunterbringung eine lebenslängliche Freiheitsstrafe bedeutet, dann ist diese Akzentuierung sehr angemessen. Sie erinnert die Heimmitarbeiter daran, dass sie auf die Stärken und Möglichkeiten der Familie fokussieren müssen, und macht der Familie Hoffnung: Da ist ein Licht am Ende des Tunnels zu sehen.

Das oberste Ziel der Aufnahme besteht darin, eine Partnerschaft zu schmieden, zwei Systeme auf einer Genesungsreise zu vereinen. Alles andere ist zweitrangig, auch der oft langwierige Vorgang, amtliche Formulare auszufüllen. Dieser Prozess erinnert wahrscheinlich an Bürokratie und trübt den Sinn für die wechselseitige Verantwortung. Wann immer es geht, sollten solche Formalitäten in einem zweiten Familiengespräch erledigt werden.

Da die Eltern ihr Kind gut kennen, sollten sie beim ersten Kontakt gebeten werden, die Entwicklung des Kindes im Einzelnen zu beschreiben, und der Sozialarbeiter sollte sie über die Interessen des Kindes, sein Lieblingsessen, seine Lieblingsspiele und besonders wichtige Freunde befragen. Sie sollten auch dazu ermuntert werden, Objekte von zu Hause mitzubringen, die das Kind bei sich im Heim behalten kann und die eine symbolische Verbindung zu seiner früheren und zukünftigen Lebenswelt darstellen.

Es ist wichtig, dass die Eltern nach dem Aufnahmegespräch das Gefühl haben, gut informiert worden zu sein, doch sollten sie nicht nach Hause gehen und glauben, dass nun alle Probleme gelöst seien. Lassen Sie den Eltern Raum für ein paar Sorgen um ihr Kind. Sie müssen die Ungewissheit merken, die mit der Aufgabe des Heimpersonals verbunden ist, einem Kind zu helfen, das von vertrauten Menschen und seinem Umfeld getrennt worden ist. Die Familie muss gewissermaßen spüren, dass sie gemeinsam mit ihrem Kind in diese Einrichtung aufgenommen worden ist.

Die Zeit der Heimunterbringung

Nachdem das Kind in das Heim aufgenommen worden ist, werden andere Verfahren wichtig. Im Wesentlichen muss die Einrichtung das Engagement der Familie am Leben des Kindes pflegen und intensivieren.

Es liegt im Wesen einer Heimunterbringung, dass sich das Gefühl der Trennung zwischen Kind und Familie mit der Zeit verstärkt. Die emotionale Distanzierung ist ein normales Phänomen, das nicht als Widerstand der Familie etikettiert werden sollte. Die Einrichtung muss die Beziehung zwischen Familie und Kind durch konkrete Verfahren aufrechterhalten. Es reicht nicht aus, ständig zu wiederholen, dass die Familie für die Behandlung des Kindes notwendig sei, oder eine kunstgerechte Therapie durchzuführen. Die Familie muss Teil der sich entfaltenden Ereignisse sein, und zwar in der Art und dem Umfang, als wenn das Kind zu Hause lebte. Ein Sozialarbeiter kann auf die Familie zugehen und z. B. mitteilen: „Irgendetwas ist vorgefallen, denn Joe macht im Unterricht nicht mehr mit; wir rätseln über die Ursache. Können Sie uns helfen?" Die Bitte kann in Form eines Telefongesprächs oder eines Briefes übermittelt werden, oder der Sozialarbeiter kann vorschlagen, dass die Familie eigens deshalb der Heimschule einen Besuch abstattet und die Situation bespricht.

Die Kommunikation zwischen Heim und Eltern muss nicht durch Probleme motiviert sein, auch wenn das die altehrwürdige Begründung ist, weshalb die meisten Institutionen – fast alle Schulen eingeschlossen – die Eltern kontaktieren. Bei dem Kontaktgespräch kann es um Fortschritte, Leistungen, Meilensteine gehen: „Joe hat in der Schule gute Fortschritte gemacht, aber er hat seine Leistungen noch gar nicht realisiert. Könnten Sie zu uns kommen und mit ihm ein bisschen feiern? Könnten Sie eine kleine Belohnung für ihn mitbringen?" Manchmal können die Mitarbeiter die Familie kontaktieren, lediglich um Informationen auszutauschen: „Mary ist beim Fußballspielen gestürzt und hat sich die Knie aufgeschürft. Es ist nicht Schlimmes und auch schon wieder in Ordnung, aber sie war aufgeregt und etwas ängstlich. Ich dachte, Sie sollten das wissen." Der Gesprächsinhalt ist nicht entscheidend. Ist die Kommunikationsidee den Mitarbeitern erst einmal in Fleisch und Blut übergegangen, finden sie Gelegenheiten, sich bei der Familie immer wieder bemerkbar zu machen. Alles hat hier seine Berechtigung, solange die Botschaft lautet, dass die Einrichtung die Rolle der Betreuerin einnimmt und die Eltern die Verantwortung haben.

Es ist wichtig, dass der Kontakt zur Familie für das im Heim lebende Kind sichtbar ist. Joe und Mary müssen verstehen, dass das Heimpersonal und ihre Familien Partner sind.

Während der Heimunterbringung des Kindes kann die Kommunikation zwar partiell zwischen Erzieher und Familie abgewikkelt werden, doch die klinischen Mitarbeiter der Einrichtung haben eine bedeutende Rolle, die über die offiziell festgelegten Therapiesitzungen hinausgeht. Manchmal nimmt das Heimpersonal telefonisch oder brieflich Kontakt zu den Eltern auf, und manchmal bringt vielleicht ein Kliniker das Kind zum Wochenendbesuch nach Hause und kann dann die Gelegenheit ergreifen, eine Sitzung im Familienkontext durchzuführen. Mitarbeiter der Einrichtung in den eigenen vier Wänden empfangen, das kann das Selbstwertgefühl der Familien stärken. Wichtig ist jedoch, dass die Familie einen Hausbesuch oder eine ambulante Sitzung als Teil der klinischen Bemühung um ihr Kind versteht und nicht als Inspektion der Wohnung oder der Familienmitglieder.

Auf welcher Ebene der kontinuierliche Kontakt zwischen Heimpersonal und Familie auch abläuft, sie sollten sich einmal im Monat treffen, um das Behandlungsprogramm des Kindes neu zu beurteilen und die Ziele der Heimunterbringung abzuwägen.

Die Entlassung aus dem Heim

Die Heimbehandlung eines Kindes ist eigentlich ein Betreuungskontinuum, das mit der Aufnahme beginnt und bis zur Entlassung andauert. Die Besuche des Kindes in der Familie sollten mit der Zeit als eine Art Generalprobe intensiviert werden, um die Möglichkeit der Entlassung aus dem Heim zu testen. Die Entlassung sollte als realistisch eingeschätzt werden, wenn Familie und Kind zusammenleben können und die Behandlung auf ambulanter Basis fortgesetzt werden kann. Es ist immer das Beste, wenn der Kontakt zwischen Familie und professionellen Helfern in der Übergangsphase weitergeführt wird. Nach Möglichkeit sollte ein Mitarbeiter der Einrichtung an einigen Familiensitzungen beim ambulanten Betreuungsdienst teilnehmen und gelegentlich die Familie zu Hause besuchen, wenn sich eine tragfähige Beziehung entwickelt hat.

Sind derlei Veränderungen in einer Einrichtung ein- und durchgeführt worden, sollten die meisten Kinder das Heim binnen eines Jahres oder – in manchen Fällen – in weniger als einem halben Jahr verlassen können. Natürlich ist diese Annahme mit bestimmten Voraussetzungen verknüpft, z. B. mit Faktoren wie Schwere der Probleme des Kindes, Reaktion der Familie und Alter des Kindes. Im Allgemeinen eignen sich die von uns empfohlenen Vorgehensweisen am besten für Kinder in der Pubertätsphase zwischen acht und 13 Jahren. Jüngere Kinder profitieren eher von anderen Behandlungsarten und gehören zum größten Teil überhaupt nicht in Einrichtungen. Bei Jugendlichen sind gewisse Modifikationen in der Behandlung erforderlich, in denen die Gruppenarbeit in den Vordergrund tritt und Themen der Autonomie und Selektivität in ihrem Beziehungsnetz behandelt werden.

Aus unserer Sicht ist es jedoch wichtig, dass man den signifikanten Personen im Leben der jungen Menschen, wann immer und in welchem Alter diese in Einrichtungen untergebracht werden müssen, Beachtung schenkt und mit ihnen zusammenarbeitet. In diesem Kapitel haben wir ein Modell vorgestellt, nach dem die Familien als Partner bei der Behandlung ihrer im Heim lebenden Kinder gesehen werden. Unserer Erfahrung nach ist dieser Prozess konstruktiv für das Kind, die Familie und ihre gemeinsame Zukunft.

8. Die Internierung von Kindern, Teil II

Psychiatrische Kliniken

Unter den stationären Behandlungsmöglichkeiten für Kinder und Jugendliche stellen die kinder- und jugendpsychiatrischen Krankenhäuser eine besondere Realität dar und verdienen, eigens untersucht zu werden. Dies ist zum einen darin begründet, dass das Personal einer psychiatrischen Klinik in Bezug auf seine Tradition, Orientierung und seinen Status spezifische Eigenschaften aufweist, zum anderen darin, dass Krankenhäuser, welche die Kinder der in US-amerikanischen Großstädten lebenden Armen behandeln, oft in ethnischen oder kulturellen Gemeinschaften mit besonderen Qualitäten und Bedürfnissen eingebettet sind.

Psychiatrische Dienste und die Familie

In den meisten Kontexten, die wir beschrieben haben, führt das Personal die ihm übertragenen Aufgaben ohne die Hilfe oder Einmischung anderer Personen durch. In psychiatrischen Kontexten, in denen die Mitarbeiter routiniert, gut ausgebildet und sowohl an Verantwortung als auch Respekt gewöhnt sind, ist der Sinn für Behandlungsautonomie tendenziell besonders ausgeprägt. Ein erfahrener Psychiater an einem großen Krankenhaus hat einmal in einem Ton nachdenklicher Selbstkritik die Arbeitsweise der Kinder- und Jugendpsychiatrie mit einer Autowerkstatt verglichen: „Sie stellen ihr psychisch krankes Kind eine Weile bei uns ab, und wenn es repariert ist, rufen wir sie an, damit sie es abholen."

Psychiatrische Behandlungen haben ihre Wurzeln im medizinischen Modell, und von daher ist das Personal schon immer daran gewöhnt, mit dem einzelnen Patienten zu arbeiten. Diese Fokussierung scheint normal zu sein, und bei der gegenwärtigen Großwetterlage kommt noch eine stärkere Betonung der biologischen Basis des Denkens und Fühlens hinzu. Die Mitarbeiter psychiatrischer Einrichtungen konzentrieren sich darauf, die innere Welt der Ängste und Phantasien, des Zorns und der Verwirrung zu explorieren – und diesem Dilemma damit zu begegnen, dass sie Sinnzusammenhänge umorganisieren, Medikamente verschreiben oder beides machen.

Seltsamerweise verschärft sich diese Orientierung durch die soziale Zerrüttung in Ghettos der US-amerikanischen Großstädte. Je mehr Obdachlosigkeit, Drogenmissbrauch und Gewalt um sich greifen, desto weniger können die sozialen Dienste die Flut psychosozialer Pathologie eindämmen, und die Mitarbeiter kinder- und jugendpsychiatrischer Einrichtungen in Armenvierteln sehen sich konfrontiert mit den Auswirkungen des Elends. Das Psychiatriepersonal ist für diese Situation schlecht ausgebildet und tendiert dazu, sich auf das eigene Spezialgebiet zurückzuziehen: auf die internalisierte Organisation der Erfahrung. Wenn die Innenwelt des Individuums der Fokus von Diagnose und Behandlung ist, dann bleibt der soziale Zusammenhang, auf den ein Patient möglicherweise reagiert, dem Bewusstsein der Mitarbeiter verschlossen.

Für die Population, mit der wir arbeiten, stellt die Personalzusammensetzung psychiatrischer Krankenhäuser noch ein anderes Problem dar. Die MitarbeiterInnen kommen im Allgemeinen aus der Mittelschicht, sind introvertiert, können sich gut artikulieren und sind reflektiert. Die Familien der Patienten kommen dagegen aus niedrigen sozioökonomischen Schichten und gehören oft unterschiedlichen ethnischen Gemeinschaften an; diese Menschen sind tendenziell gewaltbereit und emotional wenig distanziert. Wenn die Familien mit ihren Kindern ins Krankenhaus kommen, fühlen sie sich aus ihrer Welt herausgerissen. Manche haben Sprachschwierigkeiten, was die Kommunikation mit dem Personal erschwert, und weil viele von ihnen schon negative Erfahrungen mit helfenden Systemen gemacht haben, sind ihre ersten Reaktionen mit Misstrauen durchsetzt. Da die Mitarbeiter von den Familien Kooperation und Respekt erwarten, deuten sie die Zurückhaltung der Familie vielleicht als Widerstand gegen die Behandlung des Patienten.

Oft ist das Psychiatriepersonal nicht angemessen ausgebildet, um mit solchen Familien arbeiten zu können; diesen Punkt haben wir in fast jedem Kontext betont. Die Mitarbeiter sind es nicht gewöhnt, die Familien in Klinikaktivitäten einzubeziehen, die Wichtigkeit von Besuchen der Patienten zu Hause zu beleuchten oder sich mit der anhaltenden Entfremdung auseinander zu setzen, die sich als natürliche Konsequenz aus der Trennung von Familie und Kind ergibt. Die Krankenhausmitarbeiter konstruieren ein Verständnis von der Familie, indem sie internalisierte Konstrukte explorieren und das Verhalten des Kindes in der Klinik interpretieren. Unter diesen Bedingungen sieht das Personal nur eine Seite der Medaille. Die Reaktionen der Familienmitglieder sind unsichtbar, und in der Therapie beschäftigt man sich nur mit der Familie, wie man sie sich aufgrund des Klientenverhaltens vorstellt.

Selbst wenn die Mitarbeiter psychiatrischer Einrichtungen motiviert sind, mit der Familie und dem Kind zusammenzuarbeiten, fehlen ihnen vielleicht die nötigen Techniken. Wir haben festgestellt, dass die Mitarbeiter bei ihren ersten Bemühungen auf diesem Arbeitsfeld oft genau die Techniken nicht anwenden können, die sie so sorgfältig für den kindertherapeutischen Kontext ausgefeilt haben. Sie kritisieren vielleicht die Familien, selten aber die Kinder, und sie können es als schwierig empfinden, sich in einer Familiensitzung einfallsreich und entspannt zu geben, selbst wenn Spiel und freundlicher Umgang einen großen Teil ihrer Arbeit mit den Kindern ausmachen.

Tatsächlich sind die ersten Schritte zu einer effizienten Arbeit mit Familien eher konzeptueller als technischer Natur. Die Mitarbeiter psychiatrischer Einrichtungen müssen die Vorstellung akzeptieren, dass das Kind in einem größeren sozialen Kontext eingebettet ist und die Familie in das Krankenhaus mit aufgenommen wird, wenn ihr Kind aufgenommen wird. Jeder Schritt, den die Klinik macht, und jede Veränderung im Kind hallen in zukünftigen Interaktionen der Familie nach – ob man sich damit befasst oder nicht. Aus dieser Einstellung heraus wird deutlich, dass Einschätzen und Heilen bestimmte Techniken erfordern, welche die Kräfte im Leben eines Kindes mobilisieren können, und dass die Ziele für Veränderungen jenseits der Dynamik und Biologie des jungen Patienten angesiedelt werden müssen.

In den meisten psychiatrischen Einrichtungen gehört diese Einstellung natürlich nicht zur maßgeblichen Philosophie. Angestoßen durch die momentane Akzentuierung der kurzzeitigen Hospitalisierung, wird die psychiatrische Behandlung zunehmend zur Suche nach der richtigen Medikation, und es ist ein typisches Phänomen bei armen Kindern geworden, dass sie von einer Einrichtung zur anderen verschoben werden. Der Psychiatrieaufenthalt kann zwar kurz sein, aber danach bleibt das Kind vielleicht für lange Zeit in Pflegeunterbringung oder in einem Erziehungsheim.

Die folgende Beschreibung einer Organisationsberatung veranschaulicht alternative Arbeitsweisen. In der Art der Fallvorstellung durch die Mitarbeiter erkennt man, dass das Krankenhaus als ein unvermeidliches Milieu für das Kind akzeptiert wird, dass das Personal primär mit der Medikation beschäftigt ist und dass die Familie nur eine periphere Rolle spielt. Aufgrund der Intervention des Beraters wird diese Struktur durchbrochen, die Familie als Mitwirkende aktiviert und der traditionelle Arbeitsansatz für die Revision und Diskussion geöffnet.

Das Selbstverständliche infrage stellen: Eine Fallberatung

Die Gesundheitsbehörde eines Bundesstaates im Nordosten der USA bat einen der Autoren (S. M.), eine Organisationsberatung in einer kinder- und jugendpsychiatrischen Klinik eines staatlichen Krankenhauses durchzuführen. Das Hauptziel der Beratung bestand darin, ein Modell eines familienorientierten Ansatzes zu präsentieren, das für Lehrzwecke und als Diskussionsgrundlage im staatlichen Gesundheitssystem generell eingesetzt werden konnte. Die staatliche Behörde zeigte sich auch beunruhigt über ein Problem, das wir in Kapitel 7 angesprochen haben: Die Verweildauer der Kinder in den psychiatrischen Einrichtungen war zu lang. Dieses Problem war der Verwaltung aus verständlichen finanziellen Gründen ein Dorn im Auge, doch die professionellen Helfer waren eher über die Auswirkungen eines langen Klinikaufenthaltes auf die Entwicklung der Kinder beunruhigt.

In den Vorbesprechungen schlug der Berater vor, dass die Klinikmitarbeiter den Fall eines Kindes auswählen sollten, das seit über einem Jahr in ihrer Behandlung war. Sie entschieden sich für Mark, einen zehnjährigen Jungen, der ein Jahr in einer anderen psychiatrischen Klinik gewesen war, bevor er in dieses Krankenhaus kam.

Die Beratung dauerte einen Tag, und der Beratungsprozess bestand aus vier Abschnitten. Da die Ausgangsbedingungen in dieser Klinik andere waren als im *Ridge Center*, sind die Abschnitte hier nicht identisch mit den vier Beratungsschritten in jener Einrichtung. Doch beide Prozesse spiegeln die gleiche systemische Herangehensweise, bei der man sich im Hinblick auf Information, Intervention und Rückmeldung auf einen großen Kreis relevanter Personen aus der betreffenden Familie und der professionellen Helfergruppe beruft. In dem hier zu behandelnden Fall sprach der Berater zuerst mit den Klinikmitarbeitern, die mit Mark täglich Kontakt hatten, und danach mit Mark und seiner Familie. Nach der Familiensitzung traf er sich wieder mit den Mitarbeitern, welche die Sitzung hinter dem Einwegspiegel mitverfolgt hatten, um über seine Empfehlungen zu diskutieren. Im vierten Abschnitt wurde die Beratung für ein breiteres Publikum geöffnet. Der Beratungsvorgang war auf Videoband aufgezeichnet worden und bildete die Grundlage einer Videokonferenz, an der Mitarbeiter kinder- und jugendpsychiatrischer Einrichtungen im ganzen Bundesstaat teilnehmen konnten.

Im Folgenden werden Auszüge aus der Beratung vorgestellt. Sie zeigen die fundamentalen konzeptuellen Unterschiede zwischen dem traditionellen Behandlungsansatz, der die Arbeit mit dem Kind bis dahin geleitet hat, und einer Behandlung, welche auf die Mitwirkung der Familie abzielt.

Die Sitzung mit den Klinikmitarbeitern

Neun Klinikmitarbeiter waren mit Marks Beaufsichtigung und Wohlbefinden befasst, und alle waren zu der Sitzung erschienen: der Einzeltherapeut, der Erziehungsberater, die Psychiaterin, der Familientherapeut, der Lehrer, der Kunsttherapeut, die Krankenschwester, der hausinterne Sozialarbeiter und der Psychologe – der gleichzeitig die Klinikleitung innehatte. Der erste Beratungsabschnitt dauerte eineinhalb Stunden. Da offenkundig war, dass in dieser Falldarstellung aus psychiatrischer Sicht die in der Klinik vorherrschende Denkrichtung ihren Ausdruck finden würde, geben wir diesen Sitzungsausschnitt in voller Länge wieder.

Berater: Bekommt Mark Medikamente?

Psychiaterin: Ja. Die Konzentrationsstörungen fielen uns zuerst auf. Er hatte Ritalin bekommen, bevor er zu uns kam. Sie haben ihm dort am Schluss eine Kombination aus 40 Milligramm Ritalin, 60 Milligramm Mellaril und 3 Milligramm Klonopin am Tag gegeben, wobei die Aggression und die Konzentrationsstörungen die Zielsymptome waren. Die Probleme der Trennungsangst wurden bei der Suche nach der richtigen Medikation eigentlich nicht berücksichtigt.

Hier haben wir es eine Weile mit Klonopin versucht, haben dieses Medikament aber abgesetzt, und der Unterschied, ob er Klonopin nimmt oder nicht, ist enorm. Ohne Medikamente ist er in der Schule oder in der Freizeit effektiv zu nichts zu gebrauchen.

Dann haben wir es mit Tricyclin probiert; im Moment bekommt er tricyclische Antidepressiva. Er ist am oberen Ende der Skala der therapeutischen Dosen für Erwachsene.

Mit Tricyclin geht es ihm besser als mit Klonopin, aber, wie Sie sich denken können, kann er immer noch leicht seine Selbstbeherrschung verlieren. Er hat eine geringe Frustrationstoleranz. Die Bandbreite reicht von einer Sekunden dauernden Frustrationstoleranz bis hin zu der Fähigkeit, einer ganzen Psychotherapiesitzung zu folgen. Also in einer entspannten, behaglichen Umgebung hat er eine gewisse Kapazität, sich an einem psychotherapeutischen Gespräch zu beteiligen.

Kürzlich haben wir mit Lithium als Begleitmedikation angefangen, das wir ihm zu den Antidepressiva verabreichen. Im Augenblick bekommt er 600 Milligramm am Tag. Bis jetzt haben wir bei der momentanen Dosis noch keine spürbare Veränderung in seinem Aggressionsverhalten festgestellt, und wir werden weitere Dosierungen ausprobieren. Ich würde sagen, unsere Erwartung ist die, dass wir – was die Versuche mit den Medikamenten angeht – entweder eine weitere signifikante Veränderung in Bezug auf seine Impulsivität sehen, wegen der er noch stationär behandelt wird, oder aber einen langsamen, allmählichen Fortschritt in Bezug auf seine Selbstbeherrschung. Wir sind noch weit davon entfernt, dass wir von ihm Selbstbeherrschung erwarten können, wenn er zu Hause bei der Familie ist. Die kann immer noch instabil werden, unabhängig von Mark, und sie kann Mark destabilisieren, wenn sie selbst instabil wird.

Als Kinderpsychiater könnte man diese individuelle Diagnose und Marks Behandlung in Zweifel ziehen, doch es scheint tatsächlich so zu sein, dass das hier vorherrschende Denkmodell des psychiatrischen Establishments in diesem Bericht reflektiert wird.

Was sagt der Bericht über Kinder aus? Mark, das betreffende Kind, wird in mehrere emotionale und kognitive Segmente zerlegt, die das Ziel der spezifischen Medikation bestimmen. „Die Aggression und die Konzentrationsstörungen" sind „die Zielsymptome", „Probleme der Trennungsangst" werden „bei der Suche nach der richtigen Medikation eigentlich nicht berücksichtigt" und so weiter.

Wie wirkt sich dieser Ansatz auf die Form der Behandlung aus? Ausgehend von einem Passungsverhältnis zwischen einem Symptom und einem bestimmten Medikament, bewegt sich die Behandlung in Versuchen und Annäherungen, bis die ideale Korrelation gefunden ist. Die Vorgehensweisen umfassen entweder die Erhöhung der Dosis oder die „Begleitmedikation", bei der das aktuelle Medikament mit einem anderen Medikament kombiniert wird. Wenn keine Besserung eintritt, bedeutet das einfach, dass das richtige Passungsverhältnis noch nicht gefunden worden ist und ein Versuch mit einem anderen Medikament bzw. einer Medikamentenkombination durchgeführt werden muss. Die Sprache vermittelt zwar pseudowissenschaftliche Gewissheit, doch die Vorgehensweise ist nichts anderes als eine Reihe von Blindversuchen.

Und worin besteht das Ziel? Die Evidenz, dass Mark auf die Begleitmedikation anspricht, wird über die Verhaltenskontrolle eingeschätzt. Wenn Marks Verhalten sich nicht ändert, dann ist eindeutig, dass die Dosis erhöht oder geändert werden muss. Das Resümee, das die Psychiaterin über Mark zieht, ist so zwingend, dass die sich den Ausführungen der Psychiaterin anschließende Bemerkung des Erziehungsberaters zur Selbstbeherrschung unbeachtet bleibt. Sie fährt fort: „Je mehr Techniken Mark sich aneignet, desto besser benimmt er sich. Er konnte nicht Fahrrad fahren, jetzt kann er es, und es macht ihm einen Höllenspaß." In diesem Forum klingt ihre Bemerkung rein deskriptiv und wenig bedeutsam. Das Gleiche passiert, wenn der Psychologe eine Bemerkung über Marks Familie macht: „Weil es keine Familie gibt, übernehmen die Klinikmitarbeiter die Ersatzrollen." Das Engagement der Klinikmitarbeiter in Marks Leben wird nicht als Intervention betrachtet. Es wird vielmehr als eine Reaktion auf eine wahrgenommene Leere gesehen – eine wirklich seltsame Konstruktion, zumal Mark eine große Familie hat, die um sein Wohlbefinden besorgt ist. Am Ende steht nur Marks Biologie als Behandlungsziel fest.

Die Familiensitzung

Nach der Sitzung mit den Klinikmitarbeitern führte der Berater ein Gespräch mit Mark und seiner Familie durch. Am Anfang der Sitzung waren Mark, seine Mutter, seine zwölf Jahre alte Schwester Janice, eine Tante und der achtjährige Cousin Jody, der Sohn einer anderen Tante, anwesend. Die Sitzung dauerte zwei Stunden.

Der Berater begann die Sitzung damit, dass er Mark bat, seine große erweiterte Familie zu beschreiben, indem er das Alter der Familienmitglieder und die Verwandtschaftsverhältnisse angeben sollte. Anhand von Marks Beschreibung machte sich der Berater ein Bild von den kognitiven Leistungen des Jungen und dessen Kommunikationsfähigkeit. Mark stellte eine Familie vor, deren Mitglieder sich nahe stehen und sich gegenseitig stützen.

Anschließend arbeitete der Berater mit der ganzen Familie. Der folgende Ausschnitt beleuchtet nur das Segment, in dem die Beziehung zwischen Mark und seiner Mutter exploriert wird, weil der Austausch zwischen Mutter und Sohn deutlich zeigt, was an dieser Herangehensweise anders ist.

Berater (zur Mutter): Weshalb ist Mark hier? *(Dann sofort zu Mark)* Weshalb bist du hier, Mark?

Mark: Weil ich Probleme habe.

Berater: Weshalb bist du hier und weshalb nicht Janice?

Mark: Weil sie besser ist als ich, oder?

Berater (zu Mark): Du solltest deine Mutter fragen, weshalb du hier bist.

Mark (zur Mutter): Weshalb bin ich hier?

Mutter: Weil du ganz viele Probleme mit mir hast, ganz viele Probleme in der Schule. *(Zum Berater)* Er möchte einfach machen, was er will. *(Zu Mark)* Du hast ganz viele Probleme mit mir. Es gab wirklich einen Punkt, an dem ich es nicht mehr geschafft habe, dich zu Hause zu haben.

Berater: Es sieht so aus, als ob Sie sagten, dass er hier ist, weil Sie nicht mit ihm umgehen konnten.

Mutter: Das ist einer der Gründe.

Berater (gelassen): Weshalb sind *Sie* nicht hier?

Mutter (überrascht, lacht): Weshalb *ich* nicht hier bin? Dazu fällt mir nichts ein.

Berater: Mark, was hältst du von dieser Vorstellung? Wenn deine Mami nicht mit dir umgehen kann, sollte sie doch eigentlich hier sein.

Mutter (zu Mark): Glaubst du, ich sollte hier sein?

Mark: Nein.

Berater: Tatsache ist, dass Mark lange Zeit hier sein wird, wenn Sie nicht mit ihm umgehen können. Also gibt es zwei Gründe, weshalb er hier ist, und einer davon ist der, dass Sie nicht mit ihm umgehen können. Sind Sie bereit, ihn mit nach Hause zu nehmen?

Mutter: Er hat sich in vielerlei Hinsicht gebessert, aber wenn er auf Besuch nach Hause kommt, will er mir einfach nicht hören. Er zeigt keinen Respekt. Aber manchmal … er hat sich sehr gebessert.

Berater: Ich stelle Ihnen jetzt eine seltsame Frage. Sie haben gesagt, dass er sich gebessert hat. Haben Sie sich auch gebessert? Das ist keine Einbahnstraße, oder? Es geht darum, wie Sie und Mark miteinander auskommen. Sobald Sie in der Lage sind, sich um ihn zu kümmern, wird man ihn entlassen. Wenn sich Ihre Beziehung verändert, wird er sich auch verändern. Das ist eine andere Art zu denken, nicht?

Mutter: Ja, ist es … Aber ich glaube, dass Sie bis zu einem gewissen Grad Recht haben, weil es tatsächlich mit mir und ihm zu tun hat.

(Dann bittet der Berater die Mutter, mit Mark zu sprechen.)

Mutter (zu Mark): Ich hätte dich gerne zu Hause. Als ich dich in die Klinik gebracht habe, habe ich erwartet, dass es für drei Monate wäre. Jetzt sind es zwei Jahre. Ich hätte dich gerne zu Hause. Verstehst du das? Und ich möchte, dass wir besser miteinander auskommen.

(Mark versteckt sein Gesicht und antwortet nicht. Er wirkt wie abgetrennt von seiner Mutter und der Situation.)

Berater (zur Mutter): Tun Sie etwas, das Mark hilft, Ihnen zuzuhören.

Mutter (wendet sich direkt an Mark und bittet ihn, sich mit dem Gesicht zu ihr hinzusetzen, und wiederholt): Ich möchte, dass wir besser miteinander auskommen.

Mark: Ich möchte jetzt gehen und mit Jody spielen.

Mutter: Warte doch noch ein bisschen, die Sitzung ist bald vorbei, und dann hast du Zeit, mit Jody zu spielen.

Mark: Ja, dann warte ich halt.

Der Berater steht auf, gibt der Mutter die Hand und beglückwünscht sie zu ihrem effizienten Umgang mit Mark. Die Sitzung wird in diesem Stil noch eine weitere Stunde fortgesetzt. Der Berater fokussiert kontinuierlich auf die Kompetenz der Mutter, wie sie ihren Jungen behandelt, und er hebt die Momente der Konfliktlösung hervor.

Die Organisation der Sitzung lenkt die Aufmerksamkeit darauf, wie der Berater sich den Kernfragen annähert: Wer ist Mark? Wie sieht sein Umfeld aus? Wie sollte die Behandlung weitergehen?

Der Berater widmete die erste Viertelstunde der Sitzung dem Versuch, Kontakt mit Mark aufzunehmen. Er explorierte die Kenntnisse des Kindes über seine erweiterte Familie, und während sie miteinander redeten, zog der Berater ein paar diagnostische Schlussfolgerungen über Marks Intelligenzniveau, seine Konzentrationsfähigkeit, seine Beziehungsaufnahme in Bezug auf Fremde, sein Selbstkonzept und so weiter: Er befand, dass er ein zehnjähriges Kind mit einer etwas sensiblen Sprechweise und einer kurzen Konzentrationsdauer vor sich hatte, das sich zurückzieht, wenn es unter Druck gerät, in einem Zweiergespräch jedoch angemessen reagiert – und wahrscheinlich eine normale Intelligenz besitzt.

Der Berater zog nicht nur diese allgemeinen Schlussfolgerungen hinsichtlich Marks Fähigkeiten, sondern beobachtete das Kind auch in seinem Lebenskontext. Der Junge hatte ein Fünftel seines Lebens, nämlich zwei Jahre, in der Psychiatrie verbracht, doch er war auch Teil einer erweiterten Familie, mit der er emotional verbunden war. Sein langer Klinikaufenthalt wurde umgedeutet als eine Konsequenz aus der Schwierigkeit der Mutter, angemessen auf ihn zu reagieren, und nicht für ein Produkt seiner internen Pathologie gehalten. Die Dysfunktionalität wurde in die Beziehung zwischen Mark und seiner Mutter gelegt, denn beide übten einen enormen Einfluss auf das Verhalten und Denken des jeweils anderen aus. Die Klinikmitarbeiter hatten diese Realität nie exploriert, Mutter und Sohn nie geholfen, funktionalere Muster zu entwickeln, und nie die Unterstützung durch andere Familienmitglieder mobilisiert.

Welche Behandlungsverfahren wurden in dieser Familiensitzung durchgeführt? Für den Berater ist Mark ein Teil von etwas und keine separate Entität, und deshalb weiß er, dass die Arbeit allein mit dem Kind den Therapeuten im Unklaren darüber lässt, in welcher Weise die Familie das Verhalten des Kindes organisiert. Der

Berater richtet seine Intervention darauf, den unsichtbaren Teil von Marks Welt sichtbar zu machen. Er beleuchtet den Anteil, den die Mutter in Bezug auf den langen Klinikaufenthalt des Kindes spielt, und ermutigt sie, den Sinn der klinischen Behandlung zu hinterfragen und Mark mit nach Hause zu nehmen.

Im Fall Mark gibt es noch viele unerforschte Themen wie z. B. die Position der Schwester in der Familie, die auf der Mutter lastenden Zwänge und potenzielle Quellen der Unterstützung, die von Marks Tanten oder anderen Mitgliedern der erweiterten Familie kommen könnte. Das ist der Anfang und nicht das Ende der Geschichte, doch das primäre Ziel besteht darin, die Klinikmitarbeiter mit prinzipiell anderen Denkmustern und Behandlungspraktiken vertraut zu machen.

Die zweite Sitzung mit den Klinikmitarbeitern

In dem nach der Familiensitzung stattfindenden Gespräch mit den Klinikmitarbeitern glichen die Direktiven des Beraters den in Kapitel 7 diskutierten Empfehlungen: Die Besuche des Kindes zu Hause intensivieren; nach einem Besuch des Kindes zu Hause Familiensitzungen in der Klinik durchführen; Sitzungen bei der Familie zu Hause durchführen; die Kompetenz der Mutter im Umgang mit Mark weiter stärken; positive Muster stützen und Konflikte explorieren; der Familie helfen, ihr Strategienrepertoire für die Bewältigung schwieriger Zeiten zu erweitern; Janice hin und wieder in Familiensitzungen einbinden und Mitglieder der erweiterten Familie als Stützen der Mutter mobilisieren. Der Berater schlug den Klinikmitarbeitern vor, sofort mit der Planung für Marks Entlassung zu beginnen, indem sie in der Vorbereitungsphase die Besuche des Kindes zu Hause verlängern und nach der Entlassung für ambulant durchgeführte Interventionen sorgen.

Präsentation der Beratung auf bundesstaatlicher Ebene

Der letzte Schritt bestand darin, dass die Mitarbeiter kinder- und jugendpsychiatrischer Einrichtungen im gesamten Bundesstaat die auf Videoband aufgezeichnete Organisationsberatung anschauen und anschließend Fragen stellen konnten. Die meisten Fragen zeugten von der traditionellen Orientierung der Psychiatriemitarbeiter: ihrer Fokussierung auf die Pathologie der Klienten, ihrer primären Beschäftigung mit dem negativen Einfluss der Familien auf die Kinder und ihrer Berufung als Retter der jungen Patienten in ihrer Obhut. Keiner der Teilnehmer bezweifelte oder kommentierte die psychiatrische Perspektive auf Mark, das Problem der Langzeithospitalisierung für ein Kind oder die Implikationen einer medikamentösen Langzeitbehandlung. Natürlich waren die Beobachter mit der Orientierung der Klinikmitarbeiter vertraut, und außerdem gab es eine Art Ehrenkodex unter den Angehörigen des psychiatrischen Establishments, der die Provokation von Kolleginnen und Kollegen ausschloss.

In diesem speziellen Kontext nahmen die Probleme akademischen Charakter an. Das bundesstaatliche Psychiatriesystem wurde umstrukturiert, und zwar in Reaktion auf einen wachsenden Trend zur psychiatrischen Kurzzeitunterbringung von Kindern, und die von uns beratene Einrichtung wurde binnen Jahresfrist geschlossen. Die Entwicklung nimmt zwar eine positive Richtung, bewirkt aber keinen tief greifenden Wandel. Sie verändert nicht die zugrunde liegenden Einstellungen, reduziert nicht die Abhängigkeit von Medikamenten und erweitert nicht die Perspektive der Behandlung auf die Familie oder den sozialen Kontext.

Bei dieser Organisationsberatung spielten Probleme, die mit bestimmten ethnischen oder kulturellen Gemeinschaften verbunden sind, keine besondere Rolle; manchmal sind diese Probleme jedoch vorrangig. In städtischen Krankenhäusern, in denen Kinder der Armen psychologisch behandelt werden, entstehen Probleme oft deshalb, weil das Krankenhaus und die betreffende Gemeinschaft nur wenig Kontakt miteinander und ein begrenztes Verständnis voneinander haben. Mit dieser Realität befassen wir uns im folgenden Abschnitt.

Psychiatrische Dienste und die ethnische oder kulturelle Gemeinschaft

Die psychiatrische Versorgung der Kinder der Armen in US-amerikanischen Großstädten geschieht im Allgemeinen in städtischen Krankenhäusern, und deren Klienten aus verschiedenen ethnischen oder kulturellen Gemeinschaften leiden oft unter einer Fülle von Problemen. Diese Krankenhäuser sind zu Einrichtungen geworden, die sich der Begleiterscheinungen sozialer Zerrüttung annehmen und die verwahrlosten Kinder behandeln, deren Familien aufgrund von Drogensucht oder Aidserkrankung obdachlos wurden oder gewaltsam auseinander gerissen worden sind.

Die Kinder, die auf die psychiatrischen Stationen solcher Krankenhäuser kommen, werden üblicherweise als verhaltensgestört diagnostiziert und haben ein anderes Erscheinungsbild als die psychiatrische Population früherer Zeiten. Vor 40 Jahren bekamen viele der Kinder, die in das *Bellevue Hospital* in New York City eingewiesen wurden, die Diagnose Dementia praecox. Diese jungen Patienten schlugen wild um sich, grimassierten, warfen sich in die Arme fremder Menschen, zogen sich vollständig in sich zurück oder zeigten andere bizarre Symptome, die heutzutage anscheinend verschwunden sind – von relativ seltenen Fällen abgesehen. Mit Sicherheit trifft diese Beschreibung nicht auf die Population kinder- und jugendpsychiatrischer Einrichtungen in den heutigen Großstädten zu.

Aus welchem Grund kommt ein in einer Großstadt lebendes Kind, das eindeutig nicht psychotisch ist, auf eine Psychiatriestation? Von den verschiedenen Erklärungen liegt eine mit Sicherheit in den Realitäten des unmittelbaren Kontextes. Als Beispiel für diese Annahme nehmen wir die an einem Abend ablaufenden Ereignisse auf der Krisenstation eines bestimmten städtischen Krankenhauses. An besagtem Abend musste das Klinikpersonal rasch hintereinander drei Kinder behandeln. Zwei der Kinder waren wegen suizidaler Absichten eingewiesen worden. Nach einer Notversorgung wurden beide wieder nach Hause geschickt und sollten von ihren Familien überwacht und in der Poliklinik weiterbehandelt werden. Das dritte Kind, ein Mädchen, zeigte zwar ein weniger schweres Erscheinungsbild und eine geringere Selbstgefährdung, wurde aber in die Klinik aufgenommen. Der Unterschied lag in der Familiensituation, die man für inadäquat hielt, die Sicherheit des Mädchens zu garantieren.

In allen drei Fällen konnte die Risikoeinschätzung nicht ausschließlich vom psychischen Zustand des Kindes abhängen; sie hing eher damit zusammen, dass man die Wechselwirkung zwischen dem Zustand des Kindes und der durch Familie und Umfeld garantierten Sicherheit abschätzte. Das Urteil kann im Einzelfall richtig oder falsch sein, doch der Vorgang der Einschätzung ist notwendig. Vor diesem Hintergrund haben manche Krankenhäuser eine inoffizielle Kategorie für Patienten, die sie als „Untermieter" bezeichnen und die ohne das formale Aufnahmeverfahren mit Vorbehalt aufgenommen werden. Diese Kategorie ist für Kinder eingerichtet worden, die zwar keine Klientel für eine Psychiatriestation sind, sonst aber keinen Ort haben, wo sie hingehen können. Als soziales Problem ist diese Situation alarmierend. Als professionelle Herausforderung verlangt sie nach einer grundsätzlichen Überprüfung der Verfahren, wenn das Kind erst einmal aufgenommen ist.

Unter welchen Umständen auch immer ein Kind auf eine Psychiatriestation kommt, so ist doch klar, dass die Klinikmitarbeiter nach den Menschen, die das primäre soziale Netzwerk des Kindes bilden, suchen und mit ihnen arbeiten müssen. Wenn sie ausschließlich das Kind auf der Station im Auge haben, werden sie sich in die Familie und deren ethnische oder kulturelle Gemeinschaft planlos einmischen und hauptsächlich blind navigieren. Mit dieser Handlungsweise bugsieren sie das Kind – absichtlich oder nicht – in eine Unterbringung im Heim oder in einer Pflegefamilie, sobald die kurzzeitige Hospitalisierung abgelaufen ist. Das ist beim gegenwärtigen Klima ein sich wiederholendes Ablaufschema, in dem allerdings die ökonomischeren und menschlicheren Möglichkeiten übersprungen werden, in der Familie und der ethnischen oder kulturellen Gemeinschaft nach Verständnis für die Problematik und nach Ressourcen der Heilung zu suchen.

In den folgenden Abschnitten stellen wir zwei Kinder vor, die in dasselbe Krankenhaus eingewiesen wurden, in dem wir gerade eine Organisationsberatung durchführten. In beiden Fällen war es notwendig, die ethnische bzw. kulturelle Gemeinschaft des Kindes zu verstehen und einzubeziehen. Eines der beiden Kinder wurde aufgenommen, als wir mit unserer Beratungsarbeit begannen, das andere Kind ein halbes Jahr später; deshalb lassen sich die Veränderungen anschaulich beschreiben, die eintreten können, wenn der Behandlungsfokus auf der Familie als Arbeitsansatz eingeführt und durch die Klinikmitarbeiter in die Praxis umgesetzt worden ist.

Der erste Fall: Die hispanische Gemeinschaft einbeziehen

Im ersten Fall lag eine Krisensituation vor. Ein städtisches Krankenhaus mit angeschlossener Kinder- und Jugendpsychiatrie kam in Konflikt mit der im Umkreis lebenden Gemeinschaft der Hispanics, die überzeugt waren, dass das Krankenhauspersonal eine Aversion gegen lateinamerikanische Familien habe. Der Fall, durch den die Krise hervorgerufen wurde, betraf einen zehn Jahre alten Jungen, der mit dem Auto seiner Eltern im dichten Stadtverkehr vier oder fünf Häuserblocks weit gefahren war, bis er von der Polizei gestoppt wurde. Man brachte ihn in das Krankenhaus, er war verwirrt und verängstigt, und als die Eltern, ein puertoricanisches Ehepaar, kamen, um den Jungen abzuholen, sagte man ihnen, dass er im Krankenhaus zur Beobachtung bleiben müsse. Als die Eltern am nächsten Tag wiederkamen, erzählte der Psychiater ihnen, dass ihr Kind hyperaktiv sei, Medikamente brauche und eine Woche lang in der Klinik bleiben müsse, bis man seine Reaktion auf die verabreichten Medikamente beurteilen könne.

Die Eltern verweigerten ihre Zustimmung, und das Krankenhaus brachte den Fall vor Gericht. Der Richter stellte fest, dass die Eltern ihr Kind vernachlässigten, und pflichtete dem Krankenhaus bei, dass eine Zwangseinweisung notwendig sei. Die Eltern wandten sich an die hispanischen Medien, und der Fall wurde zu einem politischen „heißen Eisen", das die Gemeinschaft der Hispanics und das städtische Krankenhaus polarisierte.

Wie kann es geschehen, dass ein Krankenhaus, das die Angehörigen einer ethnischen Gemeinschaft zu betreuen hat, zu deren Feind wird? Die Erklärung liegt zum Teil in spezifischen Wahrnehmungen und Etikettierungen und zum Teil in der Tendenz, seine Macht auszuspielen, anstatt die unterschiedlichen Perspektiven zu explorieren. Aus der Sicht der Eltern war der Junge leichtsinnig, er hatte sein Leben und das anderer Menschen in Gefahr gebracht und gegen die elterlichen Anordnungen verstoßen. Sie waren verängstigt und zornig, aber zugleich ein bisschen beeindruckt von dem unerwarteten Geschick des Kindes, das Auto durch den dichten Stadtverkehr zu steuern. Aus der Sicht der Klinikmitarbeiter war das Kind durch mangelndes Urteilsvermögen aufgefallen, was auf psychische Probleme schließen ließ. Sein impulsives Wesen und sein Mangel an Kontrolle verlangten eine genauere Untersuchung. Sie kritisierten auch die Eltern, die aufgrund ihrer eigenen Versäumnisse das Leben des Kindes in Gefahr gebracht hätten. Das Krankenhaus übernahm die Fürsorge für das Kind *in loco parentis*, und das Gericht unterstützte die medizinische Profession.

Bestimmt hätte es noch andere Reaktionsmöglichkeiten gegeben, lange bevor die hispanische Gemeinschaft und die sozialen Institutionen den Kampf gegeneinander aufgenommen hatten. In einer amerikanischen Vorstadt mit Mittelschichtangehörigen wäre dieser Vorfall als – wenn auch gefährlicher – Kinderstreich betrachtet worden. Die Klinikmitarbeiter und die Familie hätten sich höchstwahrscheinlich rasch zusammengesetzt und die Sache einvernehmlich diskutiert, und das Kind wäre in die Obhut seiner Eltern entlassen worden. Wäre dieser Vorfall als Scherz eines frühreifen Kindes bewertet worden, wären die Erklärungen und die Erziehungsmaßnahmen den Eltern überlassen geblieben; hätte man den Vorfall auf kindliche Impulsivität und unklare elterliche Kontrolle zurückgeführt, wäre eine ambulante Therapie empfohlen worden.

Bei dieser lateinamerikanischen Familie hätte man die gleichen Überlegungen anstellen sollen. Der Punkt war nicht der, den organisierten Zorn der Gemeinschaft der Hispanics zu vermeiden, sondern der, die Klienten und ihre ethnische Gemeinschaft effizient zu betreuen. Das Krankenhauspersonal hätte die gleiche kooperative Haltung einnehmen müssen, wie sie für ein anderes soziales Umfeld typisch ist: nämlich das Problem und seine Lösung gemeinsam mit einer Familie zu explorieren, die sich Sorgen machte und kompetent war, auch wenn sie sich ethnisch vom Krankenhauspersonal unterschied.

Der zweite Fall: Feingefühl für die Kultur und Erfahrungen von Immigranten

Der zweite Fall ist schon in einem früheren Kapitel kurz angesprochen worden. Die 16 Jahre alte Liliana, eins von drei Kindern der Familie, wurde von ihren erschreckten Eltern in die psychiatrische Klinik gebracht, nachdem sie ihnen mitgeteilt hatte, dass sie eine große Dosis Tabletten eingenommen habe und sterben wolle. Der Psychiater und der Psychologe, die das Erstgespräch führten, gingen geschickt vor und zeigten Empathie. Sie explorierten Lilianas Depression und ihre Geschichte der sozialen Isolation. Liliana hatte das Gefühl, zu Hause eingesperrt zu sein durch ihre Eltern, die ihr starre Regeln auferlegten, sodass sie von den Kontakten mit Gleichaltrigen abgeschnitten war, und die Kliniker verstanden Lilianas Suizidversuch als Ausdruck einer ohnmächtigen Wut gegen ihre Familie.

Das zweite Gespräch wurde mit Liliana und ihrer Mutter geführt. Da die Mutter anscheinend nur Spanisch sprach, fungierte ein zweisprachiger Sozialarbeiter als Dolmetscher. Die Mutter erzählte von den Schwierigkeiten der Familie, die vor fünf Jahren aus Südamerika in die USA eingewandert war, sich diesem Land anzupassen. Liliana vermied es, während dieses Gesprächs ihre Mutter anzuschauen, und wirkte depressiv und zurückgezogen. Der Psychiater schlug dann vor, dass Liliana, die fließend Englisch sprach, die Erläuterungen ihrer Mutter übersetzen könne, und er bat sie um Erlaubnis, den Dolmetscher von seiner Aufgabe zu entbinden. Diese einfache Intervention ermöglichte es den Gesprächsteilnehmern, die sehr enge Beziehung zwischen Mutter und Tochter zu explorieren. Die Mutter wirkte auch depressiv, und es wurde deutlich, dass Liliana sie beschützen wollte.

Beim dritten Gespräch waren Liliana, ihr Vater und ihre Mutter, ihr 21-jähriger Bruder und ihre 23 Jahre alte Schwester anwesend. Alle Kinder der Familie sprachen fließend Englisch, und auch der Vater konnte sich in Englisch ausdrücken – wenn auch mit Mühe. Zur Überraschung aller fing die Mutter während der Sitzung an, Englisch zu sprechen, und ihre sprachliche Kompetenz lag fast auf demselben Niveau wie die ihres Mannes. Wenn es Schwierigkeiten gab, die Bedeutung der Aussage eines Familienmitglieds zu klären, übernahm der Sohn automatisch die Rolle des Dolmetschers.

Im Laufe des Gesprächs wurde deutlich, dass die Anpassung dieser Familie an die neuen Lebensverhältnisse schwer gewesen war und dass sich ihre ökonomische und soziale Situation seit dem Verlassen ihres Herkunftslandes verschlechtert hatte. Der Vater, der ein recht erfolgreicher Geschäftsmann gewesen war, hatte in der Emigration als Wachposten gearbeitet und war zu dem Zeitpunkt arbeitslos. Der Sohn war wegen Drogenhandels im Gefängnis gewesen und Lilianas Schwester, die eine Zeitlang Crack genommen hatte, war von den Drogen losgekommen und suchte gerade eine Arbeitsstelle. Die Mutter putzte Büroräume, um die Familie über Wasser zu halten.

Als diese Informationen bekannt wurden, konnten die Klinikmitarbeiter die Situation allmählich mit anderen Augen sehen und die Einflussfaktoren entsprechend einschätzen. Sie verstanden, dass hier verzweifelte und besorgte Eltern ihre heranwachsende Tochter zu kontrollieren versuchten, um sie vor den Gefahren eines erschreckenden Milieus zu bewahren – und um die Art von asozialem Verhalten abzuwenden, das sie bei ihren älteren Kindern erlebt hatten. Der Fokus der klinischen Intervention wurde erweitert und bewegte sich von der Pathologie eines adoleszenten Mädchens zu den komplexen Problemen, die durch Immigration und die erfolglosen

Versuche der Eltern, ihre Kinder zu beschützen, verursacht wurden. Die Klinikmitarbeiter klärten die vordringlichsten Probleme ab und initiierten ein Gespräch zwischen Liliana und ihren Eltern, in dem alle drei versuchten, praktikable Muster des Kontrollierens und Loslassens zu entwickeln. Die Geschwister wurden gebeten, vor dem Hintergrund ihrer eigenen Erfahrungen Liliana zu unterstützen, und die Familie wurde dazu ermutigt, Möglichkeiten für soziale Kontakte und der Unterstützung in ihrer eigenen ethnischen Gemeinschaft zu suchen. Nach ein paar Sitzungen ging es Liliana besser, und kurz danach wurde sie entlassen.

Dieser Fall ist weniger dramatisch als der erste und in seiner Art vielleicht typischer. Er erinnert uns daran, dass psychiatrische Einrichtungen auf der Basis traditioneller Konzepte und Methoden geschickt agieren können und schließlich zu einer eindeutigen diagnostischen Einschätzung nach dem DSM-IV kommen. Doch die Erweiterung der Perspektive auf außerhalb des Individuums liegende Faktoren ermöglicht effizientere Interventionen, die der Familie wie auch dem Indexpatienten helfen können. Langfristig erweisen sich solche Interventionen vielleicht als ökonomischer, weil dadurch die Verweildauer des Patienten im Krankenhaus verkürzt und möglicherweise das Verhältnis zwischen Kliniken und ethnischen oder kulturellen Gemeinschaften verbessert wird.

Die in diesem Abschnitt angeführten Beispiele betreffen nur die Gemeinschaft der Hispanics, aber natürlich ist das Thema der Beziehungen zwischen Krankenhaus und ethnischer Gemeinschaft viel umfassender. Trotz der kulturellen Vielfalt, welche die USA schon immer auszeichnet, sind wir Amerikaner in multikulturellen Belangen noch immer halbgebildet, vor allem was Sinngebung und Sittenkodex der sozial schwachen Bevölkerungsschichten angeht. Wenn Kinder aus Immigrantenfamilien in psychiatrische Kliniken eingewiesen werden, sind etablierte diagnostische Kategorien tendenziell der Maßstab für deren Verhalten. Klinikmitarbeiter realisieren vielleicht nicht, dass der stille Rückzug in sich selbst in manchen Kulturen ein typischer Abwehrmechanismus ist, vor allem angesichts einer so einschüchternden und unvertrauten Autoritätsinstanz, wie sie durch das Krankenhauspersonal verkörpert wird, oder dass sich in explosiven Verhaltensweisen die Reaktion der Gemeinschaft auf behördliche Einmischungen in ihr Leben widerspiegelt. Noch sachdienlicher ist die Überlegung, dass Klinikmitarbeiter vielleicht nicht wissen, wie sie Zugang finden können zu einer solchen Familie oder zu anderen Mitgliedern der Gemeinschaft, die zum Verständnis der Sachlage beitragen können.

Das Personal in psychiatrischen Einrichtungen geht oft – vielleicht unabsichtlich – von herkömmlichen Annahmen über die Dynamik und Struktur einer Familie aus und stützt sich dabei auf Lebensformen, die für die dominante Kultur typisch sind. Wenn ein kleiner Patient z. B. aus einer afroamerikanischen Familie mit niedrigem Status in die Klinik eingewiesen wird, können die Mitarbeiter die weit reichende Landkarte der Familienstruktur vielleicht nicht verstehen oder sind vielleicht nicht auf die Exploration ihrer Ressourcen orientiert. Die Familie ist strukturell vielleicht keine Kernfamilie, und die Eltern stehen möglicherweise nicht zur Verfügung. Doch Großmütter, Geschwister, Taufpaten oder Tanten können Quellen der Unterstützung sein und vielleicht dazu beitragen, die Verhaltensweisen des Kindes zu verstehen, die eher der spezifischen Situation entsprechen als den generalisierten, standardisierten Konzepten.

Es ist natürlich hilfreich, wenn das Klinikpersonal zweisprachige KollegInnen hinzuzieht, die mit kulturellen Merkmalen der lokalen ethnischen Gemeinschaft vertraut sind, doch das ist weder leicht zu arrangieren, noch ist es die Lösung des Problems. Von größter Wichtigkeit ist es, den Aufnahme- und Behandlungsprozess zu verlangsamen und eng mit den Eltern des impulsiven zehnjährigen Jungen oder der Familie des suizidalen jungen Mädchens zusammenzuarbeiten. Die professionellen Helfer sind chronisch überlastet, und die Realität verlangt, dass sie sich neuen Managementsystemen anpassen und sich neue Erkenntnisse über menschliches Verhalten aneignen. Die städtischen Krankenhäuser liegen nun einmal in Vierteln, in denen bestimmte ethnische und kulturelle Gemeinschaften leben, deren Mitglieder im Allgemeinen die Klientel dieser Krankenhäuser bilden. Wenn die Gemeinschaft arm und ethnisch vielfältig ist, muss sich das Krankenhauspersonal sowohl der Spannungen als auch der Ressourcen dieser Menschen bewusst sein. Trotz kulturell bedingter Verwirrungen und Hindernisse sollten die professionellen Helfer mit dem Netzwerk der für das Kind wichtigen Personen in Kontakt stehen. Hier ist die Überlegung hilfreich, dass das, was für das Klinikpersonal schwierig ist, nämlich kulturelle Grenzen zu überwinden, genauso schwierig ist für den Patienten, der die Grenze von der anderen Richtung her überwinden muss, und dass die Hilfe der Familie des zu behandelnden Kindes eine Ressource für Verständnis und Behandlung darstellt.

Kommentare und Empfehlungen

Wir können die Diskussion über Erziehungseinrichtungen wieder aufgreifen und sie als Ausgangspunkt für den Kommentar über kinder- und jugendpsychiatrische Kliniken nehmen. Erziehungseinrichtungen wurden aus pädagogischen Quellen gespeist und aus einer Tradition, welche die Beachtung täglich ablaufender Vorgänge im Leben der Kinder verlangte. Die MitarbeiterInnen der Einrichtungen wussten, dass sie die Erfahrung der Kinder im Heim organisieren mussten und dass Theorien des Lehrens und Lernens, der Einsatz von Autorität und die Ausübung von Kontrolle relevant waren und dass jedes Kind in allen diesen Bereichen Erfahrungen von zu Hause mitbrachte. Deshalb konnte das Gespräch zwischen einem familienorientierten Berater und den Mitarbeitern einer Erziehungseinrichtung damit beginnen, dass man über Vorstellungen vom Einfluss der Familie auf das Leben des Kindes diskutierte. Die Mitarbeiter haben zwar vielleicht anfangs eine kindorientierte und familienabweisende Haltung eingenommen, doch die Exploration der Familie des betreffenden Kindes erwies sich als guter Ausgangspunkt.

Dagegen richtet sich die Aufmerksamkeit der MitarbeiterInnen kinder- und jugendpsychiatrischer Kliniken weniger auf das Milieu, die Sozialstruktur der Peergroup oder darauf, wie Familienmuster die Lehr-, Lern- und Kontrollerfahrungen des Kindes geprägt haben. Das Psychiatriekonzept mit seinem medizinischen Beigeschmack konzentriert sich einseitig auf Diagnose, Krankheit und individuelle Behandlung. Dieser Fokus wird verengt durch Serien diagnostischer Handbücher, welche die psychiatrische Praxis beherrschen, und durch den Auftrag, jedem behandelten Kind einen Diagnoseschlüssel zuzuordnen, damit die Bezahlung der Behandlung durch die Kostenträger gesichert ist. Der Fokus ist generell reduktionistisch, aber in Bezug auf Kinder aus armen Multiproblem-Familien, die keinen anderen Zufluchtsort als die Psychiatrie und keine Option haben, den Behandlungsprozess zu hinterfragen, ist er besonders problematisch. Aufgrund einer Ideologie, die ihr Beobachtungsspektrum von Kindern auf diskontinuierliche Zonen des

Nervensystems einengt, wird ein Kind wie Mark im zarten Alter von acht bis zehn Jahren in der Psychiatrie festgehalten.

Glücklicherweise geht die Ära der Langzeithospitalisierung ihrem Ende entgegen, was für uns eine entscheidende Frage aufwirft. Wenn die Kinder heute nur noch ein paar Wochen in psychiatrischen Krankenhäusern bleiben, wird damit eine positive Veränderung in der Organisation und Ausrichtung der Kliniken einhergehen? Werden die Krankenhäuser eine Praxis entwickeln, welche die Familie des Kindes und die zugehörige ethnische Gemeinschaft berücksichtigt? Logischerweise kann man argumentieren, wie wir es tun, dass der Zwang zur schnelleren Entwicklung eine Gelegenheit bietet, externe Ressourcen als Unterstützung der Funktionsweise des Kindes zu explorieren und zu mobilisieren; aber das ist vielleicht nicht der primäre Effekt. In der nahen Zukunft wird die momentane Orientierung auf die biologischen Grundlagen des Verhaltens wahrscheinlich die treibende Kraft sein und von einer weiteren Akzentuierung einer medikamentös gesteuerten Verhaltenskontrolle begleitet werden. Doch dieser Ansatz ist nicht zwingend und auch nicht das einzige Modell.

Verwaltungen und Praktiker psychiatrischer Einrichtungen wären gut beraten, wenn sie sich an dem Modell orientierten, das Familienmediziner entwickelt haben, um ihren Patienten integrierte Dienstleistungen anbieten zu können (McDaniel, Campbell a. Seaburn 1995). Bei diesem auf Kooperation ausgelegten medizinischen Ansatz gehen die Familienmediziner von der Prämisse – oder vielleicht von der Erkenntnis – aus, dass die Gesundheit eines Familienmitglieds eng mit seinem Familienkontext zusammenhängt. Auf der Basis einer psychosoziobiologischen Sichtweise haben sie klinische Kooperationsteams ins Leben gerufen, die aus Familienmedizinern und Experten in Familientheorie und -therapie bestehen. Die Teams arbeiten als Einheit zusammen, die Information und Fachwissen austauscht. Wenn wir uns vorstellen, ein Psychiatrieteam auszutauschen gegen solche klinischen Kooperationsteams, dann hätten wir ein viel versprechendes Modell für kinder- und jugendpsychiatrische Kliniken, bei dem eine Gruppe von Mitarbeitern Perspektiven und Fachwissen miteinander teilt. Natürlich sind die meisten psychiatrischen Einrichtungen gegenwärtig in multidisziplinären Teams organisiert. Das Modell, das wir hier beschreiben, betont jedoch das Wesen der Gemeinsamkeit bei der Arbeit und weniger eine formale Kombination aus verschiedenen Disziplinen.

Die Einführung eines solchen Kooperationsmodells in einer psychiatrischen Klinik würde wahrscheinlich zu einer großen Zerreißprobe werden. Hierarchie und Status sind hier gut etabliert, und unsere Erfahrungen als Berater und Ausbilder haben gezeigt, dass die Psychiater als Berufsgruppe an einer Kooperation mit anderen Gruppen nicht sonderlich interessiert sind. Als wir in einer psychiatrischen Einrichtung eine Fortbildung durchführten, waren zu Beginn der Maßnahme fast alle Mitarbeiter anwesend, doch im Laufe des darauf folgenden Jahres wurde die Teilnahme der Psychiater immer sporadischer. Die Psychologen, Sozialarbeiter, Assistenzärzte und Praktikanten arbeiteten weiterhin begeistert mit und fingen an, die Praxis auf den Stationen zu verändern. Ohne dass es unsere Absicht war, verließen wir uns zunehmend auf diese Mitarbeiter als die Favoriten bei der Einführung neuer Vorgehensweisen, was natürlich niemals die Lösung ist, weil dadurch die Kluft zwischen den Klinikmitarbeitern einfach verstärkt wird. Soll die Fortbildung effizient sein und sollen Kooperationsteams entstehen, dann muss die gegebene Realität akzeptiert und ein Ablaufschema entwickelt werden, damit so viele professionelle Helfer wie möglich eine aktive Rolle spielen können.

Ein familienorientiert arbeitender Berater kann damit Erfolg haben, dass er dem gesamten Klinikpersonal eine ausführliche theoretische Einführung gibt, in der er die wichtigsten Konzepte systemischen Denkens sowie konkrete Vorstellungen von familialer Organisation, die Relevanz solcher Konzepte für die Kinder in psychiatrischen Kliniken und das Spektrum von Behandlungsmöglichkeiten präsentiert. Danach kann man einer Kerngruppe von Psychologen, Sozialarbeitern, Pflegekräften und Psychiatern eine spezielle Schulung in Familientherapie anbieten, wobei die Sitzungen interessierten Beobachtern oder Zuhörern offen stehen. Vor dem Hintergrund, dass die Klinikpsychiater einen besonderen Status genießen, eine eigene Geschichte haben und dem Ganzen wahrscheinlich skeptisch gegenüberstehen, wäre es vermutlich am produktivsten, einige separate Sitzungen mit dieser Gruppe abzuhalten, in denen sie ihre Reaktionen auf den familienorientierten Ansatz diskutieren, die Wechselbeziehung zwischen Familienarbeit, Einzelbehandlung und medikamentöser Symptomkontrolle explorieren und ihre Rolle in einer auf Kooperation ausgelegten Struktur definieren können. Die interessiertesten Psychiater würden sich der Kooperationsgruppe anschließen und ein spezielles Fachwissen in der Arbeit mit Familien und ethnischen Gemeinschaften entwickeln. Diese Gruppe, in der professionelle Helfer aus verschiedenen Disziplinen zusammenarbeiten, würde die Abschottung der Einrichtung beseitigen und die Durchlässigkeit der Krankenhausgrenzen erhöhen. Diese Mitarbeiter würden ein Kontaktteam bilden, indem sie Informationen über erweiterte Familien, Schulen, Kirchengemeinden und die betreffenden ethnischen Gemeinschaften in Teamsitzungen einbringen, um einen integrierten systemischen Ansatz zu entwickeln.

Ein auf diese Weise organisierter Ansatz der Teamarbeit würde nicht versuchen, die biologische Orientierung des psychiatrischen Klinikpersonals zu verändern oder den Einsatz medikamentöser Behandlungen zu verunglimpfen. Bei diesem Ansatz würde vielmehr die biologische Orientierung eine Teilansicht darstellen, die um eine systemische Orientierung auf Kinder in ihrem Lebenskontext zu ergänzen und für eine einzelfallbezogene Diskussion der effektivsten Verfahren offen wäre. Wie bei jedem Prozess, bei dem unterschiedliche Standpunkte auf einen Nenner gebracht werden müssen, ist auch diese Art von Gespräch tendenziell intensiv und manchmal auch argumentativ. Doch langfristig sollte ein solches Gespräch zu einem intelligenteren und effizienteren Ansatz führen, nach dem die Kinder sowohl während ihres Aufenthaltes in einer psychiatrischen Klinik als auch nach ihrer Entlassung in ihre Familien und ethnischen Gemeinschaften behandelt werden können.

9. Betreuung in der Familie durch ambulante Dienste

Häusliche soziale Dienste[9] können in den verschiedensten Formen durchgeführt werden, haben aber mindestens ein gemeinsames Merkmal: Sie sind so organisiert, dass die Dienstleistungen hauptsächlich in den Wohnungen der Klienten erbracht werden. Allein diese Tatsache bietet eine einmalige Gelegenheit, familienorientiert zu arbeiten. Wenn ein Sozialarbeiter die Wohnung eines Klienten betritt, deutet die gesamte Organisationsstruktur darauf hin, dass das Milieu Teil seiner Intervention ist. Die Wohngegend und das Lebensumfeld bilden das „Revier" des Klienten, und durch den Kontext wird die Möglichkeit optimiert, dass die Familie und andere wichtige Mitglieder des Netzwerkes zusammengebracht werden können. Darüber hinaus signalisiert die Aktion, wenn der Sozialarbeiter zum Klienten nach Hause kommt, dass das Establishment der sozialen Dienste auf die Familie zugeht. Die Aura der Autorität, die einen behördlichen Kontext umgibt, wird abgeschwächt, und die Realität des Lebensumfeldes der Familie wird gewürdigt.

In diesem Kapitel beschäftigen wir uns mit den Faktoren, die Potenzial und Praxis in ein passendes Verhältnis bringen, sowie mit Ausbildungsmaßnahmen, die den Ausführenden häuslicher sozialer Dienste helfen, die Effizienz ihrer Interventionen zu optimieren. Wir beginnen mit der Geschichte häuslicher sozialer Dienste, indem wir die Vielfalt der Herangehensweisen beschreiben, die verschiedene Programme geprägt haben, und die Probleme thematisieren, die aus einer systemischen, familienorientierten Sicht dabei entstehen kön-

9 *Home-based services* wird im Folgenden mit „häusliche soziale Dienste" übertragen. Der Begriff „ambulante Dienste" würde den hier diskutierten Sachverhalt nicht genau treffen (Anm. d. Übers.).

nen. Vor diesem Hintergrund skizzieren wir ein auf Behörden zugeschnittenes Ausbildungsprogramm, das von der bundesstaatlichen Abteilung für psychosoziale Dienste finanziert wurde, damit diese Behörden ihre Klienten zu Hause und nach einem familienorientierten Ansatz betreuen können.

Erste Anfänge und die weiteren Entwicklungen

Häusliche soziale Dienste haben eine lange Tradition. Es ist nicht unsere Absicht, dieses Feld in extenso zu behandeln, aber es ist nützlich, das Wesen solcher Dienste im Überblick der Zeit zu betrachten und die Hauptmerkmale ausgewählter Sozialprogramme in den vergangenen Jahrzehnten herauszustellen.[10]

Die Anfänge reichen in das ausgehende 19. und beginnende 20. Jahrhundert zurück, als ehrenamtliche Wohlfahrtspfleger in die Gemeinden gingen, um den Bedürftigen zu helfen; Sozialarbeiter besuchten die armen Familien zu Hause, wo sie auch den größten Teil ihrer Arbeit verrichteten (Berry 1994; Tavantzis et al. 1985). Mit der Einrichtung professioneller Ausbildungsgänge und organisierter sozialer Dienste und mit der Zunahme der Problemkomplexe wurden die sozialen Dienste mehr und mehr in Kliniken, Behörden, Pflegestellen und Heime verlagert.

In den 70er-Jahren schlug das Pendel wieder zurück. Entscheidungsträger und Praktiker waren beunruhigt darüber, in welcher Weise die sozialen Dienstleistungen dazu tendierten, die Familien – insbesondere die armen Familien – auseinander zu reißen. Ihren Zweifel an den etablierten Verfahren fanden sie durch das soziale und politische Klima jener Zeit sowie durch Datenerhebungen über den Nutzen der gängigen sozialen Dienste bestätigt. Es war z. B. offenkundig, dass immer mehr Kinder in Pflege gegeben wurden, von einer Pflegestelle in die andere verschoben wurden und nie in ihre Herkunftsfamilien zurückkehrten. Dieser Prozess war kostspielig und für die Kinder und ihre Familien verheerend. Befürworter von Veränderungen schlugen vor, dass eine humane und weniger kostspielige Alternative zu der gängigen Praxis darin be-

10 Detailliertere Ausführungen hierzu finden sich u. a. in Berry (1994), Bryce a. Lloyd (1980), Maybanks a. Bryce (1979) und Nelson, Landsman a. Deutelbaum (1990).

stehe, den Fokus auf die Ausbildung der Stärken einer Familie zu richten.

In dem in den USA 1980 erlassenen Gesetz zur Adoption und Kinderfürsorge *(Adoption Assistance and Child Welfare Act)* kam die Notwendigkeit einer Reform zum Ausdruck. Das Gesetz unterstrich den Wert der Erhaltung der Familie und schuf beträchtliche finanzielle Anreize für Programme, mit deren Hilfe die Kinder in ihren Familien bleiben oder nach Beendigung eines Pflegeverhältnisses in ihre Familien zurückkehren konnten. Die Bemühungen der amerikanischen Bundesregierung reichten bis in die frühen 90er-Jahre. Im Jahr 1993 wurde auf Bundesebene eine Initiative zur Erhaltung und Unterstützung von Familien *(Family Preservation and Family Support Initiative)* gestartet, aufgrund deren die Einzelstaaten, die sich besonders durch familienorientierte soziale Dienstleistungen auszeichneten, mit umfangreichen Finanzmitteln ausgestattet wurden. Diese Bundesinitiative bekräftigte mit ihrer erklärten Philosophie und der Bereitstellung öffentlicher Gelder den Standpunkt, dass die Familie an sich eine legitime Betreuungseinheit darstelle und familienorientierte Interventionen nicht in eine Terminologie der Individualität gekleidet werden müssten. Kurz danach wurden aufgrund eines Wandels in der nationalen Orientierung die Bundeszuschüsse für solche Programme reduziert, doch „häusliche soziale Dienste" werden noch als Haushaltskategorie – besonders auf einzelstaatlicher Ebene – anerkannt und finanziert.

Die Programme für häusliche soziale Dienste haben gemeinsame Merkmale oder zumindest gleiche Ziele. Dass die Dienstleistungen primär zu Hause bei der betreffenden Familie durchgeführt werden, ist ein sichtbarer Aspekt, aber weniger leicht erkennbare Merkmale sind ebenso von zentraler Bedeutung. Dazu zählen: die Fokussierung auf die Familie als Betreuungseinheit und nicht nur auf das Kind; die Erwartung, dass die Eltern mitwirken und in der Verantwortung bleiben; und die für die Arbeit mit der Familie hilfreiche Nutzung von Ressourcen des familialen Systems, des Milieus der Familie und der ethnischen oder kulturellen Gemeinschaft.

Im Laufe der Entwicklung dieser Sozialprogramme zeigten sich noch weitere gemeinsame Merkmale. Die Programme waren tendenziell intensiv und hatten eine kurze Laufzeit, d. h., über einen Zeitraum von wenigen Wochen oder Monaten waren mehrere Hausbesuche oder Betreuung „auf Anfrage" vorgesehen. Die Sozialarbeiter hatten immer nur wenige Fälle zu betreuen, manchmal nicht mehr als zwei Familien, sodass sie erreichbar waren, wenn sie gebraucht wurden. Die Interventionen waren im Allgemeinen auf Krisenbewältigung ausgerichtet; wenn z. B. der Familie ein Kind weggenommen und in Pflege gegeben werden sollte, bestand das Ziel darin, der Familie bei der Beseitigung ihrer Schwierigkeiten so weit zu helfen, dass die Pflegeunterbringung des Kindes vermieden werden konnte.

Die Pflegeunterbringung abzuwenden war das übliche Erfolgskriterium. Wissenschaftliche Evaluationen einer Reihe von Programmen ließen den Schluss zu, dass die Erfolgsquote der meisten Programme bei ihrem Abschluss und manchmal noch ein Jahr später zwischen 70 und 90 Prozent lag. Doch Kritiker geben zu bedenken, dass die Evaluationsstudien häufig kein durchdachtes Konzept gehabt hätten und die Aussagekraft der Ergebnisse deshalb nicht eindeutig sei (Berry 1994; Tavantzis et al. 1985).

Programme für häusliche soziale Dienste sind aus verschiedenen Quellen gefördert und finanziert worden, z. B. durch einzelne Bundesstaaten, Kreise und Kommunen, die für soziale Dienste, Sozialhilfeleistungen, die psychosoziale Versorgung, die Betreuung geistig behinderter Menschen, Kinderfürsorge, Jugendhilfe und bei Straffälligkeit von Jugendlichen zuständig sind. Bis zu einem gewissen Grad haben die verschiedenen Förderkreise und Finanzierungsstellen die Definition des zentralen Problems und die Art der angebotenen Dienstleistungen geprägt. Die Programme für häusliche soziale Dienste, die z. B. von örtlichen Jugend- und Sozialämtern getragen worden sind, haben sich generell um die Grundbedürfnisse der Familien gekümmert und sich auf die praktische Hilfe bei Problemen mit finanziellen Dingen, mit dem Haushalt und mit der Lebensbewältigung konzentriert (Berry 1994). Doch die Programme unterschieden sich auch in ihrem theoretischen Ansatz, der die Art und Weise der Interaktion zwischen Sozialarbeiter und seinem Klienten sowie die Art der angebotenen Dienstleistungen mitgestaltet, und diese theoretischen Ausrichtungen waren nicht zwangsläufig an bestimmte Behörden oder präsentierte Probleme gebunden.

Weil die verschiedenen Herangehensweisen in einer jeweils spezifischen Beziehung zu einer familienorientierten Sichtweise stehen, untersuchen wir im Folgenden ausgewählte Programme und umreißen kurz die Eigenschaften von Programmen, die auf der Theorie des sozialen Lernens, einem lösungsorientierten Modell und einem ökologischen oder systemischen Ansatz basieren.

Unterschiedliche Ansätze bei häuslichen sozialen Diensten

Soziales Lernen und die Verfeinerung von Techniken

Die Theorie des sozialen Lernens, die sich im Rahmen der Psychologie entwickelte, hat spezifische Techniken hervorgebracht, um einzelnen Menschen zu helfen, ihr Verhalten und ihre Interaktionen mit anderen Menschen zu verändern. Das *Mendota*-Modell, das 1969 zunächst als Programm für häusliche und gemeindenahe soziale Dienste durchgeführt wurde, war ein frühes Beispiel dafür, wie diese Techniken in ein Programm integriert wurden (Fahl a. Morrissey 1979). Dieses Programm wurde im Rahmen einer Einrichtung für verhaltensgestörte heranwachsende Jungen entwickelt, und somit zeigte das neue Modell eine grundlegende Veränderung im Denken und in Bezug auf den Behandlungsort an. Anstatt die Kinder in der Einrichtung zu behandeln, gingen Sozialarbeiter in die Familien und Schulen, damit die Kinder in ihrer natürlichen Umgebung bleiben konnten und die Familien nicht auseinander gerissen wurden. Obwohl der strukturelle Wandel tief greifend war, die prozeduralen Veränderungen waren es nicht. Die Sozialarbeiter fokussierten weiterhin auf das einzelne Kind und arbeiteten nach dem Prinzip der sozialen Bekräftigung, um Verhaltensänderungen im Bereich des Lernens, der Befolgung von Anweisungen und der Akzeptierung von Grenzen zu bewirken. Die Eltern sollten wirksamere pädagogische Fähigkeiten erwerben, und man erwartete von ihnen, dass sie aus der Beobachtung der professionell angewandten Techniken des Umgangs mit den Kindern lernten.

Homebuilders war das erste Programm für häusliche und familienerhaltende soziale Dienste, das nationale Aufmerksamkeit gewann und am ehesten in diese Rubrik gehört. In diesem Programm, das 1974 in Tacoma (Washington) begann, bildete man die Mitarbeiter in Strategien des sozialen Lernens aus, die zur Steigerung der Effizienz elterlichen Handelns und interaktioneller Techniken beitragen sollten; doch die Mitarbeiter gaben den Familien auch praktische Hilfen zu Hause und setzten vielfältige humanistisch ausgerichtete bzw. kontextbezogene Strategien ein, um Wertorientierungen und Selbstachtung der Familien auszuleuchten (Haapala a. Kinney 1979;

Kinney 1991). In den 80er-Jahren wurde das Programm *Homebuilders* schon bald in ganz Amerika praktiziert, doch vielleicht ging es nicht weit genug und produzierte unrealistische Erwartungen. Als nämlich Folgeerhebungen keine signifikanten Unterschiede zwischen *Homebuilders* und anderen, flexibler angelegten Herangehensweisen ergaben, verlor das Programm seine prominente Position.

Auch wenn *Homebuilders* nicht grundsätzlich auf die Arbeit mit der familialen Organisation als Interaktionssystem, wie wir sie für notwendig erachten, orientiert war, hatte das Programm dennoch eine wichtige Aufgabe in Bezug auf intensive, kurzzeitige häusliche soziale Dienste. Die von den Mitarbeitern dieser Programmgruppe geleistete Arbeit und publizierten Schriften gaben dem Konzept Ansehen, sodass Finanzmittel für Folgeprogramme leichter zugänglich wurden. Die mit dieser Programmart gesammelte Erfahrung war auch ein wertvolles Beispiel für Überlegungen, die beim Entwurf flexibler und familienorientierter häuslicher sozialer Dienste berücksichtigt werden sollten.

Das lösungsorientierte Modell

Der lösungsorientierte Ansatz, der von Berg, de Shazer und ihren Kollegen als spezifisches Modell entwickelt wurde, ist zu einem der am häufigsten benutzten Ansätze für häusliche soziale Dienste in der gegenwärtigen Sozialarbeit geworden (Berg 1994). Der Kern des Modells bezieht sich auf die Betonung von Lösungen und nicht von Problemen. Verfechter des Modells argumentieren, dass alle Familien mit Konfliktlösungen experimentierten, ihre Erfahrungen ihnen jedoch verborgen blieben, weil sie sich generell eher auf die Probleme konzentrierten. Auf der Basis dieser Folgerung müssen die Interventionen darauf fokussieren, die Familie an positive Momente in der Vergangenheit zu erinnern, mit ihr Konzeptionen zufrieden stellender Ergebnisse zu explorieren und sie zur Wiederholung und Ausweitung solcher Lösungsansätze zu ermutigen. Der Sozialarbeiter fungiert dabei als Begleiter oder Anleiter, der eine optimistische Sicht der Fähigkeiten der Familie vermittelt.

In diesem Modell wird großer Wert auf die Achtung vor der Familie gelegt, auf ein Moment also, das zweifellos wichtig ist bei der Arbeit mit Familien, die arm sind, mit vielen Problemen konfrontiert sind und sich gegenüber sozialen Institutionen wahrscheinlich machtlos fühlen. Fragen zu dem Modell entstehen allerdings im

Hinblick auf seine Durchführung und die zugrunde liegende Philosophie. In der Praxis erlebt man, dass Sozialarbeiter Achtung und Stärkung der Familie (*empowerment*) verwechseln mit einem Verbot, die Initiative der Familie zu provozieren. Aus Angst, respektlos zu erscheinen, sind sie oft nicht in der Lage, die Familie zu steuern oder ihre Aufmerksamkeit auf Bereiche zu lenken, die sie nicht reflektiert oder die sie ignorieren möchte. Besonders zu erwähnen ist, dass das Modell die offene Exploration des Konflikts ausdrücklich vermeidet. Wir haben schon in früheren Kapiteln darauf hingewiesen, dass Familien häufig an ihrem Unvermögen scheitern, sich mit Unstimmigkeiten zu konfrontieren und auseinander zu setzen. Aus unserer Sicht kann man den Familien nur dadurch zu einer effizienteren Funktionsweise verhelfen, wenn der Sozialarbeiter sie darin unterstützt, ihre Muster zu explorieren, ihre dysfunktionalen Bereiche zu identifizieren und mit neuen Möglichkeiten der Konfliktlösung zu experimentieren.

Ökologische und systemische Ansätze

In gewisser Weise hat jedes Programm für häusliche soziale Dienste, das die Familie mit Ressourcen ihrer ethnischen oder kulturellen Gemeinschaft in Verbindung bringt, eine ökologische Ausrichtung. Es hat schon viele Programme dieser Art gegeben, die den Familien vielfältige auf ihr Lebensumfeld abgestimmte Dienste angeboten und darauf abgezielt haben, verarmte und gequälte Menschen zu befähigen, dass sie verfügbare Ressourcen nutzen konnten (siehe Berry 1994). Einige Programme sind für uns von besonderem Interesse, weil sie mehrere Ebenen der familialen Bedürfnisse, Probleme und Bindungen ansprechen und eher auf Muster als auf individuelle Verhaltensweisen oder Techniken ausgerichtet sind.

Ein frühes und beachtenswertes Beispiel dafür war das von den *Iowa Children's and Family Services* entwickelte Programm, das sich gefährdeter Multiproblem-Familien annahm und diese zu Hause betreute (Stephens 1979). Das Modell verband eine ökologische Orientierung, die den Platz der Familie in ihrer ethnischen oder kulturellen Gemeinschaft respektierte, mit einer systemischen Sicht der Funktionsweise der Familie und einem auf familientherapeutischen Techniken basierenden Behandlungsansatz. Stephens sagt dazu:

„Die Intervention zielt darauf ab, die bis zu dem Zeitpunkt erfolglos gebliebenen Bemühungen der leidenden Familie um eine Lösung des Konflikts zu verändern. Diese Bemühungen haben ein Strukturmuster, das an dem Punkt geändert werden muss, an dem es entweder innerhalb des Familiensystems oder an der Schnittstelle zwischen Familie und helfenden Systemen aufrechterhalten wird" (Stepens 1979, S. 288 – Passage wurde für dieses Buch übersetzt).

Diese Aussage enthält die bemerkenswerte Implikation, dass die Intervention situativ zu entwerfen ist und gegebenenfalls die Ebenen wechseln muss und dass das Verstehen der Probleme davon abhängt, wie wiederkehrende Muster sowohl in der Familie als auch zwischen Familie und den Anbietern sozialer Dienste eingeschätzt werden. Die Aussage macht auch den Standpunkt deutlich, dass das Problem durch die *aktuelle* Organisation solcher Muster und nicht durch die individuelle oder Familiengeschichte lebendig gehalten wird und dass man diese Muster angehen muss, wenn Interventionen erfolgreich sein sollen.

Ein aktuelleres Beispiel finden wir im Programm *Families Work*, das speziell für Familien entwickelt worden ist, die straffällige oder schwer erziehbare Kinder haben und denen die Kinder zur Pflegeunterbringung weggenommen werden sollen (Tavantzis et al. 1985). Bei diesem Programm hat man die Prinzipien häuslicher sozialer Dienste mit den Grundsätzen struktureller und systemischer Familientherapie kombiniert, und man arbeitete intensiv in sechswöchigen erneuerbaren Zyklen und fokussierte besonders auf Krisenphasen.

Tavantzis und seine Kollegen stellten fest, dass die meisten Interventionen auf Theorien der Problembildung beruhten, die am Individuum ausgerichtet waren und von der Annahme ausgingen, dass sich Familien verändern, wenn einzelne Familienmitglieder ihre Gefühle verstehen oder ihr Verhalten sich bessert. Ihr eigenes Programm fokussierte auf die Familienorganisation. Mit ihren Interventionen hoben sie aktuelle Muster hervor, die das Zusammenleben der Familie stören, und sie konzentrierten sich auf die Frage, wie solche Probleme beibehalten werden, und nicht auf den Ursprung der Probleme.

Da die Population aus Familien bestand, deren heranwachsende Kinder nicht mehr kontrolliert werden konnten oder straffällig geworden waren, identifizierten Tavantzis und seine Gruppe die Aspekte der Familientheorie, die für diese Situation am relevantesten waren. Sie fokussierten auf die wahrscheinlich dysfunktionalen Bereiche, z. B. auf die Grenzziehungen zwischen den Generationen, die Hierarchie innerhalb der Familie und die Klarheit der familialen Autoritätsstrukturen, und näherten sich den Familien mit einer Arbeitshypothese über die zu bearbeitenden Probleme. Dieser Ansatz hat beachtenswerte Implikationen für andere Situationen, bei denen die Klientenfamilien gemeinsame Merkmale haben wie z. B. ein Dreigenerationenmuster, Kinder einer bestimmten Altersklasse oder drogenabhängige Jugendliche. Bestimmte Annahmen über Familienorganisation und Probleme können für alle diese Situationen gemacht werden, man darf aber nicht vergessen, dass theoretische Generalisierungen lediglich einen Ausgangspunkt darstellen. In jedem Einzelfall bezieht sich die wichtigste Information auf die Organisation der betreffenden Familie und auf die Relation zwischen ihren wiederkehrenden Mustern und den Schwierigkeiten und potenziellen Ressourcen.

Die in diesem Programm angewandten Techniken, mit Familien zu arbeiten, sind jedem professionellen Helfer vertraut, der schon strukturelle Interventionen durchgeführt hat: Man unterstreicht die Wichtigkeit, sich der Familie von Anfang an „anzuschließen“ *(join)*, bevor Veränderungen eingeführt werden; Veränderungen werden als machbar vermittelt, indem man Verhalten umdeutet und erreichbare Ziele setzt; und man inszeniert Veränderungen in Familiensitzungen als einen ersten Schritt zur Exploration und Integration neuer Muster. Einige Techniken erfordern jedoch die Mitwirkung größerer Systeme. Entwickler dieses Programms geben zu bedenken, dass die Teilnehmer – in Absprache – ihre Kontakte zu anderen sozialen Diensten während der Phase der Intervention aussetzen sollten. Darüber hinaus sind die Initiatoren dieses Programms der Meinung, dass die ersten Bemühungen der Organisation professioneller Helfer gelten sollten, bevor die Familien umstrukturiert werden, und dass der in einem Programm für häusliche soziale Dienste beschäftigte Sozialarbeiter als *Case Manager*[11] fungieren sollte. Das sind alles wertvolle Vorschläge, auch wenn sie schwer in die Praxis umzusetzen sind.

Der momentane Entwicklungsstand

Dieser kurze Abriss über Sozialprogramme im vorangegangenen Abschnitt ist natürlich nicht erschöpfend, aber er reflektiert zumin-

11 Im Bereich des *case management* ausgebildete Fachkraft; siehe Fußnote S. 168 (Anm. d. Übers.).

dest die Bandbreite der Projekte, die seit den 70er-Jahren die häuslichen sozialen Dienste geprägt haben, und die Vielfalt der im Gefolge entwickelten Programme. Der Schritt, soziale Dienste bei den Familien zu Hause durchzuführen, war motiviert durch die Fürsorge, den Armen zu helfen, durch die Erkenntnis, dass die sozialen Dienste oft wirkungslos blieben oder negative Folgen hatten, und durch den politischen Willen, Veränderungen zu unterstützen. Obgleich alle diese Programme die Qualität der Dienste verbessern sollten, spiegelten sie eine Vielfalt von Theorien über Problembildung und die für die KlientInnen dienlichsten Vorgehensweisen.

Gegenwärtig gehören Programme für häusliche soziale Dienste zu einem weit verbreiteten Konzept, mit armen Familien zu arbeiten. Ihre Finanzierung ist explizit mit der Absicht verbunden, die Dienstleistungen bei den Familien zu Hause durchzuführen, doch dieser Auftrag geht weder über diesen konkreten Umstand hinaus, noch formuliert er Richtlinien oder verlangt bestimmte Verfahren. Man geht generell davon aus, dass der Leistungsanbieter das grundsätzliche Ziel seines Dienstes kennt, der Familie bei der Bewältigung ihrer Probleme zu helfen und die Pflegeunterbringung ihrer Kinder abzuwenden; dass die professionellen Helfer dafür gerüstet sind, ihre Techniken für diese Zwecke einzusetzen; und dass die zuständige Behörde die Ressourcen der Gemeinschaft mobilisiert, um das nötige „Gesamtpaket" sozialer Dienstleistungen anbieten zu können. Da es sich bei den meisten Leistungsanbietern um kompetente und erfahrene Institutionen handelt, sind das zwar vernünftige Annahmen, aber nur bis zu einem bestimmten Grad. Aus einer systemischen, familienorientierten Sicht ist die fundamentale Frage, die am Anfang des Kapitels gestellt wurde, weiterhin relevant: Worin besteht bei dem Potenzial häuslicher Betreuungsangebote die Entsprechung zwischen Absicht und Möglichkeit einerseits und der konkreten Praxis andererseits?

Wollte man die aktuellen Programme bewerten, müsste man mehrere Anwendungsbereiche berücksichtigen. Wir können die gemeinsamen Ziele der Programme und die Fallen, die ihren Erfolg verhindern, überprüfen und zusammenfassen:

Ziel	*Falle*
Die zur Problemlösung nötigen Techniken der Familie dauerhaft verbessern.	Die Kriseneindämmung ist das Ziel, und der Erfolg wird über die Abwendung der Pflegeunterbringung definiert.

Es klingt vielleicht merkwürdig, wenn die Abwendung der Pflegeunterbringung als Falle beschrieben wird. Das erklärte Ziel der meisten Interventionen durch häusliche soziale Dienste besteht darin, eine unmittelbar drohende Krise abzuwenden und der Notwendigkeit zuvorzukommen, dass man der Familie ein Kind wegnimmt. Wenn die Wogen so weit geglättet werden, dass die Familie zusammenbleiben kann, dann ist das üblicherweise das Kriterium für eine erfolgreiche Intervention.

Doch das ist nur ein kurzfristiges Ziel. Durch Evaluationen häuslicher sozialer Dienste werden Initiatoren von Sozialprogrammen daran erinnert: „Die Effizienz sollte auch untersucht werden, indem weitere Kriterien als nur die Abwendung der Pflegeunterbringung hinzugezogen werden, z. B. die Qualität der Funktionsweise der Familie und ihr Einfluss auf das Wachstum und die Entwicklung des Kindes" (Fein, Maluccio a. Kluger 1990, p. 10 – Passage wurde für dieses Buch übersetzt). Wenn eine Familie erst dann wieder auffällig werden soll, wenn die nächste Krise im Anmarsch ist, dann muss die aktuelle Intervention eine Chance der Entwicklung sein und die Familienmitglieder befähigen, ihr Leben selbst zu kontrollieren und gegen den Prozess der Zerrüttung anzukämpfen.

Ziel	*Falle*
Verstehen, dass die Probleme in der Familie liegen oder gemeinsame Probleme der Familie sind, sodass die Familie die zu betreuende Einheit ist.	Die Ansicht besteht weiter, dass ein einzelnes Familienmitglied das Ziel der Dienstleistung ist, auch wenn diese bei der Familie zu Hause durchgeführt wird.

Ein Vertrag über häusliche soziale Dienste enthält fast immer den Passus, dass die Familie die zu betreuende Einheit sein müsse, doch wird selten spezifiziert, dass psychologische Dienstleistungen ein Teil dieser Forderung sind. Sozialarbeiter, die häusliche soziale Dienste ausführen, sind ihrerseits oft geschickt darin, die sozialen und ökonomischen Aspekte des Auftrags zu befriedigen, indem sie Dienstleistungen und Hilfe aus der Gemeinschaft mobilisieren, z. B. in Bezug auf Wohnraumbeschaffung, Sozialhilfe, Fahrdienste, medizinische Versorgung und Unterstützung im Haushalt; aber sie dehnen die Orientierung auf die Familie nicht auf therapeutische Interventionen aus. Die Ansicht, dass das einzelne Kind das Ziel psychologischer Dienstleistungen ist, wird durch theoretische Annahmen, die Organisation der Überweisungspraxis, Evaluationen des Fortschritts und Anforderungen von Versicherungsträgern untermauert.

Ziel	*Falle*
Interventionen beziehen die erweiterte Familie ein und sind auf die Formen der Bindung, der Qualifizierung *(empowerment)* und der Konfliktlösung gerichtet, welche die Funktionsfähigkeit der Familie stärken soll.	Sozialarbeiter sind ungeschickt im Umgang mit Interaktionsmustern oder in der Unterstützung der erweiterten Familie, wenn Muster verändert werden sollen, welche die Probleme der Familie perpetuieren.

Die meisten Mitarbeiter häuslicher sozialer Dienste sind nicht darauf vorbereitet, sich mit Familienmustern auseinander zu setzen, selbst wenn sie diese erkennen und verstehen. Im Allgemeinen können sie Individuen stützen, oft fehlen ihnen aber die Techniken, eine erweiterte Familie zu mobilisieren oder Veränderungen im Familiensystem zu fördern, die eine Verbesserung der Funktionsweise von Familienmitgliedern erzeugen und erhalten können.

Ziel	*Falle*
Dienstleistungen sind so zu koordinieren, dass Verdoppelungen, Fragmentierungen und Interventionen durch eine Vielzahl von Helfern reduziert werden.	Ständige Fragmentierungen und Verdoppelungen, die durch schlechte Kommunikation und implizite Kompetenzprobleme in Bezug auf Hierarchie, Entscheidungsbefugnis und Integration verursacht werden.

Mitarbeiter häuslicher sozialer Dienste sind immer wieder mit Fragen konfrontiert, in denen es um die Erteilung von Aufträgen und um die angemessenen Wege geht, um Verfahren zu verändern, falls dies aufgrund einer klinischen Beurteilung ratsam ist. Wer soll die Entscheidungen zur Modifikation von Dienstleistungen fällen und diese über den vorgesehenen Zeitraum hinaus ausdehnen bzw. einen Fall abschließen? Und wie flexibel ist der Auftrag für den häuslichen sozialen Dienst? Können Sitzungen auch an einem anderen Ort als zu Hause bei der Familie abgehalten werden, wenn es einen plausiblen Grund dafür gibt? Fragen wie diese entstehen zwar in

Verbindung mit einzelnen Fällen, doch das Problem ist allgemeiner Natur und unterstreicht die dringende Notwendigkeit, das System der sozialen Hilfe so zu organisieren, dass die Arbeit koordiniert und kooperativ durchgeführt werden kann.

Im restlichen Kapitel beschreiben wir ein Ausbildungs- und Beratungsprojekt, das durch einen US-amerikanischen Einzelstaat gefördert wurde und an dem Einrichtungen teilnahmen, die vertragsmäßig häusliche soziale Dienste durchführten. Die Vorstellung des Projekts ist nicht mit der Absicht verbunden, das Programm zu evaluieren, sondern es soll ein Beispiel gegeben werden, wie die sorgfältige Beachtung der einzelnen Schritte einer Intervention den Prozess klären und die Intervention den Zielen der Dienstleistung näher bringen kann. Wie in den anderen Kapiteln haben wir auch hier einzelne Punkte – teils aus Datenschutzgründen und teils zur Beleuchtung allgemeiner Prinzipien – verändert.

Ein Ausbildungs- und Beratungsprojekt

Wir möchten die Information vorwegschicken, dass dieses Projekt durch die Abteilung für psychosoziale Dienste in der bundesstaatlichen Gesundheitsbehörde organisiert wurde. Zwar bieten die verschiedensten Ämter vertragsmäßig häusliche soziale Dienste an, doch die psychosozialen Dienste weisen aufgrund ihrer Arbeitsbelastung und Anforderungen spezifische Merkmale auf. Bei den einzelnen Fällen ist normalerweise eine Person als Indexpatient diagnostiziert worden, und die häuslichen sozialen Dienste werden oft als Alternative zur Heimeinweisung oder zu einer besonderen Art des betreuten Wohnens gesehen. Familien, die von der zuständigen Behörde überwiesen werden, brauchen nicht immer ökonomische Unterstützung oder Hilfe bei Problemen der Lebensbewältigung, sondern Therapie. Die professionellen Helfer brauchen Techniken, um Familienmuster einschätzen und zugleich das offiziell identifizierte Problem im Auge behalten zu können, und sie müssen der Familie helfen können, angemessenere Funktionsweisen zu erkunden. Deshalb fokussieren die in diesem Kapitel vorgestellten Fallbeispiele primär auf die Details des Familienkontakts und der Familientherapie, obwohl es sich nicht vermeiden lässt, dass auch Probleme mit größeren Systemen thematisiert werden, was für die Diskussion außerordentlich wichtig ist.

Die Ursprünge des Projekts

Das Projekt hatte seinen Ursprung in den Bedenken, welche die Abteilung für psychosoziale Dienste in Bezug auf die Art und Qualität häuslicher sozialer Dienste hegte. Die Situation war typisch für viele andere Kontexte, in denen die Finanzierung solcher Dienste nach bestimmten Kategorien bewilligt und Verträge abgeschlossen worden waren. Zuständige Behörden hatten respektable Finanzierungsanträge eingereicht und waren zu Leistungsanbietern auf bundesstaatlicher Ebene geworden, doch niemand wusste genau, wie die Dienstleistungen im Einzelnen ausgeführt wurden. Es gab keine einheitliche Konzeption davon, was mit häuslichen sozialen Diensten gemeint war; man wusste nur, dass die Dienstleistungen in solchen Familien erbracht wurden, deren Kinder in Pflege gegeben werden sollten oder aus psychiatrischen Einrichtungen entlassen worden waren.

Der Kontakt zwischen der Abteilung für psychosoziale Dienste und den Ausbildern begann damit, dass wir eine Reihe verschiedener Behörden besuchten, wo wir auch Demonstrationen und Diskussionen durchführten und mit den Praktikern und der Verwaltung über Ziele und Notwendigkeiten des Projekts sprachen. Dabei wurde deutlich, dass die Einstellung des Behördenpersonals gegenüber Fortbildungsmaßnahmen in Familientherapie gemischt war: Begeisterung bei einigen und bestenfalls Vorsicht bei anderen. Die Vorsicht erwuchs teilweise aus politischen Bedenken, weil Interessengruppen für Familien und psychisch Kranke durch jeden Ansatz aufgeschreckt werden, der etwas mit Schuldzuweisung an die Familie zu tun haben könnte. Widerstand kam auch von den Personen, die primär auf das Kind fokussierten und die Ausbilder als Teil einer Bewegung zur Erhaltung der Familie sahen, wodurch Kinder gefährdet werden könnten.

Trotz alledem konnten die Abteilung für psychosoziale Dienste und die Ausbilder einen gemeinsamen Entwurf für ein Pilotprojekt ausarbeiten, das ökonomisch machbar schien und zwei verwandte Zielsetzungen verfolgte. Durch das Projekt sollten die Ausbildung in der Einschätzung von Familien und die therapeutische Ausbildung für die Mitarbeiter im „Feld" ermöglicht werden. Gleichzeitig sollte durch diesen Prozess die Abteilung für psychosoziale Dienste eine klarere Vorstellung davon erhalten, wie Einrichtungen ihre Dienstleistungen ausführten, und die Entwicklung von Standards und Leitlinien sollte möglich gemacht werden.

Die Kontexte, die Teilnehmer und der Ausbildungsablauf

Zu Beginn wählte die Abteilung für psychosoziale Dienste zwei Regionen aus, die an dem Projekt teilnehmen sollten. Jede Region umfasste fünf teilnehmende Ämter. In jeder Behörde wurden zwei Mitarbeiter für die Ausbildung ausgewählt. Nach Möglichkeit sollte einer der beiden Teilnehmer auch in der Verwaltung der Behörde tätig sein. Beide Teilnehmer sollten nach Beendigung des Projekts Supervisoren werden.

Eine Ausbildungsgruppe bestand aus zehn Mitgliedern, d. h., aus einer Region waren zwei Teilnehmer pro Behörde vertreten. Jede Gruppe traf sich zweimal im Monat. Die Ausbilder trafen sich alle zwei Wochen mit jeweils einer Gruppe, d. h. insgesamt zu zehn ganztägigen Sitzungen in jeder Region. Die Sitzungen fanden jeweils in einer anderen Behörde statt, und die Kerngruppe von zehn Mitgliedern besuchte alle Sitzungen. Da immer eine Behörde die Gastgeberin der Woche war, konnte das gesamte Personal dieser Behörde die Ausbildungssitzung durch einen Einwegspiegel verfolgen. Die Praktiker der regionalen Zentralbehörde für psychosoziale Dienste besuchten auch einige Sitzungen und nahmen an den Diskussionen teil.

Der Ausbildungstag: Der Ablauf und die Erfahrung

Die Ausbildungstage liefen in jedem Kontext nach der gleichen Struktur ab. Am Vormittag stellte ein Mitarbeiter des Behördenteams zuerst die Fallgeschichte einer sich in Behandlung befindlichen Familie vor, und anschließend war die Familie zu einer gemeinsamen Sitzung anwesend. Am Nachmittag präsentierte der zweite Mitarbeiter der Behörde eine Videoaufzeichnung einer Sitzung, die zu Hause bei einer Familie durchgeführt worden war. Bei diesem ganzen Procedere gingen Diskussion und Unterricht ineinander über.

In den ersten Wochen der morgendlichen Fallvorstellungen gingen die Mitarbeiter der Behörden nach ihrem gewohnten Schema vor: Sie beschrieben die Probleme, wie sie vom Indexpatienten dargestellt worden waren, schilderten, wie sie selbst die Bedürfnisse des Patienten einschätzten und wie die Familienmitglieder auf das Kind oder den Jugendlichen reagierten. Die Ausbilder hatten jedoch eine andere innere Checkliste, wie man eine Situation verstehen kann. Sie hörten nicht nur die Geschichte des Indexpatienten, sondern beobachteten noch andere Details: die Beteiligung verschiedener Leistungsanbieter, die Organisation und Dynamik der Familie, die Mitwirkung der Familie an der Erhaltung von Symptomen und die emotionale Anteilnahme verschiedener Familienmitglieder. Sie hatten auch Augen und Ohren für Hinweise auf die Stärken der Familien, für die Position der Praktiker im therapeutischen System, für das Verständnis der Mitarbeiter von ihrem Therapiestil und so weiter. Vielleicht überrascht es nicht einmal, dass den Mitarbeitern der Behörden eine derartige Komplexität entgangen ist. Ein Hauptziel der Ausbildung bestand darin, das Verständnis des Behördenpersonals auf die Familienorganisation und die Komplexitäten des therapeutischen Systems auszuweiten.

Nach der Fallpräsentation am Vormittag traf sich der zuständige Sozialarbeiter mit der Familie. Die Ausbildungsgruppe und die Ausbilder beobachteten die Sitzung hinter dem Einwegspiegel, und die Ausbilder kommentierten während der Sitzung den therapeutischen Prozess. In den Familiengesprächen wurde bald erkennbar, dass die meisten Sozialarbeiter ein bestimmtes Interventionsmuster hatten. Sie tendierten dazu, die Familien zu stützen, agierten aber auch sehr autokratisch und verhielten sich direktiv. Sie schwankten zwischen respektvoller Unterstützung der Familie und Patentrezepten für die Problemlösung. Deshalb richtete sich ein weiterer wichtiger Aspekt der Ausbildung darauf, Techniken zu entwickeln und zu verfeinern, mit denen man Familien zu Veränderungen verhelfen kann.

Mitten in einer solchen Familiensitzung schloss sich einer der Ausbilder der Gesprächsrunde an, nahm eine kotherapeutische Beratungsposition ein und eröffnete so neue Wege der Exploration. Der andere Ausbilder blieb bei der Ausbildungsgruppe hinter dem Einwegspiegel und kommentierte die Vorgänge, die sie gerade beobachteten. Der Vormittag wurde mit einer Nachbesprechung der beobachteten Familiensitzung abgeschlossen.

Die Intention der Ausbilder bestand darin, das klinische Material induktiv lehrend zu erschließen, indem sie bei jedem Schritt des Prozesses passende Gelegenheiten nutzten. Es wäre zwar vorzuziehen gewesen, die Ausbildung mit einem theoretischen Abriss der Familientherapie zu beginnen, doch angesichts der knappen verfügbaren Zeit hatte man beschlossen, sich auf die konkrete Praxis zu konzentrieren. Für die Teilnehmer der Ausbildungsmaßnahme hatte dieser intensive Fokus auf den Details ihrer Arbeit sowohl konstruktive als auch bedrohliche Aspekte. In den ersten zwei oder drei Sitzungen entstand durch die Supervision Verwirrung und Ärger, doch die Stimmung ging ziemlich rasch über in ein Akzeptieren des Prozesses. Vermutlich war nicht nur die gegenseitige Unterstützung in der Gruppe ein wichtiges Moment, sondern auch die Arbeitsteilung zwischen den beiden Ausbildern, sodass ein Ausbilder den jeweiligen Sozialarbeiter unterstützen und der andere Ausbilder den therapeutischen Prozess hinterfragen oder neu ausrichten konnte. Auf jeden Fall haben die Gruppen viel gelernt, was immer auch die Gründe dafür waren. Obwohl ihr familientheoretisches Wissen und ihre Kenntnisse therapeutischer Techniken ziemlich begrenzt blieben, entwickelten sie ein tieferes Verständnis von ihren Klienten und eine differenziertere Art, die betreffenden Familien als Fälle vorzustellen.

In den ersten eineinhalb Stunden der Nachmittagsveranstaltung schaute die Ausbildungsgruppe eine auf Videoband aufgezeichnete Sitzung an, die vom zweiten Mitarbeiter der jeweiligen gastgebenden Behörde bei einer Familie zu Hause aufgenommen worden war. Dadurch, dass sich Videobänder anhalten, vor- und zurückspulen lassen, konnte die Familiensitzung unterbrochen werden, sodass man sich auf einzelne Punkte konzentrieren konnte. Die Diskussion kreiste um die Denkprozesse des Sozialarbeiters während der Sitzung und um die Überlegung, inwieweit sich seine Gedanken mit der Art der Intervention deckten. Bei diesen Diskussionen wurden die Teilnehmer zunehmend aktiv. Anfangs waren sie zwar zurückhaltend, fingen dann aber allmählich an, ihre Interventionsstile gegenseitig zu kommentieren und zu kritisieren.

Die letzten eineinhalb Stunden eines Ausbildungstages waren der offenen Diskussion über allgemeine Themen gewidmet. Mit dem Fortgang des Projekts nutzten einige Gruppenmitglieder die Gelegenheit, nachträgliche Informationen über Familien einzubringen, mit denen sie früher Gespräche geführt hatten, und darüber nachzudenken, wie sie weiterhin vorgehen könnten.

Die Tatsache, dass die zehn Mitglieder der Kerngruppe immer in einer anderen Behörde tagten, erzeugte eine unvorhergesehene Dynamik. Am Anfang waren die Ausbilder vorwiegend damit beschäftigt, die Dynamik der Situation zu stoppen und die Aufmerksamkeit auf die automatischen Reaktionen der agierenden Sozialarbeiter zu lenken, damit sie neue Weisen des Nachdenkens über ihre Klienten erkunden konnten. Doch die Sozialarbeiter, die Fälle präsentierten, hatten noch ein anderes Publikum, das für die Ausbildungsgruppe und für die Ausbilder unsichtbar war. Für die meisten Teilnehmer war es das erste Mal, dass sie ihre Arbeit ihren KollegInnen in der Behörde so freimütig vorstellten, und sie fürchteten, dass ihre Arbeit kritisiert werden würde. Die Fallvorstellung war besonders schwierig für die Sozialarbeiter, die auch in der Verwaltung tätig waren, denn sie hatten verständlicherweise Angst, ihr Gesicht zu verlieren. Das Gefühl, ausgeliefert und ungeschützt zu sein, machte einen großen Teil der Spannung in den ersten Sitzungen aus. Doch wie schon erwähnt, verschwanden Verwirrung und Ärger allmählich, als sich die Mitglieder der Kerngruppe näher kennen lernten und die Spannung zwischen den Sozialarbeitern, die Fälle vorstellten, und dem übrigen Behördenpersonal abfangen konnten. Es wäre vermutlich besser gewesen, die Ausbildung ohne Beobachter zu beginnen, damit sich ohne Druck ein Gefühl von Sicherheit und Vertrautheit innerhalb der Ausbildungsgruppe hätte entwickeln können.

Fast in jeder Hinsicht war es positiv zu sehen, dass der Veranstaltungsort turnusmäßig unter den fünf Behörden wechselte und dass der erweiterte Personalstamm der Behörde, die den Ausbildungstag ausrichtete, an der Veranstaltung teilnahm. Manche Teilnehmer der Ausbildungsgruppe stellten beim Besuch einer anderen Behörde fest, dass diese Klienten mit ähnlichen Problemlagen, aber auf der Basis einer anderen Organisation und mit anderen Behandlungsverfahren betreute. Manche Behörden fokussierten besonders auf die Zusammenarbeit mit anderen Leistungsanbietern, andere arbeiteten familienorientiert, und wieder andere konzentrierten sich in erster Linie auf die betreffenden Kinder. Manche hatten angeschlossene Tagesbetreuungseinrichtungen oder Heime, sodass die Kinder entsprechend den Erfordernissen ambulant, zu Hause in der Familie und im Heim behandelt werden konnten, ohne die Therapeuten wechseln zu müssen. Dadurch, dass die Ausbildungsteilnehmer mehrere Behörden besuchten und an den Ausbildungstagen intensiv darüber sprachen, wie Dienstleistungen in den einzelnen Kontexten ausgeführt wurden, konnten sie ihre eigenen Behörden aus mehreren unterschiedlichen Perspektiven beobachten.

Ein weiteres unerwartetes, aber erfreuliches Moment war der festliche Aspekt des Ausbildungstages. Jede gastgebende Behörde servierte den Teilnehmern und ihrem Personal ein erlesenes Mittagessen, was den Tag zu einem besonderen Tag machte und wodurch sich das Behördenpersonal einbezogen fühlte. In gewisser Weise wurde der familientherapeutische Ausbildungstag für die jeweilige gastgebende Behörde zu einer positiven, das theoretische Arbeiten fördernden Kraft.

Die Tatsache, dass zwei Ausbilder zur Verfügung standen, ermöglichte einen interessanten Vermittlungsprozess, in dem die Ausbilder auf unterschiedliche Bereiche fokussieren und komplementäre Rollen einnehmen konnten. Grundsätzlich achtete ein Ausbilder auf den Interventionsstil der Mitarbeiter und auf die Kongruenz zwischen Denken und Handeln, während der andere Ausbilder sich auf die Familiendynamik und relevante Therapietechniken konzentrierte. Natürlich kommentierten die Ausbilder manchmal dieselben Themen. Doch häufig vertraten sie unterschiedliche Standpunkte, wodurch sie nicht nur ihre individuellen Beobachtungen vermittelten, sondern auch die implizite Botschaft, dass multiple Realitäten in einem konsistenten Rahmen existieren können. Wahrscheinlich konnten die Teilnehmer dadurch, dass ihre eigenen Differenzen von den Ausbildern toleriert wurden, die Ausbildungsmaßnahme besser akzeptieren und dazu ermutigt werden, Neues auszuprobieren und den eigenen Arbeitsstil vielfältiger zu gestalten.

Die Themen des Projekts

Eine Reihe von Themen entwickelte sich in dem Maße, wie die Beratungsarbeit voranschritt. Sie glichen natürlich den allgemeinen Themen, die auf die meisten in diesem Kapitel beschriebenen Programme für häusliche soziale Dienste zutreffen. Doch angesichts der psychosozialen Ausrichtung der Behörden und des besonderen Auftrags dieses Ausbildungsprojekts befasste man sich besonders mit dem Kontakt zwischen den Sozialarbeitern der Behörden und den zu betreuenden Klientenfamilien. Die Themen, die sich während der Ausbildungsmaßnahme herauskristallisierten, konnten vier Bereichen zugeordnet werden: dem Umgang mit kindzentrierten Situationen im familialen Kontext; der Arbeit mit der erweiterten Familie; der Beziehung zwischen Qualifizierung der Familie *(empowerment)* und Familientherapie; schließlich dem effizienten Management vieler Leistungsanbieter in Bezug auf eine Familie.

In den folgenden Abschnitten geben wir kurze Zusammenfassungen klinischer Fälle, an denen wir systemisches Denken in Bezug auf Familien und daraus resultierende therapeutische Techniken beispielhaft vorführen. Die einzelnen Fallbeispiele haben wir den oben erwähnten vier Themengruppen zugeordnet, um jedes Thema durch spezifische Situationen zu veranschaulichen. Es sollte jedoch deutlich werden, dass es sich dabei um eine analytische Unterteilung handelt: Die einzelnen Themen würden in fast allen Fallbeispielen zum Vorschein kommen, wenn wir die Situation und die nötigen Interventionen nur in ausreichender Tiefe beschreiben würden.

Kindzentrierte Situationen in der Familie

Unabhängig davon, welche Merkmale die betreuten Familien aufwiesen, und selbst wenn die Wechselwirkung zwischen Familiendynamik und den Symptomen des Kindes offensichtlich war, fokussierten die Mitarbeiter vorrangig auf das spezifische Problem des Kindes. Das bedeutete nicht, dass die Familien vollkommen ignoriert wurden. De facto war es den Sozialarbeitern immer bewusst, dass die Eltern in irgendeiner Weise involviert waren – entweder als Beschützer, als Leidtragende oder als Symptomverstärker, und sie wurden normalerweise zu den Sitzungen eingeladen. Die Aufgabe der Ausbilder war es, die Annahme in Zweifel zu ziehen, dass die Familienmitglieder in separaten psychischen Sphären lebten und dass die Familie den Hintergrund bildete, während das Kind im Zentrum des Geschehens stand. Auch wenn sich der Ort der Behandlung bei häuslichen sozialen Diensten verlagert hatte, war die Familie noch nicht der Fokus der Intervention.

Es überrascht nicht, dass diese Einstellung sich – wenn überhaupt – nur langsam verändert. Wie wir schon wiederholt festgestellt haben, bereiten die traditionellen Ausbildungsgänge die meisten professionellen Helfer darauf vor, auf das Individuum zu fokussieren, und bürokratische Verfahren lassen Veränderungen nur begrenzt zu. Der Indexpatient muss eine DSM-kompatible Diagnose vorweisen, und die Behörde ist vertraglich verpflichtet, ihre Dienstleistungen auf diese Krankheit auszurichten, bis es dem Patienten besser geht. Doch die meisten Behörden haben mit Sicherheit ein Gespür dafür, dass ihre Mitarbeiter die Aufgabe haben, der Familie zu helfen. Ziemlich oft sahen die Ausbilder ein Durcheinander von Interventionen, bei denen der auf das Individuum gerichtete Fokus mit Familiensitzungen vermischt wurde und das Vorgehen ohne klare Linie war, wie diese unterschiedlichen Aspekte miteinander verknüpft werden sollten.

In den beiden folgenden Fällen ist das Problem des Indexpatienten spezifiziert und als Behandlungsziel anvisiert worden. Die Mitarbeiter verstehen, dass diese Kinder in einem schwierigen Familienkontext leben bzw. gelebt haben, doch sie haben noch keine Wege gefunden, die Familienmuster herauszufinden oder mit der Tatsache umzugehen, dass die Symptome der Kinder in die Familienorganisation eingebettet sind.

Das Problem: Ein neunjähriger adoptierter Junge hat Angstanfälle. In diesem Fallbeispiel besteht der Familienhaushalt aus drei Personen: dem neun Jahre alten Luther, seiner Adoptivmutter und deren Freundin, die seit der Adoption des Jungen vor sieben Jahren bei den beiden lebt. Luther leidet unter Albträumen, und an manchen Tagen hat er so große Angst, dass er Herzrasen bekommt und unter Übelkeit leidet und den Unterricht verlassen muss.

Als Luther zwei Jahre alt war, brachte sein Vater seine Mutter und anschließend sich selbst um. Zu diesem Zeitpunkt wurde Luther von seiner jetzigen Mutter adoptiert. Sie arbeitet ganztags bei der Post, und Luthers „Tante", die eine Halbtagsstelle hat und deshalb mehr zu Hause ist, hat sich um das Kind bis dahin am meisten gekümmert. Die Familie ist seit fünf Monaten in Therapie und wegen Luthers Symptomen zur Behandlung an häusliche soziale Dienste überwiesen worden. Man hat sich auf aktuelle Spannungen in der Familie und in der Schule und auf das traumatische Ereignis in Luthers früher Kindheit konzentriert. Die Adoptivmutter und die Tante nehmen an den Sitzungen als besorgte Erwachsene teil.

Während der Therapeut mit der Familie spricht, bleiben die Ausbilder und die Projektteilnehmer hinter dem Einwegspiegel. Die Ausbilder kommentieren die besondere Form dieser Familie. Eine Frau ist die Adoptivmutter, doch die andere Frau ist die Betreuerin. Im Laufe der Sitzung wird deutlich, dass die beiden Frauen darum wetteifern, wer die „wirkliche" Mutter ist. Als sie sich über Luthers Verhalten streiten, wird der Junge aufgeregt und beginnt zu hyperventilieren. Die Adoptivmutter redet von der potenziellen Notwendigkeit, das Kind stationär zu behandeln, und die Tante besteht darauf, das Kind in der Familie zu behalten.

Einer der Ausbilder greift in das Gespräch ein und stellt die unterschiedlichen Erziehungsstile der beiden Mütter in den Mittelpunkt. Er unterstützt die Aussagen und Erkenntnisse beider Frauen und gibt auch zu bedenken, dass Luther sich um jede von ihnen sorge und auf ihre Meinungsverschiedenheiten reagiere. Im Laufe des Gesprächs gehen die Symptome des Kindes allmählich zurück.

Die Kommentare des zweiten Ausbilders und die dem Familiengespräch folgende Diskussion stellen bestimmte Punkte heraus. Ein Aspekt bezieht sich auf die ungewöhnliche Art dieser Familiengruppe, in der zwei Mütter existieren, die sich manchmal streiten, was den Jungen verwirrt und die Angst des Verlassenwerdens schürt. Da die Beziehung der beiden Frauen zueinander weder rechtlich bindend noch sexueller Natur ist, lag der Fokus der Sozialarbeiter bzw. der Therapie bis dahin nicht auf der Familienorganisation. Die Sozialarbeiter haben ihre Aufmerksamkeit den traumatischen Ereignissen in der Vergangenheit geschenkt und der Dynamik im aktuellen Familienhaushalt weniger Gewicht beigemessen. Als dieser Punkt deutlicher hervortritt, beginnt die Diskussion darum zu kreisen, wie aufgrund der Muster der Interaktion zwischen den Familienmitgliedern Luthers Symptome aufrechterhalten werden und welche alternativen Therapieansätze es in diesem Fall gibt.

Problem: Ein 13-jähriges Mädchen weigert sich, zur Schule zu gehen

Die Lehrer sind beunruhigt wegen der 13 Jahre alten Yolanda. Sie ist ein aufgewecktes Mädchen, das wiederholt in der Schule fehlt. Die Familie ist an eine Behörde überwiesen worden, die Betreuung durch häusliche soziale Dienste anbietet. Yolandas Eltern sind etwas über 50 Jahre alt. Ihr Vater ist Fabrikarbeiter und hat kürzlich seinen Arbeitsplatz verloren, und ihre Mutter ist durch einen Schlaganfall partiell gelähmt. Sie kann weder sprechen noch sich schriftlich ausdrücken, obwohl sie die anderen verstehen kann; sie nimmt an den Familiensitzungen teil, wobei sie Kehllaute produziert, die ihr Mann und ihre Tochter inzwischen verstehen und übersetzen können.

Die betreuende Sozialarbeiterin zeigt eine Videoaufnahme von einer Sitzung, die bei der Familie zu Hause aufgezeichnet worden ist. Die Sozialarbeiterin versucht seit längerem, die Unterrichtsversäumnisse des Mädchens in den Griff zu bekommen, allerdings ohne Erfolg: Sie hat ein Belohnungs- und Bestrafungssystem entwickelt, den Vater angewiesen, Yolanda morgens rechtzeitig zu wekken, und vorgeschlagen, er solle seine Tochter am besten immer zur Schule begleiten. Da die verschiedenen Strategien fehlgeschlagen sind, entwirft die Mitarbeiterin neue Pläne. Yolanda ist ein lebhaftes und höfliches junges Mädchen, das der Sozialarbeiterin gegenüber freundlich ist und sie nie offen provoziert; doch an manchen Tagen geht sie einfach nicht zur Schule. In der Sitzung mit dem Vater, der Mutter und Yolanda werden primär das Schulproblem und mögliche Beweggründe für das Verhalten des Mädchens besprochen.

Als die Ausbildungsgruppe die aufgezeichnete Familiensitzung anschaut, fällt ihr auf, dass die Therapeutin von allen Anwesenden am schwersten arbeitet. Sie ersetzt die Mutter als Problemlöserin und ist in ihrer Rolle als Familienbeschützerin festgefahren. Die Diskussion über die Familiensitzung dreht sich zuerst um den Arbeitsstil der Therapeutin und darum, inwieweit ihre Interventionen den Bedürfnissen dieser Familie entsprechen. Die Ausbilder schlagen ihr vor, eine Rolle auszuprobieren, die weniger autokratisch und direktiv ist. Die Therapeutin könne sich z. B. während ihrer Interventionen mehr auf Fragetechniken verlegen und erst einmal abwarten, bevor sie sich für Lösungen entscheide und diese dann der Familie anbiete.

Die Ausbilder fordern daraufhin die Ausbildungsgruppe auf, über das Symptom und die Familie nachzudenken. In welcher Weise könnte sie die Dinge anders sehen? Die Idee wird entwickelt, dass die Weigerung des Mädchens, zur Schule zu gehen, mit Yolandas Fertigkeit zu tun haben könnte, die Kehllaute ihrer Mutter zu verstehen und zu übersetzen: dass das Schuleschwänzen also ein beschützender Akt sei. Yolanda sei die Helferin der Mutter geworden und traue ihrem Vater nicht zu, dass er die Mutter genauso beschütze wie sie. Die Gruppe spielt unterschiedliche Wahrnehmungen der Familienmitglieder durch, und die Sozialarbeiterin hat die Idee, dass die Mutter eine Sphinx sei. Ihre Gedanken müssten immer von den Familienmitgliedern interpretiert werden, die sich nie sicher sein könnten, welche Wünsche sie gerade habe.

Der Fokus von Diskussion und Unterricht hatte, was diese Familie betraf, drei Aspekte. Erstens reflektierte die Ausbildungsgruppe die Bedeutung dieser kindzentrierten Situation im Kontext der Familie, indem sie feststellte, wie sich das Verständnis von Yolandas Schulversäumnissen veränderte, sobald die Sozialarbeiterin das Verhalten des Mädchens als Reaktion auf Familienrealitäten und Familiendynamik betrachtete. Zweitens machte die Gruppe die Erfahrung, dass sie mithilfe der Phantasie therapeutische Metaphern entwickelte. Die Vorstellung von der Mutter als Sphinx und von Yolanda als guter Fee produzierte faszinierende Bilder, mit deren Hilfe die Sozialarbeiterin und die Familie explorieren konnten, welche Teile der Bewältigung einer schwierigen Situation produktiv und welche dysfunktional waren.

Drittens war der Arbeitsstil der Therapeutin ein wesentlicher Diskussionspunkt. Da man als TherapeutIn bzw. SozialarbeiterIn immer von den eigenen Idiosynkrasien eingeschränkt wird, bietet eine Ausbildung partiell die Möglichkeit, Alternativen zu eigenen Interventionen zu explorieren und sein Repertoire zu erweitern. In diesem Fall realisierte die Sozialarbeiterin, dass sie in der Familiensitzung einen direktiven Stil hatte und dass es nützlich sei, eine weniger autokratische Position einzunehmen. Doch in einem Folgebericht beschrieb sie ihr Dilemma, als Yolandas Vater während einer Sitzung plötzlich krank wurde, die Mutter hilflos war und die Tochter mit der Krankheit nicht umgehen konnte. Die Therapeutin nahm kurz entschlossen die Sache in die Hand und löste die Situation erfolgreich auf. Diese Erfahrung führte der Sozialarbeiterin und der Gruppe wieder vor Augen, dass Veränderungsprozesse komplex sind. Will man seinen Arbeitsstil großzügiger gestalten, erfordert das die Achtsamkeit gegenüber eingefahrenen Gewohnheiten und die Ausbildung neuer Techniken, nicht aber die Aufgabe des Urteilsvermögens oder die Verkümmerung alter Fertigkeiten.

Die Arbeit mit der erweiterten Familie

Wenn Sozialarbeiter und Therapeuten lernen, über den einzelnen Klienten hinauszudenken, schauen sie sich anscheinend zuerst die Muster an, die von Eltern und Kindern gemeinsam entwickelt worden sind. Doch an den Mustern, die zur Erhaltung eines Problems beitragen, ist oft die erweiterte Familie beteiligt. Großeltern, Tanten, Onkel, Cousins und Cousinen stehen selten im therapeutischen Fokus, selbst wenn sie bei der betreffenden Familie wohnen oder in der Nachbarschaft leben und häufig Kontakt miteinander haben.

Zur Veranschaulichung dieses Sachverhalts präsentieren wir zwei Fallbeispiele, bei denen die erweiterte Familie ein Teil des Problems war. Im ersten Fall ist die Großmutter beteiligt. Die enge Einbindung der Großeltern in das Leben ihrer Enkel ist ein omnipräsentes Phänomen, und die Art ihrer Beziehung zur Kernfamilie sollte zur inneren Checkliste eines jeden Sozialarbeiters gehören, nach der er die Familienrealität exploriert. Der zweite Fall ist weniger typisch und involviert eine Art „Familienclan". In beiden Fällen zielt die Ausbildungsmaßnahme darauf ab, den Mitarbeitern die Signifikanz dieses Personenkreises bewusst zu machen und sie auf die Notwendigkeit hinzuweisen, diese Personengruppe in die Behandlung einzubeziehen. Mit der entsprechenden Unterstützung können Mitglieder der erweiterten Familie zu einem Teil der Lösung werden, anstatt ein Teil des Problems zu sein.

Problem: Ein 17-jähriger renitenter Junge ist im Konflikt mit seiner Mutter

Die Familie besteht aus einer allein stehenden Frau Mitte 40 und zwei Söhnen im Alter von 17 und 13 Jahren. Die Familie hat bis vor kurzem beim Freund der Mutter gelebt, ist aber aus dessen Wohnung ausgezogen, als die Mutter sich wegen dessen Kokainkonsums und seines starken Einflusses auf Josh, den älteren Jungen, allmählich Sorgen machte. Im Augenblick lebt die Familie bei den Eltern der Mutter. Seit dem Umzug gibt es ständig Streitereien zwischen der Mutter und dem 17 Jahre alten Josh, wobei sich der jüngere Sohn auf die Seite der Mutter stellt. Die Mutter und die Söhne werden seit fünf Monaten durch häusliche soziale Dienste in der Wohnung der Großeltern betreut, die an den Familiensitzungen nicht teilnehmen. Als aber die Familiensitzung gemeinsam mit den Ausbildern arrangiert wurde, lud der Sozialarbeiter auch die Großeltern zu dem Treffen ein.

Die Sitzung nimmt den üblichen Verlauf, d. h. die Mutter und Josh haben eine Auseinandersetzung, die eine ganze Weile andauert. Als der Ausbilder dazukommt, fragt er die Großmutter, wie sie ihrer Tochter helfen könne. Diese reagiert mit einer heftigen Klage über die Inkompetenz ihrer Tochter. Sie erzählt, dass ihre Tochter Schuldgefühle habe, weil sie ihre Jungen nicht vor ihrem Freund schützen könne und deshalb die beiden als Kumpel behandle und sie nicht kontrolliere. Als die Großmutter die Unzulänglichkeiten ihrer Tochter ausbreitet, ist sie redegewandt und nicht zu bremsen, während ihre Tochter sichtlich in sich zusammensinkt und den Tränen nahe ist. An diesem Punkt schließt sich Josh der großmütterlichen Anklage an und lässt keinen Hieb aus. Er äußert sich genauso kritisch, und seine Attacke scheint ebenso heftig. Doch die Mutter, die angesichts der Kritik ihrer Mutter niedergeschmettert wirkt und schweigsam geworden ist, reagiert böse auf Joshs Attacke. Das Muster der Auseinandersetzung wiederholt sich, ebenso die Beteiligung des jüngeren Sohnes, der sich hinter die Mutter stellt.

Hier interveniert der Sozialarbeiter, um die Heftigkeit der Auseinandersetzung zu mildern, doch der Ausbilder schlägt einen anderen Weg ein. Er wendet sich an Josh und fragt ihn, ob er bemerkt habe, wie sehr seine Einstellungen denen seiner Großmutter ähnlich seien und dass er die großmütterliche Aufgabe übernommen habe, seine Mutter zu beurteilen und zu bessern. Durch die Umdeutung des Verhaltens des Jungen hat der Ausbilder die Bedeutung des Konflikts zwischen Mutter und Sohn verändert, sodass nun auch die Großmutter einbezogen ist.

Diese Art der Intervention hat ihre Tücken. Der Ausbilder weiß, dass es nicht sinnvoll ist, die Großmutter ins Abseits zu manövrieren, und deshalb stoppt er diese Tendenz, indem er ihrer Version der Geschichte mit Respekt zuhört und die Klarheit ihrer Erkenntnisse lobt. Nachdem die Familie die neue Rahmung akzeptiert hat, führt der Ausbilder eine plastische Metapher ein, die dem Therapeuten und der Familie in späteren Sitzungen helfen kann. Er sagt, dass der Junge zu einer Marionette geworden sei, und weist darauf hin, wie seltsam es doch für ihn sein müsse, seiner Mutter gegenüber Elternfunktionen zu übernehmen. An diesem Punkt scheint die Mutter neuen Mut zu schöpfen. Sie schildert der Großmutter konfrontativ ihren Eindruck, seit dem Einzug bei ihren Eltern entmachtet zu werden. Sie habe das Gefühl, wie ein Kind behandelt zu werden und sich zu Hause dem strengen Regiment der Großmutter unterwerfen zu müssen.

Nach dieser Familiensitzung explorierte die Gruppe, wie durch die Einbeziehung verschiedener Familienmitglieder in die Therapie wiederkehrende Muster geklärt und die Bedeutung des Symptoms verändert werden könnten. Die Mobilisierung der erweiterten Familie bringt auch weitere Ressourcen für die auf Veränderung zusteuernde Entwicklung. Die Folge dieser Sitzung war, dass der Sozialarbeiter den Großvater einlud, an den Therapiesitzungen teilzunehmen.

Problem: Ein zwölfjähriges halluzinierendes Mädchen sieht Gespenster
Die zwölf Jahre alte Sofia ist wegen optischer Halluzinationen in eine Klinik eingewiesen worden. Sie ist inzwischen aus dem Krankenhaus entlassen und wohnt bei ihren Großeltern. Sofia gehört zu einer großen Familie, die Teil einer eng verflochtenen griechischen Gemeinschaft ist und in der die Familienmitglieder ständig miteinander in Kontakt sind. Die Großeltern und die Familien zweier Töchter und ein Sohnes leben zusammen in einem Haus. Die Sozialarbeiterin hatte alle Mitglieder dieser erweiterten Familie zu der Sitzung eingeladen, die in der Wohnung der Großeltern stattfand und mit Zustimmung der Familie auf Videoband aufgenommen wurde.

Die Ausbildungsgruppe schaute sich die Anfangssequenz der aufgezeichneten Familiensitzung an, in der eine Diskussion zwischen Sofia und ihrer Mutter zu einem allgemeinen Tumult eskalierte: die Großmutter und zwei Tanten auf der einen Seite und die Mutter, der Bruder und der Großvater auf der anderen Seite. Die Auseinandersetzung war heftig, und an einer Stelle stürmte Sofia aus dem Zimmer. Die Familie stritt weiter und hatte offenbar nicht bemerkt, dass das Mädchen hinausgegangen war. Die Therapeutin war darüber völlig paralysiert und versuchte noch, die Familie zu einem geordneten Gespräch über die Probleme des Mädchens zu bewegen, doch dies gelang ihr nicht, und die Auseinandersetzung tobte weiter.

Die Therapeutin präsentierte diesen Videoausschnitt der Familiensitzung als Demonstration, wie schwierig es für sie sei, mit der Familie umzugehen und bei der Problembewältigung voranzukommen. Die erste Reaktion der Ausbildungsgruppe war, dass sie die Entscheidung der Therapeutin begrüßte, den gesamten Familienclan einzuladen; natürlich sei die Gegenwart aller Familienangehörigen relevant. Dann untersuchte die Gruppe das Kernproblem der Therapeutin. Sie hatte die ganze Familie zusammengerufen, und weshalb konnte ausgerechnet sie ihr Verständnis von Familiendynamik in dieser Sitzung nicht anbringen? Welche Hindernisse waren dabei im Wege, und wie könnte die Therapeutin eine engagierte und wirklich besorgte Familie so qualifizieren *(empower)*, dass sie mit ihren Konflikten umgehen und sich gegenseitig helfen könnte.

Alle TeilnehmerInnen der Ausbildungsgruppe, die Therapeutin eingeschlossen, waren der Meinung, dass das Problem in dieser Familie mit Koalitionen zu tun habe. Familienmitglieder neigen dazu, Fraktionen zu bilden und nach Macht zu streben, und zwar themenunabhängig. Trotz alledem fokussierte die Therapeutin auf das Mädchen und versuchte, die Familie zum Nachdenken und Sprechen über Sofias Problem zu bewegen. Da die Therapeutin im Laufe der Familiensitzung erkannt hatte, dass das Problem zum großen Teil in dem Familienmuster lag, bestand für die Ausbildungsgruppe die Frage, weshalb sie sich nicht damit befasst habe und was sie in dieser Situation hätte tun können.

Die Antwort auf ihren paralysierten Zustand lag auf der Hand. Die Therapeutin wusste, dass sie die Intensität der Situation nicht leicht handhaben konnte und keinen Weg kannte, wie mit diesem Familienkonflikt umzugehen war. Mit diesem Problem waren nicht nur die Mitglieder der Ausbildungsgruppe vertraut; es ist auch ein generelles Problem für viele Therapeuten, die in die Arbeit mit Familien eingeführt werden. Die Affektintensität ist tendenziell höher, wenn eine Familie in einem Raum versammelt ist, als wenn ein Klient in einer Einzelsitzung einen Wutanfall bekommt. Doch der Aufruhr war ein Teil des Alltags dieser Familie und mit Sicherheit auch ein Teil von Sofias Realität. Auf Sofias Bemühungen, sich an eine Autoritätsperson zu wenden, folgten regelmäßig lautstarke Auseinandersetzungen zwischen zerstrittenen Fraktionen, selbst wenn der Anfang des Streites gemäßigt war.

Die Energie und das Gefühl der Verbundenheit sind in dieser Familie sowohl Ressource als auch Sprengkraft. Die Diskussion in der Ausbildungsgruppe kreiste um die Frage, wie man als Sozialarbeiter oder Therapeut mit offen ausgetragenen Konflikten leichter umgehen könne und wie die Sozialarbeiterin in dem konkreten Fall die Streitereien hätte stoppen können, wenn sie der Familie klargemacht hätte, wie sich ihre Auseinandersetzungen auf Sofia auswirkten, und die Energien und Sorgen der Familie für Veränderungsinitiativen mobilisiert hätte.

Die Qualifizierung der Familie und die Familientherapie

Trotz einiger Unterschiede in der Organisation der teilnehmenden Behörden bekannten sich alle Ausbildungsteilnehmer zum Gedanken der Qualifizierung der Familien *(empowerment)*, der zum Grundkonzept im Denkmodell der häuslichen sozialen Dienste gehört und zugleich ein wesentliches Ziel des Modells darstellt. Doch das Konzept kann zu einer Falle werden. Wenn nämlich aus der therapeutischen Zielsetzung, die „Familie zu qualifizieren" *(family empowerment)*, ein politisch korrektes Mantra gemacht wird, stellt das den Nutzen der Intervention des Sozialarbeiters in Frage. Bei einigen Behörden blockierte die Absicht der Mitarbeiter, den zu betreuenden Familien respektvoll zu begegnen, ihre Fähigkeit, einen objektiven Blick auf die Familienmuster zu werfen, schwierige Bereiche zu explorieren und die Familie bei der Entwicklung neuer Interaktionsmodi zu unterstützen. In diesen Fällen war die Therapie zwar voller Respekt für die Familien, aber sie blieb unproduktiv.

Sozialarbeiter und Therapeuten finden es oft auch schwierig, auf der Basis von Implikationen der Systemtheorie zu agieren. Einer der Grundsätze der Theorie besagt z. B., dass die Verhaltensweisen der Menschen in einem Intimsystem miteinander verschränkt sind. Daraus folgt, dass Familienmitglieder zwangsläufig am Erhalt der Symptome interessiert sind, die von einem Indexpatienten getragen werden. Dieses Konzept verleiht der systemischen Therapie sehr viel Aussagekraft und Praktikabilität, die es dem Therapeuten erlauben, Interaktionsmuster zu explorieren und zu verschiedenen Zeitpunkten bei unterschiedlichen Familienmitgliedern zu intervenieren. Ein versierter Therapeut kann die Verantwortung der Familie für das Verhalten ihrer Mitglieder erfolgreich explorieren und zugleich eine respektvolle und stützende Haltung einnehmen.

Und hier liegt das Problem: Es ist nur ein kleiner Schritt von der Suche nach der Verantwortung zur Schuldzuschreibung. Behörden, die vertragsmäßig häusliche soziale Dienste durchführen, sind politischen Nuancen gegenüber sensibel und hüten sich vor der Gefahr, dass ihre Mitarbeiter „entgleisen" und die zu betreuenden Familien beschuldigen, wenn sie die Mitwirkung der Familie an ihren Problemen erforschen. Deshalb hebt der Auftrag für häusliche soziale Dienste oft die Unterstützung der Familie hervor, und die professionellen Helfer scheuen sich, exploratorische und facettenreiche Interventionen durchzuführen. Da jedoch das primäre Ziel häuslicher sozialer Dienste darin besteht, den Familien bei der Bewältigung ihrer Probleme zu helfen, müssen die Sozialarbeiter und Therapeuten ein fundiertes Verständnis von der Beziehung zwischen Familientherapie und Qualifizierung der Familie entwickeln – und auch Techniken ausbilden, damit sie dieses Verständnis in die Praxis umsetzen können.

Um dieses Thema zu veranschaulichen, beschreiben wir den Fall einer komplexen Familie, die sich weigerte, die Gewalt im Zentrum ihrer Problematik zu explorieren.

Problem: Ein heranwachsendes Mädchen einer Stieffamilie wird gewalttätig

Irma und Jeremy waren drei Jahre verheiratet. Für Irma war es die erste Heirat, doch die zweite für Jeremy, der seine beiden Töchter im Alter von zwölf und 14 Jahren in die Familie mitbrachte. Gail, die ältere Tochter, wurde gegen ihre Stiefmutter sehr häufig und so heftig gewalttätig, dass ihr Vater einmal die Polizei holen musste, um sie zu bändigen. Daraufhin wurde die Familie zur Betreuung durch häusliche soziale Dienste an eine lokale Behörde überwiesen.

Nach der gewalttätigen Attacke, welche die Krise heraufbeschwor, unternahm der Vater den Versuch, zwischen Irma und Gail zu vermitteln, woraufhin die offene Aggression abnahm. Die Familie gab der Behörde zu verstehen, dass sie diesen Vorfall in zukünftigen Familiensitzungen nicht mehr erwähnt haben wolle und diese Art von Problem eigenständig lösen werde.

Hinter diesem offensichtlichen Gewaltproblem lag noch ein anderes. Gail hatte dem Schulpsychologen erzählt, dass ihr Stiefgroßvater, also Irmas Vater, viel Alkohol trinke und sie bei noch nicht lange zurückliegenden Besuchen mehrfach geschlagen habe. Gail erzählt ärgerlich, dass Irma in dieser Sache nichts unternehme. Die Familie besucht die Großeltern auch weiterhin, und Jeremy scheint nicht bereit oder nicht imstande zu sein, das Verhalten seiner Frau anzuzweifeln. Der scheinbare Waffenstillstand zwischen Gail und Irma ist offenkundig gefährlich instabil, und die Identifizierung Gails als eine störende und gestörte Heranwachsende gibt nur ein unvollständiges Bild der Situation.

Der Therapeut empfängt die Familie zu einer Sitzung, während die Ausbilder und die Ausbildungsgruppe die Szene hinter dem Einwegspiegel beobachten. Der Therapeut fragt zuerst die Eltern, welche Richtung ihrer Ansicht nach die heutige Sitzung nehmen und in welcher Form sie ablaufen solle. Das ist die übliche Eröffnung einer Sitzung und soll der Familie signalisieren, dass sie die Kontrolle über die Intervention hat und der Therapeut dazu da ist, auf die Bedürfnisse der Familie – wenn sie von Familienmitgliedern explizit geäußert werden – einzugehen. Dieses Vorgehen ist an sich – und insbesondere als Modus, eine Sitzung zu eröffnen – nicht schlecht, ist aber bis heute offenbar die einzige Option dieser Arbeit. Als der Ausbilder 20 Minuten später in die Sitzung geht und der Familie als Experte vorgestellt wird, der den Therapeuten in seiner Arbeit mit der Familie unterstütze, hat Irma Einwände. Sie sagt, sie fühle sich betrogen und wolle die Familie gegen diese Einmischung schützen. Der Therapeut ist überrascht, wo er doch gewissenhaft die Gründe für die Hinzuziehung eines Beraters abgeklärt hat. Doch der Ausbilder verlässt den Raum, und der Therapeut braucht eine gewisse Zeit, die Familie zu beschwichtigen und ihr wieder Sicherheit zu geben, bevor sie sich verabschiedet.

Die Ausbilder lenken die Aufmerksamkeit der Gruppe auf zwei Fragen: Welche Definition von Qualifizierung der Familie liegt hier vor, und worin besteht das Ziel der Therapie? Die Interaktion mit dieser Familie ist zu einem schützenden Raum für Irma geworden, die zwar das Sagen in der Familie hat, die verschiedenen Konfliktherde aber nicht anrührt. Jeremys Ansichten und Bemühungen sind an den Rand gedrängt worden, und Gails physische Attacken sind als ein zu explorierendes Thema unterdrückt worden. Weil diese Sichtweise von Qualifizierung der Familie so begrenzt ist, hat der Therapeut die ernsthaften Familienkonflikte nicht thematisiert; er hat den Eindruck, zur Erhaltung des Familienfriedens beigetragen zu haben.

Dieser Fall ist zugegebenermaßen komplex. Drei Familien sind involviert: die neu gebildete Stieffamilie, der Vater und seine zwei Töchter sowie die Mutter und ihre Herkunftsfamilie. Welche Familie soll eigentlich gestärkt (*empower*) werden? Um alle Beteiligten erfolgreich qualifizieren (*empower*) zu können, müssten die Interventionen so beschaffen sein, dass die Bedürfnisse aller drei Einheiten sowie die Konflikte zwischen diesen und innerhalb der Einheiten berücksichtigt werden.

Bei der Diskussion dieses Falles weisen die Ausbilder darauf hin, dass es viele Wege gebe, diese komplexe Familie zu qualifizieren, und dass man in den einzelnen Teilen des Familiensystems intervenieren und zugleich eine Rundumsicht auf das Verhältnis der Teile zum Ganzen behalten müsse. Die Ausbilder sind der Meinung, dass der Therapeut die Stieffamilie qualifizieren könne, indem er ihr helfe, klarere Grenzen zwischen sich und der erweiterten Familie zu ziehen. Der häusliche Kontext der Familie könne auch genutzt werden, um Familientreffen mit verschiedenen Einheiten und Subsystemen zu arrangieren: Einzelgespräche mit Gail, Gespräche mit beiden Mädchen und Sitzungen mit Irma und Jeremy, in denen Irma ihren Enttäuschungen in der neuen Stieffamilie Luft machen und Jeremy darin bestärkt werden könnte, die schützende Haltung, die seine Frau ihrem Vater gegenüber auf Gails Kosten einnimmt, zu kritisieren.

Die spezifischen Strategien sind dabei nicht von Bedeutung; wichtiger ist es, dass die SozialarbeiterInnen und TherapeutInnen das Problemspektrum in dieser Familie erkennen und sich in der Lage sehen, wichtige Themen in den Therapiesitzungen anzusprechen. Natürlich müssen sie ein ausgewogenes Vorgehen finden, mit dem sie einerseits die Familienmitglieder stützen und respektieren und andererseits schmerzliche Themen zur Sprache bringen. Doch wenn der Therapeut wartet, bis die Familienmitglieder von sich aus schwierige Probleme ansprechen, wird er wenig Fortschritte erzielen und am Ende der Familie nicht sehr geholfen haben.

Aufgrund der Tatsache, dass Sozialarbeiter regelmäßig Hausbesuche bei den betreffenden Familien machen, haben sie einen Vorteil. Sie können die Kinder schützen und die Familie als heilende Ressource für ihre Mitglieder mobilisieren, ohne das Notwendige, nämlich destruktive Muster zu explorieren, vermeiden zu müssen. In einem Prozess der Qualifizierung einer Familie, der ihre Spannkraft respektiert und langfristig nachwirkt, ist genau dieses ausgewogene Vorgehen erforderlich, ohne das therapeutische Schritte im Allgemeinen auch nicht unternommen werden können.

Viele Leistungsanbieter für eine Familie

Das Team, das häusliche soziale Dienste durchführt, hat die Aufgabe, seine Arbeit primär bei den Familien zu Hause auszuführen und, wo es notwendig ist, die Ressourcen der erweiterten Familie und ihrer ethnischen oder kulturellen Gemeinschaft nutzbar zu machen. Der Schlüssel zum effizienten Einsatz multipler Dienste liegt jedoch im Urteilsvermögen, in der Ökonomie und in der Koordination. Im Idealfall zieht das Team für häusliche soziale Dienste die Fäden und verhindert die Fragmentierung und Verdoppelung von Dienstleistungen, von denen Familien oftmals überrannt werden und die den Fortschritt in der Arbeit verlangsamen.

Die Balance zu finden zwischen den Bedürfnissen der Familie und der Ökonomie ist eine große Aufgabe, und wir haben festgestellt, dass Mitarbeiter häuslicher sozialer Dienste tendenziell den Fehler machen, dass sie zu viel tun statt zu wenig. Bei ihrer Arbeit mit dem Kontext der Familie setzen sie ihr Anliegen so um, dass sie reihenweise Kontakte zu den unterschiedlichsten Leistungsanbietern unterhalten. Das Programm für häusliche soziale Dienste wird dann zu einer konzertierten Aktion, um die Familie in Krisenzeiten zu stützen und gleichzeitig die frühere Organisation sozialer Dienste beizubehalten. Dieses Muster offenbart die Ironie der Situation und ist bedauerlich; denn das Konzept für häusliche soziale Dienste entstand größtenteils aus der Sorge um die Fragmentierung sozialer Dienstleistungen. Die professionellen Helfer befinden sich in einer aussichtslosen Position, weil sie einerseits Sozialarbeit bei den Familien zu Hause durchführen müssen, aber andererseits die von anderen Stellen angebotenen Zusatzdienste nicht steuern können.

In den folgenden drei Fallbeispielen sehen wir, wie dieses Muster greift, und wir schlagen alternative Organisationsformen vor, die sich wahrscheinlich als produktiver herausstellen würden. Der erste Fall wird fast ausschließlich von den Problemen her beschrieben, die durch eine Vielzahl von Diensten verursacht worden sind. Die anderen beiden Fälle stellen dagegen eher eine Art Mixtur dar. Sie enthalten klinische Probleme und Interventionen – speziell dahin gehend, dass die professionellen Helfer ihren auf das Individuum gerichteten Fokus erweitern –, sind aber auch im Kontext multipler Dienstleistungen zu sehen. Diese Fälle beleuchten die Tatsache, dass eine Veränderung im Denken und in den Therapieverfahren mit einer Umstrukturierung anderer Teile des Systems einhergehen muss, wenn neue Erkenntnisse und Techniken Wirkung zeigen sollen.

Problem: Anorexia nervosa bei einem neunjährigen Mädchen

Der erste Fall wird als Videoaufzeichnung vorgestellt und dreht sich um ein neun Jahre altes anorektisches Mädchen, das bei seiner Großmutter lebt. Janet, die Indexpatientin, ist die einzige Person in einem Sperrfeuer von „Blitzlichtern“, die von überallher kommen: vom Krankenhaus, von der Schule, dem Ernährungsberater, vom

Psychiater, vom Kinderarzt, von der Großmutter und von den Sozialarbeitern der häuslichen sozialen Dienste.

Janet war fünf Monate in der Klinik für Kinder- und Jugendpsychiatrie. Vor einem halben Jahr wurde sie nach Hause entlassen, und seither besucht sie eine Spezialschule, in welcher der Lehrer nach den Anweisungen des Ernährungsberaters ihre Nahrungsaufnahme überwacht. Janet macht eine Einzeltherapie bei einem Kindertherapeuten, der verfügt hat, dass die Sozialarbeiter der häuslichen sozialen Dienste mit dem Mädchen nicht allein sprechen dürften, weil das in seine Therapie eingreife; und dieser Kindertherapeut ist für die Sozialarbeiter telefonisch nicht erreichbar.

Die Sozialarbeiter stehen in Kontakt mit der Schule und besuchen die Familie häufig über die Mittagszeit, um Janets Essgewohnheiten zu überwachen und die Bemühungen der Großmutter zu unterstützen, dem mageren Körper des Kindes noch einen weiteren Bissen Nahrung zuzuführen.

Als die Ausbilder mit der Ausbildungsgruppe die Videoaufzeichnung anschauen, machen sie die Gruppe auf Probleme aufmerksam, die durch die Bereitstellung multipler Dienstleistungen entstanden sind: Die Frage ist, wer in einem solchen Fall den therapeutischen Fokus und die Vorgehensweisen festlegt; das Problem ist, dass die Mitarbeiter der häuslichen sozialen Dienste in einer relativ ohnmächtigen Position sind. Die Behandlung der Anorexia nervosa durch Einzeltherapie und durch strenge externe Kontrolle der Nahrungsaufnahme wird nicht generell als der beste Ansatz akzeptiert, doch das ist nicht der zentrale Punkt der Diskussion. Es kreisen schlicht und einfach zu viele Personen um dieses Kind herum, und die Arbeit des für die häuslichen sozialen Dienste zuständigen Teams wird durch Regeln und Grenzen blockiert, die von anderen gesetzt und als unabdingbar akzeptiert werden. Das Team hat keinen Kontakt zu dem Einzeltherapeuten, und niemand hat sich bis dahin mit den Spannungen befasst, die aufgrund der Weigerung der Großmutter entstehen, ihre Tochter, also Janets Mutter, in die Wohnung zu lassen. Der Loyalitätskonflikt, den die neunjährige Patientin vielleicht spürt und der sie zwischen ihrer Mutter und ihrer Großmutter gefangen hält, ist niemals exploriert worden.

In der Diskussion mit der Ausbildungsgruppe wurden Themen angesprochen, die auf die Notwendigkeit organisatorischer Veränderungen in der Hierarchie, Koordination und Entscheidungspolitik fokussierten. Zunächst wäre eine effiziente systemische Intervention in dem komplexen Feld multipler Dienstleistungen dergestalt notwendig, dass die Position der Sozialarbeiter der häuslichen sozialen Dienste gestärkt wird. Mit dem Rückhalt der zuständigen Behörde könnten sie als Erstes eine Sitzung mit den wichtigsten Leistungsanbietern einberufen, um sich ein Bild von der stagnierenden Situation zu machen. Das Ziel der Sitzung wäre es, ein mit neuen Kompetenzen ausgestattetes Team für häusliche soziale Dienste zu schaffen und ein Forum für effektive systemische Beratungen einzurichten. Bei der derzeitigen Organisation wurden die Bemühungen vieler Leistungsanbieter wechselseitig verdoppelt, während die Abhängigkeit des Kindes verstärkt und die zerrüttenden Spannungen innerhalb der Familie ignoriert wurden. Das Ziel einer gemeinsamen Sitzung und einer Überprüfung der Situation wäre es, einen übersichtlichen und integrierten Hilfeplan für Janet und ihre Familie zu erarbeiten, in dem Unnötiges weggelassen und das für ein umstrukturiertes Herangehen an die Probleme Nötige berücksichtigt werden müsste.

Problem: Zwei „unmögliche" Kinder im Alter von sechs und acht Jahren und eine Mutter, die den achtjährigen Jungen in ein Erziehungsheim einweisen möchte

Die Familie besteht aus einer geschiedenen Frau und ihren drei Söhnen im Alter von sechs, acht und 14 Jahren. Die Eltern ließen sich scheiden, als das jüngste Kind zwei Jahre alt war. Der Vater ist aus der Gegend weggezogen. Die Mutter ist eine kompetente Handelsvertreterin, doch sie behauptet von sich, zu Hause von ihren beiden jüngeren Söhnen fertig gemacht zu werden.

Die Familie wird durch den Sozialarbeiter der häuslichen sozialen Dienste betreut, und außerdem ist der älteste Sohn in Therapie, der Achtjährige bei einem anderen Therapeuten, und die beiden sechs und acht Jahre alten Jungen werden von einem Psychiater behandelt, der ihnen Ritalin gegen ihre Hyperaktivität verordnet. Alle beteiligten Therapeuten wurden zu einer Sitzung eingeladen, und alle – außer dem Psychiater – nahmen auch daran teil. Als das Gespräch begann, setzte auch gleich das habitualisierte Muster ein: Der Achtjährige rannte im Zimmer herum, das jüngste Kind hinterher, der älteste Junge jagte die beiden, und die Mutter rief ihnen Anweisungen zu. Der Therapeut des Achtjährigen bat den Jungen, sich hinzusetzen, und die Mutter sprang auf, um ihn zu fangen. Sie schnappte ihn und hielt ihn so fest, dass er sich nicht losreißen konnte. Die gesamte Episode spielte sich in den ersten 15 Minuten der Sitzung ab.

Hinter dem Einwegspiegel sagte einer der Ausbilder zu der Gruppe, dass die Mutter genauso hyperaktiv wirke wie die Kinder und auf jede Kleinigkeit der Jungen reagiere. Als er sich anschickte, in die Sitzung zu gehen, teilte er der Ausbildungsgruppe mit, dass er die Jungen zunächst mit der Art von Interventionen konfrontieren werde, die er häufig bei jüngeren Kindern anwende.

Nachdem der Ausbilder in der Gesprächsrunde Platz genommen hatte, sagte er zu dem Achtjährigen, dass er gesehen habe, wie gut dieser rennen könne, und dass er nun wissen wolle, ob er auch wirklich stark sei. Der Ausbilder forderte den Jungen auf, ihm auf die Hand zu schlagen, und zwar so fest er könne. Als der Junge ihm auf die Hand schlug, drückte der Ausbilder seine Überraschung darüber aus, dass es nicht wehgetan habe. Das komme wahrscheinlich daher, dass es sein erster Schlag gewesen sei. Ob der Junge denn noch fester zuschlagen könne? Nach vier Schlägen war das Kind müde, und der Ausbilder wiederholte diesen Vorgang mit dem jüngsten Kind, wobei er die Bemerkung fallen ließ, dass sie noch jung und nicht sehr stark seien. Die Kinder fanden dieses Spiel lustig, und sie lachten, als der Ausbilder die Mutter bat, aufzustehen, damit er messen könne, wer von den dreien am größten sei. Dann bat er die Mutter, den älteren Jungen zu nehmen und hochzuheben; danach spornte er die Jungen an, die Mutter auf die gleiche Weise hochzuheben. Anschließend wandte sich der Ausbilder an die Mutter, um mit ihr zu reden. Die Kinder verzogen sich ruhig in die Ecke des Raumes und fingen an zu spielen.

Hinter dem Einwegspiegel kommentierte der zweite Ausbilder die Art dieser Intervention. Sie normalisiere die Wahrnehmung der Kinder, die als destruktiv und mächtig gesehen würden, und erzeuge ein Gespür für Hierarchie, bei der die Mutter die Kontrolle habe. Die Botschaft des Therapeuten kam ohne explizite Mitteilung an, wie das bei jüngeren Kindern angebracht ist, wurde aber auch von der übrigen Familie verstanden.

Im Laufe der Sitzung beschrieb die Mutter ihr Verhältnis zu den zwei Einzeltherapeuten ihrer Kinder. Sie empfinde beide als große Hilfe, vor allem seit sie öfter dort anrufen müsse, wenn sie aufgeregt sei und Angst habe, die Kinder zu schlagen. Als sie das erzählte, begannen die Kinder miteinander zu kämpfen, und das bekannte Muster kam wieder zum Vorschein: Die Mutter schrie, der älteste Sohn versuchte, alle zu beruhigen, die jüngeren Kinder rannten durch das Zimmer, und die Mutter jagte hinter ihnen her. Der Ausbilder bat die Mutter, sich zu setzen, damit er mit ihr sprechen könne. Er fragte sie, ob sie auch weniger aktiv sein könne; denn er habe sie nun so schwer arbeiten gesehen. Ihre Reaktion war, dass sie über das Familienleben sprach, als ihr früherer Mann noch bei ihnen wohnte, und über seine Gewalttätigkeiten und darüber, wie die Kinder sich um sie scharten, um sie zu verteidigen. Sie habe Angst davor, dass der achtjährige Junge genauso gewalttätig werde wie sein Vater, und habe das Gefühl, ihn vor dieser schrecklichen Entwicklung schützen zu müssen, indem sie sein aggressives Verhalten kontrolliere.

In den nach dieser Sitzung geführten Diskussionen mit der Ausbildungsgruppe und den Einzeltherapeuten machten die Ausbilder darauf aufmerksam, wie der Achtjährige und seine Mutter sich gegenseitig hochschaukelten. Wenn die professionellen Helfer den Jungen lediglich als ein hyperaktives Kind sähen – und sich auf Einzeltherapie, Medikamente und vielleicht stationäre Behandlung konzentrierten –, ohne die Relevanz der Mutter-Kind-Interaktion zu berücksichtigen, dann sei ihre Arbeit ineffizient. Diese Maßnahmen dienten dem Zusammenleben dieser Familie nicht und verhinderten ebenso wenig potenzielle Schwierigkeiten in der Beziehung der Mutter zu ihrem mittleren Sohn.

Der Therapeut des achtjährigen Jungen wurde gebeten, die Behandlung in den kommenden zwei Monaten zu unterbrechen, sodass der für die häuslichen sozialen Dienste zuständige Therapeut Zeit und Raum habe, mit der Familie zu arbeiten und der Mutter zu helfen, weniger reaktiv zu agieren. Es wurde auch vorgeschlagen, dass der Therapeut die Behandlung des 14-jährigen Jungen fortsetze, allerdings in Kooperation mit dem Sozialarbeiter der häuslichen sozialen Dienste: Dazu gehöre der Austausch von Informationen, eine gemeinsame Planung und die Evaluation von Fortschritten. Die Forderung der Mutter, den Achtjährigen in einem Heim unterzubringen, wurde vorerst abgelehnt, um für diesen integrierten Ansatz Zeit zu haben.

Über diese Vorschläge hinaus fokussierten die Diskussionen mit der Ausbildungsgruppe auf drei Bereiche: Ein Bereich betraf die

Strategien bei der Arbeit mit jüngeren Kindern. Ein zweiter Bereich befasste sich mit der Schwierigkeit des Therapeuten, Patienten aus seiner Verantwortung zu entlassen. Als Therapeut kann man unmerklich an einen Punkt gelangen, an dem man von seinem Patienten „gebraucht werden muss"; dann findet man Gründe, weshalb er nicht gehen darf.

Das dritte Diskussionsthema spielte sich auf einer anderen Ebene ab und betraf die Einstellungen der Mitarbeiter der häuslichen sozialen Dienste zu ihrem Auftrag, den sie von der Abteilung für psychosoziale Dienste der Gesundheitsbehörde erhalten hatten. Hatten sie wirklich das Recht, vorzuschlagen, dass ein Therapeut einer anderen Behörde seine Behandlung aussetzt? Wenn wir von der Annahme ausgehen, dass der Case Manager der Zentralbehörde mit dem Recht der Familie auf Behandlung befasst ist und vielleicht Einzeltherapie für die Mitglieder der Familie wünscht, haben dann die Mitarbeiter häuslicher sozialer Dienste das Privileg, diese Direktive zu umgehen? Diese Frage gehörte in den großen Themenkomplex in Bezug auf die Rolle klinischer Beurteilung, auf den Ort von Entscheidungen, wenn Familien durch häusliche soziale Dienste betreut werden, und auf die Koordination von Dienstleistungen.

Problem: Ein 13-jähriges Mädchen mit einer Schulphobie

Es überrascht nicht sonderlich, dass zu den in diesem Kapitel oder an anderer Stelle vorgestellten Fallbeispielen mehrere Fälle der Art gehören, dass Kinder nicht zum Unterricht gehen und als Schulschwänzer oder Schulphobiker diagnostiziert werden. Probleme bei Kindern manifestieren sich häufig auf diese Weise, und die pädagogischen und sozialen Systeme greifen das Phänomen auf und überweisen das Kind oder den Jugendlichen an helfende Systeme. Alle diese Fälle haben ein paar Gemeinsamkeiten, tragen aber auch eindeutig individuelle Züge, die zum Teil aus der Geschichte und Organisation der Familie heraus zu erklären sind. Es ist hilfreich, wenn der professionelle Helfer schon eine gewisse Kenntnis der potenziellen Muster hat, die das Symptom verursachen und erhalten, doch die Therapie orientiert sich an dem einzelnen Kind und seiner Familie.

In diesem Fall ging es bei der Überweisung an häusliche soziale Dienste um die 13-jährige Tochter einer allein erziehenden Mutter. Lian ging seit einem Jahr nicht mehr zur Schule. Sie war ängstlich und schreckhaft und wurde unruhig, wenn sie von ihrer Mutter getrennt wurde; doch ihr Verhalten zu Hause war recht funktional. Nguyen, die Mutter, war eine gebürtige Koreanerin. Sie hatte einen US-amerikanischen Soldaten geheiratet und war mit ihm in die Vereinigten Staaten gegangen. Zehn Jahre später ließ sich das Ehepaar scheiden, und ein Jahr nach der Scheidung fing Lians Schulphobie an.

Zur Zeit wird Lian von einem Psychiater behandelt, der mit ihr Einzeltherapie macht und ihr Medikamente gegen ihre Symptome verschrieben hat. Nguyen ist depressiv und nimmt dagegen auch regelmäßig Medikamente. Das für häusliche soziale Dienste zuständige Team hat eine gute Beziehung zur Mutter wie zur Tochter. Die Teammitarbeiter und der Psychiater sehen Lians Symptome als Ausdruck innerer Konflikte, und ihre Arbeit soll der Familie Unterstützung geben, bis es Lian besser geht. Die Mitarbeiter haben Nguyen dazu ermuntert, Englischunterricht zu nehmen und allein auszugehen, damit sie in Kontakt komme mit anderen Mitgliedern der koreanischen Gemeinschaft.

Die Kommentare der Ausbilder, welche die Sitzung hinter dem Einwegspiegel verfolgen, drehen sich um die gegenseitige Abhängigkeit von Mutter und Tochter. Sie sitzen ganz nahe nebeneinander, reagieren wechselseitig auf ihre Gesten und scheinen synchronisiert zu sein. Einer der Ausbilder schaltet sich in das Gespräch ein und fragt die beiden, ob sie sehr eng miteinander verbunden seien. Beide lachen und bejahen die Frage. Er bittet das Mädchen, sich auf die andere Seite des Raumes zu setzen, und fragt beide scherzhaft, ob sie diesen Grad der Trennung ertragen könnten. Nguyen, die sich auf das Spiel einlässt, sitzt auf einem Stuhl mit Rollen und „fährt" den Stuhl näher zu ihrer Tochter. Der Ausbilder bezeichnet die beiden als siamesische Zwillinge und erkundigt sich, ob sie gegenseitig ihre Gedanken lesen könnten. Sie behaupten, dass die Mutter besser Gedanken lesen könne als die Tochter, doch der Ausbilder ist anderer Meinung und begründet diese damit, dass Lian häufig nicht zur Schule gehe, weil sie glaube, ihre Mutter in ihrer Einsamkeit trösten zu müssen. Das Symptom wird nun in die Interaktion zwischen Mutter und Tochter verlagert.

Die Ausbildungsgruppe untersucht, wie das identifizierte Symptom als Reaktion auf eine Fülle relevanter Kräfte gesehen werden könnte: Da waren Nguyens Eintritt in eine neue Kultur und ihr ständiges Gefühl der Heimatlosigkeit, die Depression und Verwirrung nach einer Scheidung, die als Verlassenwerden erlebt worden ist, und die starke Bindung zwischen Mutter und Tochter. Die Diskussionsteilnehmer sehen Lians Symptome als Reaktion auf das Leiden der Mutter und als Ausdruck ihres eigenen Unbehagens und als Motivation dafür, die von beiden gebrauchte Nähe zu erhalten. Lians Symptome geben die Begründung dafür, zu Hause zu bleiben.

Bei der Planung der weiteren Arbeit mit dieser kleinen Familie schlägt die Ausbildungsgruppe vor, dass der Therapeut explorieren solle, auf welche Weise Nguyen und ihre Tochter die jeweilige Symptomatik aufrechterhalten; ein wichtiges Ziel sei es, die persönliche Autonomie der beiden zu stärken. Diese Bemühungen könnten zum Teil separat unternommen werden – was dem Ansatz des Sozialarbeiters entspricht, der Nguyen zu Kontakten mit der koreanischen Gemeinschaft ermutigt hat –, doch viel müsse mit Lian und Nguyen gemeinsam gemacht werden, z. B. dass man ihre Bedürfnisse und Ängste sowie ihre Verstimmungen herausfindet, die mit der Entwicklung zur Unabhängigkeit voneinander hochkommen werden.

Bei dieser Diskussion ging es zwar um systemisches Fallverstehen und klinische Strategien, aber – wie in anderen Fällen – birgt der entwickelte Plan potenzielle Schwierigkeiten. Wenn bei jedem Familienmitglied die Medikation wichtig ist und dabei Dosierung und Wirkungen überwacht werden müssen, perpetuiert das eine auf das Individuum bezogene Problem- und Lösungsorientierung, und zwar in der Wahrnehmung der Klientinnen wie auch im psychosozialen Betreuungssystem. Die professionellen Helfer häuslicher sozialer Dienste verrichten ihre Arbeit im Rahmen einer komplexen Organisationsstruktur, und sie haben keine vorgegebenen Pfade, auf denen sie eine Veränderung der Behandlung ihrer Klienten bewirken könnten. Sie haben kaum oder überhaupt keinen Kontakt zu dem Case Manager, der zuständig ist für die Familie, und keine Verbindung zu dem Psychiater, der den Familienmitgliedern die Medikamente verschreibt und deren Wirkung überwacht. Dies ist eine – nicht seltene – Situation, die nach einem anderen Kommunikationsmodus unter den Leistungsanbietern verlangt, bei dem Planung und Veränderung das Resultat gemeinsamer Entscheidungen sein könnten. Es scheint unwahrscheinlich, dass die Arbeit auf der Basis eines neuen Denkmodells voranschreiten kann, solange die Mitarbeiter häuslicher sozialer Dienste ihre klinischen Beurteilungen nicht vermitteln und praktisch umsetzen können.

Implikationen des Projekts

Das beschriebene Ausbildungsprojekt im Rahmen häuslicher sozialer Dienste ist ein noch nicht abgeschlossenes Programm. Trotzdem wissen wir jetzt, dass bestimmte Sachverhalte gründlich bedacht werden müssen, wenn häusliche soziale Dienste eine optimale Wirkung haben sollen. Darüber hinaus haben wir die Gestaltung des Ausbildungsprogramms so modifiziert, dass die Mitarbeiter häuslicher sozialer Dienste motiviert und unterstützt werden und zugleich unbekannte Wege erkunden und neue Techniken erlernen können. Zu den wichtigsten Aktionsbereichen gehören die Orientierung und die Techniken der professionellen Helfer, die genaue Auslegung des Auftrags häuslicher sozialer Dienste und die Funktionsweise des übergeordneten Systems.

Die Orientierung und Techniken der Helfer

Zweifellos ist die Ausbildung in Familiendynamik und Familientherapie eine wesentliche Voraussetzung, wenn häusliche soziale Dienste zu einer effizienten Modalität der Familienbetreuung werden und keine bloße Dienstleistungskategorie bleiben sollen. Vom ersten Kontakt mit der Familie an sollten die Mitarbeiter häuslicher sozialer Dienste darauf orientiert sein, Informationen über die Organisation der Familie zu gewinnen, und sie sollten über die Techniken verfügen, die Dynamik der Familienbeziehungen zu verstehen. Eine Fallgeschichte kann unter dem Namen eines jungen Indexklienten das System durchlaufen; doch ein gut ausgebildeter Sozialarbeiter berücksichtigt auch Informationen über Familienmuster, die das Symptom erhalten, und über das Potenzial der Familie als Heilungsressource. Bestimmte Aufnahmeformalitäten und -verfahren können diesen Ansatz erleichtern.

Für die Familiensitzungen sollte sich der Sozialarbeiter mit einem großen Repertoire an Techniken ausstatten und die Fähigkeit mitbringen, diese Techniken umsichtig zu kombinieren. Sein Anliegen, den Bedürfnissen des Klienten zu entsprechen und Familien zu qualifizieren, sollte nicht darin resultieren, dass er nur die Dienstleistungen anbietet, welche die Familie verlangt. Die Qualifizierung und Stärkung der Familie muss als komplexer Prozess verstanden werden, in welchem der Sozialarbeiter die zu betreuende Familie in ihren Bedürfnissen unterstützt, ihre wiederkehrenden und symptomerhaltenden Muster sowie ihre Abhängigkeit von externen Leistungsanbietern hinterfragt und eine respektvolle Haltung vor der Lebenspraxis der Familie und ihrem Potenzial für Veränderung zeigt.

Der Auftrag häuslicher sozialer Dienste

Das Angebot häuslicher sozialer Dienste sollte flexibel sein und in erster Linie auf einer fachkundigen klinischen Beurteilung beruhen. Insbesondere sollte der Therapieort nicht durch die Art der Finanzierung diktiert werden, die oft so ausgelegt wird, dass Dienstleistungen ausschließlich – statt vorwiegend – bei der Familie zu Hause durchgeführt werden müssen. Am Anfang der Arbeit ist die Wohnung der Familie vielleicht ein besonders hilfreicher Kontext für Dienstleistungen; doch die betreuenden Sozialarbeiter sollten die Freiheit und die Motivation haben, an unterschiedlichen Orten zu arbeiten und Familiengespräche irgendwo anders durchzuführen, wenn sie dies als wichtig ansehen, um die Familienmitglieder zu mehr Verantwortung und Autonomie zu ermutigen.

Die Rolle übergeordneter Systeme

Förderorganisationen, die Verträge für häusliche soziale Dienste bewilligen, setzen im Allgemeinen nur vage Standards. Natürlich sollten sie bestimmte Anforderungen an die Qualifikation der Mitarbeiter häuslicher sozialer Dienste und an die laufenden Supervisionsverfahren und hausinternen Fortbildungsmaßnahmen stellen, wobei die Vorbereitung der professionellen Helfer auf die Arbeit mit Familien besonders beachtet werden müsste. Die Mitarbeiter der Zentralbehörde müssen ebenfalls evaluieren, inwieweit ihre Überwachung die Entwicklung der Kompetenz der Klientenfamilie fördert oder blockiert, wenn sie mit den Mitarbeitern der Sozialbehörden arbeiten, um die Ausgewogenheit zwischen Kontrolle und Autonomie auszuloten.

In diesem wie auch in anderen Bereichen müssen sich die Leistungsanbieter der größeren Systeme mit Verdoppelung, Fragmentierung und Revierverteidigung auseinander setzen. Wir – und viele andere Beobachter des Feldes – wissen inzwischen, dass die Familien die ersten Opfer ungelöster Konfusionen sind und dass die größten Bemühungen der Mitarbeiter häuslicher sozialer Dienste wahrscheinlich wirkungslos bleiben, wenn sie keine Macht haben, Verfahren zu ändern. Wenn die Familie in Therapie ist, sollte der Mitarbeiter der häuslichen sozialen Dienste als Case Manager betrachtet und mit der Befugnis ausgestattet werden, unterschiedliche Dienste in Anspruch zu nehmen, die Einstellung von Dienstleistungen anderer Leistungsanbieter zu fordern, wenn er dies für notwendig hält, und die Fortsetzung bzw. den Abschluss eines Falles selbst zu bestimmen.

Die Struktur der Ausbildung

Abschließend kehren wir zu der Überlegung zurück, dass Mitarbeiter häuslicher sozialer Dienste in Familientherapie ausgebildet sein sollten. Wir sind zu der Erkenntnis gelangt, dass unser Ausbildungsprojekt eine besonders effektive Struktur hatte. Was schlicht mit dem Versuch begann, ein breites Spektrum von Behörden zu erreichen, erwies sich als eine erfolgreiche Projektstruktur, um eine konstruktive Atmosphäre zu erzeugen und die Möglichkeit zu erhöhen, dass neue Denkmuster und Techniken konsolidiert werden und sich ausbreiten. Dieses Ausbildungsprogramm war durchdacht. Nun ist es nicht so, dass diese Projektstruktur so leicht zu kopieren ist; doch einige Grundsätze können herausgezogen und auf weniger komplexe Situationen angewandt werden.

Zum einen stellte die offene Art der Supervision eine neue und höchst produktive Erfahrung in allen beteiligten Behörden dar. Bis dahin hatte Supervision vorwiegend auf der Basis theoretischer Falldarstellungen stattgefunden, und sehr wenige SozialarbeiterInnen und TherapeutInnen hatten ihre KollegInnen jemals unmittelbar bei der therapeutischen Arbeit mit Klienten erlebt. Die offene Supervision bringt zunächst ein gewisses Unbehagen mit sich, das aber normalerweise rasch abklingt. Das nachhaltige Ergebnis ist ein Gefühl kollegialer Anregung bei den professionellen Helfern, eine Intensivierung der Diskussion und der gegenseitigen Unterstützung und eine Ausbreitung neuer Ideen und Techniken auf die gesamte Behörde.

Die Kombination verschiedener Behörden gab diesem Ausbildungsprojekt zwar eine wichtige Dimension, aber eine Behörde reicht schon aus, um die allgemeinen Grundsätze dieses Prozesses zu kopieren. Eine Behörde ist gut beraten, wenn sie eine Videokamera anschafft, mit der Aufzeichnungen von Sitzungen bei den Familien zu Hause gemacht werden können, sodass Supervision und behördeninterne Fortbildung auf anschaulichem Material aufbauen können. Eine Zimmerwand zu einem Einwegspiegel umbauen ist schon ein größeres Unternehmen, bietet aber da, wo es gemacht wird, eine enorme Bereicherung der Lernmöglichkeiten.

In diesem Ausbildungsprojekt wie auch in den anderen in diesem Buch vorgestellten Schulungsprogrammen brachte die Einführung neuer Ideen und Strategien zwar Widerstände mit sich und erzeugte auch ein gewisses Unbehagen, doch unserer Erfahrung nach hat dieser Prozess ein Entwicklungspotenzial. Wenn neue Ideen mit konkreten Situationen verbunden werden und das Personal Vertrauen gewinnt und sich Techniken aneignet, dann klärt sich die Atmosphäre, die Mitarbeiter werden motiviert, und manche Verfahren verändern sich. Das Hauptproblem besteht darin, wie der angefangene Prozess weitergeht, wenn die Ausbilder nicht mehr zur Verfügung stehen. Das Projekt kann weiterleben, wenn Veränderungen in die Behördenstruktur integriert werden und diese Veränderungen von Mitarbeitern getragen werden, die sich bestimmte Techniken angeeignet haben, die weiterhin neue Wege erkunden und Verantwortung für die Ausbildung neuer Mitarbeiter übernehmen.

Wenn die eigentliche Herausforderung darin besteht, wie der neue Ansatz weiterentwickelt werden soll, dann hatte das in diesem Kapitel beschriebene Ausbildungsprogramm für häusliche soziale Dienste wahrscheinlich optimale Bedingungen. In jeder beteiligten Behörde können zwei Mitglieder der Ausbildungsgruppe die Projektarbeit fortsetzen; die restlichen Mitarbeiter der beteiligten Behörden bekamen an den Ausbildungstagen praktischen Anschauungsunterricht in dieser Herangehensweise; der Prozess der offenen Supervision und der Gruppendiskussion ist in Gang gesetzt worden; und so weiter. In weniger optimalen Situationen hängt der nachhaltige Effekt der Ausbildung in systemischer, familienorientierter Therapie davon ab, ob sich die Behördenleitung für diesen Ansatz engagiert und ob die Mitarbeiter überzeugt sind, dass sie durch ihre Arbeit mit der Familie den Kindern und deren Familien helfen, aktuelle Probleme zu bewältigen – und sich effizienter auf Zukünftiges einzustellen.

10. Epilog

Am Anfang dieses Buches haben wir den Leidensweg einer Frau namens Angie beschrieben, deren Odyssee durch das Dickicht von Pflegeunterbringung, frühem sexuellen Missbrauch und körperlicher Misshandlung, Drogenabhängigkeit, Schwangerschaft im Mädchenalter, Obdachlosigkeit und Trennung von ihren Kindern jedem bekannt vorkommen muss, der sich mit armen Familien beschäftigt oder mit ihnen gearbeitet hat. Angie steht für Millionen anderer Menschen, die im Leben einen schlechten Start hatten und denen die Ressourcen fehlen, ihr Leben zu ändern. Wenn Angie schließlich eine reelle Chance auf Veränderung hatte, dann nur deshalb, weil sie mit einem Interventionsprogramm in Berührung kam, das ihre auseinander gerissene Familie wieder zusammenzuführen versuchte, und weil sie auf professionelle Helfer traf, die sich Schritt für Schritt ihrer Bedürfnisse annahmen.

In unseren abschließenden Worten haben wir zwei Möglichkeiten: Wir können entweder die professionellen Aspekte dessen, worüber wir geschrieben haben, hervorheben oder die sozialen und politischen Einstellungen betonen, von denen die sozialen Hilfsangebote für Arme geprägt sind. Im Grunde genommen müssen wir beide Seiten beleuchten.

Die professionellen Aspekte dieses Buches liegen in der Mischung aus weiträumigem Denken und spezifischem Handeln. Zur Weiträumigkeit des Denkens gehört das Element der Zuversicht, das einem unerschütterlichen Glauben an die noch ungenutzten Ressourcen der Familien und an die Möglichkeit für die Mobilisierung ihrer Stärken entspringt. Weiträumiges Denken beinhaltet auch, dass der Kontext der Familie betont und die Erkenntnis berücksichtigt wird, dass die Innenwelt des Individuums – ob es an der Armutsgrenze lebt oder wohl situiert ist – von der Tatsache gelenkt wird, dass es in intime und anonyme Systeme eingebettet ist. Diese ökologische Sichtweise erlaubt eine andere Perspektive auf Menschen, die arm sind und bei der Bewältigung ihrer Probleme Hilfe brauchen. Unter Berufung auf das in den vergangenen 50 Jahren gewachsene Denken in Systemen haben wir auf die Familie als System fokussiert, das seine einzelnen Teile formt und zugleich das Potenzial zur Selbsthilfe hat, wenn es vernünftig unterstützt wird.

Wenn wir Pflegeunterbringung, Drogenabhängigkeit, Heimerziehung, psychiatrische Behandlung und häusliche soziale Dienste aus dieser Perspektive betrachten, erkennen wir, dass wir bis jetzt gegen den Strom geschwommen sind, und zwar nicht nur deshalb, weil eingefahrene Sichtweisen die Entwicklung blockieren, sondern weil professionelle Helfer und Entscheidungsträger nicht wissen, wie sie verfahren sollen. Die Bereitschaft und die Motivation, mit armen Familien zu arbeiten, reichen nicht aus; Veränderung kommt durch konkretes Handeln. Deshalb ist dieses Buch ein Vorstoß auf dieser Ebene. Wir haben Bilder, Beispiele, Fallgeschichten, situationsbezogene Denkweisen präsentiert und Demonstrationen spezifischer Interventionen gegeben, bei denen sich SozialarbeiterInnen mit Familien und ihren Notlagen auseinander gesetzt haben. Wir hoffen, dass dieses Anschauungsmaterial eine wertvolle Hilfe für die praktische Arbeit ist.

Zum Abschluss dieses Buches möchten wir einen sozialen und politischen Kommentar abgeben. Die Einstellung gegenüber Armen ist weiterhin negativ, d. h. missbilligend, manchmal verdeckt rassistisch und ohne Verständnis für die Notlage benachteiligter Frauen, die ihre Kinder gegen erhebliche Widerstände großzuziehen versuchen. Trotz eines demokratischen Bekenntnisses zu positiven Werten, zu denen auch die Unterstützung der Bedürftigen gehört, ist man der Ansicht, dass diese Population durch Faulheit und Willenlosigkeit selbst an ihrer Armut schuld sei. Die gesellschaftliche Stimmung ist geprägt von Ungeduld. Man kritisiert enttäuschende Ergebnisse der Vergangenheit, ohne einen praktikablen Plan für die Zukunft zu entwickeln oder konkrete Mittel dafür bereitzustellen. In dieser Atmosphäre werden sich die Verfahren, durch die diese Familien entmündigt und auseinander gerissen werden, nicht verändern. Unsere abschließenden Worte haben deshalb zwangsläufig den Charakter eines politischen Appells: Es ist ein Gebot der Stunde, die Trägheit zu überwinden und die moralisierende Haltung aufzugeben, damit ineffiziente und destruktive Interventionen im Leben armer Familien nicht perpetuiert werden und die an sich schon schwierige Aufgabe professioneller Helfer nicht noch weiter erschwert wird.

Literatur

„As courts remove children, lawyers for parents stumble." *New York Times*, 1996, June 10.

Berg, I. K. (1994): Family based services: A solution-focused approach. New York (Norton).

Berry, M. (1994): Keeping families together. New York (Garland).

Bryce, M. E. a. J. C. Lloyd (eds.) (1980): Treating families in the home: An alternative to placement. Springfield, IL (Thomas).

Coontz, S. (1992): The way we never were: American families and the nostalgia trap. New York (Basic Books).

Egelko, S., M. Galanter, H. Dermatis a. C. DeMaio (1998): Evaluation of a multi-systems model for treating perinatal cocaine addiction. *Journal of Substance Abuse Treatment* 15 (3): 251–259.

Fahl, M. a. D. Morrissey (1979): The Mendota Model: Home-community treatment. In: S. Maybanks a. M. Bryce (eds.) Home-based services for children and families. Springfield, IL (Thomas).

Fein, E., A. Maluccio a. M. Kluger (1990): No more partings: An examination of long-term foster family care. Washington, DC (Child Welfare League of America).

Foster Care Committee of the Mayor's Commission for the Foster Care of Children (1993): Moving toward a spectrum of care: Foster care services in the child welfare system. New York (Mayor's Commission for the Foster Care of Children).

Foucault, M. (1973): Wahnsinn und Gesellschaft: Eine Geschichte des Wahns im Zeitalter der Vernunft. Frankfurt a. M. (Suhrkamp).

Haapala, D. a. J. Kinney (1979): Homebuilders' approach to the training of in-home therapists. In: S. Maybanks a. M. Bryce (eds.): Home-based services for children and families. Springfield, IL (Thomas).

Kinney, J. (1991): Keeping families together: The Homebuilders model. New York (Aldine de Gruyter).
Makarenko, A. S. (1986): Der Weg ins Leben: ein pädagogisches Poem. Berlin (Aufbau).
Maybanks, S. a. M. Bryce (eds.) (1979): Home-based services for children and families. Springfield, IL (Thomas).
McDaniel, S., T. Campbell a. D. Seaburn (1995): Principles for collaboration between health and mental health providers in primary care. *Family Systems Medicine* 13: 283–298.
Minuchin, P. (1995): Foster and natural families: Forming a cooperative network. In: L. Combrinck-Graham (ed.): Children in families at risk. New York (Guilford Press).
Minuchin, P., A. Brooks, J. Colapinto, E. Genijovich, D. Minuchin a. S. Minuchin (1990): Training manual for foster parents. New York (Family Studies, Inc.). (zu beziehen über: National Resource Center for Family Centered Practice, School of Social Work, 112 North Hall, Iowa City, IA 52242-1223.)
Minuchin, S. (1994): Familienszenen: Problemmuster und Therapien. Reinbek (Rowohlt).
Minuchin S., B. Montalvo, B. Guerney, B. Rosman a. F. Schumer (1967): Families of the slums: An exploration of their structure and treatment. New York (Basic Books).
Nelson K., M. Landsman a. W. Deutelbaum (1990): Three models of family-centered placement prevention services. *Child Welfare* 69 (1): 3–21.
Sharkey, M. (1997): Family to family: Bridging families, communities, and child welfare. Baltimore (Annie E. Casey Foundation).
Simon, F. B., U. Clement u. H. Stierlin (1999): Die Sprache der Familientherapie. Ein Vokabular (5. Aufl.). Stuttgart (Klett-Cotta).
Stephens, D. (1979): In-home family support services: An ecological systems approach. In: S. Maybanks a. M. Bryce (eds.): Home-based services for children and families. Springfield, IL (Thomas).
Tavantzis, T., M. Tavantzis, L. Brown a. M. Rohrbaugh (1985): Home-based structural family therapy for delinquents at risk of placement. In: M. P. Mirkin a. S. L. Koman (eds.): Handbook of adolescents and family therapy. New York (Gardner Press).
The Prevention Report (1992): New approaches to foster care and permanency planning. Iowa City, IA (National Resource Center on Family Based Services).

Über die Autoren

Salvador Minuchin zählt zu den Pionieren der Familientherapie. Er gründete 1981 ein eigenes Ausbildungszentrum für Familientherapie, die Family Studies, Inc. in Boston und ist Autor einer Reihe wichtiger Standardwerke zur Familientherapie.

Jorge Colapinto arbeitet seit langen Jahren eng mit Salvador Minuchin zusammen und lehrt derzeit am Ackerman Institute for the Family in New York. Er ist Mitglied im wissenschaftlichen Beirat der renommierten Zeitschriften *Family Process* und *Journal of Marital and Family Therapy*.

Patricia Minuchin ist stellvertretende Direktorin von Family Studies, Inc. in New York und emeritierte Professorin an der Temple University, Pennsylvania.

Sex, Liebe und Gewalt
Therapeutische Strategien
zur Veränderung

Evan Imber-Black

Familien und größere Systeme

Im Gestüpp der Institutionen

290 Seiten
Kt, 4. Aufl. 1997
ISBN 3-927809-03-9

Die Autorin analysiert in diesem Buch, welche Interaktionsprozesse zwischen Familien und den sie betreuenden Einrichtungen in oft für beide Seiten unproduktive und schädliche Sackgassen führen. Sie zeigt Wege auf, aus solchen festgefahrenen Beziehungsdilemmata herauszufinden.

„Schon nach kurzer Zeit wurde dieses Buch zur begehrten Fundgrube der Praktiker, und das Wissen, das darin gespeichert ist, gehört heute bereits zum Standard in einem anspruchsvollen Werkzeugkasten des (wahrscheinlich nicht alleinig) familientherapeutischen Intervenierens."

(Psychotherapie-Forum)

Familien und größere Systeme
Im Gestrüpp der Institutionen